U0057969

有效的讀寫教學：
平衡取向教學 第二版

Michael Pressley
Richard L. Allington 著

曾世杰 譯

READING INSTRUCTION THAT WORKS

The Case for Balanced Teaching

FOURTH EDITION

Michael Pressley

Richard L. Allington

目次
CONTENTS

本書參考文獻請於心理出版社網站下載
網址：https://reurl.cc/xGqGG5
解壓縮密碼：9789860744200

 關於作者

第一作者 **Michael Pressley** 博士曾是密西根州立大學教育心理與師資教育的教授，並曾任教於威斯康辛大學麥迪遜校區、馬里蘭大學與聖母大學。他的學術著作主要聚焦在教育心理學、發展心理學、師資教育、讀寫教育等方面，尤其對閱讀理解教學有特別深入的研究。Pressley 博士總是設法幫助老師們及學校克服在讀寫教育上所遭遇的困難，並在教學現場描繪出讀寫典範老師之所以傑出的作為；他也根據自己的研究，大力提倡平衡式讀寫教學法，對美國的讀寫教育有深刻的影響。他在 2004 年得到桑戴克獎（E. L. Thorndike Award），這是教育心理學界最崇高的生涯研究成就榮耀。

本書初版於 1998 年問世，在美國各大學教育學院甚受歡迎。為因應美國國家讀寫教育政策的改變及學術界新知的遞嬗，Pressley 博士不斷蒐集資料改寫，2006 年完成第三版的修訂版。他在寫第三版時，身罹癌症，第三版末章的英文章名下有幾個字——「因為時間的關係…（for the time being）」，這是書中唯一指出他即將面臨生命界限的訊息，看來令人感傷，但在閱讀過這本素材豐富、證據本位又具批判想法的鉅著後，任何人都會心生敬仰。

第二作者 **Richard L. Allington** 博士是田納西大學師資教育理論與實務學系的教授，專長為讀寫研究。他出版超過 150 項文章、專書專章與書籍，在閱讀障礙的預防及評鑑研究上有傑出表現，並因此兩度獲頒國際閱讀協會（International Reading Association, IRA）的 Albert J. Harris 獎。Allington 博士曾任國際閱讀協會與讀寫研究協會（Literacy Research Association）的理事長，現在是閱讀名人堂（Reading Hall of Fame）的會員。

關於譯者

曾世杰，花蓮玉里人，中原大學心理系學士、國立台灣師範大學特殊教育研究所碩士、美國俄亥俄州立大學哲學博士，現任國立台東大學特殊教育學系教授。學術研究主要在閱讀的認知心理學研究及中英文讀寫補救教學，並期望找到最有效能的讀寫教學方法。他致力於提升偏遠地區文化社經弱勢兒童的基本學力，他的座右銘是「量變可以造成質變」及「Together we can make a difference!」。他喜歡和朋友們一起努力，相信在許多小地方持續精進，終有成功的一天。

柯序

　　第一眼讀到本書書名《有效的讀寫教學：平衡取向教學》，讀者可能會納悶：教學要平衡什麼？教就是了，把學生教會就對了，不是嗎？若教學是專業，其中有各種能力與關切，特別是不同學科包含各種教法與內容合成的教學成分，而成分間的關係如何表述則是專業教師常常思索與探討的一門學問。

　　什麼是教學成分？以國語科教學為例，大約有生字新詞、朗讀、內容深究、形式深究等部分。依據我在教室中的觀察以及根據老師們填寫的問卷，老師們放較多時間在生字新詞教學與朗讀上。這就是不平衡，因為學生沒有學到如何理解。

　　本書第 1 章提到「全語言」（強調意義教學取向），這對多數讀者來說或許陌生，甚至名稱本身就叫人不知所云。這是對閱讀能力發展與教學的一種理念。作者一開始就說明全語言，是因為關於閱讀，有這麼一個辯論。有人以為若不認得每一個字怎麼可能理解？有人則認為由上下文大致知道文章意思就可以，不需逐「字」閱讀。閱讀時我們腦中既有知識會被啟動，幫助整理由文章得來的訊息。這是所謂由上（既有知識）而下（解字）的閱讀。當然，相對的，有人較主張由下（解字）而上的教學理念。事實是，文章由字詞組成，不識字一定不理解，但識字也不一定理解。閱讀需上下兩者互動。這就是平衡。

　　平衡取向教學除提到認字與理解的平衡，更重要的是注意學生的程度與進度。識字不多者或初學者需要多學識字與詞彙；年級較長或較有能力者需要以合適的理解技能去解開文字所表徵的意涵。作者一開始以自己一生的學習閱讀為例，所要表達的就是依著發展（亦請參考本書末的附錄：讀寫能力發展之里程碑），老師要依學生能力給予不同的指導。若由小學到高中都偏

向字詞教學，那就大大不平衡了。最後一章作者提出「十種最不明智且隱含危機的閱讀教學主張」，這是反省。我建議讀者不妨用這十點檢視自己對全書的理解，以及自己對語文、對讀和寫教學的想法與理念。

曾世杰教授經年全心全力投注於偏遠地區學童的讀寫教育，深知讀寫能力不足對個人一生的影響，也確信適切的教學可以讓學生終身獲益。我讀這一本書就像讀他對國民義務教育的殷切期盼，因此特別推薦給大家。如果我們覺得今天學生讀與寫能力有加強的必要，讓我們一起回想當年我們如何被教導，又和今天大部分學生所接受的教法有多大差別。若你看到國語科教學方法多年不變，閱讀這本書是我們改變的開始。

前國立清華大學教育與學習科技學系講座教授

柯華葳

（1952-2020）

曾序

　　人類的現代文明的積累來自於我們的讀寫能力，讀寫教育也因此成為教育的核心，如何進行有效的讀寫教學也由教學者的直覺，成為專業的研究場域。

　　本書的原著娓娓敘述以美國為主的讀寫教學與研究的歷史更迭，作者本著證據導向的精神同時，又以開放的態度慎思既有研究與未知面向，當眾人都只在「強調技能」與「強調意義」兩陣營二選一的期間，提出自己的平衡教學法作為折衷，過程也曾遭到誤解甚至扭曲。請注意，原作者的折衷並非一般各退一步的妥協，而是一種為了尋找真相而出現的融合模式，是有憑有據的論述。他不盲目採信任一陣營的宣稱，甚至走入教學現場針對傑出的教學進行研究，萃取出背後的有效成分，堅持說自己知道的事。最終，平衡教學法逐步獲得更多的認同，作者也完成這本鉅著，用他畢生的專業，直到命的最後一刻。該書可能比 National Reading Panel（2000）報告書更具有廣闊視野，而該報告書一般被視為具有相當的權威性。這本書的完成不僅是個別學者感人的專業精神，更是如何讓事實逐漸浮上來說話的科學範例。

　　原書作者 Dr. Pressley M. 是一位受過完整訓練的發展心理學家，1973 至1977 年在研究所階段就投入認知策略的研究——是現在閱讀理解策略的早期概念，終其一生投入閱讀發展與教學的研究與教育工作。我與原作者認識主要是在研討會多次的互動，相談甚歡，每次對話都佩服他的論述能力，當然偶爾也會輕鬆地聊到我們在博士班階段共同就讀過的母校，雖然我們年代間隔甚遠。最後一次甚至也提及邀請他到台灣訪問，無奈他那時候健康已經出現問題，僅答應以視訊的方式進行，但最後卻連視訊也來不及安排。

　　而我有幸也認識譯者曾世杰教授多年，曾教授對於早期閱讀教育與補救教學的投入程度，以及對於講求研究證據的專業態度與成就，都是國內的翹

楚。翻譯是件困難的事，尤其要翻譯一本論述如此細緻而且觸及面如此廣泛的書更是不易。曾教授的學養與孜孜不倦的態度，是不二人選。一本值得細細品味的書有一位夠格的學者認真的翻譯，當然要極力推薦。由衷期盼更多人閱讀本書，也帶出更多相關研究與實踐的啟示。

此版本有一位傑出的共同作者 Dr. Allington R. 加入之後僅作微調，更多的是增補新文獻，展現了珍貴的學術傳承。誠如作者所言，讀者可以只讀本書，或者將本書當成通往閱讀與閱讀教學領域的大門。

我曾經在不同深度的課程使用本書，學生反應相當好。我完全同意作者上述使用本書的態度，但是本書對於大學師培生或者實務人員可能偏難，建議授課教師可以進行一些調整，例如針對第一章內容可以僅指定學生閱讀特定的小節，教師則可以重點式補充多數的歷史回顧內容。本書也適合用在研究導向的課程，此時原著的許多參考書目就是很棒的延伸閱讀材料，當然也可以搭配 NRP 報告書部分內容進行比較與統整。

國立中正大學師資培育中心暨教育學研究所教授

曾玉村

譯者序：導讀

　　你拿到這本厚厚的書，你問自己，美國的書，對我有用嗎？

　　有沒有用，是看讀者的需求而定的。這本書在短短的時間內在美國多次再版，非常受第一線老師及研究者的歡迎。在台灣，我預計可以受益的讀者群有：

- 教國語文或英文的老師
- 在資源班進行語文補救教學的特教老師
- 讀寫教育及閱讀研究者
- 讀寫補救教學的研究者

　　此外，108 課綱強調素養導向教學，無可避免地讓各領域的評量題目愈來愈長，文字愈來愈多，閱讀力的提升因此成了各級學校課程改革的重點。許多學校的老師都組成跨學科的讀寫教學社群，想要提升現有的教學。問題是：各家說法不一，公說公有理，婆說婆有理，我們何去何從？其實，太陽底下沒有新鮮事，大家所討論的語文教學議題，如哲學理念、指導策略與教學法、低成就學生的讀寫困難、跨領域的閱讀、閱讀動機的提升、寫作、專家老師的作為等等，一直是學術界關心的主題。而這本書把將近四十年的學術界研究結果，做了脈絡清楚的整理，可做為讀者教學決策的參考。

　　因為書的確有點厚，而且用了些學術術語，以下容我先做一點背景的說明，包括我為什麼要譯這本書，也許有助於您後續的閱讀。

　　2006 至 2007 年，承國科會支助，我在美國維吉尼亞大學當交換學者一年，研究的主題是低成就及閱讀障礙學生的早期閱讀教學，重點在觀察美國國家政策、學術研究與教育現場間的聯繫。這三方面的聯繫正是台灣當時最缺乏的。

John Lloyd 教授幫我安排了一間儲放許多國小閱讀教材的研究室，從研究室走到教育學院的圖書館只需一分鐘時間，我還參與了系上的研究討論，如魚得水般進入教材、書本和期刊的環境。退休的小學老師 Pat Lloyd 安排我參訪多所美國小學，也有幸坐進許多優秀老師的教室學習；每天下午三點回到宿舍，五年級的子揚和二年級的子安放學回來，我要幫他們補強英文。而那時我在台東的弱勢閱讀補救教學實驗仍在進行，正在發展教材，我一篇一篇地寫出補救教材的課文。為了補充自行摸索的不足，我旁聽 Paige Pullen 博士開在師培學程的「讀寫教學」。這門課，所用的課本，就是您手上這本《有效的讀寫教學》。

那一整年，我所有的時間都泡在「讀寫教學」裡。除了學習美國人是怎麼做的，也回頭思索我們台灣是怎麼做的。比較之後，我覺得一個最根本的差異是方法論上的。現在美國的教育決策，從國家級的政策，到教室裡的教學決定，都非常強調證據或研究本位（evidence- or research-based），這也是本書兩位作者寫作時的基本態度。從美國讀寫教育的歷史脈絡來看，強調證據本位的決策，的確有助於美國處理爭議數十年的「閱讀戰爭」，而本書就是從這個割裂美國語文教育界的難題開始的。這本書的副標有「平衡取向」的字眼。「平衡」乃捨兩端、執其中的意思，這裡的「兩端」，指的是美國數十年來語文教育界嚴重對立而且衝突不斷的兩大陣營，本書的第三版和第四版（編註：指原書版本）對這兩大陣營的稱呼稍有不同：

第三版（Pressley 用詞）	第四版（Allington 用詞）
全語言（whole-language）導向教學 ⟶	強調意義（meaning-emphasis）教學
技能（skill-based）導向教學 ⟶	強調閱讀技能（skills-emphasis）教學

❖ 強調意義

強調意義教學取向最典型、最知名的例子就是全語言教學取向（whole language approach）。全語言支持者強調，只要讓孩子浸潤在有意義的語文環境中，兒童就可以自然而然地習得讀寫能力，千萬不能刻意去教孩子字母

和字音聯結的道理，因為那會讓有意義的篇章，斷裂成瑣碎、無意義的音節、音素和字母串，使兒童失去閱讀的樂趣及意義感。在典型的全語言教學環境中，老師只在需要的時候，隨機教導解碼的技巧，主要的教學活動，就是大量的語文活動，讓學生浸潤在高品質的文學作品或真實的報導說明文字中，並從事主動的、符合自己興趣的、真實的閱讀與寫作。

❖ 強調技能

從殖民時代起，技能導向的教學就是美國語文教育的主流。在技能導向的教學裡，讀寫被化約成許多小小的技能，教室裡教與學的目標，就是熟練這些被拆解的技能。它強調解碼，強調看字讀音，強調學習字母（串）與語音間的關係；台灣國中英語教學常用的「字母拼讀」（phonics）就是一種典型的技能導向教學。技能導向教學經常以大量練習幫助學生習得各種讀寫技能，從低階的各種拼字、文法、克漏字，到高階的閱讀理解策略，都是強調技能導向教學的重點。

此兩大陣營孰是孰非的爭議，在美國被稱為「大辯論」或「閱讀戰爭」。兩種說法南轅北轍，公說公有理，婆說婆有理，怎麼辦呢？美國人把這個太大、太久而且已經政治化了的爭議，化約成技術層次的問題──看看實證研究怎麼說。

近三十年，閱讀的科學研究備受看重，弱讀者及讀寫障礙者為什麼會有讀寫的困難？除了傳統在社會、心理及行為的層次研究之外，大腦造影工具的出現，更讓認知科學家對造成讀寫困難的認知歷程及生物致因有更清楚的認識（參見第 2 章），科學家漸漸了解了一般兒童的閱讀習得是怎麼回事，學術研究開始影響到學校的讀寫教育，最後影響到整個國家的決策。

1997 年美國國會責成國家兒童健康與人類發展研究院（National Institute of Child Health and Human Development, NICHD）邀請閱讀研究學者組成國家閱讀小組（National Reading Panel, NRP）。2000 年 NRP 提出近三十年實證研究的文獻回顧報告，指出什麼才是有效的讀寫教學法。根據這個報告，2001 年美國完成「沒有孩子落後」（No Child Left Behind, NCLB）法案立

法，強調主軸之一就是「證據本位（evidence-based）的有效教學」。該法案強調要用系統的（systematic）、明示的（explicit）教學法來教下列五個讀寫的成份：

- 音素覺識
- 字母拼讀
- 詞彙
- 流暢性
- 閱讀理解

這五個成份也就構成了本書的主要內容，像第 3、4、5 章講的就是音素覺識與字母拼讀，第 6 章談流暢性，第 7 章談詞彙，第 9 章談閱讀理解。

　　國家閱讀小組（NRP）2000 年提出報告所指出的有效的閱讀教學，幾乎一面倒地支持強調技能的教學取向。這個政策讓強調意義教學取向的支持者大為忿怒，攻擊迄今未歇。但許多強調意義教學的論者不接受科學檢驗的態度，一開始就落人口實，最後也提不出證據說明自己的優勢。在 NCLB 立法後，美國的教育政策離強調意義的教學法愈來愈遠，本書第 1 章對這段歷史有詳細的介紹及評論。

　　但本書作者並沒有對全語言做打落水狗的舉動。作者非常務實，除了涵泳於研究文獻，也看重現場實踐；他們不只強調理論，也不只強調實務，更強調實證研究對理論與實務的啟示。Pressley 最有名的幾個研究，都是進入教學現場，觀察專家老師怎麼教（想當專家老師嗎？請參見第 8 章關於專家老師的研究），再整理出有效的讀寫教學策略來。他發現人人說讚的優秀國小專家老師都是採「平衡取向」的折衷派，既強調系統、結構的技能教學，也儘量讓學生有機會浸潤於有意義的語文氛圍中。

　　作者要主張這種平衡取向的說法，到頭來可能兩邊都挨罵，需要相當大的勇氣，作者自己在序言裡也有提到這點。但作者看證據說話，因此站得住腳，不怕人罵。不但如此，本書並不完全照著 NCLB 的立法內容來寫書，還外加了幾個國家閱讀小組沒有提到的教學成份，如動機與讀寫的學習（第

10 章）。

這本書最棒的地方是每一章都有豐富的理論與實證資料，並以合於邏輯的順序整理，讓讀者可以很快地掌握這個領域數十年來研究的重點，及這些研究對教學現場的啟示。

以第 10 章的主題「讀寫動機」為例。作者先引大型的調查研究結果指出，兒童年紀愈大，閱讀的動機愈低落。為什麼呢？作者提出歸因論及社會比較的研究，來解釋低年級到高年級兒童動機的改變。指出了動機逐年低落的現象並給予合理解釋之後，再來就是「怎麼辦？」的問題。作者以六個小標題，整理出有實證基礎的提升動機的策略。不單是這些主要的策略，本章的最後一部分，還舉專家老師的具體作為，告訴讀者，在教室裡該做什麼、千萬不要做什麼等等。

這本書可以慢慢地從頭讀到尾，也可以依讀者的需要，一章章獨立來讀。例如，如果您想要提升班上學生的讀寫動機，可以只看第 10 章；如果想要提升學生的詞彙量或閱讀理解，可以只看第 7 章及第 9 章。為了讓讀者可以一章章獨立閱讀，我刻意讓某些內容相似的譯註在書中的不同章節重複出現，以利閱讀。我相信這種資料豐富的作品，對研究生也非常有幫助。一位研究生告訴我，他原來腦袋空空的，在看了第 10 章之後，他聯想到好幾個可以在台灣做的讀寫動機研究，一下子興奮起來。

原著第四版把本書所引用的實證研究更新為最近十年的研究。除此，第四版和第三版最大的不同，在於對全語言導向的觀點。前一版的第 1 章，Pressley 鉅細靡遺地介紹全語言的信念與實證研究之後，以相當不客氣的口吻批判全語言論者的謬誤與不可溝通之處。但在這一版裡，許多 Pressley 的評述被拿掉了，第二作者 Allington 還把「全語言導向」這個備受爭議的名詞改成「強調意義導向」，我覺得有些道理。因為有許多的教學法，雖不以全語言為名，理念及實務卻都有全語言的影子，用「強調意義導向」這個詞涵括面較廣，也把一個具體的標的，改換成一種取向。當然，這也失去了一些原汁原味的評述。對閱讀教育史有興趣的讀者，可以到圖書館讀前一版書的第 1 章，能更仔細了解到全語言閱讀教學取向的是是非非。

最後，我沒想到譯這本書會這麼辛苦，譯到後來除了總是頭昏眼花肩膀痠痛之外，其實心裡也滿難受的——本書最強調的語文教學實證研究，正是台灣語文教育界最貧乏的領域。我們不但做得少，好像也沒有察覺自己的貧乏。

教育界人人都有「理論與實務結合」的理想，但是，只強調「理論」與「實務」，經常會面臨一個問題——當不同的理論指出不同的方向時，哪一個理論才是對的？或者是比較對的呢？

因此，這本譯書除了有其實用價值外，在研究上，我也希望它能給台灣所有關心讀寫教育的夥伴們，有具體的例子可以去想像，怎樣進行相關的研究，把我們的語文教育做得更好。

最後我要感謝我的幾位學生和助理，張毓仁、黃馨誼、羅小凡及洪怡君，他們以合作及接力的方式協助我，讓我節省了許多時間。也感謝心理出版社陳文玲的專業編輯，謝謝柯華葳及曾玉村兩位教授幫此書寫推薦文。譯書工程繁複，錯漏難免，還請行家好友多予指正。

曾世杰

第四版前言 *

　　我早在 Michael Pressley（Mike，第一作者）尚未到紐約州立大學亞本尼校區任教的許多年前就認識他了，但是，一直到他進了這所大學之後，我們才成為朋友及合作夥伴，一起在國家英語學習與成就研究中心（National Research Center on English Learning and Achievement, CELA）做研究。我們透過 CELA 的主辦業務，一起發展、執行一個小學一年級和四年級典範教師的國家型研究。當我們開始蒐集小四研究的資料時，Mike 轉至聖母大學（Notre Dame University）任教，因為他那時生病了，就把研究交給我，由我完成。我那時又找了 Peter Johnston 加入計畫，他剛結束休假研究，從他的母國紐西蘭回來。結果我和 Mike 與 Peter 一起做關於典範教師的研究，這五年的合作，改變了我在有效教學研究的生涯和眼界。

　　我生涯中主要的部分都聚焦在對讀寫困難者的教學介入研究，對象有什錦型的閱讀困難者，也有已經被標記為學習障礙的兒童。我可以說，在典範教師研究之前，我在讀寫困難這議題上已經精疲力竭，投入這麼多年，卻沒有看到讀寫困難兒童的未來有什麼改變。我常在懷疑，為什麼這些好意的人們想幫助閱讀困難者時，卻總是選了很爛的設計？吸引我去做典範教師研究的原因是，我偶爾會觀察到有幾位教師，他們解決了閱讀困難兒童的問題，並且把他們的閱讀能力帶上來。這幾位教師是去哪裡學的？他們是怎麼辦到的？怎樣在現行學校體制（似乎總是和老師和他們閱讀困難的學生作對）下辦到這一切？

　　那段期間我們有許多學習。我們學到最重要的事也許是，這些在貧窮學校任教的真正有效能的老師，能確確實實把每一個孩子教會閱讀。我們終於

---

* 編註：指原著第四版，即中譯本第二版。

不必再仰賴對單一高效能教師的個案研究，因為我們已經有了分布在全美國六個州的多位高效能教師個案。此外，這些老師的教學方式和他們的同事非常不同，你會在本書第 8 章看到這些有效能的老師，知道他們是怎麼教的。在第 10 章，你還會再度讀到他們，那章的主題是閱讀動機。

我們學到的第二件事是，這幾位老師的教學是有良好平衡的——他們將明示的技巧教學融入很棒的文學作品裡，並讓學生有機會與同學分享他們正在進行的閱讀與寫作。認識 Mike 的朋友都知道，至少 Mike 在進行典範教師研究之前，是大力提倡明示技巧教學的，而典範教師研究把他拉到一個講平衡的讀寫教育觀點。Mike 當時不但要做許多資料蒐集及資料詮釋，還需要廣泛閱讀、進行影響深遠的討論，從這些工作裡，Mike 發展出他關於平衡式閱讀教學的觀點。這個典範教師的研究，為平衡、有效能的閱讀教學增添了更多的支持證據。

Mike 寫這本書的前三個版本時，還不需要我的協助。我現在能成為本書的共同作者，覺得光榮，但還真希望他現在仍然與我們同在，這樣我們的討論就會持續，雖然場面看起來好像在吵架，一直到修正版完成。本書的第 1 章，我做了大幅修改，原先第 1 章的焦點在於全語言運動的優缺點，而新版在這一章則簡短討論了「強調閱讀技能」（skills-emphasis）與「強調意義」（meaning-emphasis）兩陣營間在前一世紀反覆發生的爭辯。我相信 Mike 從讀到 Dahl、Freppon、McIntyre、Morrow、Routman 和其他人的研究之後，立場開始往平衡式的讀寫教學移動。如他在第三版裡提到的，在社群要求初始閱讀教學要植基於科學化證據的呼聲中，這篇研究經常被忽視，大家視而不見。本書的其他章節大都保持原來的樣子，但增添了最近重要的研究發現。我也決定保留 Mike 第三版的前言（稍微刪節一點），因為它說明了本書的緣起與目的，而且它述說的方式只有 Mike 才辦得到。

對我來說，我最難忘懷曾與 Mike 共度的時光，是我們在華盛頓特區舉辦之教育作者協會（Education Writers Association）的聯合發表會。我們兩人搭配、Louisa Moats 和 Marilyn Adams 搭配，兩邊針鋒相對。她們二人主張明示的解碼教學，而 Mike 和我則主張一個比較不那麼狹隘、「強調閱

讀技能」與「強調意義」兩種教學取向有較佳平衡的架構。Mike 提議他先講，再來是 Adams，我第三，Moats 押後。在 Mike 結束了他的簡短演講之後，其他三人都陷入了困境。他講得太好了，把如何將明示的解碼課程融入豐富的故事和自創寫作講得絲絲入扣，我根本無法確定聽眾是不是還有專心聽我們後面三個人講的內容。

那是另一個我希望 Mike 今天仍與我們同在的原因。在以證據支持有效能的平衡式教學上，他的聲音無可取代，而我只是他的替身。雖然如此，我是那個被選擇來為《有效的讀寫教學：平衡取向教學》進行改版的人。我很努力地要把更多最近的研究加進來，而且想繼續形塑 Mike 十幾年前開始的主張。我希望讀者會覺得這本書是有趣的，而且在開創有效能且平衡的讀寫教學教室時，覺得它是有價值的。

Richard L. Allington

第三版前言 *

　　這是一本關於有效的小學語文教學的書，所有想知道「小學語文教學該怎麼進行？」及「這些教學作法有沒有研究根據？」的人，都是我預設的讀者。包括語文老師與語文專家、重視讀寫並協助他人在職教育的人、師資培育者、研究生、關心小學語文教育的政策決定者以及家長。簡言之，本書寫作的對象相當廣，我試著以友善、可以了解的文字，對初始閱讀做相關的研究文獻回顧，讀這本書的人，不需要具備閱讀研究的專門知識。

　　本書強調的是平衡觀點（balanced perspective）的讀寫教學，而不特別強調「全語言」（whole-language）或者是「技能優先」（skills-first）的教學取向。平衡讀寫的教師能夠結合全語言與技能教學的優點，他們的教學表現會超過兩種教學加起來的總和。1990 年代中期，我在寫本書第一版時，在讀寫教學上採取這種平衡取向的觀點，是和當時的文化氛圍背道而馳的。那時有許多人強烈地認同「技能取向」或「全語言」；我的書卻強調中道，認為比較好的讀寫教學必須包含這兩種看法。這種說法惹惱了對峙中的兩邊陣營。我經常聽到有些指控說，這種平衡取向的說法只是全語言的偽裝，這樣的批評顯然來自於技能取向教學的狂熱分子。同樣地，我也常聽到平衡取向只是技能教學的偽裝的說法，這樣的抱怨明顯是來自一些全語言的提倡者。當然，我自己認為兩邊的批評都扭曲了我的立場。我的立場是，平衡式讀寫教學必須包含技能取向的教學及全整式（holistic）的學習機會。在這個信念下，我希望老師們能被充分告知如何教導閱讀技能，以及如何執行全整式的讀寫經驗教學。

　　不幸的是，比起第一版出版的時候，現在的消費者可能更容易受到市面

上出版品的誤導，以致誤解了平衡式讀寫教學的本質。只要上網看看，有關平衡式讀寫教學的書不可勝數。我讀了不少這樣的書，但我的感覺是，這些書經常強調的其實是技能教學或是全語言觀點的教學，而不是平衡取向的教學。我常聽到有人指控：「平衡取向的教學只是技能觀點（或全語言觀點）的煙幕」。但這種說法似乎已經刺激了某些作者，就真的掛著平衡取向的名義，為某一陣營立場來建構這樣的煙幕；看來那些指控似乎是自我驗證的預言。相對地，我要在這裡強調，技能教學和全整式的教學只有在同鞍共轡的情況下才會有最好的表現。2005 年我撰寫本書第三版的時候，已比起八年前我寫第一版和四年前寫第二版時，得到更多認同。

在讀這本書之前，我要給讀者一些忠告。在第一版和第二版出版後，我一直和許多老師互動，這些朋友花了許多時間讀這本書。他們跟我說，這本書他們讀了又讀，每次都發現新的意義。雖然，我把平衡式教學最主要的概念說得很清楚，但在文章的字裡行間，我還穿插一些訊息，希望能促進大家在讀寫教學和研究的議題上有一點思考。我的忠告是，你要有心理準備，在你讀完這本書之前，也許這本書的裝訂就已經脫落了。我很確定在網路上賣舊書的網站，很難找到本書乾淨、牢固的二手書。

對寫作的人而言，也許最常聽到的忠告就是「寫你自己知道的事情」。這本書就是在寫我所知道與我所相信的，內容都根據我對閱讀研究與閱讀教學的詮釋而寫，也根據我作為一個閱讀教育研究者活生生的經驗來闡述。我要在此「前言」中綜覽我過去的這些經驗，因為這樣也許可以幫助你了解，為什麼本書會採取平衡式教學的立場。

❖ 我自己就是一個發展中的讀者

本書的許多結論，和我還是學生時的學習經驗絕對有關。我成長的家庭看重閱讀，總是充滿了現在所稱的「讀寫萌發經驗」（emergent literacy experiences）。小時候，我家裡所提供的刺激對於學前讀寫發展來說都是最好的，本書第 4 章還會再談。

我在 1957 年秋天入小學後，開始接觸 Dick、Jane 和 Sally 的一系

列教科書。他們三個小朋友已經成了代表美國二十世紀中期的文化表徵（Kismaric & Heiferman, 1996），而我從小學一年級入學開始，就經由這一系列教科書的方法在學全字法（whole-word）。但是，我小一的老師 Lindley McKinney 女士在 1995 年寫信告訴我，她其實並沒有完全照全字法的方式來教學，因為她加了許多字母拼讀（phonics）的教學活動。她的記憶和我的回憶是相符的，我記得上課有許多要看字讀音的活動，而且有很多對字詞裡語音的思考。從這些個人經驗，我學到有效的教學未必要完全和某一方的觀點一致，有效的教學有可能是不同觀點的混合物，這也是本書主要的結論。

雖然，我在小一的時候學得閱讀解碼，而且學得還不錯。但在一年級以後，我不太確定自己在閱讀時是否有好的閱讀理解力。例如，在初中時，我對中學教科書的作業因應方式是，一讀、再讀、三讀。這也是現在許多高中生所用的策略（Wood, Motz, & Willoughby, 1998），甚至有很多學生進大學後也是這樣讀（Cordón & Day, 1996）。這種策略糟透了，而且很花時間。也因為如此，那時我對學校、成績和考試感到特別焦慮。例如，初中時我修了一門大學預修英文課程，老師要求我每星期讀一本書，我都有讀，但我必須承認，我實在很害怕老師會針對這本書來小考，因為我真的難以了解並記住書裡寫的東西。

我初中和高中的時候，學校有教一些理解策略，像是 SQ3R（Survey、Question、Read、Recite、Review；瀏覽、提問、閱讀、背誦、複習）的策略（Robinson, 1961），這個策略包括先瀏覽過文章，再根據篇名、標題和圖案來問自己一些問題，然後開始閱讀背誦，最後再做複習。這些策略似乎不容易執行，我的理解和記憶也當然沒有明顯的進步。在那時，我就認為應該要有更好的策略才是，事實上真的有，在本書第 9 章我就會談到。

我在大學階段發現了先備知識（prior knowledge）的重要性。我在西北大學（Northwestern University）的第一年，學校功課要求特別嚴格，我幾乎無法在選修的課程裡跟上其他同學。因為他們在這些科目上的背景知識比我強多了。但在先備知識上，我也有我的優勢。高中時，我在化學科目有充實

的經驗，所以相較於其他同學，大一化學對我來說容易多了。大一結束，我就明白了背景知識對於了解和學習的重要性。這樣的領悟來自於在某些科目，相對於別人，我的背景知識是不足的，但在其他科目，我的背景知識強過他人。本書許多部分會談到背景知識的重要性，因為它對閱讀理解有重要貢獻。

大學時，我開始使用閱讀及學習策略，通常是向同學學的。在大學後幾年，我終於變成一個能夠善用閱讀策略的讀者。我花了相當長的時間，才讓自己閱讀策略的使用可以發展到目前的程度。進入中年之後，在我特別熟悉的領域，因為具備豐富的先備經驗，所以可以快速閱讀。我學會了略覽書籍，並讀得很快，可以避開文章中我早已知道的細節。我在讀的時候，總是想把我正在閱讀的材料，與我的先備知識和信念連結在一起。而且我清清楚楚知道，自己主動地在尋找比對，到底我所閱讀的內容和我過去先備知識有何相同及相異之處。對我可能有用的章節，我會特別注意及仔細閱讀，這樣我才可以了解並記憶。在中年職涯過了一半之後，我成為一個技巧熟練的讀者，可以很有信心地與他人溝通我在書中所讀到的內容。作為一個研究閱讀的學者，我知道大學生能夠把策略性閱讀做得很好的實在少之又少。他們需要多年的閱讀經驗，才能發展閱讀的能力。我們將在第 2 章談到這點。

❖ 研究之路：閱讀與閱讀教學

我在學術界的經驗，對本書的構想有重大影響。過去心理學的背景，影響著我的思考，尤其是發展心理學和教育心理學。這些心理學領域的準備，讓我能夠執行閱讀與閱讀教學的實驗分析，也能夠讓我的技巧有所改進，並且看到閱讀領域的新議題。本書回顧了來自不同領域的研究，這些研究應用了不同的方法學，這都跟我個人研究的多樣性有關。

大學及研究所心理學教育

1969 至 1973 年，我在西北大學唸心理系。大四時修了一門高級榮譽論文寫作，為了完成這份論文，我大四的時光大都花在伊利諾州埃文斯頓市的

許多學校裡。那時，埃文斯頓市的學校有很多革新在進行，這個經驗讓我看到研究的重要性，並且知道教育界各種不同的學術觀點。我在埃文斯頓市這些學校的日子，引發了我對教育的終身興趣，而且想知道研究如何幫助正在受教育的兒童。

1973 年 8 月，我開始了在明尼蘇達大學兒童心理學的博士學位。感謝附近十校聯盟的協議，讓我能夠在威斯康辛大學麥迪遜校區的教育心理學系修習我博士的課程，並且在那裡做了兩年研究。1977 年，我得到博士學位，從那時開始我就一直參與一系列相互關聯的學術界合作，這些經驗讓我對寫這本書有了適當準備。

人類發展與教學的研究

在研究所的日子以及畢業後幾年，我的研究都關於自然的策略發展和策略教學。我得到的最主要結論是，非常精緻的心智策略需要多年的發展才會成熟。但是，我也發現有其他的研究支持一個說法──即使是低年級的小朋友也能被教會一些策略，如果不教而讓他們自然發展，就會耗費多年。亦即，在我早期的學術生涯中，我就發現策略的自然發展經常是緩慢且不確定的。但若經由教學，這些發展會較快較好。我在本書的第二版，剛好有機會回顧那時所做的研究（Pressley & Hilden, 2006）。

對熟練性閱讀的研究

好的發展研究者都知道，若想要了解發展，最重要的是，你必須先了解正在發展的特質或能力是怎麼回事。許多研究者就聚焦研究各領域專家的表現，這方面的研究非常有用，讓我們知道在發展的過程中，應該看重哪些因素。1990 年代早期，我和學生找了幾位大學教授，讓他們朗讀自己專業領域的文章（Wyatt et al., 1993）。那個研究的結果和其他放聲思考的研究一致，Peter Afflerbach 和我在《閱讀的口語原案》（*Verbal Protocols of Reading: The Nature of Constructively Responsive Reading*）中曾有所評論（Pressley & Afflerbach, 1995）。在那本書中的例子和本書第 2 章的評論

裡，我們指出特別熟練的閱讀是非常主動的閱讀，從閱讀前一直到閱讀後的結論都非常主動。閱讀期間的活動可說是策略性的反應，讀者啟動了與主題相關的先備知識。Pressley 和 Afflerbach（1995）把這樣特別優越的閱讀，稱為建構式反應閱讀（constructively responsive reading），因為優讀者總是不斷地嘗試建構出意義。他們建構意義的活動和他們讀到的文章構想是一致的，而他們的反應會受到先備知識非常大的影響。

本書的立場是，建構式反應閱讀的發展是閱讀教育的適當目標，在小學階段就可以開始教，特別是經由理解策略教學來達成（第9章）。我們必須教小朋友理解策略——這樣的立場，主要是從我的閱讀教學研究而來。那項研究也促使我開始思考初始閱讀的教學，思考的內容除了策略，當然也包括如何教導解碼。

對小學專家老師的研究

我的研究中最廣為人知的是，閱讀理解策略的教學與兒童理解技能的發展。我進行研究的方式，是找到閱讀理解教學特別優秀的學校，實地了解有效教學的本質。本書第9章提及許多這方面的發現，都是在這個系列的研究得到的結果。

關於理解教學的研究結束後，我進入小學，研究讀寫成就特別好的班級。小學的研究和中學的研究是互補的。我們試著描述什麼是有效的閱讀教學，第8章將詳盡討論我們在小學及中學所得到的結論。

我開始接觸傑出教學時，是抱著開放的心態進入現場。而在許多互動之後，我的心靈收穫滿滿，而且知道好的教學應該是什麼樣子。我對這些優良老師心存仰慕，感激他們願意讓我進入教室，觀察他們的一言一行。當我想到我在這些傑出老師的教室裡面工作時，我想起西北大學的校訓，也是我大學時的座右銘：「凡是真實的、可敬的、公義的、清潔的、可愛的、有美名的，若有什麼德行，若有什麼稱讚，這些事你們都要思念」（腓立比書4章8節）。這是非常好的忠告，尤其是關於教學的研究。與其悲嘆壞的教學，倒不如藉著研究好的教學，可以讓我們學到更多。本書中，我詳述了這樣的

教學觀點。

當你在本書中讀到對這些優秀教學的描述時，請把掌聲歸於老師。我非常感謝有這樣的機會能夠把他們的事蹟寫出來，這是我和多位研究生共同研究的結果，包括 Pamela El-Dinary、Rachel Brown、Ruth Wharton-McDonald、Alysia Roehrig、Lisa Raphael、Kristen Bogner 和 Sara Dolezal，他們都是我工作上的重要夥伴。這些傑出老師和研究生，幫助我去形塑一個對平衡式小學讀寫教學較完整的觀點。我們非常努力，但學生和我總認為這樣的工作實在太有趣、太愉快了。我們觀察的某些傑出老師，後來不但成為文章的共同作者，也變成我們的朋友，我們因此覺得非常光榮，我感謝可以和一群這麼棒的人一起工作。

站在前人的肩膀上

作為一個研究者，我隨時都在關心相關研究的進展（Kiewra, Cresswell, & Wadkins, 1997）。研究生涯從頭至此，我一直都仔細探討閱讀和閱讀教學中最重要的觀念和實證研究（例如，Pressley with McCormick, 1995; Pressley, Woloshyn, & Associates, 1995）。這樣的努力有助於各章結論的撰寫。

發展閱讀教材

除了研究和學術寫作之外，1991 年我加入了一個團隊，開始發展一套小學的閱讀教學課程。透過與多位共同作者的互動，包括 Marilyn Adams 和 Carl Bereiter，讓我對閱讀教學的本質有了更清楚的認識。這個經驗特別讓我對解碼教學等許多議題有了敏感性，也更了解全語言和字母拼讀教學之間的緊張與辯論。

❖ 本書的沿革與宗旨

1994 至 2004 年間，我在北美進行一系列的演講，本書的許多部分是那些演講的內容擴充而成的。當時我是國家閱讀研究中心（National Reading Research Center, NRRC）（1992-1997）及國家英語學習與成就研究中心

（CELA）（1997-2000）的主要研究員。兩個中心的資助均來自於美國教育部的教育研究與進步辦公室（Office of Educational Research and Improvement, OERI），我非常感謝 OERI 給我研究經費的資助。我也感謝馬里蘭大學（1989-1993）、紐約州立大學（1993-1997），在這兩所大學任職時，我完成了本書初版的構想與寫作。本書的第二版，要感謝聖母大學的慷慨協助，1997 至 2002 年我在那裡任教。2002 年，我轉任密西根州立大學，我和同事們得到學校的資助，成立了讀寫成就研究中心（Literacy Achievement Research Center, LARC），在那裡我完成了本書第二版的修訂。

本書在 1998 年問世之後，許多讀者告訴我，這本書的內容既可信又有用。除了聽到這些讚美之外，我也很仔細傾聽讀者對我 1998 年和 2002 年版本持保留之處，以及他們提到我書裡未論及的部分。根據這些回饋，我重新思考這些議題，並將之呈現在後續章節裡。我希望能和大家談談前兩個版本的問題，但我自己身罹重病，無法花更多時間與讀者互動。這些讀者對平衡觀點的熱情，讓我知道我努力活著是值得的。我的確傳遞了一個值得分享的訊息，而這訊息對學生的讀寫教育造成重大的改變。當我寫第三版草稿時，我正在接受第四期癌症的治療，我希望自己能撐得過去。我期待能與從事教育的夥伴針對本書交換意見。

生病其實也有一些好處，就是我比較有機會坐下來讀新的書和新的文章，並做回應。2002 年的版本之後，有好多關於讀寫教育的文章出版了。因此，本書做了重大的更新。我寫完前兩個版本之後，學術界有一個很重要的發展是，《閱讀的科學研究》（*Scientific Studies of Reading*）期刊有了成功的表現。許多這本書所加進來的新資料，是來自該期刊以及《教育心理期刊》（*Journal of Educational Psychology*）。1997 至 2002 年，我身為《教育心理期刊》的主編，很高興讀寫研究在我任內明顯地增加。讀寫教育在現任主編 Karen R. Harris 手上，仍是主要的關切議題。

簡言之，在本書 2002 年的版本完成後，有許多關於讀寫教育的好文章出現。而本書仍然強調證據本位的寫作，並持續納入讀寫教育中的最新發現。我根據過去四、五年的最新研究，把每一章都做了更新，也更新了前幾

個版本裡對幾個研究的反思。即使這麼看重學術研究，我並不認為平衡式讀寫教學是可以在大學的研究室裡培育出來的，而是由每位老師下定決心才可以辦到。不但如此，我相信每個學校都可以決定，要不要走平衡式教學取向。本書所介紹的好老師，花了很長時間建構了自己的平衡式教學世界，而且和研究中所指的最佳讀寫教學實務非常一致。因為平衡式讀寫教學是個別老師建構出來的，並非用於一般學校改革的作法，它不是可以外購的套裝教學課程。當然我這樣說，並不是要反對全面性的改革，或以商品化的方式來推廣平衡式教學。事實上，令我印象深刻的是，每一年都看到一些新的證據。這些證據指出，許多全國性的重要教育改革努力對美國學生都有正向的衝擊，例如閱讀復甦（Reading Recovery）方案、佩里學前方案（Perry Preschool Project）、Abecedarian 方案、高品質的啟蒙計畫（Head Start）和 Title 1 早期介入的嘗試，以及 Success for All 教育方案（例如，Arnold & Doctoroff, 2003; Borman & Hewes, 2002; D'Agostino & Murphy, 2004; Datnow, Borman, Stringfield, Overman, & Castellano, 2003; Reynolds, Ou, & Topitzes, 2004; Reynolds, Temple, Robertson, & Mann, 2002; Zigler & Styfco, 2004）。這些計畫的效果雖然不像提倡者所預期的那樣好，結果也不穩定；但在大眾的眼裡，整體看來是樂觀的、正向的結果。

　　談到全國性的學校改革努力，我必須提一下，自從本書前一版出版之後，我持續參與一個全國的小學語文教科書編寫。我總是盡可能去鼓勵使用這套教科書的人，在閱讀技能教學和全整式讀寫經驗中取得平衡。我呼籲所有發展教材和教學資源的人也要做同樣的事情。盡可能地鼓勵大家，使用本書所強調的平衡式教學。平衡式的讀寫教學是最棒的語文老師所使用的教學，也是最棒的課程發展者和學校改革者所應採用的教學策略。

　　本書 2002 年的版本之後，我一直對國家閱讀小組（National Reading Panel, 2000）的報告及其促成的課程立法方向〔就是「沒有孩子落後」（No Child Left Behind）立法中，「閱讀優先」（Reading First）的部分〕，提出學術性的討論。國家閱讀小組在方法學和觀念上都非常狹隘。他們只看重真實驗與準實驗研究，許多非常傑出的研究都被排除在其報告之外。更讓人困

擾的是，他們選擇的教學文獻，只限於音素覺識、字母拼讀、閱讀流暢性、詞彙和閱讀理解，因此排除了其他重要議題（例如，寫作和寫作對閱讀的效果、在閱讀教學中使用文學作品、閱讀動機等議題）。結果，全國性的閱讀教育方向所談到的閱讀技能取向狹隘，且排除了許多重要的東西。許多傑出的學者已經對專案小組的報告和閱讀優先計畫的缺點提出明確的批評，尤其在初始閱讀教學上（例如，Allington, 2003; Cunningham, 2001; Pressley, 2002; Pressley, Duke, & Boling, 2004）。愈來愈多人認為，閱讀優先計畫只是一小部分政策決定者的狹隘觀點，而不是在初始讀寫教學上深思熟慮的思考結果（Miskel & Song, 2004）。雖然如此，國家閱讀小組和閱讀優先計畫強制性地造成了本書的一個改變——應該是好的改變：本書前兩個版本已經討論了音素覺識、字母拼讀法和閱讀理解，現在這本最新版包含了新的兩個章節，是閱讀優先計畫談到、但前兩個版本未提及的：第 6 章談閱讀流暢性，第 7 章談詞彙的教學。加入了這些素材，本書的安排在專業的角度上是有意義的。

因為，本書的內容最早來自於一系列的演講。書裡的想法已經面對過許多讀者的質疑。我想這本書就像 Marx 兄弟的喜劇電影，他們的電影好笑的原因是他們先在馬路上試過了，Marx 兄弟從觀眾的反應受益，僅在最後的電影版本裡留下好的材料。我的情況非常類似，我曾經對我的聽眾提出許多有關閱讀與閱讀教學的想法，從聽眾對我提出的建議中，可以很清楚地知道哪些對他們而言是可信可用的，這就是我放到這本書裡面的材料。我的目標是要寫這麼一本書，要在閱讀和閱讀教學上有豐富的資料，且能引起讀者的興趣，如同 Marx 兄弟一樣。我把這判斷交給讀者，你可以決定我是否成功做到這點。

你可以只讀這本書，但如果把它當成一道通往閱讀及閱讀教學領域的大門，也許更為有用。可能會有人抱怨書中有太多括弧、引用太多文獻，這會中斷閱讀，讓讀者分心。我其實有試過其他方法，例如用註腳來標註文獻，但效果不如預期。我傾向於在寫書時提供比較多的參考文獻，因為我的經驗告訴我，對小學閱讀教學感興趣的人會想要更多的資訊，特別是哪裡可以找

到他們認為較關鍵的訊息。因此，我在每一章都提供了參考文獻，由於我發現有些讀者僅對某些章節感興趣，所以我寫作時是希望每一章對全書都有貢獻；但如果讀者只對某些章節感興趣的話，我也希望每一章都是可以單獨閱讀的。在結束「前言」之前，我要指出，本書各章所提的閱讀成就是客觀的測量值，對政策決定者而言，這些才是有效教學成功與否的指標。但是，我認為應該還有其他方法可用來思考這樣的教學是否讓生活更好，會優於只聚焦在測驗分數上的思維。

同事們和我一直都發現，在有效的讀寫教育環境裡，學生學會如何學困難的材料，他們不但做得很好，而且也學得很**快樂**。更讓我們訝異的是，不像教學效能較弱的老師，有效能的優秀老師幾乎不花什麼時間在班級經營上。亦即，為什麼要提倡有效能的教學？理由之一是學生投入學習的熱切程度（見第 10 章），這樣的投入使班級裡的關係更為和諧。我們經常發現自己希望有更多的兒童可以享受到這樣的班級，其實不完全是為了提升學業成就，也是因為這些教室提供了溫暖、美好的環境。當老師成為絕佳的讀寫教師時，他們似乎也成為孩子生命中的和平使者。

讀了這本書後，如果你覺得它引人入勝，我會很高興。但可別忘了，本書講的這些想法，在於小學付諸實行之前，還有太多研究工作與實務工作需要去做。我希望會有人暗下決心，想要藉由持續的探究來不斷修正教學執行上的細節。我期待能再修訂這本書，也許在五年之內吧！希望那時許多的修訂都已經就緒，因為學術上的努力，也因為有效閱讀教學的廣傳，更因為我們經由像藝術般的教學，兒童的讀寫發展得到了持續性的檢討與評量。

Michael Pressley

編註：本篇文章附有參考文獻，請上心理出版社網站的下載區下載使用。詳情請參見目次頁最後一頁有關文獻下載的說明。

Chapter 1

強調閱讀技能、強調意義，及平衡取向的讀寫教學：歷史回顧

　　這些年，小學階段的讀寫教學議題廣受各界注目，原因有三。第一，主要是因為今日的公民被訊息洪流淹沒，而大部分的訊息，都以文字的方式呈現（報紙、雜誌、部落格、網站等）。第二是因為今日要能在社會或市場上存活，就必須重度依賴讀寫的公民力（literate citizenry）。第三也是最後一個原因來自跨國的證據：和其他工業化國家比起來，美國學生的學業表現名次漸漸滑落，看起來這和其他國家學業表現進步較快有關，閱讀成就尤然。尤其是年紀大一點的學生（十二年級），從 1982 年開始，美國學生一直表現平平。

　　有些人主張，前一世紀中，學生的閱讀技能有所退步，但和這個論點相反，研究證據乾淨俐落、壓倒性地指出，當今學生的閱讀能力優於過去任一時間點，而且國際評量所報導的學業表現低估了美國學校和老師的生產力（Carnoy & Rothstein, 2013）。同時某些國家的學生正在以比美國更快的速率提升他們的閱讀力。因此，我們可以觀察到，在新的共同核心州際標準（Common Core State Standards, CCSS）中，期待學生能閱讀的篇章及新式的評量，愈來愈具挑戰性。美國教育者面臨的任務，即在於改善學校所授讀寫課程的品質，好讓幾乎所有的學生可以達成新的、具挑戰性的讀寫標準。

　　本書最主要的訊息在於，我們比過去知道更多的有效能的讀寫發展，知道更多的有效讀寫教學。事實上，看起來好像我們對於如何讓所有學生在一年級期末時發展出該年級應有的閱讀能力，已經知道得夠多。在寫這本書的

第一版時，教育學者們正深陷所謂的「閱讀戰爭」。但從現在看，除非還有人要刻意去看仍深度執迷兩造中的任一方，否則那些戰爭早就被我們拋在腦後。當然還有些人仍然主張他們偏愛的讀寫教學取向，有些人藉著他們推廣的產品賺錢，另有些人投入整個生涯來鼓吹某種教學取向，以延續他們長期來的倡議。

　　哪一種教導兒童讀寫的方法「最好」？這樣的辯論早在一個世紀以前就開始了，那時普及教育才剛成為常態。一旦大多數學齡兒童都能上學，對較佳讀寫方法的質疑就出現了，成為聚光燈焦點。1920 年代，各種商業出版的讀寫課程發展快速，提供教育者各種取向的讀寫教材。這些多樣化選擇的發展，導致了「哪一商業出版課程對兒童最好」的爭論。

　　美國第一本關於讀寫教學歷史的著作出版於 1934 年，在 1965 年又被重編、更新資料。這本《美國讀寫教學》（*American Reading Instruction;* Smith, 1965）對過去至 1965 年期間各種的讀寫課程提供了一個相當完備的檢視。讀這本書時，讀者很容易就能看出「何者為最有效的讀寫教學」議題下，各陣營間的緊張關係。當時的美國學校系統開創了一個可觀的讀寫教材市場，數以百計的讀寫課程被產出，賣到學校，而這些讀寫課程都可以歸類到一個連續軸向的不同位置，一端的盡頭強調閱讀技能（skills-emphasis），另一端的盡頭則強調意義（meaning-emphasis）（見圖 1.1）。

圖 1.1　讀寫教學取向的連續軸向

　　強調閱讀技能這一端的標籤，還有其他名稱。有些人稱它為**由下而上**（bottom-up）**取向**，另有些人稱它為**強調符碼**（code emphasis）**取向**，但後者的用詞太過狹隘，把這類的教學取向侷限在解碼技巧，這會讓人忽略了閱讀理解及詞彙的發展。因為發展精熟的解碼技巧有其研究基礎，也因為閱讀理解和詞彙發展都有類似的基礎，我們採用「強調閱讀技能」只因為選用解碼明示教學（explicit instruction）的同一群人，也偏好明示的閱讀理解和詞

彙教學。從強調閱讀技能的架構出發，老師們必須明示地教導各種技能，以幫助兒童成為閱讀者。強調閱讀技能的這些人們有一張清單，列出各種特定的、老師該教、兒童該學的技能。這些技能可提升閱讀發展，所以需要廣泛的教學與練習，甚至是孤立的練習。在強調閱讀技能取向中，驅動課堂的，正是這個「技能」架構。

我們稱呼另一端的標籤為**強調意義取向**，有些人稱它為**由上而下**（top-down）或**全語言**（whole-language）**取向**。不論要精熟的成分是解碼、理解或詞彙，這端的支持者主張教學要從「全整」（whole）開始，而不是從組成全整的「部分」開始。以閱讀來說，這經常意味著老師要從篇章講的故事開始教起，或從學生講的、由老師記錄下來的故事開始。倡議者認為，如果我們真要聚焦在技能上的話，必須先把「全整」帶入，才可以聚焦在技能上。即使要教「技能」，最好是在故事的文脈裡教，而不是孤立地教，也不是在習作或練習本裡教。透過廣泛的、最少指導的閱讀練習，兒童就會成為讀者。在過程中，他們自然會達成所需要之各種技能的精熟度。在強調意義取向中，驅動課堂的，是兒童想要了解的「文本」本身。

在連續軸向的中間，我們放上了平衡式讀寫教學取向。把它放在中間，是因為我們所謂的平衡取向，採用了早期和明示解碼教學潛能的研究證據、明示理解策略教學的證據，然後將這些證據與強調意義取向的教學混合使用。這也就是國家研究諮議會（National Research Council, NRC）在《預防幼兒的讀寫困難》（*Preventing Reading Difficulties in Young Children*; Snow, Burns, & Griffin, 1998）報告裡的建議。

平衡式讀寫教學也許最能解釋為什麼一年級的典範老師在教導所有兒童閱讀時，會這麼成功（Pressley, Allington, Wharton-McDonald, Collins-Block, & Morrow, 2001）。您將會在第 8 章讀到更多教室裡的一年級典範老師及他們提供的啟示。但在討論平衡取向讀寫教學之前，讓我們先回顧強調閱讀技能和強調意義這兩種取向。一百多年來，兩種取向各有其倡議者，也在美國教室裡被廣泛使用。也許最讓人驚訝的是，不管用的是哪一種取向，絕大多數美國兒童最終都學會了閱讀（例如，Bond & Dykstra, 1967; Mathes et al.,

2005）。辯論的重點，似乎因此落在到底哪一種取向，較有助於讀寫困難兒童的學習。

強調閱讀技能的各種取向

首先要注意的是，商業出版、強調技能的讀寫課程種類繁多，但基本上，所有的課程都是在讀寫習得的最早階段教導字母－語音（letter-sound）間的關係。事實上，近年來研究已指明，學生必須理解語言最小的單位並非語詞（word），而是音素（phoneme）。證據指出在閱讀習得早期表現最好的學生，能夠將口說的句子分解成語詞，而且把語詞切割成語音（Liberman & Shankweiler, 1985; Vellutino & Scanlon, 1991）。換句話說，當他們聽到 A cat ran home 的句子時，他們能區辨出這個句子中有四個語詞。當他們聽到 cat 時，還能把它切割出三個音素，*cuh*、*aah* 和 *tuh*。這種分割語音的能力非常重要，不具備這個能力，解碼課程就毫無意義。如果一個孩子試著發明一個語詞的拼字，這也相當關鍵。雖然一直到最近才有人注意到，老師必須明示地教導兒童，他們才能發展出音素覺識能力，幸運的是，大多數兒童還是在一年級左右掌握了這個能力。但是，仍有少部分兒童未能發展出音素覺識能力，這群兒童中，有許多無法和他們的同儕一起學習閱讀。也就是說，明示的教學至少對某些兒童來說是必要的。

一旦兒童學會了音素切割，老師就會開始教個別字母所表徵的語音。在許多強調閱讀技能的課程中，解碼教學時會提供可解碼文本（decodable text）好讓兒童練習解碼。可解碼文本幾乎只呈現能唸出語音的語詞，所有的語詞能表徵已經教過的字母－語音關係。底下呈現一個早期的例子，這是從十九世紀廣被採用的《麥格菲讀本》（*McGuffey's Readers*）裡擷取出來的。

Is it an ox?

It is an ox.

It is my ox.

Am I in?

Am I in it?

I am in it.

發展可解碼文本是要讓兒童只接觸老師教過的材料。有些州要求出版商提供可解碼文本，但各州在可解碼文本「佔全部文本的」比例，及如何計算該比例方面，有些差異。然而，至少有兩個研究發現（Jenkins, Peyton, Sanders, & Vadasy, 2004; Juel & Roper-Schneider, 1985），使用可解碼文本的學生，與使用一般或可預測性文本（predictable text）作為閱讀啟蒙教材的學生比起來，在期末的標準化閱讀評量中並沒有顯著差異。Adams（2009）就注意到，雖然有研究支持使用可解碼文本，但其優勢維持不久。她的分析讓她下了一個結論：「如果真的有什麼數據、理論或有說服力的論證存在，支持在最初階閱讀學習之後，還要使用可解碼式文本，我可沒找到！」（p. 4）但她支持在學前階段或一年級入學的前幾週使用可解碼文本。就好像服用阿斯匹靈，若可解碼文本的劑量太重，反而可能產生障礙，讓學生難以成為有效能的讀者。

有些強調閱讀技能取向的提倡者過度宣揚各種強調閱讀技能教材的好處（例如，Blumenfeld, 1982; Flesch, 1955; Groff, 1998; Moats, 2002; Moats & Foorman, 1997; Sweet, 1997），但此同時，有幾份比較強調閱讀技能與強調意義初始閱讀教材的研究出現，它們提供了不一樣的觀點。我們接下來會回顧自 1965 年以來出版的幾個主要的研究報告。

●● 研究支持強調閱讀技能的取向嗎？

這個問題的答案，取決於你想要什麼樣的證據，也取決於你要看的是語詞（或假詞[1]）閱讀，還是讀完全文之後的閱讀理解。最後，這個問題亦和

---

[1] 譯註：假詞（pseudowords）指的是符合英文字母拼字規則，可以唸，但沒有意義的詞彙，如 brane、zat。通常用來測試兒童是否學會字母拼讀的規則。假詞是兒童從來沒見過的，只要唸得出來，唸得夠快，就表示他已經掌握了相關的字母拼讀技能。

早期優勢是否能持續，並帶來較高年級的好表現有關。重點在於你如何判斷強調閱讀技能教學的功效：功效指標是讓兒童閱讀孤立的、可解碼的假詞並測量其閱讀速率及正確性？還是讓低年級或高年級兒童讀文章後，測量其理解程度？同樣地，你要比較的，到底是在明示的閱讀理解策略教學之後，兒童對類似文本的閱讀理解表現？還是在不提示使用何種策略的狀況下，兒童對所讀故事或圖書的閱讀理解？當我們問，明示的閱讀理解教學是否有效時，這些不同的設計會帶來反差。雖然如此，我們綜合整理了許多研究回顧，做了「強調閱讀技能」和「強調意義」兩種教學取向的比較。以下我們報告最大、最具影響力的幾個文獻回顧。

美國教育部之小學一年級協作研究

這本最容易取得的報告，是聯邦支持的大規模研究，由 Bond 和 Dykstra（1967）所著。基本上，有 27 個不同的研究團隊比較性地對至少兩種的閱讀課程進行評量。有些研究團隊比較了超過兩種閱讀課程，但所有 27 個團隊都至少比較了兩種取向。這些研究團隊用了相同的評量工具，所以上層的督導研究團隊可以把所有子團隊進行的研究，看成是一個大型的實驗。讀者可以在報告中取得學生在一、二、三年級期末的成果（雖然並非所有的團隊都能持續到三年級期末）。

通常，幾乎所有的人都對這個研究大失所望。因為，如 Bond（1966）所說：「在任何情況及著眼點下，我們並未發現有某種教學取向明顯地優於其他取向，所以，沒有什麼最優的方法，也沒什麼唯一推薦」（p. 8）。他們發現，每一種課程都在某些班級運作得很好，但這樣的好表現無法在「每一個班級」複製。Bond 和 Dykstra（1967）下結論道，與其繼續對不同的閱讀課程做這種課程比較式的研究，「未來的研究似乎更應著重師資和學習情境的特質，而不是教材教法」（p. 123）。

也許因為這樣的建議，這本報告出版後的 35 年間，就少有人做教材教法的比較性研究。研究者們開始檢視師資、教學作為、時間分配、社會情境等等議題，嘗試為美國的學校找出解方，提升兒童的閱讀表現（McGill-

Franzen, Zmach, Solic, & Zeig, 2006）。

Jeanne Chall 和所謂的《學習閱讀：大辯論》

哈佛大學的 Jeanne Chall（1983）在《學習閱讀：大辯論》（*Learning to Read: The Great Debate*）的分析〔請注意，Chall 用的字眼是「強調符碼」（code emphasis），本書用的是「強調閱讀技能」，我們認為後者有較廣的含義〕，也許是強調閱讀技能課程成效相關研究中，被討論最多的研究。Chall 回顧了當時可取得的研究，並且使用了投票的程序，得到的結果是，強調閱讀技能的啟蒙課程比強調意義取向的課程更有助於兒童發展閱讀能力。但是，她也這樣提醒教育者：

> 強調符碼的啟蒙課程並非萬靈丹，它無法治所有的閱讀陳疴，也不能保證所有的兒童都能輕易學會閱讀。不像某些反對者和強調符碼取向課程的出版社所言，強調意義的各種課程也沒有帶來重大的災難，我們沒有什麼研究結果可以把所有的學業和情感的失敗都歸咎給它們。（p. 309）

Chall 也檢視了各種不同的字母拼讀（phonics）[2] 方法，包括綜合法、分析法、內含法（embedded）、聲符家族法（phonogram families，又稱語言學法）和改良字母法（新造書寫系統）。她的結論是，沒有哪一種方法特別優於其他強調閱讀技能的方法。她說：「我不能太強調，證據並不支持有某特定強調符碼方法優於其他方法」（p. 307）。最後，她也提到，對商業出版的讀寫課程的分析比較之後發現，比起早期版本的讀寫課程中既有的成分，當時課程中強調閱讀技能的教學，得到非比尋常的關注。

---

[2] 譯註：Phonics 過去被譯為「語音法」或「自然發音法」，在十二年國教課綱英語文領綱均稱為「字母拼讀」，它是一種教導「字母（串）」與「發音」之間規則的教學方法。但為了行文的流暢，本書中依前後文需要，亦譯為「聲韻解碼」。

Marilyn Adams 和她寫的《開始閱讀》

Adams 在 1990 年出版的《開始閱讀》（*Beginning ro Read*），事實上是美國國會授權伊利諾大學閱讀研究中心（Center for the Study of Reading）進行的一項工作。Adams 當時被遴選來負責初始閱讀（beginning reading）的文獻回顧。她這本書爬梳了歷年研究中，關於音素切割、字母－語音關係和組字規則學習在解碼習得歷程中所扮演的角色。她的結論雖然支持了強調閱讀技能的教學取向，但如同 Chall（1983）的說法，仍然稍有保留。例如，她指出在習得解碼的過程中，動機扮演了一個中心角色：

> 教導字母拼讀的目標在於發展學生獨立閱讀相關文本的能力。對學生來說，這兩種技巧[3]間最強大的功能性連結卻往相反的方向走。唯有閱讀最根本的本質才能讓兒童學起字母拼讀課程來比較有感覺一點，也只有閱讀帶來的見識可以讓兒童覺得學習字母拼讀實在值得。而且，當然，我們希望這樣的教學，既讓兒童覺得有感覺，也覺得很值得。（p. 272）

她也提到，解碼教學應該只占閱讀課堂中的一個小角色：

> 多餘的字母拼讀熱量並不會帶來成長，它們只會被當成不必要、累贅的組織，或是很快就會被當成廢物沖掉。更糟的是，兒童可能在進一步接觸菜單中的必需品和補品時，就已經倒盡胃口。（p. 51）

除此，Adams 也注意到，有強烈的證據支持某些強調意義的教學作為能夠提升特定技能的發展：

> 創造性拼音活動（inventive spelling）可同時有助於兒童發展

---

[3] 譯註：指的是解碼和意義理解。

音素覺識並提升對字母原理的了解，這絕對是個有希望、應許式的
證據，特別是我們看見兒童在其他教學法中，為了習得這些能力所
遭遇到的困難。（p. 387）

她寫道：「關於發展扎實的字詞辨識（word recognition）技能理論中最強的
啟示，就是要讓兒童大量讀、經常讀」（p. 135）。然後，在回顧了主要商
業出版的核心閱讀教材之後，她下結論道，不同版本的教材間有相當大的歧
異，連該教的字母－語音的關係有多少種都不一致，更別提該哪時教、要用
哪一種教學法教的差異了。

　　Adams 的書所辦到的，是把正在發展中的解碼精熟議題帶到主流的對話
裡，該書指出當時氣勢正旺之全語言取向（及其衍生產品）的缺點。但是，
Adams 這本書最大的貢獻，也許是它讓強調閱讀技能取向的支持者開始轉
變，他們離開了過度強調孤立狀況練習技能的說法（例如，Flesch, 1955），
走向一個比較平衡的方向，強調閱讀技能和強調意義的兩種取向均不偏廢，
當兩者合併實施，可能而且應該能成就一個最強有力的讀寫課程。

國家閱讀小組

　　國家閱讀小組（National Reading Panel, NRP, 2000）由聯邦資助，在
文獻中找出足夠的關於初始閱讀的實驗研究，然後進行後設分析。他們找
到初始閱讀中的三個面向：音素覺識（phonemic awareness）、字母拼讀
（phonics）和閱讀流暢性（fluency），並報告道，音素覺識是早期讀寫的必
要條件，它不但能夠而且應該由老師來教。他們也提到：後設分析（meta-
analysis）指出，在幼兒園大班和小學一年級，每天明示地教導字母拼讀十
分鐘，對後來的解碼能力產生中度的效果值（effect size），但對後來的閱讀
理解貢獻微不足道，即使延長每天教學的分鐘數，也無法讓結果好看一點。
NRP 也報告道：雖然說主要的研究對象是年級較高的讀寫困難兒童，研究
結果顯示從二到九年級，強調符碼的教學並不會獲致正向的結果。NRP 也
區辨出重複閱讀（repeated reading）是一種有效的策略，可以提升閱讀流暢

性。

和 NRP 厚重報告並列的，是一份容易取得、用淺白文字寫就，而且廣受閱讀的摘要（Armbruster, Lehr, & Osborn, 2001）。這份文件短得多，而且略過研究設計不談，只談對實務工作者有用的實務發現。撰寫這份摘要的一位 NRP 成員說：「用一種老師覺得友善的方式提供與教學相關的有用訊息。有時它的重點和 NRP 原研究完全相同……其他的建議則未必完全來自 NRP 原報告，只是方向一致而已……」（Shanahan, 2003, p. 647）。Shanahan 也提及，摘要裡的某些介紹，和 NRP 研究報告並不相符。雖然如此，這份摘要在各州、各校和各教育大學間廣為流傳，它被認為是一份 NRP 關於初始閱讀研究的一份可靠摘要。

但是，還是有人批評了 NRP。James Cunningham（2001）說，「我們怎麼會弄出一份這樣的報告，居然敢大膽宣稱閱讀研究裡的科學、嚴謹和客觀性；先是抹黑，繼之忽略我們領域中研究文獻的優勢？」（p. 327）他的評述聚焦在 NRP 選擇研究報告的方法——NRP 只回顧有隨機分派、有控制組的實驗研究，或至少有控制組的準實驗研究。他指出，像是讓香菸盒貼上警告標籤，都是相關性研究，而 NRP 完全忽略相關性研究的存在。其他學者則批評了 NRP 的研究方法，他們說，對相同的學生，但只要用不同的分析方式，就可以得到和 NRP 不同的結論（Camilli, Wolfe, & Smith, 2006; Hammill & Swanson, 2006）。事實上，Hammill 和 Swanson（2006）宣稱，他們重新分析之後，「就實用的目的而言，字母拼讀和非字母拼讀的教學法，在教導兒童閱讀時，成效並無差異」（p. 25）。

NRP 報告與閱讀優先計畫

從發放 NRP 報告淺白文字版的促銷經費看來，該報告和它的建議都被大大地忽視了。「沒有孩子落後法案」（No Child Left Behind Act）之下的「閱讀優先計畫」（Reading First program），整合了 NRP 報告強調的五個閱讀支柱，意味著 NRP 報告對美國全國的閱讀課程有實質的影響（Brenner, Hiebert, & Tompkins, 2009）。美國小學老師的市場，充斥著強調閱讀技能的

商業出版品，包括提升及評量音素覺識、字母拼讀技能發展和口語閱讀流暢性的各樣課程。

結果，聯邦對閱讀優先計畫的評鑑（Gamse, Jacob, Horst, Boulay, & Unlu, 2009）用了一個迴歸不連續的設計（regression discontinuity design）指出，參與閱讀優先計畫學校中的讀寫教學，的確增加了許多課程設計者所鎖定的教學方法，這些閱讀優先計畫學校的閱讀成就也有進步，但是，其進步的程度和未參與閱讀優先計畫學校並無差異。此外，雖然閱讀優先計畫對參與學生讀假詞的能力有小小的正向效果，這樣的進步並未反映在基礎的評量上，參與閱讀優先計畫學校和未參與的學校在一、二、三年級的史丹佛成就測驗（Stanford Achievement Test-10, SAT-10）上並無差異。Gamse 等人（2009）報告說，「控制模型中的其他變項後，閱讀的五向度之教學時間（分鐘），其迴歸係數……只讓學生的測驗成績多了 0.09 分，這樣的關聯並未達統計的顯著水準（$p = .056$）」（p. 55）。

總之，聯邦閱讀優先計畫的確讓更多學校及班級使用強調閱讀技能的讀寫教學，但參與學校的學生，其讀寫進展和未參與學校的同儕並無差別。這樣的結果顯示閱讀優先計畫違反了聯邦的某些法規，再加上受到一些企業家對閱讀優先應用方案設計的影響（Harkinson, 2008; Schemo, 2007），導致國會取消了閱讀優先方案的經費。

Pearson（2010）總結道，閱讀優先計畫雖在某些州和某些學校有正向的成效，但整體的評鑑指出，這個計畫未能達成其最核心的目標：提升閱讀成就。為什麼閱讀優先計畫只在部分地區和學校有正向成效？他提出了假設：閱讀優先計畫雖然有一般性的廣博架構來推動閱讀課程的改變，但執行者為地方教育機關，其啟動的程序不但複雜，還因地而異。我們認為，即使閱讀優先計畫真的能把核心的閱讀方案扎實地執行出來，可能也無法提升學生的閱讀成就。我們這樣主張是因為，商業出版的讀寫課程很少提供老師必要的資訊，好讓他們能做研究本位的教學（Dewitz, Jones, & Leahy, 2009）。亦即，強調閱讀技能的教學取向，如聯邦閱讀優先計畫所實施的，在提升讀寫發展上並未產生任何顯著優勢。

小結

總之，有相當多的研究已經大規模地檢驗強調閱讀技能的讀寫教學。在早期課程中，強調閱讀技能比強調意義的課程有中度的優勢，當評量以孤立的語詞（或假詞）閱讀為重點時，優勢尤其明顯。但同時，也有學者指出這些報告的缺憾，並認為強調閱讀技能的課程並未提升閱讀的水準。至於我們的觀點呢，我們已經從各家研究學到許多有效能的小學閱讀課程設計，並且大力推薦，要幫助剛開始學習閱讀的讀者了解英語閱讀背後的那套字母原理（alphabetic principle）。

強調意義的各種取向

和強調閱讀技能的取向一樣，強調意義的教學也有一長列不同的取向。歷史上，例如，故事教學法（story method）、語言經驗取向（language experience approach）和獨立閱讀取向（independent reading approach）都包含了某些關鍵的元素，因此都可以被定位為一種強調意義的取向。最近的全語言模式也包含了強調意義取向的關鍵元素，以發展早期的讀寫能力。

●● 故事教學法

故事教學法在二十世紀初廣受歡迎，支持者對這種強調意義教學法的主張大致如下：語音並無意義可言，孤立呈現的語詞可能有多重意義，只有在句子和故事裡的語詞，才會有清楚的意義。因此，對故事有全盤的了解，才是最重要的任務。在這些早期的閱讀教學取向裡，老師先朗讀故事給兒童聽，然後發下這個故事的簡短版。老師再朗讀一次這個故事的簡短版，而且經常要求兒童跟讀。再來，老師孤立呈現故事裡的語詞，並和兒童討論這些語詞的意義。美利堅書籍公司（American Book Company）在 1920 年以前出版的《故事鐘點讀本》（*Story Hour Readers*）清楚地反映出這種教學取向。Smith（1965）曾經對當時使用這種強調意義取向的教材做了廣泛的討論。

根據 Smith 從這些教材整理出來的內容，故事教學法一般的教學程序如下：

1. 講故事
2. 將故事戲劇化
3. 寫黑板
4. 分析
   a. 思想大綱（thought groups）
   b. 句子（sentences）
   c. 單詞（words in groups）
   d. 瞬認字（sight words）[4]
   e. 語音學（phonetics）
5. 從讀本裡閱讀該故事。

如你所見，許多教學的內容都在讓兒童做好準備，讓他們能從讀本裡閱讀故事。教學始於有意義的整全故事，再漸漸聚焦在愈來愈小的單位，最後做解碼的學習，解碼任務完成，兒童才開始第一次的故事閱讀。

●● 獨立閱讀法

這種強調意義的教學取向在 1950 年代末到 1960 年代廣受歡迎。Veatch（1959, 1968）是當時最主要的提倡者。這是種個別化的取向，讓兒童自行選擇他們最感興趣的主題文本當作語文教材。這種教學法真的是一種個別化教學法，需要老師供應主題各異、程度適當的大量書籍給兒童選擇。教學的主要方式，是師生間一對一的討論。為了在當面討論時，能選擇適當聚焦的閱讀面向，老師必須具備相當的專業功力。許多學校並不在低年級實施獨立閱讀活動，主要實施的對象是三到六年級。

最近，Donalyn Miller（2009）在她的書中呼籲重新看重獨立閱讀取

---

[4] 譯註：英文出現頻率最高的語詞，其拼字－發音經常是不規則的，如 the、find、one、of 等等，教學者經常利用閃示卡幫助初學者反覆練習閱讀這些詞彙，直到在閃示的瞬間，即能辨識。本書譯為瞬認字。

向。身為六年級的老師，她要求班上所有的學生在這一學年至少要讀 40 本書。她每天安排了 90 到 120 分鐘讓學生讀自己選擇的書，幾乎所有的學生都能達標，這些學生在州立閱讀評量上也真能有傑出表現。她說：

> 我相信這個作法可以整合劇本式的課程、閱讀理解學習單（或叫作可影印的習題、講義，不管你怎麼命名）、電腦激勵套裝系統，和強調考試練習之課程的各種手段。這些幫銷售公司立下汗馬功勞的課程，會讓學校誤以為自己已經用盡了所有可及的資源來教導閱讀，但，他們註定失敗，因為忽視了最重要的事。當你一鏟一鋤地挖開這些課程，其底細無他，其實就是一個孩子在閱讀一本書。（p. 3）

因此，用上課時間進行獨立閱讀是每天理所當然的常規。她在教室裡走動，逐一和學生會談，有些學生討論頻次較高，有些較低。每一個會談，她都是和學生討論學生在讀的書，而且她會提供目標清楚的教學，以提升閱讀發展。她總結道：

> 若想用某種活動取代教室裡的廣泛閱讀、寫作和交流，這個活動必須優於被取代的活動。但是，沒有哪一種活動，甚至是準備考試的教學，對學生閱讀能力所帶來的好處會優於日復一日地持續閱讀。（p. 134）

本章在寫作時，Ivey 和 Johnston（2013）的研究出版，談到他們八年級班上英語文閱讀課的改變。他們班有超過一半學生來自低收入家庭。這個個案研究裡，老師同意換掉原來的文集，讓學生自選情節較緊湊的市井書籍（"edgy" tradebooks）當作閱讀書單。老師花大部分的上課時間和個別學生會談，也鼓勵學生間的同儕討論。結果非常亮眼，學生不只在州立測驗上有顯著的進步，展現更好的閱讀動機，在同儕討論的能力也有進步。除此之外，班級管理的困難也減少了。

現在我們比較清楚了，這類強調個別化取向的教學法從未被廣傳，但即

使在使用商業化標準版教科書的班級裡，它的影響力讓老師們更看重學生的個別需求和興趣，也更看重讓學生閱讀整本的書，而不只是讀短篇故事或書籍的簡要本。可以這麼說，現在高年級的閱讀教學，常要求學生除了課本裡的課文之外，也要讀相關的課外書，這都是受到獨立閱讀取向思維的影響。

●● 語言經驗取向

Roach Van Allen（1967）提倡以這種強調意義取向的教學來培養幼兒的閱讀與寫作，他最主要的理由是，剛開始學習閱讀的小朋友只認得幾個字，但他們的閱讀材料卻經常滿是正規生硬（formal and stilted）的語詞，而兒童感興趣的議題卻鮮少成為啟蒙讀本的主題。在語言經驗取向的課室裡，學生向老師訴說自己的經驗，老師把學生說的寫下來，這些文本就成為兒童最早期的讀寫材料。亦即，這些被寫下來的文字反映了一個孩子或一群孩子的真實語言（如果材料修正自團體的語言經驗）。

也就是說，兒童創造出來的閱讀文本反映了該區域兒童語言型態的共同元素，城鄉兒童所用的詞彙差距也會反映在兒童口述的故事裡。一個南方城市社區的非裔兒童和一個明尼蘇達偏鄉的酪農之子各對不同的議題感興趣，當然也都會呈現在他們發展的不同故事裡。同時，和獨立閱讀取向的教學很像，語言經驗取向的教學中，老師必須對個別差異付出更多心力，並且要善用個別討論的時間，以提供兒童需要的教學。

因為「意義」是學習的最重要面向，語言經驗取向教學因此被認為優於其他教學法，因為兒童似乎可以在不必多次重複的狀況下，學會閱讀許多不同的語詞。而且，兒童讀自己的故事，似乎可讓兒童在很早期就能流暢地閱讀。但是，文獻裡卻少有研究比較語言經驗取向教學和其他初始閱讀教學法的成效。

Kendrick 和 Bennett（1966）的大規模研究比較了語言經驗取向和傳統教學法（使用核心閱讀課程）的成效，結果兩者並沒有什麼差異。接受語言經驗取向教學的兒童在標準化詞彙測驗與大多數的效標上，和接受傳統教學的兒童表現一樣好，但是，有些語言經驗取向的組別在一般閱讀能力

（general reading abilities）上表現較弱。

●● 全語言

　　全語言是一種強調意義、主張讓兒童讀寫能力自然發展的教育取向，它強調讓兒童浸潤在真實的文學材料、從事每日的書寫活動，而不強調明示地（explicitly）[5] 去教導基礎的閱讀技能。在正宗的全語言班級裡，閱讀技能的教學不會成為教學的焦點，只在兒童需要時才教，而且只在讀、寫活動的情境下教。

　　強調意義的全語言取向的定義非常廣大多元，就像強調閱讀技能取向的定義一樣。血統最純正的全語言論者會說，沒有幾個老師的教學稱得上是純正的全語言取向。在某些方面，全語言取向的定義須視由誰界定而有所不同。以加州為例，該州曾把加州中小學生低落的閱讀成就都怪給全語言，但是，當時並沒有清楚的證據指出加州閱讀成就正在下滑，或加州老師正普遍地實施全語言教學。加州當時的確以法令規定文學本位的商業出版核心讀寫課程為該州選用教科書的成分之一（McQuillan, 1998），但一般而言，這些商業出版的文學本位課程，呈現的卻是強調閱讀技能的架構。

　　全語言提倡者很少會認為，這些商業出版的讀寫課程能反映出全語言哲學的精髓。雖然如此，當時為符合加州法定要求而新出版的課程，很快就可以在全美各州取得。這些商業出版的讀寫課程的確用了真實的兒童文學作品作為學生的閱讀材料。同時，閱讀的各樣技能仍然在孤立的狀況下被教導，兒童還是有習作本要寫，而且寫作並未被妥善地整合到閱讀課程裡，這都違背了全語言哲學的本質。

　　我們要強調，本書並不是一本辯論「全語言與閱讀技能教學」孰是孰非的書。我們認為全語言的哲學觀對小學的讀寫教學有重要而且非常正向的影響，也主張小學的閱讀課程應該有納入全語言實務內容的空間。但是，其他

---

[5] 譯註：全語言論者認為，只要在真實的語言及閱讀情境中，兒童「自然而然就會習得」許多閱讀技能，如字母與語音的對應關係、看字讀音的自動化、拼字規則、標點符號、語法等技能。

的教學實務也應該納入課程。本書後續的章節，用了許多篇幅強調一個「解碼和理解技能教學」融合「全語言元素」的平衡式教學法，以營造一個有效能且有吸引力的小學讀寫課程。

　　想要在強調意義和強調閱讀技能教學間得到一個平衡，就必須先來了解全語言，但這可有點難度。最認同全語言的人，經常不願意用課程實務去清楚界定全語言，他們說，一個全整的取向不能這樣被簡單的化約成雞零狗碎。雖然如此，對其他人來講，包括本書作者，藉著特定的教學實務來說明其所關聯的教育哲學，是有助於思考的。學者 Bette S. Bergeron（1990）曾經做了許多努力，試著從教學實務的角度澄清全語言的本質。她在《閱讀行為期刊》（*Journal of Reading Behavior*）刊出的一篇文章引起了許多人的注意。

Bergeron 對全語言的界定

　　Bergeron 界定全語言的方式頗能昭公信。首先，她分析期刊文章，因為期刊文章訊息不但最新、也有最深思熟慮的學術想法。她竭盡所能地蒐集、回顧了 1979 到 1989 年出版之有關於全語言的期刊文章，這段期間就是正宗全語言創塑成形的年代。Bergeron（1990）先開了一個清單，列出會被認為是全語言特色及實施方式的項目，隨著研究的進展，這個清單逐漸擴充，最後再用這個清單去檢視所有的研究。

各種定義

　　Bergeron（1990）發現她回顧的文稿中有三分之二提到了全語言的定義——但沒有兩篇是相同的。這個結果令人聯想到 Adams（1990）對商業出版、強調閱讀技能教材的回顧文章。雖然大部分文章提到全語言所強調的意義建構和功能性語言的角色，但其他部分則較無共識，例如只有 44% 的文章提到全語言是以學生為中心、42% 強調賦權、38% 強調溝通導向、36% 強調整合性語言藝術、30% 鼓勵兒童學習上的冒險、17% 強調全語言包含讀與寫、16% 強調包含口說語言和書寫語言、14% 強調基於一種提示的系

統（cuing system）來教閱讀（例如，運用語義、語法和字母層次等多類型的提示來認字，而不過度依賴字母層次的線索）。簡言之，這些闡明全語言的主要貢獻者，對全語言定義的共識不多。

全語言的教學技巧與策略

不只是定義，全語言學者對教學技巧與策略，看法也多所差異。是的，有些方面較有共識，如 81% 的文章提到全語言班級看重文學作品、64% 的文章認為程序性寫作（process writing）是全語言的一部分；有 65% 的文章強調全語言班級裡學生的合作本質；56% 的文章認為，情意面向是全語言教學的一部分。其餘的實行細節，作者們的共識就不多了，但有超過 40% 的文章認為分享閱讀、自創拼音（invented spelling）、獨立閱讀、在真實的讀寫情境下進行主題式單元、兒童中心的教學、讀寫技能學習活動，及學生對讀寫活動的自主選擇權等，都是全語言的特色。另有超過 40% 的文章指出，在全語言教學中，老師和學生有良好的互動，老師也被認為是學習者。超出 30% 的文章則指出，寫手札、放聲朗讀和獨立閱讀等活動也是全語言教學中的一部分。演戲、齊讀、可預測性書籍、閱讀角、學生聽寫故事、學習角（learning centers）、老師範讀、兒童閱讀的錯誤分析（由老師進行，藉以辨別學生的閱讀策略）、每日閱讀、每日寫作、兒童觀察（kidwatching，一種評量），以及師生會談等活動，在文章中被提到的次數就更少了。Bergeron（1990）指出，推薦的教學方式會有這麼多種，可能反映出的是全語言班級裡教學實務多樣性的本質。

Bergeron（1990）也注意到文獻裡有些教學元素及作法，和全語言論點並不一致：例如全字法（whole-word approach），這種方法強調兒童以瞬認法和字母拼讀學習新詞；Bergeron 所回顧的這類文章中，幾乎沒有作者關心字母拼讀該不該教的議題。全語言班級不會在自然的讀寫情境以外教導閱讀技能、不會用學習單，老師也不關心閱讀解碼過程的正確性。

Bergeron（1990）的文章刊出後幾年，另一篇利用類似方法的回顧文章出爐，內容中也回顧了多篇嚴謹期刊裡關於全語言的文章。Moorman、

Blanton 和 McLaughlin（1994）的文章顯示得到類似的結果。但是，他們用來組織研究發現的方式相當有說服力，以「什麼是、什麼不是全語言」對照隱喻方式來描述全語言。他們歸納出全語言環境最重要的特色是「自然」（naturalness）和「對教與學的個人所有權」。全語言班級不會用刻意、不自然的教學；若不是真實的讀寫活動，就進不了教室（也就是不真實的各種讀寫經驗，如孤立的閱讀技能教學），那些都是被教室之外的勢力（如教科書出版商）所控制的。也許會讓讀者訝異的是，儘管期刊裡對全語言的定義及對教學活動的描述是如此模糊不清，在 Bergeron（1990）之後，有許多更仔細的專書出版，討論全語言的本質。我必須在這裡花點時間談談這些專書，因為它們對全語言的本質談得相當明白。

經典的全語言專書

只要談到全語言，就有幾本專書一再地被引述，這幾本書從一開始就認為，意義的建構乃閱讀學習的主要目標。這些經典的專書刻意降低了字母和詞彙處理在文章解碼中的重要性，而認為高層次的意義建構才是閱讀的驅動力量。他們更進一步主張，良好閱讀過程中的意義建構受到閱讀者先備知識的影響，遠遠超過受到文本訊息的影響。

Frank Smith 和 Kenneth S. Goodman 的說法

底下的文字提供了這系列思考的風格，它引述自加拿大人 Frank Smith（1979）所著《閱讀零廢話》（*Reading without Nonsense*）的第 2 章，這段文字（亦見 Smith, 2003, 2012）對字母及詞彙層次解碼技巧的重要性採取反對的立場：

> 有個從來沒人教過的必要閱讀技巧，就是閱讀時要少依賴眼睛……太過於關注紙頁上的記號，只會使閱讀更為困難……只有視覺訊息是不足以閱讀的……對一本書的內容知道愈多，閱讀就愈容易……讀者擁有非視覺的資訊，讓他們能夠知道作者寫作時，可能

擁有的選擇，這可以讓讀者充分運用他們的知識，以降低對下一個可能出現字詞的不確定性……換句話說，讀者早就知道作者遣詞用字的每一個字母，讀者根本就可以自己猜出下一個字來，看都不用看。（pp. 12-30）

Smith（1979）對閱讀教學方法有許多抱怨，他尤其反對其中的字母拼讀教學，他主張優讀者（good readers）[6] 在認字時，是不會把該字的語音唸出來的，而且，讀者要到理解這個字的意義之後，才能認出這個字來。初習閱讀者遇見不認識字時，Smith 提出以下建議：最好的辦法是——先跳過那個難字；第二個辦法是猜猜看那個字的意思；最後一個，也最不推薦的辦法是，把那個字放聲唸出來。換句話說，字母拼讀是下下策（p. 66）。

　　在這本 1979 年專書的結語中，Smith 談到了閱讀教學。他仍然持續他對字母及詞彙層次解碼技能的攻擊火力（在他後來的著作裡，火力甚至更為強烈！）事實上，他開了一個清單，列出可能有害閱讀學習的因素，其中包括：「確認字母拼讀技巧已經被學、被用」和「盡早區辨出有困難的讀者，而且給予介入」（p. 138）。隨著本書的發展，讀者會漸漸發現，在過去 35 年的閱讀和閱讀教學領域，我們難以想像會有人提出和科學證據不一致的建議。

　　雖然不同著作裡有不同的強調重點，Smith（1971, 1975, 1979, 2003, 2012）和 Kenneth S. Goodman（1973, 1979, 1986, 1996, 1998）反覆重申，閱讀學習的重點在於「基於文章中的意義線索和讀者對文章的先備知識，學習把文中字詞猜得好一點」，在認字認詞過程中，字母和詞彙層次的線索則是一點都不重要。Goodman（1996）寫作時的斬釘截鐵一點也不亞於 Smith。也許你會說，他的文字看起來好像沒有太不尊重由下而上的閱讀解碼理論啊（像是將視覺字母線索轉換為語音），我們再看他書中的第 5 章「發展中的

---

[6] 譯註：在閱讀的相關研究中，經常有 good readers 和 poor readers 的對照比較，本書分別譯為「優讀者」及「弱讀者」；前者指的是閱讀流暢、解碼及理解沒有困難者，後者則是發生困難的讀者。

閱讀是怎麼回事」章末的結論，你就不會對他反解碼的立場有什麼懷疑了：「在前哥白尼式[7]的世界中，我們以為正確、迅速的字母和字詞辨識是所有歷程的中心，理解只是跟著出現。但現在我們知道了，閱讀就是從文字裡獲取意義」（p. 61）。

但再從另一個角度，Smith 和 Goodman 主張的「先備知識在閱讀歷程中扮演重要角色」，這個說法倒是正確的，本書後面的章節會再細談。我們也會再深究他們的錯誤主張——他們相信，文章的語義線索（semantic cues）和意義線索（meaning cues）在字詞辨識是最重要、最優先的。科學的證據一面倒地指出，字母-語音的線索在字詞辨識時，其重要性超過語義和語法的線索（syntactic cues）（參見本書第 5 章），這個說法和 Smith 和 Goodman 主張的恰恰相反。

雖說 Smith 和 Goodman 的作品對全語言運動頗有激勵的作用，但在全語言的執行層次，這些作品倒沒有太大幫助。因為他們兩位都比較是「反教學」、而比較不是「倡導教學」的，他們相信閱讀學習較依賴全整式的讀寫經驗，而不主張教導字詞如何拆解成組成成分，及這些成分如何組成字詞（如字母拼讀教學）。Goodman（1993）特別提到「閱讀學習歷程和第一語言的習得歷程相近」的說法，讓個體浸潤在文字的經驗中，他們自然就會發展出閱讀能力來。

> 我們從語言發展研究知道，不管是口說還是書寫，只要我們是全整式地使用語言，讓整個過程有功能、有意義，語言是很容易學的。小朋友早在他們完全掌握語音系統之前，就對口語有所了解，而且持續地愈來愈了解，那是因為他們在「使用語言」的情境下學習語言。小朋友也以同樣的方式學習書寫語言，也許他們會學到一些字母怎麼唸、甚至知道字母是可以表音的，但是，若想要學會抽象的聲韻解碼系統，前提是讓兒童在適當的情境下學習：使用有意

---

[7] 譯註：即 pre-Copernican。Goodman 指全語言對閱讀的理論是哥白尼式的見解。

義的文字，並讓兒童試著搞懂它。真實的、有意義的情境下，兒童學習語言就沒問題。若無適當情境，兒童要學抽象的東西，就不那麼容易了。（p. 109）

Goodman（1993）在他的《字母拼讀真相》（*Phonics Phacts*）一書中有一張清單，列出不必把字母－語音關係從真實的讀寫文脈中孤立出來教的各種理由，其中包括：

- 這樣的教學把閱讀從「建構意義」，變成「看字母讀語音」的歷程。
- 它忽視了語言的意義和結構。字母拼讀教學扭曲了兒童的語言處理，讓教學脫離了語言文脈。
- 它從抽象的字形字音開始，而不是比較易學、有功能、有意義的語言。

總結來說，Goodman（1993）認為字母拼讀教學法最重要的真相，就是不該用它來教孩子閱讀，因為根本不**需要**去教。兒童自然可以從實際的閱讀經驗及真實的寫作情境中學會字母－語音關聯的規則。隨著本書的進展，我們將會說明，像這樣認為兒童可以自行發現字母－語音規則的說法，實在是太樂觀了一點。

Constance Weaver 的說法

我們認為，雖然 Constance Weaver 在 2002 年也出了一本相當不錯的書，但她（1994）的專書《了解全語言》（*Understanding Whole Language*）卻是一塊金字招牌，把全語言理論條理清楚地介紹給老師們。Weaver 成功地承繼了 Smith、Goodman 和其他人所開啟的信念──在任何情境下，意義的形成乃閱讀的首要任務，兒童初始的閱讀學習也是如此。比 Smith 和 Goodman 更棒的是，Weaver 提出了較新的、與意義建構歷程相關的理論和研究。

例如，她強調基模論（schema theory），那是 1980 年代許許多多閱讀

研究的理論源頭。Weaver 把她的讀者引到一個「餐廳基模」裡。大多數的西方成人都大概明白在餐廳會發生什麼事，從進餐廳前到離開餐廳（例如，訂位、抵達、等待領座、點餐、用餐、買單等等）。但「餐廳基模」可遠比這個還要複雜，我們會知道，在特定的餐廳，如卡車休息站、速食餐館、自助餐、民族風味餐廳、家庭式的餐館、雞尾酒餐廳和高級昂貴的餐廳，都各有不同的服務程序。我們對不同的餐廳，具有不同的知識，也因此，我們進入不同民族風味的餐廳時，如希臘、義大利、墨西哥、中國或泰國餐廳，都會帶著不同的期待。這種的基模知識非常重要，我們面對不同的餐廳期待著不同的服務，這樣的期待帶領我們整個用餐的過程。

讓我們再切進主題一點，當一個孩子進入麥當勞，看到菜單上的食物選項，他在閱讀這些餐點名稱時，一定會受到他的「麥當勞經驗」的影響，也就是說，一個 6 歲的孩子，在麥當勞點餐時，也許能立刻正確地唸出看板上的「Big Mac」。但是，如果在家裡，把 Big Mac 寫在小紙條上，孩子也許就唸不出來了。根據全語言的觀點，這種可以引發基模知識的文脈線索（context cues）在閱讀時非常重要。Weaver（1994）守住 Smith 和 Goodman 的傳統，認為文脈線索及其所引發的基模，乃閱讀的關鍵。因為全語言教育者相信基模在理解時扮演最重要的角色，因此全語言經常被認為是一種「由上而下」的觀點。亦即，讀者先要獲取高層次的大略意義，這個大略意義再促成讀者明白文章中的段落和句子、字詞。和這種論點相對的觀點叫「由下而上」，強調個別字母的分析以達成字詞的辨識，再把字詞整合在一起，以建構出文章的意義。

在 Weaver（1994）的閱讀觀點中，由下而上的取向講得很少，由上而下的取向則講得很多，她在書中這麼寫道：

1. 當字詞孤立出現時，大多數都具有多重的意義，而不單只有一個意義。

2. 字詞置於句子、文章、社會和情境的文脈中，和其他字詞彼此互動（transact），才出現特定的意義。

3. 意義並不存在文章裡，作者想要表達的原意，與讀者所感知（或建構）的，也不會完全相同。

4. 讀者帶著他們的基模——他們一輩子的知識、經驗和感覺來理解文章。

5. 當讀者在特定的情境中與文章互動後，意義從而產生。

6. 也就是說，閱讀的歷程有相當可觀的程度是從全整到部分、從上到下、從深到淺、從裡到外的。（p. 43）

Weaver 描述道，書寫字詞的辨識牽涉到多重線索的分析：語義線索、語法線索、字形－字音（graphemic-phonemic）的線索等。以底下的句子為例，該句有一個空格：Mike is writing a ＿＿＿＿＿＿. 這個空格可以填進 goat（山羊）嗎？不可以，山羊填在這裡，牛頭不對馬嘴。那可以填 lied（說謊）嗎？也不可以，說謊是個動詞，但我們的語法知識提醒，這裡應該填進一個名詞。填進 book（書）怎麼樣？有點像了，它是個名詞，而且放在這裡也有意義。如果還有一些字形字音的線索（視覺線索），例如可以知道組成這個字的幾個字母，事情就明朗化了，這個字就是 book。但萬一這個字的第一個字母是 p 呢？那你就不會想到 book 這個字，因為你已經看到第一個字母是 p，自然就不會去想 b 開頭的字了。在這情況下，poem（詩）才是個合理的選擇。

全語言學者為了加強「字詞辨識牽涉到語義、語法和字形－字音等線索的運用」這個結論，經常引讀者閱讀時所發生的誤讀為證據來說明其理論觀點。讀者誤讀時，經常和目標字在語義上關聯〔例如，在上面的例句裡，讀者把 book（書）誤讀為 play（劇本）〕、在語法上合理（讀者會誤讀成另一個名詞，而不會是動詞），或在字形一字音上相關〔例如，讀者把 book 誤讀為 boom（砰）；Goodman, 1993〕。當然，這樣的誤讀資料分析所表徵的是「出問題的閱讀」，而非「稱職的閱讀」。

「出問題的閱讀歷程和稱職的閱讀歷程是相似的」，這個論點雖然完全不合邏輯，但全語言的理論學家卻持續地如此主張。在出問題的閱讀歷程中

所觀察到的誤讀模式（patterns of miscues），讓熱心全語言者下結論道，語義和語法的線索在閱讀歷程中先於字形－字音的線索，因為語義和語法的線索比視覺的線索更有效率。Weaver（1994）是這麼說的：

1. 高效能的讀者運用先行的（preceding）語法和語義文脈來預測接下來立刻要讀到的東西（亦即，減少可能選項的數目）。另一方面，他們對先備知識及文脈的依賴，也讓視覺線索的運用更有效率。反過來講，這個預測也會造成誤讀，但這些誤讀出來的內容，經常和前面文脈中的語法及意義相符。

2. 高效能的讀者運用後繼的（following）的語法和語義文脈來確認他們的預測，或以此為重讀或試著校正自己的動力。

3. 中等效能的讀者運用先行的語法和語義文脈來預測，但他們比較難以察覺語法或意義哪裡出了差錯，也因此，較難利用後繼的文脈去校正那些搭不起來的預測。

4. 效能平平的讀者運用先行的語法文脈來預測，但他們較難以運用先行的語義文脈來預測。（p. 142）

因為 Weaver 相信優讀者在字詞辨識時，運用語義和語法線索的情形遠甚於運用字母層次的線索——尤其是他們已經聽過但還沒有見過的字詞——她自然就會降低字母拼讀教學和字母層次線索分析在認字時的重要性。雖然我們用的是「降低字母拼讀教學的重要性」這樣溫和的措詞，但 Weaver（1994）旗幟鮮明地闡述她對系統性字母拼讀教學的立場：

　　根本沒必要。就像是在學口語的模式，大多數兒童會潛意識地學會常用的字母拼讀規則，只要給予豐富的機會閱讀環境中的文字，去閱讀可預測且令人喜愛的材料，去用自創拼音[8]寫作。（p.

---

[8] 譯註：即 invented spelling 或稱 constructive spelling（建構式拼音）。全語言班級中，若兒童用自創的拼音如 I LV U 來表示 I love you，是被鼓勵的，因為全語言強調的是意義，而不是拼字解碼的細節。

197；粗楷體字是原文所強調）

關於字詞辨識技能發展，典型的全語言哲學用簡單一句話來說明，就是：不可直接教導解碼。讓孩子沉浸在文字經驗裡，給他們機會用自創拼音寫作，這樣他們自然就能學會閱讀。

Weaver（1994, pp. 197-199）繼續列出許多不要系統教導解碼的理由，其中她認為視覺處理只是許多線索系統中的一種，有了語義和語法的線索，就可以減輕字形視覺特質處理的需求。Weaver 擔心字母拼讀教學會讓孩子花太多精神去「唸出」字詞來，而付諸於意義的注意力反而不夠。

當該說該做的都說完做完之後，Weaver 歸結出一個結論，有太多的理由支持我們應當在真實的讀寫活動中讓兒童發展字母－語音關係的知識，而不要做解碼技能單一教學。你正在讀的這本書，有很大的篇幅和 Weaver（1994）的論點有關，但 Weaver 對於閱讀技能的發展只說對了一半。是的，真實的讀寫經驗在讀寫能力的發展中是很重要，但是系統性的讀寫技能教導，也很重要。最有效能的讀寫教學，會在強調大量閱讀真實文本的同時，也讓學生發展出對字母原理的了解。

Regie Routman 的說法

Regie Routman 是位老師，她服務的學區從傳統教學方法轉而採取全語言教育。Routman 也因此對支持全語言取向的理論背景，以及可用於全語言班級的特定實用技巧特別熟悉，她寫了許多本書，把她累積下來的智慧整理在書裡，這些書包括：《轉銜：從文學到讀寫》（*Transitions: From Literature to Literacy*, 1988）；《邀請：K-12 教師和學習者的改變》（*Invitations: Changing as Teachers and Learners K-12*, 1991）；《對話：教學、學習與評量的策略》（*Conversations: Strategies for Teaching, Learning, and Evaluating*, 1999）；《閱讀的要點：把閱讀教好的重點》（*Reading Essentials: The Specifics You Need to Teach Reading Well*, 2002）；《教學要點：對每一個學習者的最高期待》（*Teaching Essentials: Expecting the Most and Getting the Best from Every Learner, K-8*, 2008）。

經由對全語言理論的了解，及生動的全語言經驗，她得到了一套信念，讓我們十足地印象深刻。隨著本書的進展，讀者會更清楚，我們同意她大部分的信念。她的許多信條包括：

- 學習者的發展階段必須被尊重。
- 所有的學生和老師都能學。
- 看待學習者時，首先要聚焦在其長處。
- 我們當老師的必須以身作則，讓自己成為快樂的讀書人。
- 學習者需要許多機會玩語言。
- 高度重視學習的歷程。
- 評量是持續進行的。
- 教育的目標在於幫助學生獨立。
- 學習是終身的而且需要深思熟慮。
- 老師是助長者和共同學習者。
- 課程是妥協出來的，學習者有選擇權。
- 「示範」是學習的必要條件。
- 分享是學習的重要部分。
- 為了最佳的學習，必須要有充足的時間。
- 合作和社會互動可提升讀寫發展。（Routman, 1991, p. 14）

Routman 相信，讀寫教學應該有如下的成分：兒童放聲讀寫、學生分享讀寫、老師引導下的讀寫，和獨立的讀寫（Routman, 1991, p. 31）。她的書裡充滿了老師可以用在班級裡的特定實用技巧。這些書也提供許多洞見，讓讀者知道怎樣把文學帶進教室、學生可以被教會對文學有反應、拼字教學可以怎樣教並且符合全語言的精神、各學科的教學怎樣和語文課程整合、怎樣的班級經營可以促進全語言發展。書裡還以「藍頁」提供了相關的參考書目，有助於讀者進一步了解及執行全語言教育。藍頁裡也提供了一些可用在全語言教室的文學作品書單（例如，邀請讀者進入文字的書籍、特別能幫助

初階讀者讀懂篇章的書籍、特別適合一至六年級教學使用的書籍、邀請讀者進入寫作的書籍等等），書裡的附錄也能支持全語言教室中的不同生活面向，Routman 的書對小學老師真是可貴的資源。

但是，她的觀點也有令人困擾之處，最明顯的問題在於她對教導初習閱讀者認字時所採的立場。當初習閱讀者遇見不認識的生字時，Routman 提倡一種問題解決式的取向，讓讀者從幾種策略裡做出選擇，以幫助認字：

- 跳過難字。

    繼續讀下去，到句子或段落的結束。

    回到句子的起頭，再試一次。

- 重讀、插入該生字的起始語音。

- 把那個不認識的字，換成一個能與前後文搭配的字。

- 找出認識的字串或小字。

    用指頭遮起部分的字。

- 只用起始及結尾的語音來唸那個字。

    不用母音讀出那個字來。

- 從插圖去找線索。

- 和先備知識連結。

- 預測並猜測再來會出現什麼。

- 交叉檢覈。

    「這樣聽起來像是正確的嗎？」

    「這樣有道理嗎？」

    「這樣看起來像是正確的嗎？」

- 自我校正和自我監控。

- 把你猜不出來的字和需要知道的字寫在便利貼紙上。

- 把文章唸幾次，以求閱讀的流暢性和理解。（1991, p. 226b）

這張清單的選項有什麼問題呢？第一，本書後面的章節會談到，優讀者遇見生字時，最偏好的策略是「唸出語音」，但清單裡卻沒有這個策略。第二，

雖然有愈來愈多的證據顯示，利用已經認識的字串來讀新字是一種有效的解碼策略（例如，本來就會唸 sail 了，兒童利用對 -ail 的知識，去唸出 pail 來），但它被淹沒在一長串強調語義文脈線索的策略清單裡。這張齊頭式平等的清單表示的是 Routman 對字詞辨識時使用多重線索的全然信仰——語義的、語法的、字形－字音的——都要用，這種取向正是全語言理論偏好的。

她 1996 年的書《位於十字路口的讀寫教育：閱讀、寫作和其他教學兩難問題的關鍵談話》（*Literacy at the Crossroads: Crucial Talk about Reading, Writing, and Other Teaching Dilemmas*）中，有很大的一部分在談政治。她認為某種程度來說，政治領袖和政策決定者把教育者當成代罪羔羊，而所謂的讀寫危機根本沒有許多政策決定者說的那樣嚴重。這個說法有其可信度，而且與 Berliner 和 Biddle（1995）仔細分析之後的結論一致，這份報告影響了 Routman 的理論。Routman 也察覺教育的變革一定會有許多反對，她提供了許多在原有情境下教育者可行的建議，以克服政治阻力。事實上，她 1996 年這一整本書就是政治文件，想要讓全語言看來可口一點，讓利害關係人可以把它納入語文教育的選項。例如，Routman（1996）重寫了全語言的故事，在該書起頭不久就寫道：「**真相是，而且一直都是，字母拼讀是全語言中的一部分。**」（p. 9；粗楷體為原書所強調）亦即，根據 Routman（1996）研究，全語言老師們本來就會視學生需要教字母拼讀，他們一直相信在真實的讀寫學習中，學生就會發展出字母拼讀的知識。在這兩句話裡，關鍵詞是「視學生需要」（as needed）。

Routman 想達成的重點，部分是要和政治評論對抗，以捍衛全語言；但該書也瞄準了某些誤解全語言就是不教解碼技巧的老師們。她明白誠實地表示確有這樣的老師存在，例如，她書中第 3 章裡有一節的標題是「我是全語言——我不教字母拼讀」。我們和 Routman 唯一不同之處，在於我們不相信這些老師真的嚴重誤解了他們曾被告知的全語言，我們讀過這些老師曾經讀過的各樣書籍，真的很容易留下「只要強調技能的教學，就和全語言哲學不一致」的印象。總結來說，我們確信 Routman 是一位非常好的老師，一

位全語言老師。我們一向的信念是，優秀讀寫教師的觀點和作為，將對「讀寫教學該怎麼做」有很好的啟發性，我們因此非常敬仰許多她講的東西。

Routman 比某些全語言的提倡者更能採取平衡式教學取向。例如，她在 1996 年的著作《位於十字路口的讀寫教育：閱讀、寫作和其他教學兩難問題的關鍵談話》裡清清楚楚地寫道，至少有些學生，那些學習閱讀十分困難的學生，的確需要密集式的字母拼讀教學（pp. 99-100）。他們的問題在於他們從來沒有接受過系統性的字母－語音關係教學。這個觀點和其他的全語言狂熱者正好形成對比，後者認為這些孩子之所以閱讀如此緩慢，是因為他們是被字母拼讀教大的！（例如，Goodman, 1993, pp. 110-112; Weaver, 1994, p. 198）

除此，Routman（1996）強力推薦全語言教師不要放棄拼字練習本和基礎讀本（basals）[9]，一直到老師有信心利用文脈的教學取向來教拼字，這個建議和許多全語言論者的意見大相逕庭。許多全語言提倡者經常建議不要教寫字，Routman 也持不同看法。總之，Routman（1996）的書中有許多真相，是我們從來沒有辦法在其他全語言的書籍中找到的。她承認全語言思維的限制，這是其他全語言運動的支持者所沒有的。

●● 研究支持強調意義的教學取向嗎？

本節我們將歸納證據總結出，在當代的小學教育裡，強調意義的語文教學有什麼價值。證據全部來自於對許多強調意義班級的研究，一篇實驗室的教學研究也沒有。

---

[9] 譯註：本書中有時又稱作 basal reader，均譯為基礎讀本。如台灣的國中小國語文教科書，就是基礎讀本；這樣的教科書通常由短文、故事組成，編輯的宗旨在於幫助兒童按部就班習得讀寫的相關技能。基礎讀本是一冊一冊相連的，在教學時，必須循序漸進，出版時，通常還有教師手冊、習作本、評量等一併出版。因為基礎讀本有許多學習活動及內容是被外在的威權（如課程綱要或出版社）所決定，而且與語文真實的功能無關，所以，絕大多數的全語言論者都反對使用基礎讀本。

Steven A. Stahl 的文獻回顧

Steven A. Stahl 回顧了許多文章，這些文章都以標準化閱讀成就測驗檢驗強調意義的教學取向的果效。其中最著名的，大概是 Stahl 和 Miller（1989）一篇登在《教育研究回顧》（*Review of Educational Research*）的大作。這兩位作者回顧了所有他們能找到的，「傳統的、基礎讀本教學」和「強調意義，即全語言或語言經驗取向教學」比較的實證研究。

Stahl 和 Miller（1989）發現強調意義取向的教學在幼兒園[10]的效果比在一年級明顯。從這篇文章刊出後，當我們看到許多強調意義教學的效果遠勝於其他教學法的研究，特別是對背景不利的兒童，可以知道這樣的結果通常都是在幼兒園階段得到的（例如，Sacks & Mergendoller, 1997）。Stahl 和 Miller（1989）也下結論道，強調意義的教學取向在教導兒童一些非常一般性的讀、寫概念時有效，但它在字詞辨識或解碼上並不特別有效，但這卻是學生要學會閱讀並達成好的理解的必要條件。該文指出，有 33 篇文章檢驗在幼兒園階段，不同教學取向班級裡兒童的閱讀準備度（reading readiness）是否有所不同，結果是強調意義的教學顯然優於基礎讀本，33 篇中只有兩篇指出基礎讀本優於強調意義的教學。但到了一年級，有 65 篇強調意義取向及基礎讀本的實證研究，有 13 篇支持基礎讀本較優，9 篇稱強調意義取向較優，43 篇無法確定。像這樣的統計數字實在難以宣稱哪一種取向較讓人有信心，因為大多數研究的後測並無顯著的組間差異。

Stahl 和 Miller（1989）有一個特別重要而且引起眾人注意的發現——和較優勢的學生比起來，在因社經地位低落而成績差或高風險（at risk）學生的身上，比較不容易看到強調意義教學的正向效果。強調意義的教學取向對高風險學生效果不佳，這樣的懷疑，也在後續的研究裡被確認（Jeynes & Littell, 2000; Juel & Minden-Cupp, 2000）。除此，另一個發現也讓人印象

---

[10] 譯註：在台灣，「幼兒園」和「學前」兩者是混用的，但美國的幼兒園（kindergarten）屬義務教育範圍，兒童 5 歲入學，相當於台灣的幼兒園大班。5 歲以前則稱為「學前」（preschool）。

深刻——和初始閱讀（不是閱讀準備度）相關的文獻回顧指出，24 個研究中，9 個研究指出基礎讀本有比較好的效果，15 個不清楚，沒有一個研究認為強調意義的教學取向成效較佳。一個引人興趣的發現是，雖說強調意義取向的教學特別看重理解，但在這些研究中，它們在識字的成效反而優於理解。雖說在識字和理解都沒有戲劇性的效果，但強調意義取向在識字上有不大的正向效果，在理解上反而有較大的負面影響。

Stahl、McKenna 和 Pagnucco（1994）再次把強調意義取向和其他的教學法比較，並更新了 Stahl 和 Miller（1989）的結論。雖然他們發現在強調意義的教學取向中，有些重要的閱讀準備度（例如，察覺語詞乃由語音組成，即音素覺識，見第 5 章）並沒發展得很好，但在另外一些閱讀準備度上，強調意義教學取向的學生表現比其他的教學法好（例如，Byrne & Fielding-Barnsley, 1993）。Stahl 等人（1994）發現，強調意義取向的教學在小學一、二年級的理解上有很小的（very modest）成效，對學生的解碼能力則有不大的負面影響。總之，Stahl 等人指出，強調意義的教學取向在幼兒園階段，有提升閱讀準備度的效果，但在小學之後，各家研究對這樣的優勢就有不同的結論了。

在特別貧窮的學校實施強調意義的教學

Knapp（1995）的大規模研究報告了高貧窮學校中班級的各種教學方法，共有來自三個州的 15 所學校共 140 個班級被分析。研究者在研究的開始及結束時用加州基本能力測驗（California Test of Basic Skills, CTBS）測量學生的學習成果。CTBS 前測分數被當作共變數以進行分析。

他們發現強調創造意義的班級，閱讀成就特別令人驚艷。在這些強調意義的班級裡，兒童會有許多閱讀的機會，讀和寫都是綜合活動的過程之一（例如，學生讀完書之後，立刻要以文字回應），學生和老師經常討論正在閱讀的書籍。這樣做，教學的焦點在於深層的文意，而不在於表面問題的記憶，在讀寫真正的文章時，老師教導個別孤立的讀寫技能。被觀察的班級中，大約只有 30% 展現這種強調意義取向的閱讀教學。這些在閱讀課強調

意義的老師，在寫作和數學課並不必然也如此強調意義。亦即，在閱讀課裡教導意義，似乎是一種領域特定的傾向或能力，而不是一般性的課程重點。事實上，那些強調意義的老師是冒著風險的，因為他們所在的學區強調以各種技巧能力作為學生讀寫成就的證據。但他們對強調意義教學所下的賭注得到了回報，這可以從較高的學生成就看出來。

和傳統的、強調閱讀技能的班級比起來，強調意義的班級在 CTBS 成績上高出 5.6 分的常態曲線當量分數，統計上達顯著差異，學生的寫作分數也顯著較高。所有的平均值比較都有對學生的家境及前測成就進行控制。對低成就學生來講，其分數的成長和較高成就學生一樣大，或者更大。Knapp（1995）的結論是：「意義導向的教學不但不會阻礙學生對各樣讀寫技能的掌握，反而可能有所助益」（p. 136）。

雖然強調意義的教學取向在標準化測驗的表現中，並未一致得到正向的結論，因為這結論不符提倡者的預期，但還是有一些證據指出兒童可以從強調意義的教學取向受益。

評述

文獻中，關於強調意義教學取向的研究有很多發現，但其中最一致、最醒目的發現是，沉浸在文學及寫作可以增加兒童對讀寫本質的認識，也能刺激兒童去從事各樣讀寫活動（例如，Graham & Harris, 1994; Graham & Hebert, 2010; Morrow, 1990, 1991; Neuman & Roskos, 1990, 1992; Rowe, 1989）。舉例來說，有愈來愈多的證據支持，如果利用文學來帶動教學，將有助於學生自發性的文學引用及對閱讀的正向態度（例如，Ivey & Johnston, 2013; Miller, 2009; Morrow, 1992; Morrow, O'Connor, & Smith, 1990; Rosenhouse, Feitelson, Kita, & Goldstein, 1997）。

持續接觸高品質的文學作品，可提升對故事結構的了解，進而提升理解及寫作能力，增進兒童語言的複雜性（例如，Feitelson, Kita, & Goldstein, 1986; McGill-Franzen & Love-Zeig, 2008; Morrow, 1992; Rosenhouse et al., 1997）。例如，全語言教育的環境中經常有書籍分享的活動，當老師和兒

童進行書籍分享時，兒童學會如何詮釋故事，也能超越文本的內容，帶出適當的推論（例如，Cochran-Smith, 1984; Reutzel, Hollingsworth, & Eldredge, 1994）。

正如廣泛閱讀可以拓展成人的知識（Stanovich & Cunningham, 1993），廣泛的故事經驗可以拓展兒童對世界的知識，這可以從兒童詞彙的增廣看出來（例如，Elley, 1989; Martin-Chang & Gould, 2008; Robbins & Ehri, 1994; Rosenhouse et al., 1997; Swanborn & De Glopper, 1999）。讓小學生閱讀以科學為主題的文學作品增加了他們對科學概念的理解（例如，Cervetti, Barber, Dorph, Pearson, & Goldschmidt, 2012; Morrow, Pressley, Smith, & Smith, 1997）。

寫作也有利於閱讀發展——至少，在低年級學生經常有機會投入寫作活動時，此說法為真。但是，讀寫萌發中的兒童，只能正確拼寫很少的詞彙，所以，如果正確的拼寫成為低年級學生寫作的短期目標，他們典型的寫作樣本就和精熟的寫作作品差距甚遠。雖說有人質疑諸如自創拼音之類的教學活動可能干擾正統拼音和閱讀技巧的習得，但是事實似乎和這些質疑相反：好的自創拼音和學習閱讀的技巧是有關的（例如，Clarke, 1988; Ouellette & Senechal, 2008; Richgels, 1995）。事實上，自創拼音行為似乎是一種自我教導活動，可以提升音素覺識和解碼精熟度（Adams, 1990; Apel, 2009）。我們覺得這個說法有道理，因為自創拼音通常涉及慢慢唸出一個語詞，這樣會讓組成詞彙的音素更明顯可辨，然後再試著寫出該詞。

從以上簡略的回顧可以清楚看出，強調意義的教學取向和正向的讀寫成就有關。若有任何人想單單從標準化測驗分數來爭辯，宣稱強調意義的教學取向並無成效，他就必須面對以上的資料，並提出合理解釋。我們並不相信有誰能完全抹殺這些資料，相反地，這些資料會成為一股動力，要讓大家努力思考該怎麼做，才能讓強調意義取向的優勢，可以在更多的班級複製。如果還需要更有說服力的資料，有一個俄亥俄州研究團隊所做的報告，值得進一步關注（以下的段落將會討論）。

Dahl 和 Freppon（1995）的研究

　　雖然已經有許多研究者提供了強調意義取向果效的證據，有兩位研究者因為其一系列研究，深入地比較強調意義與傳統教學法的衝擊，而經常受到引用。這兩位是俄亥俄州立大學的 Karin L. Dahl 和辛辛那提大學的 Penny A. Freppon。我們先來討論她們著作中的一篇，也許可以讓讀者具體地弄清楚其研究的內容。

　　Dahl 和 Freppon（1995）的研究對象為「全語言」和「閱讀技能導向」班級裡的幼兒園及小學一年級學生，研究聚焦在這些孩子如何看待他們正在接受的讀寫教學。共有四個班級參與研究，研究者每星期造訪兩次，時間長達兩年，每個班級裡，有 12 位低社經的學生被選出來作為研究的焦點學生，大約有一半是非裔美國人，一半是阿帕拉契白人。

　　閱讀技能導向的班級到底是什麼樣子呢？這樣的班級都有個傳統的閱讀準備度的焦點——花很多精神在字母－語音的關係上。一年級用的是基礎讀本及相關的練習簿和學習單，老師透過反覆的技巧練習來教字母拼讀，但這樣的教學和所閱讀的文脈無關，老師也很少討論怎樣把字母拼讀運用在真實的閱讀上。雖然偶爾會有札記寫作，但是也有從黑板上抄寫或寫習作的活動。一年級每天都有輪讀活動，但是兒童在讀寫課的其他工作結束時，也會有從圖書角取書自己讀的情形。班級有些齊聲朗讀的活動。讀故事書的時間，對故事的討論通常侷限在要求兒童回憶故事情節的層次。簡而言之，Dahl 和 Freppon（1995）成功地描述了典型的閱讀技能導向班級，這類的班級在全語言四處廣傳的北美洲還未絕跡。

　　那全語言班級又是什麼樣子呢？課堂上會有長時間的獨立閱讀和寫作，老師有時將兒童分組，和他們一同讀或寫，但有時會不分組而和個別兒童一起工作。兒童讀的是高品質的兒童文學，書本大都來自於藏書頗豐的教室圖書角。老師經常演示閱讀策略和技巧給兒童看，教室裡也有很多分享式的閱讀，老師和學生會對正在閱讀的書籍的故事，從事一場真實的對話。唸完故事，寫作是兒童常見的回應方式，老師會教兒童寫作的策略，兒童也會與老

師討論可以如何改善他們的初稿。寫作的循環以出版作品集終結，這和作者工作坊（Writer's Workshop approach）一樣，都是全語言班級裡常見的。寫作是每天都有的活動，有的是寫札記，並且有機會把自己寫的分享給同學，閱讀同學寫的作品就是分享方式的一種。寫作的另一個重要部分牽涉到字母拼讀，老師鼓勵學生運用字母－語音的關係去試著寫出字詞來。總之，Dahl和Freppon（1995）成功地描述了典型的全語言班級。

這個研究因為有詳盡的觀察，所以研究者可以確定，他們研究的真的是閱讀技能導向的或全語言的班級。為了了解學生對閱讀及寫作的態度，及學生對老師教學的反應，除了詳盡的觀察外，研究者也對學生做了廣泛的測量。所有的焦點學生都接受了以下的測量：

- 研究者呈現一張印著一個句子的紙張，問學生紙上有什麼。從學生的反應可以看出，學生是否了解書寫語言乃是攜帶意義的一套系統。
- 對書本及印刷文件的主要認識（如，英文閱讀是從左而右的，從封面到封底的）。
- 對字母－語音關係的認識；要求學生寫十個拼寫語詞，或要求他們隨意寫幾個會寫的語詞，然後請他們說明自己寫出來的東西。
- 唸本故事書給孩子聽，然後請孩子回憶這個故事，再請孩子用一個布偶說個故事。這都可以看出兒童對故事結構的了解。
- 要求兒童唸一本繪本給一個娃娃聽，並鼓勵兒童講得愈像一個真實的故事愈好。孩子也被要求講一個家中發生過的事件，如過生日。這兩種講述的比較，可以讓研究者知道兒童對書裡的語法和語詞的特性，是否有所了解。
- 請兒童談談她或他自己的寫作作品，這可以讓研究者推論出兒童對寫作有什麼概念。

這些測量，在幼兒園剛入學時及小學一年級快結束時實施，再加上兩年的實地班級觀察，可以讓作者比較出兩種不同的班級，會對兒童的讀寫進展有什麼不同的影響。我們在這裡要仔細地說明他們的研究結果。

對閱讀正確性的關切

全語言理論學者的一個重要信念是「錯誤是學習的一部分」，亦即，全語言班級應該鼓勵學生勇於冒險，根據這個哲學，「唸得正不正確」不應是師生的首要關切。有趣的是，閱讀技能導向班級和全語言班級中，卻都關心閱讀的正確性。

字母拼讀法

有比較多的證據顯示，全語言班級的學生應用了比較多字母拼讀的技巧。例如，全語言班級裡的寫作經常出現使用明顯表音字母[11]的近似拼音，但閱讀技能導向班級裡並沒有發現這個現象。當遇到不知道怎麼寫的字詞時，全語言班級的學生比閱讀技能導向班級裡的學生更會使用可靠的自創拼音來寫寫看。另一項令人困擾的發現是，閱讀技能導向班級裡的學生在閱讀時，如果把字詞讀錯了，他們比較不會注意到這樣唸時句意會不合理，而傾向於接受這樣的錯讀。為什麼說這個發現令人困擾，是因為 Clay（1969）發現，對誤讀字詞的自我糾錯是一年級學生閱讀成就的一項良好的預測變項。

對文學作品的反應

比起閱讀技能導向班級的學生，全語言學生對文學作品有比較多精緻的反應。當全語言學生說故事或討論故事時，他們對主角、故事中事件、情節結構都展現出更廣泛的知識。在沉浸於全語言教學兩年之後，學生清楚地學到文學是怎麼回事。全語言學生能展現出適當的批判力，能表達作者可以怎樣來修改他們的故事。

因應策略

Dahl 和 Freppon（1995）發現全語言班級的學生遇見困難時，有較好的

---

[11] 譯註：例如，把 book 寫成 bk；把 speak 寫成 spek 等。

因應能力；相對地，他們發現閱讀技能導向班級的學生比較會避開那些有挑戰性的工作。為什麼會有這個差別？理由之一是，全語言班級比較強調社會合作，因此碰到困難時，去找朋友幫忙是適當的、可以被接受的。但這並不是說面對因應困難時，全語言班級裡的一切都如此美好。例如，全語言班級中寫作能力最弱的兒童，經常到處哈啦，以避開寫作；在和小朋友合作時，他們經常被選任為不需寫作的角色，例如，只負責畫圖。

覺得自己是讀者／作者嗎？

全語言學生較常覺得自己是讀者和作者。但在閱讀技能導向的班級，只有最優秀的讀寫者才會這樣看待自己。

投入程度

和閱讀技能導向的班級比起來，在全語言班級，兒童顯著地較能百折不撓的投入讀寫活動。和全語言學生比較，當兒童可以主動選擇閱讀活動時，閱讀技能導向班級的學生似乎並不對閱讀那麼感興趣。

對文字特徵的認識

一般來說，在文字概念、故事結構知識、寫作觀念，及其他有關書寫文字的認識上，兩組學生表現大多相同。但有個例外——一年級學期結束之前，全語言學生比閱讀技能導向學生更知道書中故事的語法和遣詞用字，和自然口語到底何處有所不同。

認字策略

全語言教學強調要用文脈線索來閱讀，Dahl 和 Freppon（1995）在分析學生的閱讀行為時，真的看到了這點。全語言學生遇到不熟悉的新詞時，比閱讀技能導向的學生更可能利用圖畫線索、略過不認識的新詞、重讀及自我更正、給故事評論等策略以進行閱讀。閱讀技能導向的學生幾乎完全依賴字母－語音關係來辨識不認識的新詞。

小結

在 Dahl 和 Freppon（1995）的研究中，有許多發現指出，全語言班級強過閱讀技能導向班級；他們的研究結果，大致與本節前幾頁整理出來的全語言導向優點清單近似。Dahl 和 Freppon 在 1995 年已經出版了其他分析，結果也都說全語言班級表現較佳。例如，Freppon（1991）報告，全語言學生比閱讀技能導向學生更懂得「閱讀是要獲取意義的，而不只是唸出字詞來」這個道理。Dahl（1993）分析了全語言學生寫作時，給自己的評語。這些學生寫作時，在字母－語音關係上，展現了大量的自我調節語言，許多的精神都花在字母和語詞組成的型態（pattern）上。

Dahl 和 Freppon 的研究把全語言說得那麼正向，但從許多閱讀研究者的觀點來看，兩類班級間有一個非常重要的差別，值得一提。雖然全語言學生似乎一直學了許多字母－語音的關係，而且知道怎麼使用它，但他們使用時，似乎並不像閱讀技能導向學生那樣篤定。全語言學生比較可能在閱讀時依賴圖像和語義的文脈線索。在後面的幾章，我們將會強調，這是一個災難式的策略——我們的論點指出全語言教學的一大弱點，在學習新詞時，它並未及早和有系統地藉由字母－語音規則和組字原理的分析，來教導字詞辨識。

Dahl、Scharer、Lawson 和 Grogan（1999）的說法

Dahl、Scharer、Lawson 和 Grogan（1999）對 Dahl 和 Freppon（1995）的研究做了一個極為重要的後續調查。他們研究了八個完全符合全語言哲學的一年級班級，從 9 月到隔年的 5 月，花了一整個學年進行深度觀察，並特別聚焦在這些班級的字母拼讀教學上。他們發現這些全語言班級進行文學閱讀和寫作時，有大量的字母拼讀教學活動，大部分發生在兒童以文字對文學作品的回應上。也就是說，在全語言活動的情境下，Dahl 等人看到許多字母拼讀的教學。老師鼓勵學生、教導學生用字母拼讀來解讀正在閱讀的語詞，閱讀時，還隨時以機會教育來幫助學生讀出字音。寫作時，老師們鼓勵學生根據字詞的發音試著拼出字來。另一個重要的發現是，這幾個班級非常

努力為特定的學生提供量身訂製的教學，主要在協助這些學生解決讀寫上遭遇的困難。

這樣的教學似乎頗有果效，研究蒐集四種評量分數，學生在字母拼讀知識（包括讀出和拼出語詞的能力）均出現明顯的成長。更讓人印象深刻的是，對於學期剛開始閱讀就很強的、很弱的或中間能力的兒童，字母拼讀知識都有明顯的成長。

當然，我們無從得知，在同樣一段時間內，閱讀技能導向班級到底教了哪些字母拼讀的知識。除此，Dahl 等人的研究所觀察的全語言老師，都是精心挑選的優秀老師。本書第 8 章裡將會提到，小學教師裡，只有少數的老師是優秀老師，他們學生的成就都可以大幅提升。所以，Dahl 等人的研究證明了，有很棒的全語言班級，班上學生在字母拼讀知識有很大的進步。

尤有甚者，只要讀過 Dahl 等人的報告，所有人都會對這些班級吸引人的教學活動留下深刻印象。本書要強調這點，因為 Dahl 等人（1999）報告的班級，它們具備的特質正是傑出、有效能的小學班級（參見第 8 章）。這個研究太重要了，所以第 5 章我們還會再談論它，要強調的是這些班級採取的是平衡了強調閱讀技能及強調意義的取向。

評述

持續增加的資料說明了強調意義的全語言教學不做什麼及能夠做什麼。文獻回顧中，我們現在知道全語言提倡的、關於讀寫的通用要點，更進一步地，文學作品和沉浸式寫作可以提升內容知識及寫作能力的發展。但是，至少在某些全語言班級，是有在教字母拼讀的。根據閱讀技能導向和全語言教學班級的比較，我們認為，仍然有些議題值得關切，特別是高風險學生。在強調意義的全語言班級中，高風險學生學習詞彙閱讀的情況似乎不如在強調閱讀技能、解碼導向的班級來得扎實（Johnston, 2000）。

國家研究諮議會

國立研究院（National Academies）組成了一個傑出學者的委員會——

國家研究諮議會（NRC），來回顧關於初始閱讀的文獻，主席是哈佛大學的 Catherine Snow，她也是該委員會結案報告的資深作者。該報告全稱是《預防幼兒的閱讀困難》（*Preventing Reading Difficulties in Young Children*; Snow, Burns, & Griffin, 1998），它整合了所有可取得的關於強調閱讀技能及強調閱讀意義的教學方案研究之後，下了一個結論：應結合強調閱讀技能取向關於音素切割與字母拼讀的知識，與強調意義取向關於詞彙、理解和動機的知識，以形成一個強大的混血「平衡」取向，來發展兒童早期的讀寫能力。他們也總結道有三個因素會干擾讀寫能力的習得：（1）字母原理理解的困難；（2）無法習得理解必要的語文知識；和（3）閱讀動機薄弱或闕如。

　　該報告的作者也注意到，高動機班級所提供的高品質教學比較可能是預防兒童讀寫失敗的解方，而不是堅持某種特定的教學取向。他們提到，在成就低落的學校，教學時間總量及如何使用教學時間必須要講清楚，學生的低參與情形、經常性的外在干擾及較不友善的班級環境也必須注意（Snow et al., 1998, p. 129）。換句話說，他們從比較寬廣的觀點看待幼兒初始閱讀階段的習得困難，而不是把問題簡化成老師用的是哪一種閱讀教學方案。

　　幾乎和 NRC 報告發布同時，批評的聲音出現了（Snow, 2001），強調閱讀技能的提倡者 Louisa Cook Moats（2000）指稱，該報告並未深入說明系統性的字母拼讀法。而國立兒童健康與人類發展研究院（National Institute of Child Health and Human Development）部門主管，也身兼總統教育顧問的 G. Reid Lyon 也說，該報告的結論過於籠統（Lyon, 1998）。Snow（2001）寫道：

> 這些擔憂，發生的時間和 NRC 最後幾場會議的時間重疊，強化了要建立一個聯邦授權調查評議小組（federally mandated panel）的籲求，希望這個委員會可以嚴謹地回顧研究基礎，以了解不同教學方法的效能。（p. 240）

因此，就在 NRC 報告提出後不久，國會就要求成立國家閱讀小組（NRP），以嚴謹地檢驗強調閱讀技能取向的實驗證據。

平衡取向的讀寫教學

　　根據我們對現有文獻的了解，強調閱讀技能及強調意義的兩種教學取向，在初始閱讀教學各有其站得住腳之處。證據相當清楚的顯示，早期（幼兒園到小學一年級）、明示、適中的發展音素覺識和字母拼讀知識，可以讓幼兒有較好的解碼能力，至少短期內如此。同時，研究文獻中也顯示了強調意義取向的優勢，包括：較強的閱讀動機、對閱讀歷程及閱讀後的理解有較佳的掌握。因此，問題可能出在美國的教育者過於強調初始閱讀教學某一面向的效能上，不管選用的是強調閱讀技能還是強調意義的教學取向，但這些面向的效能，卻是因教材而異的。換句話說，閱讀戰爭的兩方，在其個別強調的地方，都有部分正確，同時，兩方也各有部分錯誤，因為他們故意不去看對手陣營的優點。在強調閱讀技能的模型下發展出來的課程，太過於忽視某些潛在工具（如自創拼音和廣泛獨立閱讀）的重要性；而在強調意義的模型下發展出來的課程，也太過於忽視閱讀正確性及發展強大解碼技能的重要性。

　　我們的解套方法和 Snow 等人（1998）的報告很像，就是嘗試著要整合強調閱讀技能和強調意義兩種取向的長處。Routman（2002）已經走了這條路，但是，某些強調閱讀技能取向的倡議者（Moats, 2000）卻已經誤將平衡取向塑造成另一種強調意義教學取向的主張，明說了，就是全語言教學。

　　我們承認，在我們的觀點中，當全語言或強調意義取向的元素被整合進初始的讀寫課堂中，教學會更有效能。同時，我們也相信研究所支持的，強調閱讀技能教學的各種面向。但是，只要是強調閱讀技能取向的主要優勢在於解碼，其他地方幫助不大，我們就不可能在不做重大修正的情況下推薦這種取向的教學，如同其他對強調意義取向教學的研究建議一樣。Connor和她的同事（Connor, Morrison, Fishman, & Ponitz, 2009; Connor, Morrison, & Katch, 2004）也支持我們的觀點，同時說明了商業出版教材在今日市場隨處可及的情況下，提供高品質讀寫課程的複雜性。我們只能期待教育者會很快

就看到更多在平衡課程架構下發展的初始讀寫教材。但在那之前，每位老師必須努力調整既有的商業出版課程，以平衡式教學取向來上課。

我們希望，讀者在讀這本教科書時，能夠了解平衡式讀寫教學看起來或感覺起來是什麼樣子，那就是本書主要的目標。

◆ ◆ ◆ 結論與總結性迴響 ◆ ◆ ◆

1. 強調閱讀技能和強調意義的讀寫教學在美國都已經施行了至少一個世紀。在這段時間裡，美國學校用的讀寫教材反映出非此即彼的取向，雖說有許多被產出、使用的閱讀教材並未完全符合這兩個取向。一個世紀以來，兩陣營都有熱心的提倡者，在不同的年代，爆發了好幾次的「閱讀戰爭」，有時這方占上風，有時反之；占上風者就會在閱讀教學得到十幾二十年的優勢。出版商當然會在市場上有所反應，在他們推出的教材上酌增或酌減強調閱讀技能或強調意義導向的各種元素。只要進到現在小學的班級，你就會看見這兩大陣營留下的影響力。在某些班級，你還會看到相當純粹的強調閱讀技能或強調意義的教學取向。

2. Frank Smith、Kenneth Goodman 和其他想法類似的心理語言學導向的學者，提出了一個強調意義的閱讀觀點。依照他們的觀點，閱讀者在閱讀時是帶著假設的，這些假設乃根據其先備知識及對文章後續出現字詞的猜測而形成。閱讀者的英文語法及字詞組成規律的知識，也會影響讀者閱讀時的假設，所以優讀者讀一個句子時，該出現動詞的地方，他不會猜測會出現名詞。閱讀到最後階段，讀者才會注意、處理到字詞裡的字母和字母串（例如，字形－字音的線索）。主張字詞辨識牽涉到多重線索，其證據來自讀者偶犯的錯誤。特別重要的是，錯讀時，目標字經常被讀成語義相近的字，全語言論者把這個現象當成證據，認為這說明了閱讀時，語義的線索比字形－字音的線索重要。

3. Constance Weaver、Regie Routman 和其他人的著作，幫助全語言教育者把全語言的信念執行出來。Weaver 對語文教育的信念，似乎完全和 Smith、Goodman 及紐西蘭、英國的全語言理論學者一致。他們強力推薦兒童應該浸潤在文字和寫作裡，也希望老師們對兒童有高期待，給孩子時間和機會去練習真正的讀寫；學習讀寫的過程中允許兒童犯錯，因為錯誤乃學習的一部分。如果錯誤發生了，老師的主要角色在提供多次且適當的回饋。根據 Weaver 的說法，指點兒童反映出自己所犯的錯誤，在這樣做的過程中，兒童可以建構出對讀寫的新認識。

Routman 的思維就沒有像 Weaver 那樣侷限於全語言的原則，這反映出她的學校實務經驗。即使如此，Routman 對字詞辨識的處方仍然比較像 Smith、Goodman 和其他的全語言論者，而比較不像本書後面幾章要談的、關於字詞辨識之研究本位的觀點。

4. 雖然全語言對語文教育的影響是全面性的，而且許多特定的全語言實務也已經被確認可以鼓勵讀寫能力的發展。但有一個重要的議題最能夠把全語言的和其他的語文教育取向區分出來：全語言學者及老師對字詞辨識的觀念。他們的想法和許多關心閱讀，尤其是關心初始閱讀的學者大相逕庭。

此外，本章還沒有太強調一種全語言的特點──要增進閱讀理解的技能，全語言論者的辦法就是閱讀、閱讀、閱讀。這是一種舊式的閱讀發展模型。我們將在第 9 章談到，除了讀、讀、讀之外，還有很多教學上可以著力並刺激閱讀發展的方法。也就是說，我認為全語言是讀寫發展的一套不完整的模型。我會在本書的結尾談到，全語言的優點，應該要和更明示的解碼、理解之教學結合。我們現在很確定的是，有些全語言教師，如 Dahl 和她的同仁研究中的參與者，在教室裡做的都是平衡取向的教學，而且獲致很棒的進展。但是，根據我們在小學教室裡的廣泛觀察，許多對全語言死忠的老師，他們的教室裡絕對沒有「平衡取向」這回事。

5. 一直有人在說強調閱讀技能取向的壞話，說這個取向無法發展出高水準的動機和閱讀理解。也一直有人在說強調意義取向的壞話，說它無法讓兒童發展出又快又正確的詞彙閱讀技能，後來才會導致學校的失敗。真相其實

是，這兩種教學取向都不足以有效能地發展出讀寫能力。而，至少有一些老師已經離開這種爭議，在他們的班級裡執行了平衡取向的讀寫發展，我們對這些老師的研究還太少了些。

編註：本書各章末附有參考文獻，請上心理出版社網站的下載區下載使用。詳情請參見目次頁最後一頁有關文獻下載的說明。

Chapter 2

熟練性閱讀

　　若能了解熟練性閱讀（skilled reading）的本質，我們才能知道閱讀教學的目標該怎麼訂定。本章所彙集的，都是當今發展小學閱讀教學時，最具影響力的一些研究要略。本章提供的訊息可以讓讀者明白，為什麼有這麼多的研究者和閱讀老師，決定要在小學課程裡加重解碼和理解策略的分量，並且提高閱讀量。

字母和詞彙層次的歷程

　　研究者已使用各式各樣的方法去了解優讀者是如何處理字母及詞彙，這些方式將會在下列細目中討論。

●● 眼球移動

　　在過去半個世紀以來，有些研究者已經藉由讀者閱讀時的眼球移動（eye movements，以下簡稱為眼動），研究出閱讀歷程之字母及詞彙的層次（Carver, 1990; Just & Carpenter, 1980; Rayner, 1992; Ygge & Lennerstrand, 1994）。現在更是不用說！當目光瞬間停留在某事物上及目光跳至下個定點時，眼動可能牽涉到定位（fixations），或者目光有時會跳回至前句或段落中的詞彙做檢查，這就是所謂的「迴歸」（regression）。為何眼睛會知道下一個跳躍點在哪呢？以英文為例，閱讀者是從左至右閱讀印刷文字，處理

所見的訊息會有點偏向右邊的內容，而在讀者的目光尚未定位於右邊詞彙前，處理的過程多半是不足以理解的。不過，卻給予足夠的進程去允許眼睛做往前的跳躍，亦即允許目光停駐於詞彙，而非字與字之間的空白。

當每分鐘閱讀速度為 200 至 300 個詞彙時，優讀者似乎會處理文章中的每一個字母。有個相關證據顯示，愈長的詞彙，讀者從認識詞彙到大聲發音出來的時間會愈多。事實上，每加長一個字母，讀者要唸出一個詞所需的時間，會多花費 10 至 20 毫秒（Samuels, 1994）。另一個很有說服力的證據是關於，如果改變文章內容，讀者會如何處理每個字母？結果顯示若從字句裡刪除單獨的字母，閱讀速度就會減慢許多（Rayner, Inhoff, Morrison, Slowiaczek, & Bertera, 1981）。假如你不相信一個字母可以造成差異，可以試著閱讀程度尚可的打字員所打的未修正字母，與傑出打字員所打的未修正字母做對照，漏打或遺漏的字母會使讀者分心且速度變慢一些，對吧？

為何閱讀時處理每個字母可能很重要？因為字母層次的線索是認字的主要方法。但另一方面，Smith（1976, 2012）一直主張，在閱讀時把注意力用在個別的字母上並不重要，因為在讀句子時，個別的詞彙是可以從前後的語詞預測得到的。然而這個觀點完全沒有得到眼動相關研究的支持。如果此觀點為真，那麼優讀者應該會知道文章中的下一個詞彙，亦即讀者應該會知道剛讀的字的右邊是什麼字，但是事實上他們並不知道。

當成人讀者在電腦螢幕閱讀文本，螢幕突然一片空白時，他們仍可以準確地說出最後所注視的詞彙（McConkie & Hogaboam, 1985），但是要猜出文章的下一個詞彙，卻極有難度，猜對的機會只有大約四分之一。一位熟練閱讀的成人閱讀有遺漏字的文章時，要猜出漏掉的字，會非常耗時費神，而且正確率只有 10%（Gough, 1983）。您還不相信？請試著猜測此句所遺漏的正確字：**那位高瘦的球員彎腰拾起剛剛跳進球場的_____**。現在你想，熟練閱讀的人是否根據情境來猜字呢？如果你還是這麼想，那再比較一次，我們把漏掉的詞彙補上去時，閱讀變得多麼容易：**那位高瘦的球員彎腰拾起剛剛跳進球場的一隻青蛙**。

因此，閱讀時過於依賴文脈語義的線索會有個問題，你在猜字詞時會犯

太多錯。因此，心理語言學式大猜謎是個錯誤，因為有太多的詞彙都可能適合那個空格。事實上，有許多研究者（例如，Share & Stanovich, 1995）認為，嚴重依賴文脈語義的線索是個弱勢策略——那是弱讀者偏好使用的策略。此論點將在第 5 章有更詳細的論述。

熟練的閱讀者其閱讀速度會隨著閱讀的目的及文本的形式而有所變化。在略讀時，讀者會跳過很多字，所以可以讀得很快。相反地，當讀者試圖了解文章內容，就會一字一字地閱讀，目光在很多個別的詞彙上停駐。對於熟練閱讀的成年人來說，仔細閱讀時，其目光在每個詞彙停駐約四分之一秒。亦即，當讀者想得知內容時，每分鐘大約讀 200 個詞彙（McConkie, Zola, Blanchard, & Wolverton, 1982）。而閱讀者想要專注或學習的文章內容愈少，閱讀速度會愈快。對所讀的內容愈熟悉，也會讀得愈快。在輕鬆的步調下，每分鐘閱讀速度是大約在 250 至 300 個詞彙左右，而且，即使是在輕鬆的步調下閱讀，讀者仍然是一字一字逐字地閱讀。還有，不管那些做速讀訓練的人怎麼主張，人類閱讀的最快速度大約為每分鐘 600 字（Carver, 1990）。

最後，眼球移動的情形和精熟的閱讀是相關的。小學四年級的兒童閱讀時，其眼動基本上還是一個字母接著一個字母地讀。但，十二年級時，眼動的處理單位就遠大於字母，但仍然很少能夠直接處理全字。就以一篇 100 個詞彙的文本來說，一年級兒童閱讀時，大概目光停駐了 225 次；十二年級的學生目光停駐只有 95 次。閱讀發展愈成熟，需要的目光停駐就更少，這很可能是因為在長年成功的詞彙閱讀之後，讀者對組成詞彙的「零件」愈來愈熟悉所致。這個熟悉度意味著視覺注意力的需求降低，因為辨識的單位愈來愈大了（Samuels, Hiebert, & Rasinski, 2010）。

●● 去前後文的字詞辨識

優讀者最大的特色，就是能在無情境語義線索的情況下，正確快速地讀出文字來（例如：寫在閃示卡上的特定字詞）（Share & Stanovich, 1995）。許多研究一直致力於了解，到底優讀者是如何辨識字詞的。當然，對於優讀

者，許多詞是瞬認字（sight words）[1]——因為讀過太多次，這些字詞一瞬即識。研究者認為瞬認字辨識是自動化的（automatized），辨識時讀者不費吹灰之力，而且辨識的結果非常可靠有效（LaBerge & Samuels, 1974）。

例如，也許有不少正在讀本章的讀者，在閱讀字詞時已經用到了「朗讀出聲」或逐字母解碼的歷程。有些詞彙可使用較大的解碼單位，不只是一個字母。以上一段的 automatized 為例，優讀者先會注意到 auto 或 automa 和 tized 等分節，應該很少人會以 au 為解碼單位。優讀者已經讀過 auto 和 tized 非常多次了，使用熟悉且較大的組字單位來解碼，可以減少目光固著的次數，並將字詞辨識（word recognition）加速。

然而，對於優讀者的熟練度，有較多說法是他們能閱讀從未看過的詞彙，甚至是無意義的文字或假詞，例如：swackle、preflob 及 plithing。他們能做到是因為他們能快速將字母與發音連結，並將每個語音混合成音，大聲地唸出語音來，這就是優讀者厲害的地方（Share & Stanovich, 1995）。即使是這種假詞，優讀者仍然會「看到」ack/ackle、pre 和 ith 與較熟悉的子音字母串如 sw、fl 和 pl 一起出現，也會看到 ing。辨識這些組字單位乃基於過去讀英文詞彙的經驗，絕大多數的讀者不會慢下來唸 s－w，f－l 或 i－n－g，許多閱讀的練習都在促成這種又快又正確的解碼歷程。

優讀者能發展出這種厲害的解碼歷程，學術界稱之為「自我教導」假說（Share, 2004）。為了了解兒童閱讀時（朗讀或默讀），是否真的有自我教導的情況，deJong 和 Share（2007）給三年級兒童讀含有假詞的短文，幾天後再評量兒童是否掌握這些假詞的意義，結果，兒童的確辦得到。研究者的結論是：

> 有一個字形發展取向的說法叫自我教導假說，根據這個假說，把不熟悉的印刷字詞轉譯成相對應的口說語詞，乃字形表徵習得的核心途徑。根據自我教導的模型，對新詞的成功解碼，就在提供機

---

[1] 譯註：英文出現頻率最高的語詞，其拼字－發音經常是不規則的，如 the、find、one、of 等等，教學者經常利用閃示卡幫助初學者反覆練習閱讀這些詞彙，直到在閃示的瞬間，即能辨識。本書譯為瞬認字。

會，讓讀者獲得特定詞彙的組字訊息（orthographic information），
而這種訊息即熟練的視覺字詞辨識的基礎（p. 56）。

換句話說，要能成功閱讀一個新詞，就是把這個詞和它的組成成分「印」
在讀者的長期記憶裡，對該新詞多次重複地成功閱讀，讀者就會對這個詞
一瞬即識，不需要再多花什麼力氣（Adams, 1990; Nation, Angella, & Castles,
2007）。

對於母語中普通字母的結合認知，優讀者也能做到自動化。優讀者可以
認知一般英文字母的結合，如：-kle、pre- 及 -ing，因為在閱讀當中他們已
遇過很多這樣的結合。相較於遇到未看過之字母結合的詞彙時，他們能快速
解碼並試著讀出這二個字：retuckable 及 ekuteracbl，它們都有相同的字母，
但是第一個文字比第二個文字更容易唸，因為它有三組熟悉的字母結合，而
第二個單字的字母組合要不少見，要不根本不會在英文詞彙中出現。

讀者閱讀時比較依賴字母層次的線索，並不表示文脈語義的線索不重
要，事實上，在辨識了某個詞彙後，文脈語義線索可能非常重要。試著閱
讀下列句子：The duck could not be stopped from biting the boy, so his mother
grabbed the bill!（無法阻止那隻鴨子去啄那個男生，所以他媽媽抓住了牠的
嘴！）再讀此句：The boy could not be stopped from using his money to buy
the duck, so his mother grabbed the bill.（無法阻止那個男生用他的錢去買那
隻鴨子，所以他媽媽抓著他的鈔票。）因為 bill 是多義詞，同時有鳥嘴和
紙鈔的意思，讀者必須依文脈語義線索，才能正確解讀 bill 這個詞（Gough,
personal communication, June 1996）。雖然情境對於單詞解碼層次的幫助不
大，但是它卻能幫助了解已讀出詞彙的語義判斷。

文脈的語義線索對閱讀時的自我糾錯大有幫助，當讀者誤讀一個詞彙
時，通常句子就讀不通了。例如，The goat munched on the grass.（山羊在
草地上大嚼。）如果你把 goat 錯讀成 goal（目標），句意就會變成目標在
草地上大嚼。如果你不斷監控自己閱讀時獲取的意義，就會發現這句子完
全沒道理。你就會重讀這個句子，想要找出來到底是哪個詞彙讀錯了。這

就是熟練讀者的特性，他們可以一邊讀，一邊自我糾錯。事實上，如 Clay
（1969）多年前注意到的，熟練的低年級讀者每三個錯讀，就能自我糾正
一次，而不熟練的低年級讀者每 20 個錯讀，才能自我糾錯一次。Clay 建議
道：「兒童必須協調從行動、視覺和語言而來的線索，而且他覺察到這些不
同來源的細節會組合成一致的文意，若能做到這些，這孩子就已經發展出從
自己的錯讀中學習的能力了」（p. 54）。換句話說，年幼、正常發展的幼兒
就可以學會這些自我教導的基本工具（第 8 章有更多討論）。

　　在字母層次及詞彙層次的眾多研究裡，有個批評說此研究未將焦點放在
「讀者即意義產出者」的命題上。這樣的評論在某種程度上並沒有錯，隨著
本章節的進行，讀者會清楚，熟練性閱讀就是從句子及段落中獲取意義。即
使我們把「閱讀不只是識字解碼」牢記在心，但除非讀者可以確實有效的辨
識獨立的詞彙，否則主動的句子和段落處理不可能發生，學習解碼的重要性
由此可知。

抓到要旨

　　每個文本裡都有許多構想（例如，Clark & Clark, 1977; Kintsch, 1974）。
思考此句：John carefully nailed down the loose shingles on the roof（Kintsch,
1982）。這個句子有四個構想：John nails shingles、nailing is being done
carefully、shingles are on the roof、shingles are loose。優讀者讀到這個句子，
即能了解全部的構想，雖然到後面只會記得此句主要表達的構想，即 John
nailed shingles。除非人們盡可能地逐字記憶，否則不會記得所閱讀的每件
事，他們所記住的是要點，包含文章裡的主要構想（Kintsch & van Dijk,
1978; van Dijk & Kintsch, 1983）。如同此書所討論的長篇論述，都有階層
性的主要構想，整本書的摘要就是在最上層，此外每章節都有主要構想，
而每章節的每個段落也有。優讀者會結合較低層次的主要構想（如：段落
層次），進而創造出較高層次的摘要（例如：此章節至整本書的層級；van
Dijk & Kintsch, 1983, e.g., chap. 2; Kintsch, 1988）。

例如：假設讀者開始讀一篇長篇內容。隨著閱讀他們編碼出句子的主要構想，第一句會包含很多構想。而讀者會帶著此構想，繼續閱讀下個句子。當試圖連結第一句和第二句的主要構想時，第一個構想就會出現，並且會結合段落前二句的意思。

有時建立推論會需要前後句子一致化的構想，互相連結的推論會從閱讀者所處理的詞彙知識中得到。例如，文章中只提及一位工作者正在敲打釘子，但並未提及「槌子」，在讀到 the head slipped off 時，讀者可能會推想到 hammer（槌子），進而想出主要的構想為 the hammer broke while being used。優讀者讀至段落後面，內隱地（implicitly）產生出整個段落的重點摘要（在這裡我強調「內隱」此字，因為此歷程是自動性且無自覺地發生在熟讀者身上）。再來，如果讀者回想前個段落時，會回想起重要的構想（例如，Kintsch & Keenan, 1973）。

閱讀與回想的間隔時間愈長，所記住的細節會愈少（例如，Kintsch & van Dijk, 1978）。回想的內容會反映出起初閱讀的推論，如同我們回想本文所連結的推論是一樣的。此外，這樣的推論是建立於閱讀者已知的基礎上；亦即，代表性的記憶內容會反映出原文和讀者本身的知識。例如，本書第一作者 Mike 跟兒子講狄更斯《小氣財神》（A Christmas Carol）的故事時，根據他當時所記得的情節，花了約五分鐘說完整個故事。Mike 記得的是這故事的主要構想，而非什麼人說了什麼話等細節，更不是那個夜晚四位訪客說的內容。

然而，在說故事當中，Mike 提及 Tiny Tim 有小兒麻痺症，並向當時 9 歲的兒子解釋何謂小兒麻痺症，因為當代美國此症已經絕跡。後來，他兒子自己閱讀了此故事，他跟 Mike 說這故事並沒有任何地方講到小兒麻痺症讓 Tiny Tim 必須手持拐杖過日子啊。那時，Mike 才知道在回憶時，自己做了一些書上沒有的推論，這個推論也許是歷次閱讀或看戲劇演出時做的，而把 Tiny Tim 想成是個小兒麻痺症的受害者了。對閱讀文章的回憶是非常個人化的，因為讀者的先備知識扮演了很重要的角色。

然而，優讀者不會製造出猶豫不決的推論。在讀文章時，他們不會將完

全離題的知識強加在文章的構想中。相反地，他們會做出需要了解文章的推論（McKoon & Ratcliff, 1992; van den Broek, 1994）。因此優讀者閱讀故事時，常會對故事發生的場景，創造出詳盡完備的了解（例如，Fletcher, 1994; Kintsch, 1998）。先備知識有個重要角色，即它會使讀者在所收到少之又少的訊息下，了解很多情節。即使在長篇小說裡，雖然作者只描述最重要的場合及主角最主要的性格，比起那些欠缺先備知識的讀者，擁有廣泛先備知識的讀者，比較能填補小說內容的空白處。

簡單地說，一般從頭到尾的閱讀，如閱讀一則故事，優讀者會處理每個獨立構想，但是只會記得重點。此時先備知識扮演著重要角色，它讓讀者得以產生合理的推論，並進而了解文章內容。不過，在某些例子中，推論是很細密的，特別是內容複雜的情節。雖然本節討論的閱讀模型主要以敘述文（也就是故事）閱讀的相關研究為基礎，但同樣的概念也已經應用到不同形式的說明文了（如紀實文本，即包含著特定議題的文章；例如，Britton, 1994; Martin & Duke, 2011）。

有意識的理解：閱讀的口語原案

比起閱讀能力不佳者，優讀者擁有較多的常識，因為熟練性閱讀能擴充知識的發展。這些新知識會無意識地自動產生，是閱讀及對文本抓重點歷程（gistifying）的結果。不過，閱讀也牽涉較多有意識的認知過程，閱讀時的文意獲取，不單是自動化及無意識的過程，它也牽涉到許多有意識的、可以自我控制的過程。

藉由成人優讀者大聲說出閱讀時的想法，可以得知很多關於意識及主動理解的過程。這樣的研究裡，研究者要求讀者閱讀文章，並經常打斷他們的閱讀，讓他們分辨閱讀時他們在想什麼、正在做什麼。當讀者被要求讀難度較高的文章時，研究者會更容易觀察各種意識內的決策過程。因此，口語原案（verbal protocol）的研究方式中，讀者所讀的文章都很有挑戰性，需要多思考，才能了解文章內容。

●● **Wyatt 等人（1993）的研究**

我們曾使用口語原案的方法完成一份熟練性閱讀的研究，所以在此領域我們有第一手的經驗（Wyatt et al., 1993）。研究中，有 15 位來自馬里蘭大學的教授選擇他們專業領域的文章，並在閱讀時放聲思考（think aloud）。雖然每位教授所讀的文章各不相同，而且教授的學術領域也大相逕庭，可是他們在閱讀時卻有重要的相似之處。

第一，所有讀者閱讀時都非常主動地做了以下的事：

- 以文章內容和教授對於文章議題的先備知識為基礎，他們可以預期文章接下來可能會說什麼。而且當預言正中目標或有錯誤時，他們會有所覺察。

- 教授在閱讀中會尋找符合個人興趣及目標有關的訊息。所以準備寫報告的教授在閱讀文章時，會尋找有助於報告的訊息。而且，他們在閱讀符合個人目標相關資料時，會讀得比那些不重要的資料還要慢。

- 雖然教授通常會從第一頁讀至最後一頁，但有時他們也會跳頁找尋他們覺得文章可能有的內容，以及回頭翻頁尋找起初覺得困惑的內容加以闡明。因此他們對閱讀的句子有些概念時，他們可能會再讀一次，而且回頭找一些段落中的明顯句子，以解答他們之前忽略的爭議點。

- 教授會自我解說文章主旨、建構摘要，以及思考為何文章的陳述是有意義，或有些時候是無意義的。

- 教授會頻繁地監控他們的閱讀。亦即，他們非常清楚閱讀中文章的難易度，而且知道文章陳述是否已知或者涵蓋新領域。如同先前的討論，他們知道文章哪個部分對其閱讀目標是有關聯的。

第二，比起閱讀期間所有的活動，當讀者閱讀時，他們的熱情投入最令人印象深刻。他們時常評論閱讀的內容，這有可能是因為他們具備了廣泛的先備知識，所以，當文章中的想法和他們的觀點起共鳴時，他們會積極地反映：「對極了！」或「她說中了！」而當文章中的想法與讀者有所衝突時，

則有相反的作為。他們會發出厭惡的聲音（包含不敬的言語、行為），或者非言詞上的反應，例如對文章咋舌表示嘲弄。閱讀時，讀者會報告他們在哪裡感到有趣，在哪裡覺得無聊。顯然地，對讀者來說，閱讀絕非一種情感上中立的經驗。

●● Pressley 和 Afflerbach（1995）對熟練性閱讀的研究

以放聲思考方式進行的閱讀研究（think-aloud study），已經有 60 多篇在科學期刊上出版，這裡要報導的只是這其中的一篇。讀者閱讀時所陳述的確切形式活動已隨著不同研究而富有變化，不僅反映出不同研究裡參與者所給予多種方向的變化，也反映出不同研究所讀的多樣論題。

儘管各種研究的程序和閱讀材料各有不同，這兩位學者回顧截至 1994 年所出版的所有研究，仍然可以異中求同，總結、建構出怎樣才是熟練閱讀（Pressley & Afflerbach, 1995）。我們研究的對象都是一般人。每一篇關於口語原案的研究文獻，都提到讀者在閱讀時的主動性。雖然有些讀者閱讀時的主動性比他人強，不過有意識地主動性閱讀似乎十分常見，優讀者尤其明顯。而且，當成熟的讀者對特定的閱讀形式更有經驗後，他們會發展出更精緻老練的閱讀方式（Strømsø, Bräten, & Samuelstuen, 2003）。甚至，在一般情況下，熟練閱讀的意識歷程（conscious processing）早在閱讀開始前出現，在閱讀中維持著，並在完成閱讀之後仍然持續著。

閱讀前，優讀者會確定他們知道為什麼要閱讀這篇文章，而且很清楚了解他們自己想從中獲得什麼資訊（例如，有關印地安人在法國印地安戰爭[2]扮演何種角色，寫該篇論文的教授有什麼用意）。優讀者不會只是從頭到尾的逐字閱讀，他們會瀏覽文章。在瀏覽時，他們對文章結構很敏銳，會特別注意一些與閱讀目標相關的訊息。熟練讀者會根據他們在瀏覽時獲得的訊息，判斷文章哪個部分應該先讀，哪個部分要仔細讀，哪些地方可以不必

---

[2] 譯註：French and Indian War，這是在 1754 至 1763 年間，英法兩國在北美洲的一場戰爭，英國打敗法國和與法國聯盟的印地安人，確立了英國在北美洲的影響力。

讀。熟練讀者會讓文章內容和先備知識連結起來，進而得到文章的總結性構想。有時，一經瀏覽，讀者會發現文章內容與讀者的目標完全不相關（如這篇文章中，關於印地安人在法國印地安戰爭中的角色，似乎沒有新的看法）。如此一來，熟練讀者很可能會決定停止，不再往下讀了。

瀏覽過後，如果讀者真的覺得文章值得閱讀，他或她會開始從頭到尾閱讀，並因不同章節改變閱讀速度，有時會略讀，有時會跳過不讀。讀者有時會停下來重讀某部分，或停頓下來去思考剛剛所讀的內容。讀者讀到與其閱讀動機相關的內容，會投入更多注意力。讀者瀏覽文章後，會心生預測，之後一邊讀會一邊修正這些預測，同時對即將閱讀的內容推出新的預測。亦即，熟練讀者會從閱讀中獲取結論，雖然結論只是暫時性的假設，隨時隨著文章的閱讀而有所改變。

熟練讀者閱讀時，會出現有意識的推論，以及無意識的、自動化的推論。熟練讀者會嘗試填補文句間的空白鴻溝，並試圖決定不認識的詞彙的意義，而且將文章內容與自己的先備知識做連結（如，「那就像……」）。他們會推論作者的寫作意圖，或是作者的主意從何而來。讀小說的人，總是會推論故事中各個角色的意圖。熟練讀者會有意識地企圖整合文章中不同部分的構想（如，故事角色行為與整個大故事的關聯）。當開始讀小說時，讀者會設想一個故事發生的情境，新角色出現時，讀者會設想這個角色和該情境有什麼關係。此情境會隨著小說的閱讀，持續地保持在讀者心中。熟練的讀者會在文章不同段落之間尋找因果關係（如，故事前段某人的行為如何刺激故事後段另一人的行為），而且為了整合全文的構想，他們會回頭翻找相關內容或跳躍著往後讀。

熟練讀者在閱讀時會做許多的詮釋，詮釋有時是來自文章中顯明的內容（如：「這個神話好像聖經裡的出埃及記……」），對於文章中描述的事件，讀者會形成個人印象，假如閱讀一篇說明文，讀者會產生總結性的評論（如：「作者在此章節真正想說的是……」）。在詮釋時，先備知識扮演重要角色。一篇有著刻板性別意象的文章，若寫於二十世紀初，會較容易得到激進女性主義者比較多的諒解。同樣的故事若刊載在近期的《紐約客》

（*The New Yorker*）雜誌上，就絕對不會這麼容易過關。

並不是讀完最後一個字，讀者就可以做結束了。熟練讀者經常會重讀文章中重要的部分。熟練讀者會試著重述文章的重要論點，或總結出文章的大要來，以確定自己之後還能回憶出文章的內容。有時熟練讀者會做筆記，他們經常會在閱讀結束後相當長的時間，還在回想文章到底是什麼意思。

我們以大學教授為對象，研究他們閱讀文章時放聲思考的過程（Wyatt et al., 1993），該研究的發現，和許多其他口語原案的研究類似。讀者會意識到許多文章的特性，從作者的風格到文章的弦外之音。尤其他們會清楚自己是否了解文章內容，以及是否這樣的了解是輕而易舉的，還是需要投入相當多的努力。當熟練讀者發現問題時，不管是全盤文意了解的困難，或不認識某一個字，他們都會盡力解決問題。

最後，Wyatt 等人（1993）和其他口語原案研究都有類似的發現：讀者閱讀時是帶著情感的，他們會有意識地接受或拒絕文章的風格（例如，寫作的品質）或構想。

迴響

閱讀研究者普遍同意，閱讀就是從文本中建構出意義來。雖然有這個共識，閱讀的本質究竟如何，各家的意見並不相同。但這些不同的意見，是可以解決的。

●● 「由下而上」vs.「由上而下」之歷程

有些人認為閱讀期間所思考的意義建構似乎是由下而上產生。對他們來說，閱讀是關於字母和詞彙的歷程。意義建構就是唸出文字，讓心智來聆聽。的確，有許多有名的研究早就指出，優讀者即使在默讀時，仍然有話語的歷程涉入。

有時，它甚至是安靜的說話（讀者無聲地對自己說話）。有時言語歷程（speech processes）並非如此完整，但閱讀文字時，有關該文字的語音

訊息會在心裡被激發，這似乎可以幫助讀者把最後幾個字保留在短期記憶中，讓讀者可以整合每個字的意義，完成文本的理解（Carver, 1990; Perfetti, 1985）。這個概念，簡單地說，就是把閱讀拆解成「解碼」和「聽覺理解」兩部分，讀者聆聽閱讀中所解碼的內容，就理解了閱讀的內容（Gough, 1984）。

　　另外有些人認為閱讀時意義的建構，是由上而下產生的。亦即，以大腦中的世界知識（world knowledge）為基礎，人們會假設文章可能再來要說什麼，而且，此先備知識的運用會持續到理解的產生（Anderson & Pearson, 1984）。有很多證據顯示，文本的意義因讀者而異——作者意圖透過文字傳達文意，但解讀時受到讀者先備知識的影響，所以，最後達成的理解，乃作者和讀者共構的（例如，Beach & Hynds, 1991; Flower, 1994; Holland, 1975; Rosenblatt, 1978）。重點是，優讀者不會讓他個人的先備知識鋪天蓋地地失去控制（例如，Williams, 1993）；他們讀了故事之後，所產生的理解，絕對不會有過重的個人色彩。例如，要他重述所讀的故事給另外一個讀過該故事的讀者聽，第二位讀者一定可以認出這是他讀過的故事。是的，第二位讀者可能對故事中所發生的事件有不同的洞見，但兩位讀者對於故事最基本的了解卻不會有所差異。

　　在由下而上的閱讀方式及由上而下的模式之間，有個介於中間的說法，就是當從文本裡建構意義時，由下而上和由上而下的歷程都牽涉其中。無庸置疑，這是本章所引述的各種證據可能得到的最合理結論，所有有關文章理解的研究證據也指出一樣的方向（例如，Clifton & Duffy, 2001）。證據之一即是熟練讀者會使用有效率的眼動，定位在大部分的詞彙上，然後處理每一個個別的字母。另一個證據是，當讀者的心智是非常主動活躍的，他們能提出假設以建構文本可能的意思，並以先備知識為基礎進行推論。這些主動的心智活動，在獲取意義及運用策略找出文章中的重要段落時，是必要的條件。熟練性閱讀一定是由下而上及由上而下的歷程交互作用而成的，想要有效地閱讀，二者缺一不可（Kintsch, 1998; Rumelhart, 1994），它們是一直保持平衡的。

那是否意味著，教學時若只顧由下而上的目標，或反過來，只顧由上而下的歷程，都會徒勞無功呢？並不盡然。事實上，隨後的章節有許多證據顯示，有時單以字母及詞彙層次歷程為教學目標，就可以改善閱讀成就。單單鎖定理解策略的教學，也有增進閱讀的效果。特定成分的教學都有助於讀者達到出色的閱讀能力，因為優讀者的閱讀歷程，一定會牽涉由下而上及由上而下兩方面的認知歷程，並起交互作用。

●● 優讀者分析結果的誤用

在此我們要特別強調，有些研究比較優讀者與弱讀者的閱讀歷程，卻得到了錯誤的解釋，一些根據這些結果發展出來的教學介入，註定走向失敗。例如，弱讀者的眼動方式常與優讀者不同，弱讀者由左到右的眼球跳躍運動較少出現，以及目光也較少停駐於詞彙上，反而常停駐於字與字間的空白處。這種弱讀者眼動的缺陷，讓一些教育者認為，應該訓練弱讀者增加其有效的眼球動作。這方面的嘗試，有時確能改善弱讀者的眼球跳躍與定位情形，但從來都沒有能改善他們的閱讀。現在一般的共識是，眼動的功能失調，並不是引起閱讀困難的原因；反過來，是因為弱讀者有閱讀困難，才導致他們在閱讀時有眼動的各種症狀（請見 Gaddes, 1985 和 Rayner & Pollatsek, 1989 的回顧）。

另一個例子是速讀教學。因為對熟練性閱讀的研究得到錯誤的結論，根據這樣的結論發展出來的速讀教學方案，也是無效能的。毫無疑問地，有許多讀者可以學會略讀（skim）而非閱讀，這也就是速讀課程所教授的。問題是當讀者略讀時，他們的理解力就會下滑。雖然速讀補習班常用一些測驗來證明，受過速讀訓練的人閱讀時理解力沒有問題，但因為這些考題通常很容易，即使沒有閱讀那篇文章，讀者也可以正確回答。要不然請試著回答下列問題（出自 Carver, 1990, p. 372）：

下列哪一選項，最不可能是一個民族社群（folk society）？

1. 一群有著相同族裔背景的人一起住在城市的一角。

2. 登上一個沙漠島嶼的一群船難生還者。

3. 澳大利亞的原住民。

4. 美國西南部的普艾布羅印地安人。

雖然你沒閱讀過段落內容，但是我相信你會選擇到正確的答案——第 2 個敘述。很多辦理速讀課程的人會讓你相信在閱讀相關民族社群的段落後，能回答如同上例的問題以說明你的理解能力，然而實際上那只是說明你的先備知識不錯罷了。簡言之，如果用要求較高閱讀理解能力的測驗題目來測試理解表現時，沒有可靠的科學證據顯示，速讀訓練有成功的機會（Carver, 1990, chap. 18）。然而，這並不否定本章前面所提的觀點，一個人若擁有豐富的先備知識，即使只是略讀，也能促成好的理解，也能有效率地選出重要的文章段落。換句話說，如果你要讀的材料一大疊，而且你對這個領域具有充分的先備知識時，學習略讀，倒不是件壞事。

●● 閱讀量的角色

　　熟練性閱讀的最後一個特色，就是熟練讀者的閱讀量。如 Anderson、Wilson 和 Fielding（1988）對五年級學生做的調查，熟練讀者課外自主閱讀的頻率更多，閱讀的時間也更長。閱讀能力百分等級 90 以上的同年級學生，平均每天有 33 分鐘的自主、獨立的閱讀，但百分等級 50 的學生，每天只用九分鐘；百分等級 10 的學生，每天只有一分鐘。想想看這可能造成多大的差別：熟練的讀者估計一個學年會讀 250 萬字，中等讀者讀 60 萬字，而閱讀有困難的兒童只能讀 5 萬 1 千字。

　　也有其他的研究得到相同的結果：不同閱讀能力群體間的閱讀量，確實存在顯著差異（Allington, 1984, 2009; Cipielewski & Stanovich, 1992; Guthrie, 2004; Taylor, Frye, & Maruyama, 1990），另有些研究則指出，閱讀量與閱讀能力之間的相關性（Cunningham & Stanovich, 1997）。但是，閱讀量和閱讀能力間的關係——尤其是自主獨立閱讀是否可增進閱讀表現的問題，一直都少有人進行實驗研究。亦即，雖然有相當多的調查研究說，熟練讀者的

自主獨立閱讀量的確顯著地多於弱讀者，但只有很少數的研究曾經以實驗的方式檢驗「增加兒童的閱讀量，是否可以提升他們的閱讀表現」這個問題（Kuhn et al., 2006; Schwanenflugel et al., 2009; Wu & Samuels, 2004）。

閱讀量很重要的原因之一是閱讀量大的人，有更高的求知欲——是的，廣泛閱讀的人比讀書量少的人具備更廣博的知識（Duke, Pearson, Strachan, & Billman, 2011; Stanovich & Cunningham, 1993）。對人類如何從閱讀中獲取知識感興趣的認知心理學家，已經知道閱讀如何改變人們對世界的一般知識（例如，Graesser, 1981; Graesser, Hoffman, & Clark, 1980; Kintsch, 1974; Kintsch & Keenan, 1973; Kintsch, Kozminsky, Streby, McKoon, & Keenan, 1975）。讀者將所讀文章的要旨與其先備知識整合，以創造出新的知識（例如，Anderson & Bower, 1973）。因此，如果你讀了一篇雜誌的報導，講到美國讀寫教育的危機，你可能會在自己不察覺的狀況下建構一個總結清單，包含了該文所談的主旨。第二天，你去參加一個派對，聊天時會受這個清單的引導，向朋友重述昨天讀的文章，他可能對讀寫教育危機感興趣。更重要的是，你長期記憶裡的讀寫教育可能因為所讀的文章而有所改變。也許隔了半年之後，某人對讀寫教育的評論和前述文章的論點不同時，你就會回應道：「但我認為……」半年前所讀的文章論點跳出來了，而你可能完全不記得你在哪裡看過這個訊息。

讀者的閱讀量和其高層的閱讀能力有關，這一點並不令人意外。有許多滿有道理的原因，讓我們推論閱讀量和閱讀能力之間存在著因果關係，那是因為有證據指出熟練讀者有較大的詞彙量，而閱讀量又和詞彙表現有緊密的關聯（Martin-Chang & Gould, 2008）。如果自我教導是一個成為熟練讀者的有力因素，則每一個自主閱讀的事例都會增進該自主閱讀者的閱讀能力。讀得愈多，你擁有的世界知識愈豐富，而這樣就會對熟練的解碼（Share, 1995）及熟練的理解（Stanovich & Cunningham, 1993）兩方面都有很大的助益。

◆◆◆ 結論與總結性迴響 ◆◆◆

1. 熟練的閱讀是較高階歷程（如理解）及低階歷程（如解碼）的協調合作。從文章中獲取意義，非常依賴有效能的低階處理歷程：熟練讀者會自動化地辨識很多詞彙，並有效地解碼不熟悉的詞彙。熟練讀者會處理閱讀文本中的大部分詞彙。的確，他們似乎會處理到詞彙裡大部分的個別字母。用來解碼的最主要線索是字母及詞彙，而不是埋藏於詞彙裡、語法裡，或前後文意脈絡裡的文本意義。讀者閱讀技巧愈佳，這個高、低階歷程互動的情況就愈快、愈好。

2. 當熟練讀者閱讀時，他們會從文章中抓出重點，即使很多細節難以回憶，他們仍可以得到主要的構想。閱讀理解就是處理文章中的各種構想，這牽涉到讀者本身的先備知識。因為先備知識會讓讀者產生許多合理的推論，從而影響閱讀。但是，反過來，一個人的先備知識的多寡，也受到閱讀的影響。

3. 雖然閱讀理解有相當大的部分，是隱而未現、無意識且自動化進行的。但是，也有不少的閱讀理解歷程，牽涉到讀者有意識的、主動的文本處理。熟練讀者在閱讀前（如瀏覽文章以進行預測）、閱讀中（如更新預測、建立心中的想像）及閱讀後（如建構摘要，思考文章中的哪些想法待會兒會用到）的心智都是主動活躍的。熟練讀者閱讀時，一邊對自己解釋，一邊給文章打分數，常常會對文章中構想有所反應。

4. 了解熟練性閱讀的本質，可以讓我們思考有效的閱讀教學應該教些什麼。老練的讀者精通詞彙層次的解碼歷程，這個發現，讓教育者思索應該發展出能強調解碼的課程。優秀的閱讀牽涉有意識地運用理解策略的歷程，這個發現，讓教育者據以發展主動的閱讀理解習慣。

5. 熟練讀者似乎不會依賴意義線索去解碼詞彙，此發現提供很好的理由駁回全語言法的論點：解碼教學應該強調從上下文的意義線索去推想。根據本書的論點，教孩子首先注意意義線索（如圖片線索）再去解碼，這種建議

如同眼球移動訓練的建議一樣，是沒有用的。但是，讀者在評鑑解碼是否正確時，意義的線索是很重要的：假如依據前後文情節，剛才的解碼結果牛頭不對馬嘴，熟練讀者會懂得再回頭去看那個字。像這樣的交叉檢查能力，似乎就是區分熟練的讀者和不熟練的初習讀者的關鍵。情境線索也會幫助熟練讀者判斷多義詞的幾個可能意義中，哪一個才是最適當的。

6. 自主的閱讀量和閱讀能力息息相關，在熟練性閱讀的研究議題中被長年的忽略。我們現在知道熟練讀者和弱讀者的自主閱讀量有巨大的鴻溝，似乎這個閱讀量的差異就解釋了熟練讀者、弱讀者間的許多相異之處。但是要讓自主閱讀量在讀寫教育中扮演什麼角色，我們必須考量自我教導的潛力。這是一種會在自主且獨立閱讀過程中發生的學習。已經有相當強的證據說明，閱讀量和詞彙量有關，但學者對閱讀量與解碼、閱讀流暢性或閱讀理解發展的關係，還不是很清楚。

7. 凡是希望做好閱讀教學的人，需要了解熟練性閱讀到底是什麼樣的。好的閱讀教學，必須能培養出本章所描述的熟練讀者才行。

Chapter 3

學習閱讀時
遭遇困難的孩子

　　有些智力正常的低年級兒童在學習閱讀時發生困難。若是在低年級出現閱讀困難的情形，通常可以預測這些兒童在校學習會持續有閱讀的困難（例如，Francis, Shaywitz, Stuebing, & Fletcher, 1994; Phillips, Norris, Osmond, & Maynard, 2002; Satz, Taylor, Friel, & Fletcher, 1978; Spreen, 1978），這樣的困難甚至會延續至成年（Bruck, 1990, 1992; Finucci, Gottfredson, & Childs, 1985; Frauenheim & Heckerl, 1983; Hernandez, 2011; McNulty, 2003; Ransby & Swanson, 2003; Schonhaut & Satz, 1983; Shaywitz et al., 1996; Spreen, 1988）。

　　學習閱讀時，最明顯的困難就是從一開始的看字讀音來學習解碼、認字，這些困難可能都源自其他的語言障礙。例如，有閱讀障礙或弱讀高風險群的兒童，無法像一般兒童對於語音有良好的區辨力（Bertucci, Hook, Haynes, Macaruso, & Bickley, 2003; Breier, Fletcher, Denton, & Gray, 2004; Chiappe, Chiappe, & Siegel, 2001; Espy, Molfese, Molfese, & Modglin, 2004; Guttorm, Leppanen, Richardson, & Lyytinen, 2001; Molfese et al., 2002; Molfese, Molfese, & Modglin, 2001; Serniclaes, Van Heghe, Mousty, Carré, & Sprenger-Charolles, 2004）。弱讀高危險群或弱讀者也不能順利地將語詞切割成語音；他們在聽、說組合成語詞的一串字母後，難以將這串語音混合成音，唸出正確的語詞來。有許多的研究都得到類似的結果（例如，Booth, Perfetti, & MacWhinney, 1999; Brady & Shankweiler, 1999; Brady, Shankweiler, & Mann, 1983; Bruck, 1990, 1992; de Jong & van der Leij, 2003; Fletcher et al., 1994; Foorman, Francis, Fletcher, & Lynn, 1996; Goswami & Bryant, 1990; Gottardo, Stanovich, & Siegel, 1996; Gough, Ehri, & Treiman, 1992; Greenberg, Ehri, & Perin, 2002; Hammill, Mather, Allen, & Roberts, 2002; Liberman, Shankweiler, Fischer, & Carter, 1974; Manis, Custodio, & Szeszulski, 1993; Mann, Liberman, & Shankweiler, 1980; McCandliss, Beck, Sandak, & Perfetti, 2003; Metsala, 1997; Morris et al., 1998; Penney, 2002; Rack, Hulme, Snowling, & Wightman, 1994; Shankweiler et al., 1995; Shankweiler, Liberman, Mark, Fowler, & Fischer, 1979; Share, 1995; Share & Stanovich, 1995; Snowling, 2002; Snowling, Goulandris, & Defty, 1996; Sprenger-Charolles, Siegel, Bechennec, & Serniclaes, 2003; Stanovich, 1986, 1988; Stanovich & Siegel, 1994; Stone & Brady, 1995; Thompkins & Binder, 2003; Troia, 2004; Vellutino & Scanlon, 1982, 1987a, 1987b; Vellutino et al., 1996; Vellutino, Scanlon, Small, & Tanzman, 1991; Vellutino, Scanlon, & Tanzman, 1994; Wimmer, Mayringer, & Landerl, 1998; Ziegler, Perry, Ma-Wyatt, Ladner, & Schulte-Korne, 2003）。

　　如果那些有閱讀困難的讀者無法朗讀語詞，亦無法混合個別的語音唸出語詞，那他們還有什麼替代方案？弱讀者與優讀者相較，更須依賴上下文的語義－文脈線索來進行認字；換句話說，弱讀者會藉著文字或圖片的線索，大致猜測生字的意義，而不會試著唸出來（Corley, 1988; Goldsmith-Phillips, 1989; Kim & Goetz, 1994; Nicholson, 1991; Nicholson, Bailey, & McArthur, 1991; Nicholson, Lillas, & Rzoska, 1988; Perfetti, Goldman, & Hogaboam, 1979; Perfetti & Roth, 1981; Schwantes, 1981, 1991; Simpson, Lorsbach, & Whitehouse, 1983; Stanovich, West, & Freeman, 1981; Tunmer & Chapman, 2004; West & Stanovich, 1978）。儘管這些學生或多或少會一點字母知識，或能藉由字母猜測文意（如字首為 p 的可能是什麼字），但這和熟練性閱讀比較起來還是少得多，他們還是優先運用圖片及語義－文脈線索的策略來讀。

　　優秀的初學者理應懂得利用上下文來輔助解碼，但不會過於依賴。對於一個能拆解語詞的字母並唸出語音來的讀者，實在不需要獨鍾語義－文脈線

索的猜測，因為只靠上下文有時可行不通。語義－文脈閱讀法可能發生的問題之一，就是解碼的正確率不高。很多猜測可能都是錯誤的。第二個問題是，當讀者是依靠圖片及語義－文脈線索來「閱讀」文字，會比較難將生字變為瞬認字（sight words）（Samuels, 1970）。因此，只用語義－文脈閱讀法會影響識字能力的發展，而對未來閱讀產生不良影響。依賴語義－文脈閱讀的第三個問題是，它太費時，也會耗用大量的短期認知空間。對一般人來說，一次記憶的容量約為七個單位（Miller, 1956），緩慢的解碼會耗盡大部分的短期認知容量，而自動化解碼只會用掉少許的認知容量。當大量的心力都耗用於解碼，能用於理解的就所剩無幾，當然會出現理解的困難（LaBerge & Samuels, 1974; Samuels, Hiebert, & Rasinski, 2010）。

閱讀的目的不僅止於解碼，而是要理解內容。然而，理解卻植基於識字技巧上；因此要談閱讀理解，便須由弱讀者理解文字的困難談起。

詞彙層次理解的困難

除了看字讀音的語音之外，優讀者也能以默讀的方式解碼。也就是說，雖然優讀者可以唸出不熟悉的詞彙來解碼，但他們在多讀幾次後就能將這些詞彙轉化為瞬認字──即自動化地認出這些字詞，不必再大費周章地分析字詞的語音、混合成音節後，再唸出字來。這樣的自動化對於正在努力成為優讀者的孩子有著莫大的重要性（Ehri & Snowling, 2004）。

為什麼自動化如此重要？如上述所提，解碼的過程是在短期記憶中發生的，而那是意識裡非常有限的一個區塊。事實上，解碼與理解還得要互相競逐那有限的短期記憶空間（LaBerge & Samuels, 1974）。當讀者慢慢地將一個字先分析成語音，再整合這些語音時，早就耗費大量空間，詞彙理解能用的容量已所剩無幾，更別提還要理解整句、甚至整段的文章了。相反地，自動化的認字（例如認出一個瞬認字）只占用極少量的容量，以讓出更多短期記憶空間，讓理解文句並整合段落、文章的工作得以發揮。也因為如此，不熟練解碼的讀者所能理解的內容，會比解碼快速而熟練的讀者還少

（Perfetti, 1985; Perfetti & Hogaboam, 1975; Perfetti & Lesgold, 1977, 1979）
（本書第 6 章會有更多關於自動化的詞彙識別的討論）。

除了能夠快速而正確地字詞解碼，優讀者還善於另一種詞彙層次的歷程。和弱讀者比較起來，當遇到一字多義的情況，他們能根據文脈，快速地選擇正確的詞義。有部分原因是因為優讀者能更有效率地壓制與文脈不合的詞義（Gernsbacher, 1990; Gernsbacher & Faust, 1990; Gernsbacher, Varner, & Faust, 1990; Merrill, Sperber, & McCauley, 1981）。也就是說，他們的確會運用語義文脈的線索來解讀字詞的意義（Tunmer & Chapman, 2004）。例如，rock 這個字在不同的文脈中就可能有著不同的意思。當一個優讀者唸到 The thief lifted the rock from the jewelry case 這個句子，會很快地知道 rock 是指「寶石」，而不是一般的石頭，或是搖滾樂。相反地，當弱讀者唸到相同的句子，很可能解讀成別的意思。弱讀者無法適當地壓制腦中湧現的熟悉但不相干的詞義，就好像有閱讀困難的讀者在閱讀時，也壓不掉不當的聯想（McCormick, 1992; Purcell-Gates, 1991; Williams, 1993）。而不相干的詞義會占用有限的短期認知空間，影響其運作，亦即，無法壓抑掉不相干詞義，將讓先天不良的讀者更加失調。

詞彙層次之上的理解困難

當弱讀者終於能正確地解碼之後，各樣問題往往還會陸續出現。他們不能像優讀者那樣，可以把文章裡的想法串起來，做出正確的推論。例如，Yuill 和 Oakhill（1991, chap. 4）給幾位 7 到 8 歲熟練與不熟練的讀者看以下短文：

> 約翰一早就起床學拼字。他好累，決定休息一下。當他睜開眼睛，第一眼就看見椅子上的鐘。時間已經過了一個小時，差不多該上學了。他拿起兩本書，裝進袋子裡。他騎上腳踏車，以最快的速度衝向學校。然而，他輾過了幾個空瓶子，使得剩下的路必須步

行。等他走過橋到了教室，考試已經結束了。（p. 71）

Yuill 和 Oakhill 最重要的發現是，就算是讓不熟練的讀者看著這樣一段很易於記憶的文章，他們還是不太容易回答相關的推理性問題，像是：「約翰是怎麼去學校的？」「約翰決定休息一下的時候，他在做什麼？」「為什麼約翰最後是走路到學校的？」或是「你怎麼知道約翰遲到了？」Yuill 和 Oakhill（1991；亦見 Cain & Oakhill, 2004; Oakhill & Cain, 2004）列出了一些結論，說明了熟練與不熟練的讀者，在推論能力上的差異。

有許多因素會造成推論的失敗（Cain & Oakhill, 2004; Oakhill & Cain, 2004）。例如，理論上有些技能要看讀者是否擁有相關的背景知識。相較於優讀者，弱讀者通常都比較缺乏各種知識，譬如兩者的詞彙量就有所不同（例如，Ruddell, 1994）。或許是因為讀的東西多，優讀者知道的詞彙就多，而且每次閱讀又學到更多詞彙（Cipielewski & Stanovich, 1992; Stanovich, 1986）。

然而，推論理解有時也得看讀者是否知道如何運用策略、何時運用〔也就是對策略是否具有後設認知（metacognition）；例如，Cain, 1999; Cain & Oakhill, 2004; Oakhill & Cain, 2004〕。擅長閱讀的孩童總會知道怎麼去閱讀。例如，弱讀的孩子就比較拙於了解哪些部分是他們可以根據不同的目的重讀、略讀、抓重點讀，或是自問自答（例如，Forrest-Pressley & Waller, 1984; Garner & Kraus, 1981-1982; Paris & Myers, 1981）。弱讀者也比較不容易發現，到底有什麼因素可能干擾他們的閱讀，像是注意力不集中或因外務分心（Paris & Myers, 1981）。弱讀兒童比優讀兒童較難以監控自己的理解狀況——閱讀時不知道自己是否已經理解——也不知道什麼時候需要為了理解多費點心思（例如，Garner, 1980）。

後設認知程度的不同，與優讀或弱讀孩童所使用的策略有關。例如，Owings、Petersen、Bransford、Morris 和 Stein（1980）觀察發現，五年級的弱讀兒童較同齡兒童不確定要如何隨文章的難度而改變閱讀方式，而且，中學階段的弱讀兒童也較不懂得如何回頭從文章中尋找答案（Garner & Reis,

1981）。Phillips（1988）的放聲思考（think-aloud）研究指出，閱讀流暢性不佳的六年級讀者，不大懂得如何在閱讀遇到瓶頸時改變策略，不會試著調整對文句的解讀，也不會特別留意文章的重點。也就是說，Phillips 發現弱讀者在閱讀時**比較不積極**，也因此降低了理解的程度。

總而言之，後設認知派的學者已經注意到，兒童讀者在以下幾方面有相當大的差異：「閱讀」和「如何讀」的概念、閱讀理解的監控歷程、閱讀時主動的策略調整等。他們深信長期後設認知與監控是影響策略運用（Flavell, Miller, & Miller, 1993）以及達成理解的主要因素。

詞彙理解困難之總結

簡而言之，初習閱讀者最典型的困難就是學習認字——學習解碼。弱讀者較優讀者更依賴圖片給予的線索來「閱讀」字詞，或根據文章的大意來猜測詞義。這樣做往往導致多處理解錯誤。此外，弱讀者在自動化詞彙識別能力的發展上也較為遲緩。由於他們得耗費大量的認知空間來識字解碼（例如，他們認字時需要分析語義－文脈線索、需要朗讀出同齡優讀者早就認識的瞬認字等），因此對於個別詞彙的理解也較為有限。弱讀者面對多重字義的詞彙時，經常難以辨別、選擇最適合的解釋。

無文字解碼的能力也影響策略的運作，因為要使用有效的理解策略，必須先有足夠的短期記憶空間以供利用。由於對弱讀者而言，閱讀與理解是艱辛又沒有把握的事，他們的知識庫無法像一般人那樣，藉由閱讀穩定地成長。也就是說，解碼的技巧與從閱讀獲得知識高度相關（例如，Cipielewski & Stanovich, 1992; Stanovich, 1986; Stanovich & Cunningham, 1993）。當然，無法從閱讀獲得足夠的知識，也會折損未來依靠先備知識而來的理解能力，兩者是相生相依的。

●● 發展性讀寫障礙

當孩子在學習閱讀時遭遇困難，經常會被認為是生物或神經學的問題。

這世界上到底有沒有智力正常，但在神經學上卻有一些狀況而造成閱讀困難、甚至無法閱讀，即使接受了通常能幫助中上智力學生的密集式教學後，也效果不彰的孩子呢？答案似乎是「或許有」。有好幾個研究團隊設計並執行了不同的閱讀介入方案，讓嚴重落後的孩子大幅減少（Mathes et al., 2005; Phillips & Smith, 2010; Vellutino et al., 1996）。在他們的研究裡，一年級學生中只有 1% 至 2% 無法達到同年級的閱讀水準，這意味著大多數弱讀兒童的學習困難，主要是因為缺乏適當的專家和密集的閱讀教學所致。

●● 發展性讀寫障礙與其他形式的閱讀困難

如果一個智力中上孩子接受密集且優良的教學，卻始終學不會閱讀，就有理由懷疑他有發展性讀寫障礙（developmental dyslexia）（例如，Harris & Hodges, 1981）。相對於發展性讀寫障礙，還有一種後天的閱讀障礙，係指因腦部受創導致的閱讀困難。先天的讀寫障礙有個特色，就是患者在閱讀及相關的語言功能上所發生的困難，遠大於他們在其他學業和認知任務遭遇的困難。

雖然大部分關於生理上的讀寫障礙的重要研究都是針對兒童而作，但有愈來愈多的證據指出，許多智力正常的成人弱讀者，也有語言學上的缺陷，最明顯的症狀就是把印刷字體解碼成語音的困難（Bell & Perfetti, 1994; Elbro, Nielsen, & Petersen, 1994; Greenberg, Ehri, & Perin, 1997; Swanson, Mink, & Bocian, 1999）。在這些研究中，特別值得一提的是，和詞彙層次閱讀困難有關的語言學上的缺陷，已經被認為是造成發展性讀寫障礙與閱讀困難的主因，其影響力遠超過短期（工作）記憶、語義處理（semantic processing）與句法處理（syntactic processing）技巧的缺損（Lyon, 1995）。也就是說，我們覺得應該期待有更多著墨於這個議題上的研究。例如，de Jong（1998；亦見 Swanson & Alexander, 1997）提供了一個相當有說服力的證據，說明閱讀障礙兒童的工作記憶容量的確比一般孩童小得多——也就是說，他們同時處理多重訊息的能力較弱。從那時起，許多研究陸續指出，和一般讀者及效率不佳的讀者比較起來，有閱讀障礙的兒童和成人之工作記

憶是有缺損的（Cain, Oakhill, & Bryant, 2004; Kibby, Marks, Morgan, & Long, 2004; Linderholm & van den Broek, 2002; Swanson, 2003; Swanson & Sachse-Lee, 2001; Walczyk, Marsiglia, Bryan, & Naquin, 2001）。

此外，如同解碼在閱讀中扮演的重要角色，愈多人注意到詞彙層次理解之上的閱讀問題（例如誤解），就有愈多非聲韻問題的解釋被列入閱讀困難的成因之一，像是工作記憶及語言問題（例如，Cain & Oakhill, 2004; Hatcher & Hulme, 1999; Nation, Adams, Bowyer-Crane, & Snowling, 1999; Oakhill & Cain, 2004; Swanson, 1999b）。Swanson（1999a）的研究更提出強而有力的說明，指出高層級的閱讀困難（如理解）不只是聲韻處理上的缺陷所致，也是由各種機能的缺損所造成的。無論基本詞彙的辨識對理解有多麼重要，它仍然只是影響孩子閱讀理解的因素之一（例如，Zinar, 2000）。

若學生在學習閱讀時遭遇到嚴重問題，他們常常也會出現其他許多困難，從對語言的基本感知，到記憶語言、發展句法結構，到理解能力，而這些語言技能的缺損，經常在孩子很小的時候就看得出端倪（見 Catts, 1989; Catts, Fey, Zhang, & Tomblin, 1999; Elbro & Scarborough, 2004; Katz, Shankweiler, & Liberman, 1981; Liberman, Mann, Shankweiler, & Werfelman, 1982; Mann & Brady, 1988; Olson, Kliegl, Davidson, & Foltz, 1985; Sawyer & Butler, 1991; Stanovich, 1986; Vellutino, 1979）。長大後可能會遭遇嚴重閱讀困難的學前兒童，他們的用語與正常的讀者相較，會有許多不一樣的地方：他們的敘述比較簡短，句型結構也不會太複雜；發音不太標準；認識的詞彙也比較少。發展性閱讀障礙的學前兒童，與正常的學前兒童相較，較難將一般常見的物品進行歸類（例如，Elbro & Scarborough, 2004; Scarborough, 1990）。

什錦型（garden-variety）弱讀者與讀寫障礙者（dyslexic reader）不同，前者閱讀困難的情形和他們學業上的困難沒有兩樣，因為他們整體的智能比較低（Stanovich, 1988）。所謂的「什錦」，強調的是把閱讀困難的原因歸諸於較低的智能，什錦型閱讀障礙的出現率比發展性讀寫障礙更高。以白人為例，全人口中大約有 16% 的人智商低於 85，其中就有許多孩子因此遭遇

閱讀困難。

讀寫障礙及什錦型的弱讀情形，跟智力正常卻有閱讀障礙，或是由於幼年失教所導致的閱讀困難是不同的。但是，要區分一個閱讀困難的學生是天生如此，或由於智能較低，或只是由於幼年失教，通常很難，甚至幾乎不可能。儘管如此，還是只有當整體智力等於或高於平均值，且已經試過各種方法來教學卻仍無效，才算是讀寫障礙。

●● 讀寫障礙的發生率

專家對於生理因素所致的讀寫障礙普及率的估算結果分歧。我們見過最高的統計是大約 20%（亦即有 20% 的人口由於生理上的缺陷而深受閱讀困難之苦；例如，Shaywitz, 1996）。但多數的專家認為沒有那麼多，許多專家主張全人口中只有 1% 或更少的人，在生理上有如此缺陷，其他專家則估算不超過 5%（Hynd & Hynd, 1984; Stevenson, 2004）。經過一番反思後，我們所認為的發生率是：「比較接近 1%，而不是 20%」。即使是總人口的 2%，就會令許多專家很訝異了。的確，智力正常的兒童中，有 20% 至 30% 在學習閱讀的過程中遭遇困難，但在提供系統化教學後，其實只有少數兒童的確有生理上的異常，使他們無法學習閱讀。

我們所知道最好的估算普及率的基礎研究之一，就是 Frank Vellutino 和他的同事所提出的研究（Vellutino et al., 1996；亦見 Scanlon, Vellutino, Small, Fanuele, & Sweeney, 2005; Vellutino & Scanlon, 2001; Vellutino, Scanlon, Zhang, & Schatschneider, 2008）。在一個共有 827 位學生的市郊學區裡，研究者讓平均成績在最後 9%，但智力中上（例如，智力商數超過 90）的一年級學童，接受每天 30 分鐘的補救教學，密集學習字母拼讀，並花相當多的時間大量閱讀。經過一學期的補救，只有 3% 的學生仍在國家常模測驗中落在最後百分等級 30，而只有 1.5% 在最後百分等級 15。在三年級結束時，這些高風險兒童中有 60%，在無外加的介入下，仍能展現同年級水準的閱讀能力（Vellutino, Scanlon, Small, Fanuele, & Sweeney, 2007）。也就是說，只有極少數學生在接受密集的解碼教學後，仍然學不會閱讀（Vellutino 和同事的

研究，控制變項都經過謹慎的設計，是本書中第一個舉證很多在學校學習閱讀遭遇困難的孩子，如果接受密集的教學，依然可以獲得改善的研究；見第5章）。

Vellutino 等人（1996）指出了非常重要的一點：在尚未系統化地密集指導兒童閱讀之前，就說他是因為生理上的異常而無法閱讀，那就大錯特錯了。這也說明了一個國家的初始閱讀教學應該要很有系統，或是能密集地加強識字技巧。Vellutino 和他同事的意思是，那 20% 至 30% 智力正常卻有嚴重的識字困難的孩子，大都是可以靠解碼的密集訓練以及充分閱讀獲得改善。Vellutino 和他同事的研究是一種環境論——教學環境非常重要，學生的閱讀成就深受他們老師教學的影響。

像 Vellutino 等人（1996）這樣的許多研究，讓鑽研學習障礙及讀寫障礙的資深學者傾向於拒絕學習障礙及讀寫障礙發生率很高這樣的說法。如 Vellutino、Fletcher、Snowling 和 Scanlon（2004）所說，「有清楚的證據指出，大多數早期的閱讀困難主要導因於經驗或教學上的不足，而不是和神經發展異常相關的基本認知功能缺損」（p. 28）。換句話說，的確，有極少數的兒童因為神經發展的異常而出現學習閱讀的困難，但同時，還有許許多多被標籤為學習障礙或讀寫障礙的兒童，其實應該換成老師或學校教學障礙的標籤，因為只有極少數的學校能提供這些孩子專業且密集的閱讀課程，加速他們的閱讀成長，讓他們不必在閱讀中苦苦掙扎。

Vellutino 等人（1996）的研究促使美國國會改變了鑑定學習障礙的方式，在 2004 年通過的法規裡要求各州在鑑定學習障礙時，必須執行教學反應（簡稱 RTI；response to instruction 或 intervention）的評準。把 RTI 入法，讓許多有閱讀困難的學生得到多層次、專業、密集的閱讀教學。這種加強版的閱讀教學之後，兒童的閱讀若還不見起色，他們才有可能被鑑定為學習障礙。在這條法律背後的背景文章（Lyon et al., 2001）指出，有良好設計的 RTI 介入，可望減少 75% 的孩子被鑑定為學習障礙。

聯邦的法規雖然沒有明列，但大多數 RTI 方案採用一種三層次的運作模式、一層比一層提供更專業的閱讀教學。層次一是一般教室裡的閱讀教

學，普通班老師要負責每天提供適切的小組閱讀教學。必須強調的是，學術文獻裡有太多的報告都指出，普通班老師未能在班級裡提供良好的閱讀教學（Allington, 2013; Pianta, Belsky, Houts, & Morrison, 2007; Vellutino & Fletcher, 2005）。層次二是在 90 到 120 分鐘的普通班閱讀課程外，再外加非常小型的小組教學。在許多 RTI 運作模式中，層次二的教學係由有證照的專家教師提供。層次三則每天提供一對一的閱讀教學，通常也是由有證照的專家教師進行教學（Allington, 2009）。

RTI 介入有兩種常見的運作模式。第一種稱為標準流程模式，第二種稱為問題解決模式。標準流程模式假定學校會選擇商業出版、研究本位的閱讀教材，並且忠誠地執行。而問題解決模式假定學校會組成不同的團隊，一起討論每個孩子的介入計畫中應該包含哪些內容（Johnston, 2011）。兩種模式都是閱讀教學的取向，至於介入教師的專業性、班級的大小、排課方式（例如，每天上課或一週三次；一次 30 或 45 分鐘）等幾乎都被忽略。標準流程模式的問題在於沒有什麼研究證明這些閱讀課程能有效提升閱讀成就（請看 http://ies.ed.gov/ncee/wwc 的文獻回顧，或注意商業出版閱讀課程的研究付之闕如）。而問題解決模式的一個問題是，學校裡很少有人具備參與這些團隊的經驗。雖然如此，在我們的觀點裡，因為沒有什麼研究支持商業出版教材的使用，學校應該優先考慮採取問題解決模式。

到目前為止，只有少數的研究探討不同 RTI 介入方式的成效（見 Fuchs & Vaughn, 2012），也很少有研究去評估各種進展監控的工具（Schatschneider, Wagner, & Crawford, 2008）。已經完成的研究一直都未能複製 Vellutino 等人（1996）、Mathes 等人（2005）或 Phillips 和 Smith（2010）的成功率。這意味著還有許多研究及發展工作要做，好讓在學校裡進行的 RTI 介入能和研究者主導的 RTI 一樣有效。

然而，不容忽視的還有 Vellutino 等人（1996）提到的有效教學，是長達一學期或更久的一對一每日教學，與個別家教法（tutorial approach）便有異曲同工之妙。密集的指導能讓教師仔細觀察每個學生的困難，並量身打造合適的教法。該研究的對照組是採用學校一般的小組教學，這說明了如果沒

有密集的一對一個別教學，就無法發揮那麼大的功效。在本書的許多地方我們都會評點一對一教學文獻，這樣做的主要動機是因為像 Vellutino 等人（1996）這樣的教學，才可能讓弱讀者有翻身的機會。

Mathes 等人（2005）所設計的介入方式，是一種人數只有三人的小組設計，針對一年級學生進行介入。該研究比較了兩種解碼教學方案：一種採直接的解碼教學，另一種則採內含式（embedded）或稱反應式的解碼教學，前者使用的教材是可解碼文本（decodable text）和劇本式教案[1]，而後者的教材是能力分級童書，並且把字母拼讀和閱讀技能內含在文本裡。在長達一年的介入後，兩組學生在閱讀成就測驗上的分數沒有顯著差異，但前者的字詞分析強一些，後者的朗讀流暢性好一些。最重要的也許是，在所有參與研究的一年級學生中，只有不到 1% 學生的閱讀成就低於一般學生的水準。

許多以上這類的研究指出，我們可以在一年級結束前，把幾乎所有學生的閱讀成就帶到一般同儕的水準。這樣教，就可以戲劇性地減少被診斷為學習障礙或讀寫障礙的學生數。

●● 視知覺困難會導致識字障礙？

Vellutino（1979）率先獨排眾議，聲稱閱讀障礙是導因於語言上，而非視知覺上的缺陷。許多想要證明學習障礙應該是導因於各種視覺處理問題卻失敗的研究，正好支持了 Vellutino 的論點。直到最近，由 Vellutino（1979）所做關於讀寫障礙學生初期的閱讀困難的有力論述，在絕大多數閱讀研究社群裡仍然屹立不搖。

即使如此，仍有研究閱讀時眼球移動的學者針對 Vellutino（1979）的著作，提出部分讀寫障礙的受測者在閱讀時，眼動出現異常的論點（見 Lovegrove, 1992）。當正常的讀者進行逐字閱讀（見第 2 章），眼動是快速

---

[1] 譯註：原文是 Tutoring was scripted。美國基於直接教學法（Direct Instruction）的商業出版課程，經常伴隨著極仔細的教案，仔細到老師上課要講的話都像劇本一樣，在教案中寫了出來。這種教案叫 scripted lesson plan，本書譯為劇本式教案或逐字教案。

的，一般以一次六至九個詞彙的速度掃視，及每字約四分之一秒的注視時間（Rayner & McConkie, 1976）。當他閱讀的是英文時，正常的掃視動作是由左至右，雖然偶爾也有由右至左的逆行方式。在閱讀到最後一行時，會來個大回顧，流暢地由右至左將全文再掃視一遍。

正常的英文閱讀是以由左至右為主的，然而許多讀寫障礙者的閱讀模式正好與之相反。二十世紀初期的研究（Gray, 1917; Schmidt, 1917）就已顯示，讀寫障礙者最後的回顧掃視經常無法順利進行。讀寫障礙者閱讀時，注視文字的時間比一般人更久，同一行文句須反覆閱讀，注視及回顧每個字的次數也比一般人多（Pirozzolo, 1979）。

雖然讀寫障礙者與正常讀者的視覺處理過程確實不同，但頂尖的學者仍不認為那就是導致讀寫障礙的原因。如果是那樣的話，成功矯正眼動應該就能改進閱讀能力，然而事實是不能（Pirozzolo, 1979, 1983）。相對於閱讀障礙的**成因**，眼動的異常應該是**結果**才對：因為無法解碼與理解文本，才會不斷重複閱讀。

即使如此，近年來有一個重要假說是，讀寫障礙者與正常讀者視覺處理能力的不同，確實反映在基礎的空間能力上，尤其是這個不同，一直被懷疑為導致正常讀者能快速地從詞彙的大致外型獲知訊息的原因〔粗略的知覺訊息（coarse perceptual information）〕。這種歷程發生於周邊視野（peripheral vision），而會影響眼球掃視的動作（Fischer, 1992; Lovegrove, 1992）。也就是說，部分讀寫障礙者無法快速處理接收到的視覺訊息，特別是這些訊息是夾帶在一連串快速的訊息中（例如，Gaddes, 1982; Galaburda & Livingstone, 1993; Lovegrove, Garzia, & Nicholson, 1990; Martin & Lovegrove, 1987）。如果要問閱讀是什麼，閱讀就是快速處理連續訊息的過程。但是知覺上的不同，到底是讀寫障礙的原因或是結果，就不得而知了。

另一個重要的新興假說，自大量關於眼動和快速循序處理（sequential processing）的複雜資料當中浮現出來，是關於某些閱讀障礙應起因於基本的生理異常。Livingstone、Rosen、Drislane 和 Galaburda（1991；亦見 Galaburda & Livingstone, 1993）相信，許多讀寫障礙者的視覺系統可能不同於一般的

神經傳導路徑。

一些關於這些假說的其他研究認為，他們能證實讀寫障礙不僅僅是語言障礙的問題，有可能亦是由語言及視知覺整體上的問題所導致——或者還有另一種可能，有的人是因為語言障礙，有的人則是因為視知覺障礙。除此之外，還有其他相關的可能性，包括那些有讀寫障礙的人，可能還具有其他會影響快速循序處理訊息的障礙（例如除了視覺外，還結合其他形式的障礙）（Farmer & Klein, 1995; Tallal, Miller, & Fitch, 1993），或是無法快速區辨相似刺激（如字母）的障礙（Studdert-Kennedy & Mody, 1995）。因此，還有各種不同的缺陷可能導致讀寫障礙。這個結論引發了很大的關注（Martin, 1995），尤其是當其中幾種導致讀寫障礙的可能原因（例如，無法快速循序處理訊息）被認為特別罕見的時候（例如，語言缺陷；Rayner, Pollatsek, & Bilsky, 1995）。

●● 小結

如果閱讀困難發生的一開始，就假設是由於神經發展上的異常所導致，那就大錯特錯了。必須確定已經排除所有被後天環境影響的可能性後，才能確定是發展性讀寫障礙（例如，確定兒童有接受過如何解碼的密集且專業指導，而現在有很多學校都沒有做到這一點）。關於這點，Vellutino 和他的同事（1996）、Mathes 和他的同事（2005），以及 Phillips 和 Smith（2010）提出了最有力的研究證據，許多學習閱讀遭遇困難的孩子，在接受過密集指導後，閱讀表現就都回復到一般水準。後續章節將會再談到其他幾篇關於這方面的研究。

大部分剛開始接觸閱讀就碰壁的孩子並不是先天就如此，他們只是還沒有機會學習如何解碼，以及如何用最有效率的方法，從文本中了解其意義。當讀完本書後，我希望能成功地說服你，大部分智力正常的孩子，都是學習解碼與理解的可造之材。

中年級以上學生的閱讀困難

不容忽視的是，專家們總是比較重視低年級時就發生的閱讀困難，而不甚重視較晚才出現的閱讀困難。這樣一來，就會忽略掉有許多孩子是到了四年級才首次出現閱讀困難的現象，稱為「四年級成績崩盤」（fourth-grade slump）（Chall, 1983）。因為四年級是閱讀需求的轉捩點——更重視理解能力，文本的困難度也增加了——因此能更確定真的有孩子會在這個階段開始遭遇閱讀上的困難。

Leach、Scarborough 和 Rescorla（2003）在一份重要的研究中探索這個假設的可能性。他們在費城的一所學校裡研究一群四年級的小學生，並事先分析他們在閱讀上的表現。學生們乃是由貧富各自不同的社區中抽樣而來。

這份研究有幾項重大發現：第一，有 31% 的樣本是從低年級時就有閱讀困難，並持續到三年級。相反地，只有 8% 的樣本是在低年級時有閱讀困難，但到了三年級便不再需要補救教學——假設那是指他們已達到一般閱讀的水準。也就是說，如果使用的方法有效，到了四年級時仍不足以顯示改善的情況好到能夠中斷教學。這是一項驚人的統計數字。在一般的公立學校，當孩子一遭遇到閱讀困難，通常就很難再迎頭趕上。坦白說，根據我們在學校的多年經驗，在仔細思量 Leach 等人（2003）的研究後，我們覺得他們的數據是正確的：大部分低年級閱讀最困難的學生，幾年後仍持續需要學校提供比常規介入更專業、更密集的閱讀教學。

參與該研究的四年級學生中，41% 有閱讀障礙，其中男女大約各半。這些有閱讀困難的學生當中，有 42% 只具有閱讀詞彙障礙，18% 只具有閱讀理解障礙，而有 39% 則是**兩者兼具**。如果在低年級時只需擔心詞彙層次的閱讀問題，那到了中年級可就不只如此了——從這個例子來看，到了四年級，就有一半以上的閱讀障礙者有詞彙層次的閱讀困難或理解困難。

然而，這項統計資料中最重要的一點是，這群四年級的閱讀障礙者中，有 47% 在低年級時並沒有出現閱讀困難的問題。不只如此，這些數據大致

上也與前人對於早期或較晚被鑑定為閱讀障礙的人數比例不謀而合（Badian,
1999; Shaywitz, Escobar, Shaywitz, Fletcher, & Makuch, 1992）。有些孩子確
實到了中年級才遇到閱讀困難，而且研究顯示這些較晚出現的閱讀困難也比
較不那麼嚴重——例如，他們閱讀的速度可以比較快，雖然還是比一般正常
的讀者來得慢。Leach 等人（2003）明白地指出，關於三年級之後出現的閱
讀困難的文獻是少之又少。

　　並非所有關於年紀較長閱讀困難兒童的研究，其結果都支持 Leach 等
人（2003）的發現。例如，Buly 和 Valencia（2002）對一群沒有通過州立
閱讀學力檢測的四年級學生施測幾種閱讀的技能，再用群集分析的統計技
巧，根據這些技能的分數將學生分出亞群。他們發現了六大群組：自動化
詞彙朗讀組（18%）：這群組中的學生有 60% 母語非英語；詞彙朗讀困難
組（15%）：這群組中的學生唸出文本篇章比唸出一份清單困難；詞彙朗讀
結巴組（18%）：他們唸孤立的詞彙或文章脈絡裡的詞彙都慢，但都可以自
我更正，這說明他們具備一定的解碼能力；緩慢理解組（24%）：他們的測
驗表現跟得上年級水準，但讀得特別慢；詞彙朗讀緩慢組（17%）：慢慢唸
時，他們可以正確解碼，但識字未達自動化；閱讀障礙組（9%）：他們只
有一年級的閱讀水準，而且每一項測驗都做不好。

　　Dennis（2013）也有一個類似的研究，但對象是六、七、八年級沒有通
過州立閱讀學力測驗的學生。她用因素分析及群集分析法把學生分成四群：
理解力佳，但唸符合拼音規則假詞的能力低落的詞彙朗讀緩慢者；具解碼能
力，但解碼緩慢的詞彙朗讀緩慢者；朗讀真詞假詞都又快又正確的自動化詞
彙朗讀者；在唸真詞或假詞時反應快、但經常唸錯、理解能力低落的詞彙朗
讀困難者。

　　Hock 和 Brasseur（2009）研究的則是九年級的閱讀困難學生。這些青
少年讀者中約有三分之二（63%）在各種閱讀能力上都沒有好表現，整體來
說，他們在解碼和詞彙閱讀的表現優於其閱讀流暢性、詞彙量和閱讀理解。
但和同儕比較起來，每一項閱讀子能力的分測驗，他們全都顯著較低。

　　這些研究指出，隨著弱讀兒童年級漸長，導致閱讀困難的解碼問題

會明顯變少。亦即，Leach 等人（2003）以及 Buly 和 Valencia（2002）都發現，他們研究中的四年級閱讀困難的學生，大多數有字詞辨識（word recognition）的缺陷。Dennis（2013）發現六、七、八年級閱讀困難的學生有許多解碼正確，但閱讀極緩慢。Hock 和 Brasseur（2009）研究中的九年級閱讀困難學生，解碼反而成為他們各種閱讀技能中相對的強項，即使如此，其閱讀表現還是遙遙落後於同儕水準。這幾個研究中，年級較高的閱讀困難學生，來自美國三個州的多所學校，也就是說，閱讀能力的變化，和學生所接受的閱讀教學較有關，和他們的年齡較無關。同時，這個研究有一個共同點，沒有單一的說法可以解釋這麼多不同樣態的學生。有的人雖能正確解碼，卻異常緩慢；有的人解碼又快又正確，但卻有閱讀理解的困難，這張清單還可以再開下去。我們注意到，無怪乎各種標準流程模式經常無法解決閱讀困難學生的問題。如果閱讀困難的學生，都有類似的閱讀特質、類似的認知強弱項，要設計一套有效的介入方式就容易多了。事實上，閱讀困難學生各有不同的樣貌，若能區辨出每個人的特質後因材施教，就更能滿足學生的不同學習需求。

我們還需要更努力，才能決定怎樣幫助四年級以上的晚發型閱讀困難讀者，好讓他們回到一般水準，也要盡可能幫助那些持續有閱讀困難的學生。一個國家的閱讀教育政策，不該只針對低年級的小學生，有太多理由支持四年級以上的學生也需要閱讀補救教學。如果我們可以從幼兒園起就提供專業、密集的讀寫教學，絕大多數低年級閱讀困難學生都會進步，只有極少數進步有限。有些兒童低年級時閱讀似乎沒問題，到了中高年級才出現困難，而有些兒童低年級的閱讀困難則進步至相當的水準〔見 Invernizzi（2001）和 Phillips 等人（2002）關於這點的相關論述〕。國家應為全體學生量身打造良好的閱讀政策。

◆ ◆ ◆ 結論與總結性迴響 ◆ ◆ ◆

1. 弱讀者最顯著的閱讀困難就是他們解碼能力不佳。本書第 5 章將提供更多證據顯示，許多遭遇閱讀困難的孩子，可以從專業且密集的教學中受益，可以學習解碼、字母－語音的連結，以及將個別的語音組成詞彙。對許多弱讀者最大的問題反而是，他們沒有機會從學校得到這樣的教學。

2. 弱讀者若是想了解文本，通常會依賴文本中的語義－文脈線索，但有時卻會造成解碼錯誤，同時也相當費力，會占用大量的短期記憶空間，而能用以理解的容量則所剩不多。即使當他們成功地將詞彙解碼，卻也經常無法選擇最適當的詞義，使上下文能夠連貫起來，因此常陷在五里霧中，不知自己讀了什麼。

3. 弱讀者經常不知如何使用有效的閱讀理解策略來萃取文本中的意義，也較不會把先備知識用在文本的理解上，因此無法完全理解文本中的概念。當學生無法有效率地解碼，他們就無法從閱讀文本中學習到太多知識。

4. 絕大多數智能正常但字詞辨識發生困難的學生，其困難並非發展性讀寫障礙這個診斷所能解釋。對一個智能正常的孩子來說，除非已經盡力教導他閱讀，情況卻不見改善，才能稱他或她患有發展性讀寫障礙。絕大多數智能正常卻學不會閱讀的孩子，是因為不利的環境因素所致，而非讀寫障礙。其中一種不利的環境因素，就是因為他或她所接受的閱讀教學，既不專業，也不夠密集。其他可能導致失敗的環境因素，我們將會在下一章探討，那和學前那幾年的發展有關。學前的經驗將會影響兒童小學低年級學習閱讀的成功機會。

5. 美國聯邦政府在最近十幾年裡有一波政策轉向，有兩個特別被強調的重點：對初習閱讀發生困難的孩子提供更系統性的字母拼讀教學，以及更密集的介入。如果 RTI 介入的政策可以落實，則初習閱讀遭遇困難的孩子會大量減少，被標籤為學習障礙或讀寫障礙的比例也會大幅降低。

6. 閱讀障礙可不只有在低年級會發生。有些在低年級就遭遇閱讀困難的孩

子，往後仍然身陷其中，有些則在中年級*以後*才遭遇困難。當然，如同本章一開始所說的，有些閱讀障礙會持續伴隨至成年。不幸的是，如前所述，雖然在小學階段，尤其是在低年級階段，有許多種介入治療的方式，但卻少有什麼方式能針對小學後階段進行介入。當然這恐怕要用另一本書來討論，而那本書將所言不多。但我們呼籲能有更多關於小學中高年級閱讀障礙的介入研究，若有更多能幫助小學階段之後弱讀者的研究，自然更形完美。

Chapter 4

學習閱讀前的
語言發展

　　孩子入學之前，許多與讀寫能力相關的心智發展就開始了。在讀寫能力的研究者間有一個眾所皆知的主張——讀寫能力的發展始於出生之時，學前的家庭生活中，就有許多影響讀寫能力發展的機會。亦即，有許多讀寫萌發（emergent literacy）的機會（Saada-Robert, 2004; Tolchinsky, 2004）。這些機會包括遊戲和活動；進餐時的互動；親子一起看電視（如看教育性節目）；戶外活動（如去圖書館或動物園）；以及閱讀、寫字和繪畫（Baker, Sonnenschein, Serpell, Fernandez-Fein, & Scher, 1994）。這些活動可以有效刺激孩子的語言發展，對後來讀寫能力的發展有關鍵性的影響（例如，Frijters, Barron, & Brunello, 2000; Leseman & de Jong, 1998）。它們也能增加孩子對於文字的認識，例如，了解英文閱讀是由左至右、由上而下的，也會知道圖畫及文字的差異。學前與成人間的互動，也會讓兒童習得字母知識。簡言之，在學齡前的數年間，與大人有豐富的語言互動的孩子，相較於互動較少的孩子來說，在讀寫能力的發展上擁有大量的優勢（例如，McGill-Franzen, Lanford, & Adams, 2002; Whitehurst & Lonigan, 1998, 2001）。

　　在此要強調的是，學齡前最健康的、有利於讀寫能力發展的環境，就是家庭生活中自然發生、充滿樂趣的那部分。亦即，可以促進讀寫萌發的家庭並不像學校，它會以好玩的、口語的、刺激性的方式，讓學前兒童樂在其中（Sonnenschein et al., 1996）。兒童和成人間的關係是有去有回的雙向互動。讀寫能力研究者廣泛接受：學前兒童所經歷的環境，是影響入學後閱讀

及寫作能力發展的關鍵因素。

　　研究學前讀寫能力的研究者受到發展心理學很大的影響。本章第一節先談 Lev S. Vygotsky 所提出的發展理論，他相信兒童在與成人互動之後會引發許多思考，兒童許多技能的習得，正反映出這些思維的內化過程。第二節則報告讀寫萌發的技能，對學前讀寫特別感興趣的學者，在這方面已經有了仔細的研究。本章將論及兩組技能的發展，即「印刷品知識」（concepts of print; 包括字母名稱的知識）及「語詞由個別語音組成的覺察」（即音素覺識），它們似乎對初始閱讀能力的發展特別重要。

Vygotsky 的理論：
智力發展即人際互動技能的內化

　　人的所有智能都是向他人學來的。現在有許多學者研究人際關係如何促成思考及學習技能的發展。Lev S. Vygotsky 活躍於 1930 年代的前蘇聯，在這領域一直是最具影響力的理論家。

●● 內在語言及思考

　　Vygotsky（1962）相信，**內在語言**（inner speech）對於成人來說，是一個對思考極為相關的重要機制。內在語言不同於外在語言，它以濃縮和片斷的方式存在，只用極少及片斷的詞語來表達複雜的思想內容。是話語在支持思考的。蘇聯的心理學家曾做了一些極重要的研究，主題是人們「使用」或「不使用」隱內語言（subvocalize；即用內在話語來調節自己的行為）的差異。當人們處理一個具挑戰性的問題時，隱內語言就會發生（Sokolov, 1975）。例如，Sokolov 描述隱內語言會在閱讀時發生，它發生的強度，隨著文本的難度而增強，也會隨著研究者指定的任務而增強（例如，要求讀者記憶所閱讀的內容，就會增加隱內語言的強度）。根據蘇聯心理學家的觀點，在做一件有挑戰性的工作時，對自己說話乃問題解決的必要成分，是好事一件。

●● 內在語言的發展

Vygotsky 的一項重要貢獻是建立起兒童期內在語言（language）的發展理論。在生命開始的最初兩年，思考是非口語的。在語言發展的早期階段（從出生至 2 歲），話語（speech）扮演的角色有限。然後，孩子就會開始展現發展心理學者所謂的**自我中心語言（egocentric speech）**。亦即，當學前兒童做事時，他們常常會對自己說出他們正在做的事。Vygotsky 認為，自我中心語言的出現是一項重要的智力進展，這種說話的方式會開始影響孩子所想及所做的事情。

父母常會聽到幼兒說：「我要去和小明玩了。」然後，才去找小明玩；也常聽到孩子說：「我要跑去溜滑梯那裡。」然後他才跑過去。當學前孩童正在思考再來要去做什麼事時，這樣的言詞就出現了。Vygotsky 的研究中，故意讓學前孩子碰到困難的情境，例如，彩色鉛筆、紙或顏料不見了，這時，自我中心語言就會大量增加。

外顯的自我中心語言終究會變成內隱而且濃縮的形式。不過，當孩子遇到具挑戰性的問題時，它又變成外顯的話語。回顧第 2 章，當熟練讀者遇到很熟悉的詞彙時，其閱讀是自動的——話語的歷程鮮少涉入；只有當讀到生字難字時，話語的歷程才再出現。這和蘇聯心理學家（如 Vygotsky）發現的一般原則相符，話語乃思考的一個重要部分，特別是從事具挑戰性的思考時。

當代的讀寫研究者積極研究孩子在思考時的話語使用情形。例如，Beverly E. Cox（1994）觀察過學前幼兒自我調節語言（self-regulatory speech），情境是當他們要向一個大人口述一則自己編的簡短故事，讓大人寫下來。當孩子在思考故事接下來的可能時，Cox 聽到他們這樣對自己說：「現在，我該做什麼呢？」「要說之前，先想一下你要說什麼。」及「有了……我想就是這樣。」這些觀察與 Vygotsky 和其他發展心理學者的觀察是一致的（例如，Kohlberg, Yaeger, & Hjertholm, 1968）——學前孩童為了組織他們的思考，而使用外顯的、聽得見的自我話語。

●● 社會互動中的思想發展

Vygotsky 著名的思想發展理論在過去 25 年間聲名大噪，主要是因為他的一本以俄文寫的書《社會中的心智》（*Mind in Society,* 1962），被譯成西方文字。在該書中，Vygotsky（1978）清楚地說明：在孩子思考能力的發展上，與他人的互動是主要的原動力。

問題解決能力的發展

成人常常會去幫助遇到困難的孩子。當沒有協助時，孩子自己可能無法解決問題，但有了父母的支持，孩子就會有不錯的進展。在這些互動當中所發生的，其實就是思考，而這樣的思考，牽涉兩個頭腦的思考。年復一年參與這樣的互動，兒童就會把這些思考內化。亦即，本來是人際之**間**（*inter*personal）的思考歷程，逐漸成為個體之**內**（*intra*personal）的歷程。Vygotsky 最常被引用的一段文字，精確地描述了這種發展的進程：

> 在孩子教化發展的任何功能會出現兩次，或說是兩個層面。首先，它出現在社會面，接著是心理面。首先，它出現在人與人之間的心理範疇（interpsychological category）。然後，它出現在兒童內在的心理範疇（intrapsychological category）。這對於自發的注意力、邏輯性的記憶力、觀念的形成及意志的發展來說，都同樣地真實……社會關係或人與人之間的關係有其遺傳上的起源，並潛藏在所有高等功能及其關係之下……在他們個人範圍中，人類會保持社會互動的功能。（1978, pp. 163-164）

根據 Vygotsky 的觀點，如果孩子所處的世界，在他需要協助時就可以獲得協助並從中獲益，則其認知發展會更加穩紮穩打地向前邁進。像這樣對孩子需求有所回應的世界，並不是強制介入的世界；相反地，當孩子需要時，它才會給予支持。當 2 歲或 3 歲大的孩子能自己解決問題時，適當回應的成人也能讓他們自己去解決。任何一位學前孩子的父母都知道，小孩子會常常

說：「我可以自己做！」當孩子能做到時，父母會以那樣的宣告為榮。當然，2 歲及 3 歲大的孩子也會碰到無法完成的任務，不管給予多大的協助也無法完成。一個有回應的社會環境甚至不會嘗試鼓勵孩子去做這樣的任務，而且事實上，會常常阻止兒童嘗試其能力範圍之外的行為。例如，當小兒子極力要求父親教導他開車，父親會直接將他從駕駛座抱開。

除了兩種難易度極端的任務（一種是孩子能獨立完成，另一種則是以他們的年紀不可能完成），難易居中的任務，必須靠成人才能完成的工作，就是關鍵的發展性互動生成的時機。根據 Vygotsky 的理論，有回應的社會世界此時會在孩子**近側發展區**（zone of proximal development）範圍內提供協助。事實上，這區域是定義為超越孩子獨立工作的能力，但是在提供協助後，就能達成的範圍。兒童和較有能力、會回應的成人互動時，其所提供的提示和輔導可讓兒童學習如何在發展區內適當地完成任務。

因此，如果孩子無法自己注意問題的某些重要面向，回應的成人會指引孩子轉移注意力到這些面向上。有時，成人會建議孩子用某個策略。透過在支持下去進行任務，孩子最終能夠在沒有協助下完成任務，並將那些先前成人支持的多種想法內化。沒有成人的協助，不管是獨自或與同儕互動，孩子可能無法發現很多思考的形式。

當成人用這種方式幫助孩子時，可稱之為**提供學習鷹架**（scaffold）（Wood, Bruner, & Ross, 1976），這是一個涉及建設中建築物鷹架的比喻。這個比喻十分恰當：建設中的建築物設有鷹架，在新建築物尚無法自我支撐時，就靠鷹架撐持。當建築物完成，鷹架就可以拆除。成人帶著兒童面對學業的問題，情況也是這樣：成人必須小心監控兒童的學業進展，並且提供必要的協助，幫助兒童達成學習的標的。如果孩子可以很快學會，成人的回應指導就不那麼詳細，可以漸漸撤除了。

語言能力的發展

在學齡前使用語言時，有些孩子會比其他人接受到更多的鷹架。相較於中高社經背景的孩子，低收入戶家庭的孩子得到比較少支援性、溝通性的互

動（Bernstein, 1965）。這是個關鍵，因為學前的口語溝通能力發展，乃閱讀及寫作上成功的先決條件（例如，Snow, 1991）。例如，堪薩斯大學兩位心理學家 Hart 和 Risley（1995）的研究說明了，家庭口語互動及其後續認知發展間的關聯性。他們共花了兩年時間仔細觀察 42 戶家庭，研究開始時，這些家庭中的孩子大約七至九個月大。觀察期間，研究者用錄音機及筆記記錄每一件發生的事，再將此觀察仔細編碼，分析出到底有哪些形式的口語互動出現。

研究結果非常清楚：不同社經階級的語言互動品質有很大的差異。中上階級的家庭比起勞工階級的家庭，可以觀察到比較多高品質的口語互動。而勞工階級的家庭比起接受社會救濟的家庭，又有較多的口語互動。社經階層愈高，父母愈常傾聽他們的孩子，幫助孩子把話講得更清楚，並告訴他們什麼值得記住、如何處理困難。這兩年的研究中，研究者觀察到口語互動量與質上的差異：平均來說，中上階級家庭的孩子一年可以接收到 400 萬個口語語彙，而接受社會救濟家庭的孩子只有 25 萬個語彙。

以如此顯著的輸入差異為基礎，可想而知，會有什麼結果上的差異。到孩子 3 歲的時候，中上階級家庭的孩子比起勞工階級家庭的孩子，擁有較多的詞彙，而勞工階級家庭的孩子又比接受社會救濟家庭的孩子擁有更多的詞彙。然而，因為在中上階級家庭、勞工階級家庭及接受社會救濟家庭之間還有其他差異存在，所以在這研究中，即使孩子的語言能力不同，也不能說一定就是他們所經驗的語言互動質量所致。雖然如此，此項研究所獲得的關聯性，加上其他研究所得的證據，「孩子所經驗的口語互動品質，與他們的語言及認知發展一直有穩定的相關」這個結論得到很多支持。

Dudley-Marling 和 Lucas（2009）卻注意到，這個研究裡的六個貧苦家庭，都是非裔美國人的家庭，而且父母都沒有受過良好的教育。他們認為研究觀察者和這幾個家庭間的族裔、社經地位和教育水準的差異，可能影響這個研究的結果。換句話說，未受良好教育的非裔美國人父母可能會受到有高等教育學歷的觀察者的影響，因而未能展現與孩子間頻繁與複雜的互動。相反地，面對觀察者，受過高等教育、高收入的父母也許會刻意展現他們跟孩

子之間的互動。Dudley-Marling 和 Lucas 的重點是,該研究確實觀察到不同家庭間的差異,但這樣的差異意義很難只從親子互動去解釋。無論如何,不同背景家庭親子互動的差異的確存在,老師要做的是設計出好的教學,以改善學前親子互動所造成的差異。

　　不同背景家庭親子互動上的差異,也許可以採取一種極罕用的策略來改善:支持所有的家長對孩子們提供豐富的學前互動機會。豐富的語言互動在早期語言發展上扮演極重要的角色,因此學校應該在學區內的嬰兒出生後就盡快介入。這裡所謂的「介入」(involved),指的是每個學校對未來可能來就讀的幼兒,提供其家庭有效的親子課程。

　　會回應的成人花很多時間與他們的孩子談論發生在孩子身上的事,並且協助孩子學習如何成為描述自己記憶的敘述者(Nelson & Fivush, 2004)。Judith A. Hudson(1990)分析她的女兒瑞秋所敘述的過去經驗,及這些經驗是如何增加瑞秋描述生活事件的能力。透過關於瑞秋本身所引發的對話,特別的關鍵在於瑞秋有很多機會與她的媽媽談論過去。而且當瑞秋想不起來時,媽媽會提示瑞秋,通常以提問的方式進行。

　　經由如此的對話經歷,瑞秋學到如何表達曾發生在她身上的事。Hudson(1990)下結論道,透過社會互動,描述一個人生活事件的重要思考能力可以得到發展,這與 Vygotsky 的見解一致。當孩子無法建構某事件的記憶時,媽媽會以問題提供孩子回憶的鷹架。當瑞秋逐漸熟悉在回憶過去時該講些什麼,她可以開始回想得更完整,這時成人所提供的引導問題方式的鷹架就會減少。在 Hudson 的記述中,瑞秋從一個需要協助的故事敘述者,進步到一個獨立自主的故事敘述者,這個描述和許多其他的研究一致——孩子討論過去的能力,有賴於與提供支持的大人間的對話經驗(Engel, 1986; Nelson, 1993a, 1993b; Nelson & Fivush, 2004; Pillemer & White, 1989; Ratner, 1980, 1984; Reese, Haden, & Fivush, 1993; Tessler, 1986)。

　　實際上,每個想到閱讀的人,都會相信閱讀的成功取決於語言發展(Dickinson, McCabe, & Clark-Chiarelli, 2004)。因此,學齡前的會話經驗對認知發展及溝通技巧有深遠影響,這個發現對於閱讀教育的社群而言,

真是意義非凡。然而，Hudson 及她同事的研究似乎比這發現還更有意義。Hudson 相信支持性的親子對話經驗不僅促進孩子針對過去事件進行溝通的能力，而且也會增進他們組織及了解自己的先前經驗（Nelson, 1996; Nelson & Fivush, 2004）。植基於經驗的先備知識對理解文章中的訊息很重要，因為擁有豐富及支持性對話經驗的孩子，有組織較佳、較完整的先備知識，所以他們應該會比那些沒有經驗的孩子在理解方面占有優勢。生活於豐富的人際世界，而且會學習如何與他人溝通的孩子，在認知的發展上，會遠超過其他沒有如此的同儕。

同樣地，雖說各家托兒所和學前方案品質參差，但學前方案確能提供饒富語言和讀寫的活動。McGill-Franzen 等人（2002）對五個位於市區的學前機構做了相關的質性研究，五個機構招收的幼兒各有不同的家庭收入和教育水準。有些學前機構服務的對象主要是中產階級家庭，但有些主要的服務對象則是低收入家庭。有的是靠州和聯邦的經費來支應，但有些幼兒園的經費主要來自於學費收入。不過所有的辦學指標都指出，專門招收中產階級幼兒的園所有許多優勢，例如教室裡可用的書籍、大人完成的朗讀次數、寫作材料與動念寫作的嘗試，以及有益的大人－小孩互動次數等等，都是招收中產階級孩子的幼兒園表現較佳。只有一所教會辦的、招收弱勢幼兒（低收入家庭、父母教育程度低）的幼兒園可以提供豐富的語言環境。該報告的作者以下段文字總結了他們的發現：

> 在招收低收入家庭幼兒的學前機構，其課程與教學並未好好地把幼兒當作學習者來看待，幼兒接觸文字和參與讀寫的機會不多，聆聽及討論文化相關的文學作品的活動也很少見……窮孩子和有色人種的孩子被社會化了，他們面對的是一套截然不同的讀寫教學，讀書的經驗少，也很少關注個人及社區認同的問題。如果想要政府支持各種已經有階級之分的早期教育方案，以提供出身低收入家庭的弱勢幼兒一個公平的讀寫和學校教育的基礎，則課程與教學架構上還有重重的挑戰需要克服。（p. 443）

讀寫萌發

　　大部分來說，本章到目前為止的討論，一直聚焦在可以支持讀寫能力發展的一般認知及語言能力，只談到少數幾個直接與讀寫發展相關的研究。事實上，讀寫發展在學齡前會有非常大的進展——這樣的大步進展，讓許多閱讀理論學家和研究者稱學前的發展階段為「讀寫萌發時期」（例如，Clay, 1966, 1967; Saada-Robert, 2004; Tolchinsky, 2004）。

　　許多研究直接聚焦於讀寫萌發。讀寫能力發展始於 1 歲生日之前，例如，透過充滿彩色圖片的塑膠製「洗澡小書」，或透過父母哄孩子睡覺時哼唱的童謠。這些早期的經驗逐漸擴展成一系列讀寫能力的經驗，從塗鴉寫字母，到坐在祖母膝上聽故事。支持讀寫萌發的環境因素包括：（1）和父母、兄弟姐妹及他人的豐富人際經驗；（2）物質環境，包括讀寫的材料，從冰箱上的塑膠字母，到故事書，到寫作的材料等都是；（3）父母和他人對孩子的讀寫能力發展有高度積極的重視（Leichter, 1984; McGill-Franzen et al., 2002; Morrow, 2001; Saada-Robert, 2004; Tolchinsky, 2004）。

　　更具體地說，在能促成讀寫萌發的家庭中，孩子很早就會接觸紙筆活動、字母甚至是印刷字。父母會讀給孩子聽，而且當孩子試圖要閱讀時（例如，將書本保持豎立，假裝正在讀書），父母會協助孩子。書本及其他閱讀材料在支持讀寫萌發的家庭中是很重要的（Briggs & Elkind, 1973; Clark, 1976; Durkin, 1966; King & Friesen, 1972; McGill-Franzen & Jordan, 2012; Morrow, 1983; Neuman & Celano, 2001; Plessas & Oakes, 1964; Teale, 1978; Yaden, Rowe, & MacGillivray, 2000）。

●● 閱讀故事書

　　閱讀故事書是一種對讀寫萌發非常有幫助的活動（Garton & Pratt, 2004; McGill-Franzen & Jordan, 2012; van Kleeck, Stahl, & Bauer, 2003）。兒童在學齡前所聽故事書的量，和後來其詞彙、語言發展，及閱讀興趣與早期閱讀上

的成就，都有顯著的正相關（Stahl, 2003; Sulzby & Teale, 1991）。因為故事書閱讀可以有效刺激兒童的讀寫發展，照顧者與孩子之間讀故事書時產生的互動，已經被仔細的研究過。

在最佳的狀況下，閱讀故事書的歷程，包含了閱讀者及孩子之間豐富的討論及活躍的對話。成人與孩子一起理解文本意義的同時，也會得到很多樂趣（Morrow, 2001）。成人和孩子都會邊讀邊問問題；成人會示範書中的對話，孩子有時也能參與；成人稱讚孩子可以從圖片及文字中獲取意義；成人提供孩子訊息，並回應孩子對於故事的反應；成人和孩子都會把文本中發生的事情和他們自己的生活及周遭世界連結起來（例如，Applebee & Langer, 1983; Cochran-Smith, 1984; Flood, 1977; Pellegrini, Perlmutter, Galda, & Brody, 1990; Roser & Martinez, 1985; Taylor & Strickland, 1986）。如此豐富互動的經驗，可以預測孩子日後讀寫能力習得的成功（Stahl, 2003; Sulzby & Teale, 1991）。

進展良好的故事書閱讀，「鷹架」的作用顯而易見。擅長故事書閱讀的父母會鼓勵孩子對讀物有所反應，並讓孩子盡可能地參與閱讀。當孩子需要支持時，父母會提供孩子能夠了解的東西（例如，DeLoache & DeMendoza, 1987）。隨著學前期間的年齡增長，孩子能專注於文本中較長的段落（Heath, 1982; Sulzby & Teale, 1987）。當他們獲得閱讀故事書的經驗，成人會和孩子產生更多關於文本的複雜討論（Snow, 1983; Sulzby & Teale, 1987）。此外，朗讀故事書的活動可以提升幼兒的印刷文字覺識（print awareness; Justice, McGinty, Piasta, Kaderavek, & Fan, 2010）。有很多閱讀故事書經驗的孩子慣於與成人交流故事內容；相較於沒有經驗的同儕，他們在故事書閱讀期間會更加專心（Bus & van IJzendoorn, 1988）。

故事書閱讀的形式會不會影響認知發展？已經有些研究在探討這個主題。有些父母不那麼看重讀寫能力，他們便不像重視讀寫能力的父母那樣讓孩子從事閱讀——例如，他們不會給孩子提示，讓孩子去思考文本還帶有什麼其他可能的意義。他們很少把閱讀弄得更有趣一點，也沒有設法以孩子能了解的方式呈現內容（Bus, Leseman, & Keultjes, 2000）。與擅長誘發

兒童在閱讀時口語互動的成人相處，可以使孩子擁有較好的詞彙發展（例如，Ninio, 1980; Pellegrini, Galda, Perlmutter, & Jones, 1994）。父母愈懂得將書本內容做延伸討論，他們孩子在學校愈容易勝任各種讀寫的任務（Heath, 1982）。簡言之，故事書閱讀的方式有優劣之分；故事書閱讀的**品質**對孩子認知發展的影響非常大。

　　故事書閱讀的品質和讀寫能力發展之間的關聯（Sulzby & Teale, 1991）促使 Grover Whitehurst 及其同事（Whitehurst et al., 1988）研究，是否可以藉著改善父母在閱讀故事書時的互動能力，進而裨益孩子讀寫萌發能力的發展。家有 1 歲到 3 歲大孩子的 14 位父母參與為期一個月的介入，以改善故事書閱讀中的親子互動。這些父母被教導多問開放式問題，也要多問故事中各個角色的功能及特色。研究者也建議父母親在故事書閱讀時，如何適當地回應孩子的評論，及如何擴展孩子必須說的內容。這些擔任實驗組的父母也被教導少用平鋪直敘的方式閱讀，也要少問指向圖上的角色就能回答的簡單問題。另外有 15 位孩子及其父母擔任控制組，研究者鼓勵他們繼續用原來的方式和孩子一起閱讀故事書。

　　首先，實驗組的父母的確能學會新的親子共讀故事書的方式，這些方式主要在增進親子間互動的品質。雖然實驗組及控制組的孩子在語言相關變項上，在實驗開始時並沒有差別，但在一個月的介入結束時，實驗組和控制組有了明顯的差異，結果支持了實驗的效能——實驗後，實驗組幼兒在一個心理語言能力的標準化測驗及二種詞彙測驗上的得分超過控制組。這個研究最驚人之處是，九個月後，再施以同樣的測驗，實驗組仍然勝過控制組，雖然兩組的差距不像第一次那麼大。

　　不幸地，故事書閱讀並非總是那麼吸引孩子，而且未必具有互動性及娛樂性（Hammett, van Kleeck, & Huberty, 2003）。低階級和次級文化背景孩子的家庭中出現高品質故事書閱讀的機會較低，即使真的有進行故事書閱讀，家長也非常少用開放式問題，或進行讓閱讀變好玩的一些活動，但這些活動卻都是促進語言發展的關鍵（例如，Anderson-Yockel & Haynes, 1994; Bergin, 2001; Bus et al., 2000; Federal Interagency Forum on Child and Family

Statistics, 1999; Hammer, 1999, 2001; van Kleeck, 2004）。值得注意的是，當 Whitehurst 的研究團隊以墨西哥裔家庭為研究對象（Valdez-Menchaca & Whitehurst, 1992），或將閱讀故事書的概念融入日托的啟蒙介入（day care/ Head Start intervention）時（Whitehurst et al., 1994, 1999; Whitehurst & Lonigan, 2001），也得到正向結果。Whitehurst 團隊最近的研究也指出，互動式故事書閱讀的確有助於低社會經濟孩子的語言發展（例如，Zevenbergen, Whitehurst, & Zevenbergen, 2003）。在提升不同階層孩子的讀寫能力發展上，故事書閱讀是一種很有潛力的方式。

Whitehurst 和同事所發展的介入也考量到成本效益，他們發展了可以教導母親如何在閱讀故事時與孩子互動的錄影帶（Arnold, Lonigan, Whitehurst, & Epstein, 1994）。其他研究者在故事書閱讀介入的設計上也有進展。例如，Crain-Thoreson 和 Dale（1995）訓練幼兒園全體教職員在故事書閱讀時，與孩子有更積極主動的互動。結果，參與的孩子在很多語言測驗上，包括詞彙測驗、平均句長及口語複雜性的分析，都有比較好的表現。Dickinson 和 Smith（1994）發展了類似的介入方案，也得到相似的結論。簡言之，藉由積極吸引學前幼兒加入故事書閱讀中的討論，成人可以促進孩子的語言發展；而且這樣的經驗愈早開始愈好（Aram & Biron, 2004; Leyva, Sparks, & Reese, 2013; Lonigan, Anthony, & Burgess, 1995; Stahl, 2003）。但是，對低收入家庭提供的學前服務，不能只是在教職員說故事書的能力上下工夫，他們必須讓幼托中心買更多的書籍（McGill-Franzen et al., 2002; Neuman, 1999）。

●● 在學前教育發展豐富的讀寫萌發知識

Neuman 和 Roskos（1997）有一個有趣的研究，清楚地說明學前幼兒的讀寫萌發影響可以有多廣泛；至少在一個富含讀寫萌發學習機會的環境中如此。他們花了七個月觀察 30 位學前幼兒參與幼兒園中三個遊戲角落：郵局、餐廳和醫生的辦公室的學習情形，這三個遊戲角落裡有許多讀寫萌發活動在進行。

Neuman 和 Roskos（1997）發現，幼兒在遊戲角落學到很多物品的名稱和功能，包括：信封、鉛筆、信、信箱、菜單、帳單、支票、保險卡和視力檢查表。學前幼兒也學到如何去做許多和讀寫相關的事情，包括：拿郵票、將郵票貼在信封上、寫上收件人的地址姓名、寄信、送信、拿餐廳的點菜單、從菜單上點菜、檢閱餐廳的帳單、用餐時的寒暄交流、寫下訊息、給予處方、到醫師辦公室報到及描述急救程序。Neuman 和 Roskos（1997）也觀察到一些較高層策略的使用，這些策略和年紀較大的孩子在讀寫時所使用的策略相似。這些策略包括搜尋訊息、糾正並給予他人回應、自我糾錯、依某項標準檢查與讀寫相關的事物（例如，檢查郵局的信封是否有依照規定分類），及開始工作前的蒐集資料。簡言之，在經過設計的、有助於讀寫萌發活動的幼兒園教室裡，孩子可以學習到很多讀寫行為。有些老師在教室裡設計了圖書角和郵局角，就是創造了一個可以支持故事書閱讀、兒童寫作及相關讀寫活動的情境（Roskos & Neuman, 2001）。

在更多近期作品中，Neuman（2009；亦見 Koskinen et al., 2000; Leyva et al., 2013; McGill-Franzen, Allington, Yokoi, & Brooks, 1999）指出，書籍在學前教育情境中的重要性，書籍可以替學前幼兒增加很多讀寫能力的互動。當書本隨手可得，而且老師訓練有素，知道怎麼使用這些書時，幼兒就會投入這些能提升讀寫能力的活動（例如，看書並與其他孩子一同分享書本內容），並且語言和讀寫能力都得到提升。除了強調書本在孩子的世界可以造成一個積極的改變，Neuman 讓我們警覺到缺書的問題是個值得關注的議題。Neuman 和 Celano（2001）接著研究中低收入戶學前幼兒生活中的書籍可及性，他們發現中產階級學校及社區有較多的書本。Duke（2000a, 2000b）在小學一年級實施一個類似的研究，也得到相似的發現。中產階級的父母及學校促進他們孩子讀寫萌發的方式很多，其中之一就是提供讀寫萌發中的孩子在家及幼兒園都有豐富的圖書資源。

●● 關於讀寫萌發經歷的詮釋爭議

從嬰孩時期開始，成人和孩子就有機會藉由讀寫的素材和活動而一起互

動。有些孩子運氣比較好，能參與較多讀寫萌發的互動。這些幸運的孩子生活於讀寫經驗十分普遍的家庭，這些家庭的好習慣也會自然延伸到新的家庭成員，從誕生那日開始，就得以觸及讀寫活動。但是，有些學前幼兒沒那麼幸運，缺乏一貫且良好的讀寫萌發經驗，這促使如 Whitehurst、McGill-Franzen、Neuman 和 Roskos 等研究者，開始去研究如何增加父母、教師和孩子之間的讀寫萌發互動。他們的研究成果激起了熱情，人們開始相信，若能讓學前幼兒有許多質量均佳的讀寫互動，他們正式入學時會有更好的準備。

然而，在這一節的結尾，我們必須承認在讀寫萌發研究上，學界存在不一致的詮釋。例如，故事書閱讀有助於語言和讀寫發展，這樣的說法並無壓倒性的共識，雖然許多人把統計上的相關情形，視為支持該說法的證據（Bus, van IJzendoorn, & Pellegrini, 1995; Dunning, Mason, & Stewart, 1994; Justice et al., 2010; Lonigan, 1994; McGill-Franzen, 2006）。亦即，儘管對學前兒童進行心理測量有許多問題（不只是兒童年紀小、測驗信度較低的問題而已），有許多研究統計考驗力不夠（因此，得到顯著相關的可能性降低），而且每個研究各有不同的研究程序，有些研究者仍指出，故事書閱讀及讀寫萌發成長之間的研究都得到正相關的結論，這讓他們留下深刻的印象。相反地，其他研究者（Scarborough & Dobrich, 1994）同樣檢視這兩者間的相關係數，卻得到完全不同的結論。他們認為故事書閱讀和讀寫萌發之間的相關性，小到微不足道，而且這樣的相關也可能可以歸因於其他因素，例如，故事書閱讀和讀寫萌發間的因果關係，可能是倒過來的，也許是語言或讀寫特別有天分的孩子，才喜歡從事故事書閱讀，而較無天分或興趣的孩子，也許就不太去碰故事書。我們自己讀到的證據讓我們比較相信早期的讀寫互動是很重要的。我們對教學實驗研究特別有信心，例如 Whitehurst 和他的夥伴所做的研究。但，更多的研究是需要的。

有個可能性是讀寫萌發的經歷並不是對所有孩子都有同樣的效果。例如，在 Bus 和 van IJzendoorn（如，1988, 1992, 1995）的研究中，有個驚人的發現是，當孩子對父母的依附關係不那麼安全時，故事書閱讀並不會給孩

子們帶來如安全依附的親子般快樂及投入的經驗。很有可能是負面的親子互動破壞了閱讀興趣（Bus, 1993, 1994）。我們必須弄清楚是否真的如此，然後，我們一定也得確認要有多少正向的互動才能讓親子間建立信任的關係，而這樣的關係可以促進讀寫發展。

不管孩子讀寫萌發經驗有多正向，它們仍不足以促成一個對成功的初始閱讀非常重要的能力之發展。下一節，我們將談到這個重要的能力——音素覺識（phonemic awareness）。

音素覺識的教學與發展

雖然在學前階段語言能力的進展，不足以讓孩子成為一位閱讀者，但語言能力的重要性仍不可忽略。事實上，5 歲孩子進入幼兒園時的語言能力，與小學低年級的閱讀成就之間有很高的相關（見 Elbro, Borstrøm, & Petersen, 1998; Elbro & Scarborough, 2004; Mann, 2003; Muter & Snowling, 1998; Scarborough, 2001）。雖然閱讀困難高風險群的幼兒園學生常有其他聲韻處理的困難，但是有個特別值得注意的發現——缺乏音素覺識能力的幼兒園學生，日後有很高的機會會發生閱讀學習的困難（例如，Adams, 1990; Blachman, 2000; Pennington, Groisser, & Welsh, 1993; Stanovich, 1986, 1988）。例如，Elbro 等人（1998）發現，常見詞彙發音有困難的幼兒園兒童（如，缺乏詞彙中明顯的聲韻表徵），在小學二年級時，會有比較大的機會發生閱讀困難。

詞彙是由可分割的語音成分（如，音素）組成的，一個人若能察覺或領悟這個道理，他就具備了「音素覺識」的能力。用來量測音素覺識能力的認知作業有很多種（Adams, 1990; Anthony & Lonigan, 2004; Slocum, O'Connor, & Jenkins, 1993; Stahl & Murray, 1994, 1998; Wagner, Torgesen, Laughon, Simmons, & Rashotte, 1993）。各家研究音素覺識的研究者之間，對音素覺識都有一些不同的看法，且每一種看法都有根有據。爭議在於，不同的認知作業是否代表不同層級的音素覺識？或在於音素覺識的不同表現，究竟

是不是一種單一的能力，或是一種複合的能力（Anthony & Lonigan, 2004; Anthony, Lonigan, Driscoll, Phillips, & Burgess, 2003; Mann & Foy, 2003; Mann & Wimmer, 2002）。

　　儘管如此，Marilyn Adams（1990）對音素覺識概念的闡述仍然讓我們比較清楚音素覺識到底是怎麼回事。根據她的說法，音素覺識最基層的形式，就是個體有夠好的聽辨力，對押韻詞彙的記憶，可以強過對非押韻詞彙記憶。兒童若具備此層次音素覺識能力，會比缺乏音素覺識的同儕，更容易記憶童謠（Maclean, Bryant, & Bradley, 1987）。在下個層次，兒童可以從幾個詞彙中，察覺出與其他詞彙聲韻特質不同的詞彙，例如，在 can、dan、sod 三個字之中，能認出 sod 是「怪字」，因為它沒有以 -n 結尾。在進一層的認知層次，孩子會混合語音成分以形成詞彙，例如，呈現 m、aah（即短音 a）和 t，兒童能唸出 mat 來。更高層次的音素覺識，兒童能把一個語詞分析成較小的語音成分，能說出 mat 是由 m、aah 和 t 這些音所組成。在最高階音素處理階段的孩子，會從完整的詞彙中拆離出個別的語音來，例如，當被問起從 mat 中刪除 m 音時，兒童會說 at。因此，當學生能主動操弄音素和玩音素時，音素覺識能力就到達最巔峰。我們特別強調在如此操作中的趣味性，是因為我們看見孩子在教室中練習混合、添加、刪除和插入音素這類的音素覺識教學，小朋友似乎都玩得很開心。音素覺識有這麼多表示的方式，也難怪會有這麼多種不同方式的評量，不管是實驗室的評量或較標準化的測量都是如此（Sodoro, Allinder, & Rankin-Erickson, 2002）。

　　有個聚焦在音素覺識上的研究特別有名。Connie Juel（1988）蒐集兒童從一年級到四年級的多種閱讀進展及相關評量的變項，共有在同所學校就讀的 23 位西班牙裔、14 位非洲裔及 13 位白人兒童參與本研究。此研究中最驚人的發現之一是，兒童若有閱讀低成就，問題會一直持續下去：如果兒童在一年級時有閱讀困難，他們有 88% 的機率在四年級時仍然會有困難。然而，跟本節主題更相關的是，一年級時，音素覺識是最能預測低劣閱讀成就的變項：兒童若具有前一段文字所述較高層次的音素覺識能力，他們在 Juel（1988）的研究中就會得到較高的分數。特別驚人的是，一年級時的音素覺

識問題可以有效地預測四年級時的閱讀困難。雖然早期音素覺識能力是很好的預測變項，可以預測較晚期的閱讀能力，但在 Juel（1988）的研究之後，研究者也發現其他的早期語言預測變項，可預測後來的閱讀能力（亦即，基本的閱讀能力及字母識別；見 Elbro & Scarborough, 2004; Piasta, Petscher, & Justice, 2012; Scarborough, 2001）。

Juel 的發現讓許多人開始努力鑽研，做了許多關於音素覺識的研究，探討它為什麼和閱讀能力有關。以這些研究為基礎，現在我們知道，在所有年齡層，比起同齡的優讀者，弱讀者經常有音素覺識能力較弱的問題（例如，Pratt & Brady, 1988; Shaywitz, 1996）。缺乏音素覺識的孩子在字母－語音關係的發展，及拼字的學習上，都很困難（Griffith, 1991; Juel, Griffith, & Gough, 1986）。Juel 的研究之後，許多不同的研究都指出，4 至 6 歲孩子若音素覺識不佳，特別能預測了早期的閱讀成就，以及整個小學年段的閱讀困難（例如，Badian, 2001; Bowey, 1995, 2002; Goswami, 2002b; Hulme et al., 2002; McBride-Chang & Kail, 2002; Muter, Hulme, Snowling, & Stevenson, 2004; Näslund & Schneider, 1996; Speece, Ritchey, Cooper, Roth, & Schatschneider, 2004; Storch & Whitehurst, 2002; Stuart & Masterson, 1992; Torgesen & Burgess, 1998; Wesseling & Reitsma, 2001; Windfuhr & Snowling, 2001）。也有證據指出，小學階段的音素覺識困難與閱讀困難有關，這些研究至少指出音素覺識與閱讀能力的關係，就如同其他潛在重要變項（如，個別字母和數字的快速唸名；見 Cardoso-Martins & Pennington, 2004; Kirby, Parrila, & Pfeiffer, 2003; Parrila, Kirby, & McQuarrie, 2004; Schatschneider, Fletcher, Francis, Carlson, & Foorman, 2004; Sunseth & Bowers, 2002; Swanson, Trainin, Necoechea, & Hammill, 2003; Torgesen, Wagner, Rashotte, Burgess, & Hecht, 1997）與閱讀能力的關係一樣。至少有某些研究指出，較高層次的音素覺識（如，將詞彙分割成語音成分的能力），比起較簡單形式（如，押韻的察覺），更能預測閱讀能力（Nation & Hulme, 1997）。

但是，Bus 和 van IJzendoorn（1999）對早期音素覺識訓練的眾多研究進行後設分析之後，對音素覺識訓練是否能提升閱讀發展的長期效益提出質

疑。他們的發現和國家閱讀小組（NRP）的分析不同：5 到 6 歲的聲韻覺識教學對幾年後的閱讀測量影響不大，大概只能解釋 1% 中年級閱讀分數的變異量。這是個重要發現，讓人開始質疑音素覺識教學是否真的對幼兒有長期的好處，這是國家閱讀小組的報告未說明的。我們再一次呼籲，需要有更多的研究，以澄清學校或幼兒園投入幼兒的音素覺識訓練的效益。

　　Gough（1998）認為我們也許對音素分割（phonemic segmentation）訓練抱持太高的期望。他有一個研究，訓練老師用烏龜說話（Turtle Talk）的活動教導學生。烏龜總是慢吞吞的，如果牠們能說話，一定也是慢吞吞地把語音拉長、一個音素接一個音素地說。教學時，老師示範烏龜說話的方式，她慢慢把一個語詞說完，就會問學生：「烏龜剛剛說了什麼詞？」練習幾次之後，老師將學生兩兩分組，一位當烏龜，另一位試著要了解烏龜說了什麼；一段時間後，兩人再對換角色。Gough 描述了一個在 48 個幼兒園班級進行的烏龜說話研究，該研究要求老師每天進行烏龜說話活動 10 到 15 分鐘，連續 20 天。結果，在烏龜說話組的老師，把班上能把語詞分割為音素的幼兒人數加倍；而對照組的 27 個班級在研究剛開始時，能做語詞的音素分割的人數，多於烏龜說話組；但是，在四週的訓練之後，烏龜說話組學生的音素分割能力顯著地優於對照組。Gough 特別聚焦在音素分割能力的發展，因為它是音素覺識能力的各種評量方式中最具預測力的一種，也因為音素分割能力是自創拼音（invented spelling）的必要條件，自創拼音是另一種能提升萌發讀者音素覺識能力的活動（Clarke, 1988）。

　　缺乏音素覺識似乎是一個惡性循環中的一部分。幼年語言經驗豐富，並有良好詞彙發展的兒童，會擁有較佳的音素覺識，因為良好的詞彙發展提供很多機會讓兒童以語音差異作為辨識字詞的基礎（Dickinson, McCabe, Anastasopoulos, Peisner-Feinberg, & Poe, 2003; Goswami, 2000, 2001; Metsala, 1999）。語言經驗較少的孩子，先備字詞較少，音素覺識也弱。接著，有缺陷的音素覺識會妨礙解碼的學習，繼之減少大量閱讀的可能性，終致影響閱讀理解能力。長期下來，兒童較少有機會練習閱讀，以文字傳達的資訊也接觸得少，最後造成高層次閱讀理解能力（如理解複雜句法能力）及增強文本

理解的先備知識的落後（Juel, 1988）。這就是 Stanovich（1986）所稱閱讀的馬太效應（Matthew effect）——即閱讀發展過程中貧者愈貧、富者愈富的現象。

為了發展兒童最高層次的各種音素覺識能力，正式的閱讀教學似乎是必要的（換言之，只有非常少的孩子能在沒有正式的教學下，發展出高層次的音素覺識；例如，Lundberg, 1991）。父母親對字母和字母發音的教導，能夠預測音素覺識的讀寫萌發經驗（Crain-Thoreson & Dale, 1992）。國家早期兒童讀寫調查（Early Childhood Literacy Survey）的資料指出，即將入幼兒園的幼兒，有三分之二已經學會字母名稱（letter names），而且有三分之一已經學會大多數的聲母（consonant; Pearson & Hiebert, 2010）。顯然有許多父母和學前老師已經為幼兒準備了良好的環境，以促成這方面的發展。

然而，有三分之一即將進入幼兒園的幼兒，一個字母名稱也不認識。Pearson 和 Hiebert（2010）注意到一個怪異的巧合：即將進入幼兒園的幼兒中，其不認識字母的人數百分比，恰好等於國家基礎學力調查（National Assessment of Education Progress, NAEP）中，四年級學生中閱讀未達基礎（Basic）等級的人數比例。而那三分之一已經掌握絕大多數聲母的幼兒比例，恰好等於四年級閱讀能力達精熟（Proficient）等級的學生人數百分比。幼兒園入學時字母名稱知識有多重要？因為許多州立教育單位間對該學多少字母名稱未能取得共識，因此這個議題激發了許多研究。Piasta 等人（2012）以從 85 所公立學前中心隨機選出的 371 位幼兒為樣本，他們發現，認識 18 個大寫字母和 15 個小寫字母，即能對幼兒園及小學一年級的初始閱讀技能做最可靠的預測。

然而，有太多父母和太多的學前教育機構都沒有從事這樣的教學，以致於字母名稱和音素覺識的教學主要都在入小學後才教。因此，如果要發展所有兒童的字母名稱或音素覺識能力，有必要提供幼兒園及一年級孩子字母名稱及音素覺識的教學。

●● 字母名稱知識的教學

我們現在已經知道，那些已經讀過許多故事書、家裡冰箱上有磁鐵字母、常有機會以塗鴉方式表達想法意見的幼兒，他們在進入幼兒園時，是同儕中最有可能已經認識字母名稱的幼兒（McGill-Franzen, 2006）。大、小寫字母絕對是幼兒園教室裡的基本配備，理論上，每位幼兒的桌上都應該有才是，至少每個班級總該有某個地方展示出所有的字母，好讓每一位幼兒都看得見。我們造訪過的幼兒園班級中，最常被用來展示字母的空間，就是在教室正前方白板的上頭。

幼兒園老師要如何區辨出哪一位幼兒認識哪些字母呢？ McGill-Franzen（2006）對此提供很仔細且研究本位的討論。這樣的討論很有用，因為有許多幼兒在進幼兒園的第一天，就已經完全掌握所有的字母；有效能的幼兒園老師必須能夠覺察每位幼兒的識字狀況，這樣才能提供差異化的教學給不同需求的幼兒。有些幼兒對書寫的興趣大於對閱讀的興趣，這樣的興趣，可以讓老師把書寫和字母名稱知識連貫起來。還有什麼比「寫出訊息」的活動更能激起幼兒學習字母字形和字音的動機呢？

也許因為字母名稱是幼兒園的教學重點，或者可能因為幾乎每一個幼兒從幼兒園畢業時都已經學會了所有字母的字形字音，因此很少人針對有效的字母教學常規進行研究。但有件事情是確定的，我們訪視許多幼兒園，經常看到課程計畫中有「每週字母」的安排，這種作法，我們並不認同。

許多市售的字母書（alphabet books）為每個詞彙的第一個字母都繪製了圖案，這是一種可用來發展字母知識的有用工具。有些書，像是 Mary Jane Martin（1996）的《從 Anne 到 Zach》（*From Anne to Zach*），講了許多小朋友的名字，每一個名字的帶頭字母從 A 到 Z 排列。Stephen Johnson（1999）的《字母城市》（*Alphabet City*）用了許多都市裡常見的物品，如街燈，來表徵各個不同的字母。幼兒的姓名也提供了許多學習字母的好材料，對每一位幼兒來說，她或他會最熟悉自己姓名中的幾個字母。在幼兒園的課堂上，因為每一位幼兒都至少認得自己姓名中的一個字母，所以，讓有

不同字母名稱知識的幼兒配對，也是另一種有用的教學方式。

　　運用老師或全班一起發展的圖畫故事，是另一種可以促進字母名稱知識成長的康莊大道。最好的方式是老師一邊說出字母名稱時，一邊在幼兒面前完成圖畫故事。讀到這裡，你可能會認為我們在講的是幼兒園裡強調意義的教學取向。好吧，我們的確是。因為強而有力的證據指出，強調意義的教學在幼兒園裡成效奇佳，尤其是幼兒剛進幼兒園時，對書本、文字或字母經驗都極缺乏時（Chomsky, 1972; Sacks & Mergendoller, 1997; Stahl, McKenna, & Pagnucco, 1994; Stahl & Miller, 1989）。

●● 音素覺識教學

　　經過系統化地練習，讓兒童根據常見的字首、字中和字尾音素來做詞彙分類，音素覺識就能有所發展。最早的音素覺識發展教學研究之一，是由 Lynette Bradley 和 Peter E. Bryant（1983）在英國實施的，這個研究是相關研究中知名度最高的一個。

　　Bradley 和 Bryant（1983）的教學強調一個重要原則——依語音分類，相同的一個字可以從首音、中間音和尾音，做出不同的分類。例如，按字首來分，hen 可以和 hat、hill 及 hand 分在同一組，因為它們都以 h 為首音。hen 也可以和 men、sun 分在同一組，因為這三個詞彙以 n 為結尾音素。如果 hen 和 bed、leg 分在同一組，這個字組相同之處，在於它們中間部分的發音，都是**短音** e。

　　Bradley 和 Bryant（1983）的教學持續了兩年共 40 節十分鐘的課程，參與者都是不具音素覺識能力的 5、6 歲孩子。在前面的 20 節課，研究者教導他們使用圖片（如 hen、men 和 leg 的圖片），根據不同圖片名稱的共同發音來給圖片分類。例如，在某一堂課中，研究者呈現一套能表徵字母 b 的圖片，讓孩子說出這些圖片的名稱，並不斷複述這些名稱。研究者要求孩子留意聽這些字音，接著，研究者問，這幾個圖片中，是否有相同的聲音？如此的教學會持續到孩子能辨別出共同的語音為止，如果孩子在辨識上有困難，大人可以提供幫助和提示。

在訓練期間，聲音辨識任務會重複好幾次，但每次都有一點小變化（如，第一次呈現 bus，孩子需要從一系列圖片中挑選出一張「相同首音」的圖片；再次呈現 bus 時，這次要孩子挑選和 bus 有「不同首音」的圖片）。接著給予孩子多套圖片，要求他們根據相同的發音分類圖片，然後問他們是怎麼分的。研究中也玩找出相異語音（odd-one-out）的遊戲，孩子要從幾個字中，挑出首音（或尾音或中間音）與眾不同的那個字。每個音（如 b）都有許多次像這樣的練習，當孩子似乎能掌握所教過的音時，老師才會再教新的語音。當然，隨著語音的累積，任務的難度也會逐漸增加。

20 節使用圖片的課程之後，跟著是使用詞彙的 20 節課，孩子從中需要決定是否詞彙有押韻或有相同的首音（押頭韻）。當孩子對如此任務熟練後，就會有一些關於尾音的課程（如 odd-one-out 遊戲，練習選出不同尾音的字）。在孩子能使用尾音進行分類之後，就會有以中間音為基礎的詞彙分類教學。

在這樣的訓練中，圖片的作用在單純地表現出聽覺的特徵。各種語音辨別的練習後來均被語音產出的練習取代，孩子必須想出在某特定位置包含某特定語音的詞彙。在後半段課程中，孩子需要使用塑膠字母拼出字來，如果孩子有困難，老師會提供協助，甚至拼字給孩子。拼字練習包含多套的詞彙組，它們都具有共同的語音特質。因此，在練習拼 hat、cat 和 rat 這組詞彙時，一個較有效率的策略是，每次只改變每個字的第一個塑膠字母。許多字母串的語音特點就是藉著這樣的字組來說明。

研究者教導控制組的孩子根據語義來為圖片及詞彙分類（如 cat、bat 和 rat 分在一起，因為它們都是動物）。和控制組比較起來，實驗組（被要求以語音分類）的標準化閱讀表現明顯較優。更驚人的是，隔了五年之後，即使許多控制組兒童已經接受相當多的補救教學，在低年級學過語音分類訓練的兒童仍然有驚人的閱讀優勢（Bradley, 1989; Bradley & Bryant, 1991）。

在 Bradley 和 Bryant（1983, 1985）的研究之後，陸續有許多控制嚴謹的實驗指出，音素覺識教學在幫助兒童閱讀及閱讀習得方面卓有成效（Ehri et al., 2001; NRP, 2000）。為了加深讀者對音素覺識教學的了解，我們在此

回顧一些最值得注意的研究。在 Lundberg、Frost 和 Peterson（1988）的研究中，研究者在 6 歲大孩子的班級，每天提供音素覺識訓練（如，押韻練習；將詞彙分成音節；及音素辨別，包括將詞彙分割成音素及混合音素構成詞彙），時間長達八個月。控制組教學則沒有接受這樣的訓練。三年之後，相較於控制組的學生，實驗組的學生在閱讀及拼字上有較佳的表現。

Ball 和 Blachman（1988）的對象則是三組 5 歲大的孩子，第一組為實驗組，接受音素覺識訓練；另有兩組控制組：語言活動控制組及無教學控制組。音素覺識訓練組的學生接受每次 20 分鐘，一星期四天，總共七個星期的教學。教學中，兒童要移動計數器來表徵詞彙的語音、接觸字母名稱與其相對應的語音，並從事 Bradley 和 Bryant 研究中所使用的語音分類作業。語言活動控制組的學生接受詞彙課程、聽故事，並進行語義分類的活動。他們也接受和音素覺識訓練組相同的字母名稱和語音教學。無教學控制組則未接受任何教學。即使在沒教導詞彙閱讀（word reading）的情況下，音素覺識訓練組在詞彙閱讀測驗的表現仍然勝過兩個控制組。在接下來的幼兒園學生研究中，音素覺識組在認字和拼音上，再度有優於控制組的表現（Ball & Blachman, 1991; Blachman, 1991; Tangel & Blachman, 1992, 1995）。

Lie（1991）教導挪威一年級學生使用相關的聲韻結構去分析新的詞彙。在二年級時，相較於沒有接受聲韻訓練的控制組學生，此訓練提升了實驗組學生的閱讀及拼字。比起閱讀能力較強的學生，此種能力較弱的讀者從此訓練中獲益更多。

Cunningham（1990）試著比較兩種增進幼兒園及一年級孩子的音素覺識的方式。第一種方式稱為「反覆技巧練習」（skill and drill），強調音素分割和音素混合。第二種方式，老師要和學生討論解碼和音素覺識之重要性，也討論如何將音素分割及音素混合的能力應用於閱讀中。第二種方式有很強的後設認知，提供孩子很多資訊，告訴他們何時、何處和為何要使用音素知識。雖然兩種教學方式均見成效，但後設認知教學在一年級階段比較有效；這與本書大方向的主張是一致的，即增加孩子對何時、何地使用認知技巧之認識，他應該更能有效地使用各種認知技巧。

我們詳細報告這些以真實驗設計評量音素覺識訓練效果的研究，因為這些研究非常重要。一般而言，不管測量音素覺識的特定方式或特定的對照情況（如，無教學控制或有教學控制），音素覺識教學的確可以成功地提升音素覺識能力（Murray, 1995）。但如剛才的討論，這樣的教學功效不只如此，還會有力且正向地影響後來的閱讀成就。

有些人是反對音素覺識教學的，他們反對的理由是，沒有證據指出，音素覺識與提升閱讀之間有什麼因果關聯。此主張完全不對。在實驗設計中，兒童被隨機分配到實驗組和控制組[1]，這種設計，在邏輯上的確夠格指出音素覺識教學和後來閱讀成就的因果關係。除了以上討論過的因果研究，有興趣的讀者也可以看 Byrne 和 Fielding-Barnsley（1991, 1993, 1995; Byrne, Fielding-Barnsley, & Ashley, 2000）；O'Connor、Jenkins 和 Slocum（1995）；Vellutino 和 Scanlon（1987）；Vellutino、Scanlon、Zhang 和 Schatschneider（2008）；Williams（1980）；及 Wise 和 Olson（1995）的研究。國家閱讀小組在考慮所有的相關資料之後指出（NRP, 2000；亦見 Adams, 2001; Ehri et al., 2001），4 到 6 歲間音素覺識的發展對後來的閱讀成就有極大的好處，這個結論非常清楚。音素覺識的最明顯成效在於詞彙解碼的能力，但對理解上也有一些影響。如果孩子已具備高等的音素覺識能力，比起沒有達到的孩子，他們學習閱讀會更容易、更為確實。

不幸地，許多孩子並未接受音素覺識教學。有時候爭議的產生是因為全語言班級運用了許多詩歌，因此有時會有人說，全語言幼兒園的孩子早就有足夠的音素覺識接觸。然而，詩歌的接觸和押韻覺識雖然有關，但押韻的認識只是音素覺識眾多成分中，最容易學的一種。

另一個我們聽說的反對理由是，音素覺識教學很無聊。雖然我們沒有看到正式的研究報告無不無聊的議題，但我們訪視過許多有音素覺識教學的班級，我們看到孩子玩聲音玩得很開心。在我們公開的演講中，我們常常問那些提供音素覺識教學的幼兒園及一年級老師，問他們音素覺識教學到底是有

---

[1] 譯註：這個程序保證了各組兒童的特質，在實驗之前完全相同。

趣的，還是單調無聊的？即使我沒先透露自己的立場，這些老師都一致地說，孩子喜歡。如果你需要證明音素覺識的有趣性，可以去買 *Daisy's Castle* 或 *DaisyQuest*（Blue Wave 軟體公司，現在由 Pro-Ed catalog 經銷），這兩個電腦程式是在幻想情境下，讓孩子發展音素覺識，而且真的有效果（Barker & Torgesen, 1995; Foster, Erickson, Foster, Brinkman, & Torgesen, 1994）。

同樣地，你也可以看看 ABRACADABRA（A Balanced Reading Approach for Canadians Designed to Achieve the Best Results for All；一種加拿大設計的網路閱讀學習軟體）如何幫助幼兒學習閱讀（Abrami, White, & Wade, 2010）。在一個大型的閱讀教學成效研究中，當老師把這套軟體當成班級閱讀課程中的一部分，他們的學生在音素合成、音素分割、字母語音連結等各方面都有較佳的表現（Savage et al., 2013）。該軟體對教師訓練的要求不多，只要一天就能掌握。和未使用該軟體的對照組學生比起來，該軟體的使用的確對實驗組學生的早期閱讀技能發展有正向影響。ABRACADABRA 教學的每日流程中，讓幼兒園和一年級的學生有十分鐘詞彙階段的活動、十分鐘文章朗讀、20 分鐘分組合作課程，和 20 分鐘延伸活動，課程強調朗讀流暢性和閱讀理解策略的使用。但後測資料顯示，實驗組和對照組在瞬認字（sight words）閱讀、流暢性和閱讀理解等指標上，沒有顯著的差異。亦即，ABRACADABRA 軟體雖能提升幾種重要的學習閱讀前技能，但是對後來的朗讀流暢性和閱讀理解的提升，效果有限。雖然如此，該研究的執行信實度很高，尤其是一年級的老師（96%），這可能說明了學生對 ABRACADABRA 感到有趣，且有娛樂效果。

有些孩子經過幼兒園和一年級的教學，仍然沒有習得音素覺識，為什麼？我們的臆測是，因為許多老師不知道怎麼教音素覺識。會這樣臆測，是因為有很多老師問我們，音素覺識到底是什麼？怎麼教？另外，也有愈來愈多的研究顯示，許多老師不了解音素覺識，同時也不知道怎麼去教音素覺識及其他初始的閱讀能力；有些老師甚至一點也沒有發現他們自己少了什麼、什麼該教及如何教（Bos, Mather, Dickson, Podhajski, & Chard, 2001; Cunningham, Perry, Stanovich, & Stanovich, 2004; Piasta, Connor, Fishman, &

Morrison, 2009; Spear-Swerling & Brucker, 2003）。那就難怪老師對初始閱讀的認識，會造成課堂上的教法及後續學生成就的差異——雖然研究中這樣的關係並不特別強烈（Hoffman, Roller, Maloch, Sailors, & Beretvas, 2003; McCutchen et al., 2002a, 2002b; Moats & Foorman, 2003; Piasta et al., 2009）。

我們真的要好好加強老師關於音素覺識和其他初始閱讀能力的認識，告訴老師們如何提升學生這些方面的能力。老師若想要開始學習如何教導初始閱讀和音素覺識的知識，我們強力推薦 McGill-Franzen（2006）的《幼兒園讀寫》（*Kindergarten Literacy*），這本書對小學低年級教學也有用，因為從幼兒園到一年級的讀寫教學有很大的改變，老師需要相關的知識。

最後提及一點來結束此小節，儘管有證據指出，音素覺識可以成功地在孤立的狀況下教學，但只教音素覺識也許是個錯誤。Schneider、Roth 和 Ennemoser（2000）研究一群德國幼兒園的孩子，他們因為聲韻能力弱，閱讀發展有較高的風險。這些孩子被分到三組進行不同的教學，「只有字母－語音訓練」（letter-sound training）、「只有音素覺識教學」和「音素覺識教學加上字母－語音訓練」。之後在這些孩子上小學一年級和二年級時進行評量，結果發現各組的差異不大，但有個一致的小差異是，綜合教學組成就較佳。Fuchs 等人（2001）也有類似的發現，兒童分組接受兩種教學，其中一組接受「音素覺識教學加上明示解碼訓練」，另一組接受「只有音素覺識」的教學，結果發現，綜合法的效果較佳。我們的直覺是，我們需要更多如此綜合法的教學研究，不只是因為結合音素覺識和字母拼讀教學法的成效可能較佳（見 Bus & van IJzendoorn, 1999），也是因為綜合法比較有可能在學校發生。雖然我們已在期刊中看過很多只教音素覺識的研究，但我在學校裡看到的是，音素覺識教學通常隨著字母拼讀教學法出現。

閱讀和音素覺識：相生相因的關係

從學前開始（Burgess & Lonigan, 1998），音素覺識發展會提升閱讀能力，閱讀也會增進音素覺識的能力（例如，Goswami, 2002a; Goswami & Bryant, 1990）。其他如 Wimmer、Landerl、Linortner 和 Hummer（1991），以

及 Perfetti（1992; Perfetti, Beck, Bell, & Hughes, 1987; Share, 2008）提出證據說明，音素覺識會因閱讀而增加，音素覺識又反過來影響後續閱讀能力的發展。再次印證了，閱讀愈多，富者愈富（亦見 Silven, Poskiparta, & Niemi, 2004）！

我們已聽說，有些人得知了音素覺識真的可以透過閱讀而提升，他們便宣稱音素覺識教學是不必要的。他們認為，只要讓孩子浸潤於閱讀中，音素覺識便會自然發展。當然，這裡有個「雞生蛋，蛋生雞」的問題，一個孩子，若初習閱讀時音素覺識較弱，他在學習解碼文字時就會遇到較多困難（在下章會有更多討論），因此再來會比其他孩子能力更低，更不能讀，從閱讀中的獲益會更少。再來是老話一句，**富者愈富**，初習閱讀時有高度音素覺識能力的孩子在學習閱讀時會比較確實，因此從閱讀機會中獲益更大。

然而，科學社群在破解「雞生蛋，蛋生雞」的迷思上已有很大的進展。在此並不適合做太詳細的介紹。總括來說，在某些研究中，音素覺識促進學習閱讀的傾向，高於學習閱讀促進音素覺識（Hulme et al., 2002; Nation, Allen, & Hulme, 2001; Wagner, Torgesen, & Rashotte, 1994; Wagner et al., 1997），但在其他分析中，結果剛好是相反的（例如，Carroll, Snowling, Hulme, & Stevenson, 2003; Goswami, 2002a, 2002b）。當然，我們要記住不管閱讀是蛋還是雞，它對年幼的語言學習者、閱讀學習者都非常好。因此，當父母和孩子一起閱讀字母書時，孩子不僅學習字母與詞彙，也改善音素覺識，反之亦然（Murray, Stahl, & Ivey, 1996）。與本書平衡式教學的觀點一致，「親子共讀」及「教導孩子閱讀技能」，這兩者是互補的活動，至少在一些研究中，音素覺識的發展和閱讀是相生相因的（例如，Badian, 2001; Neuhaus & Swank, 2002; Sprenger-Charolles, Siegel, Bechennec, & Serniclaes, 2003）。

有另一組資料可以反駁反音素覺識教學的說法。如果在強調意義取向班級裡，加進音素覺識的活動，好處立時可見。在澳大利亞幼兒園的研究中，Jillian M. Castle、Jacquelyn Riach 和 Tom Nicholson（1994）把接受強調意義教學方案的幼兒園生分為兩組，一組教音素覺識，一組不教。音素覺識教學

組為期十星期，每星期有兩節 20 分鐘的課程。控制組則教以與音素覺識無關的技巧。他們執行了兩個研究，一個聚焦於拼字能力的發展，另一個是閱讀以前未見過的詞彙能力發展。雖然效果不大，但音素覺識訓練組的拼字及假詞（pseudowords）（即虛構字，這樣可以保證學生過去一定沒見過）閱讀能力確實都優於控制組。

雖然，Castle 等人（1994）已經用最縝密的設計，將音素覺識教學加入強調意義取向班級，也有其他研究把音素覺識教學加到課堂中。Byrne 和 Fielding-Barnsley（1991, 1993, 1995; Byrne et al., 2000）把音素覺識教學（總共 12 節課，一星期一次，每次半小時）加到 4 歲學前幼兒的課程中，他們獲得了長期的效益。在 Blachman、Ball、Black 和 Tangel（1994）的研究中，一群幼兒園兒童雖已接受過相關的教學，但教學設計很不完整，兒童到了學年中期，平均只認識兩個字母。然而，在研究者給予 11 個星期有系統的音素覺識教學之後，孩子們拼字的品質真的明顯優於控制組參與者；實驗組的孩子更能正確地拼出詞彙，即使沒有拼對，拼出來的字也比較像目標字的語音樣態。

總之，如果兒童所接受的教學並未教導什麼閱讀技能，實施音素覺識教學對學生有明顯的助益。雖然音素覺識教學的正向效果在 Castle 等人（1994）的研究中並不大，但音素覺識的教學效果在幾個依變項上仍清楚可見。除此，這些研究中的音素覺識教學，比起其他商業出版的音素覺識教學實施時間較短，這麼短時間的教學，就可以有介入效果，這個發現值得注意。研究中的音素覺識教學為時都不長，卻都產生了正向效果，這些結果進一步支持了即使是少量的音素覺識教學，也會有相當強的教學效果。

●● 小結

口語的語彙是連續不斷的語音流，語彙可以被拆解成較小的語音單位，語音單位也可以組合起來，組成語彙。但許多幼兒園和一年級的兒童缺乏這種音素覺識，這種後設語言（metalinguistic）的領悟似乎是學習閱讀的必要條件，至少對拼音文字的學習如此。還好，音素覺識可經由教學而發展，並

有助於後續閱讀能力的習得。這方面的研究相當活躍，甚至有研究教導學生去注意自己的構音（如，口唇動作；Castiglioni-Spalten & Ehri, 2003），以改善音素覺識並學習閱讀。另外，也有研究評估幼兒園常見的指讀（如，老師及小組閱讀時，用手指跟著指出詞彙）如何影響音素覺識和其他閱讀的過程（Morris, Bloodgood, Lomax, & Perney, 2003; Uhry, 2002）。當然，也有持續的研究以電腦來訓練兒童音素覺識之發展（例如，Abrami et al., 2010; Cassady & Smith, 2003-2004）。

音素覺識和成功的閱讀之間的關聯，已經引起關心讀寫能力發展者的注意力，研究結果擴增我們對音素覺識及其發展的了解，所以現在我們可以提供清楚的指導給現職幼兒園老師，告訴他們如何協助學生發展音素覺識。幼兒園是音素覺識教學的好時機，因為音素覺識是學習解碼的先備條件，而學習解碼正是一年級閱讀教學的關鍵要務。

我們時常聽到一個主張，若孩子花很多時間來聆聽多變化、充滿好玩語音（如押韻和頭韻）的互動式書籍，音素覺識能力即可得到發展。的確，這樣的語言接觸可能真的可以促進幾分音素覺識（Fernandez-Fein & Baker, 1997; Goswami, 2001），值得一提的是，已經有人從這個理念出發，開出了一系列可用來增進音素覺識的書單（例如，Yopp, 1995）。幼兒園裡若有很多這樣的書，便可以提供許多有利於詞彙發展的刺激，也可以讓學生去思考各詞彙的語音。我們也常聽到以下的主張——如果允許孩子在寫作時使用自創拼音（invented spellings）[2]，會促成音素覺識的發展。事實上，當孩子自創拼音時，他們正努力思考詞彙的構成語音，以及怎樣用字母呈現那些語音（Read, 1971; Richgels, 2001）。有許多研究觀察到自創拼音及音素覺識之間的關聯（Clarke, 1988; Ehri, 1989; Mann, Tobin, & Wilson, 1987; Treiman, 1985）。雖然我不認為文字遊戲（wordplay）及自創拼音就足以發展音素覺識，但我們還是鼓勵孩子埋頭於文字遊戲及嘗試寫作，理由是這樣的活動可

---

[2] 譯註：這是學前和幼兒園裡讀寫萌發常用的活動，老師鼓勵兒童以字母拼出他們想說的語詞，兒童會經常犯錯，例如，把 eyebrow 拼成 ibro，但老師並不加以指正，希望在嘗試錯誤中，兒童自行發現字母－語音間的關係。

以促進音素覺識能力。

當談到學前幼兒的教學時，有人說這個階段的學習效果都是短暫的，學完不久，效果就消失了。但對音素覺識的教學來說，這個說法並不完全正確。音素覺識教學可以解釋小學低年級早期約 12% 的詞彙認知表現；雖然在解釋低年級後期及中年級的閱讀變異量時，解釋量變小，但是其效果仍然存在（Bus & van IJzendoorn, 1999）。隨著年紀增長，聲韻覺識重要性逐漸減弱，這也許反映出，聲韻覺識對低年級（如，幼兒園和一年級）課程所重視詞彙認知發展特別重要，對中高年級兒童，課程較強調高階閱讀成分（如，理解）時，音素覺識就沒那麼重要了（de Jong & van der Leij, 1999）。也有人建議，音素覺識在幼兒園及一年級雖然很重要，但對絕大多數的學生來說，入學幾年後，音素覺識能力就可以達到精熟。

我們對於這證明有極深印象，即高品質學前經驗對後來的閱讀成就有非常正向的影響，即使從幼兒園畢業很多年後所量測的閱讀成就，也看得出這個趨勢（Barnett, 2001; Gorey, 2001; Schweinhart & Weikart, 1997）。如果學前的經驗這麼重要，為何我們在本書中沒有多談一點早期幼兒教育？

那是因為我們對幼兒教育沒有研究，而且不像在小學教育那樣，得到這麼多有根有據的意見。但我們在談論平衡式讀寫教學（balanced literacy instruction）時，一定會說學前教育[3]對於讀寫能力的發展非常關鍵，如果空等到了幼兒園才想要給高風險群的孩子提供介入，那就犯了嚴重的錯誤。我們已經知道如何設計豐富的學前讀寫環境，以促進孩子對文字、寫作，以及字母和語音的了解（請見 Yaden et al., 2000 的回顧）。學前時期若未提供豐富的讀寫萌發經驗，會使孩子在幼兒園時，遠遠落後於同儕；豐富的萌發讀寫經驗，不管在家或在學前教育，都會提供長期持久的好處。

---

[3] 譯註：台灣的「學前教育」和「幼兒園」幾乎是同義字；但在美國，幼兒園（kindergarten）是 5 到 6 歲的義務教育，進幼兒園就算是已經正式入學，5 歲以前的教育才是學前教育（preschool）。

◆◆◆ 結論與總結性迴響 ◆◆◆

1. 第 2 章及第 3 章介紹關於閱讀中的聲韻歷程——亦即，話語乃字詞辨識的中介歷程。Vygotsky 主張，問題解決能力之發展出現在兒童與他人互動的口語中。他與其他蘇俄研究者認為，幼兒和成人一起解決問題時的對話，終將被內化。從這個觀點，成人及孩子應該多花點時間，藉著口語的互動，解決孩子覺得困難的問題，包括閱讀書本的相關問題。

2. 本章有好幾個地方談到，有幾個研究教導父母如何與他們的孩子互動，其目的在使親子互動更為健康有益。這些研究中，即使只有短短的介入，都會產生戲劇性的轉變。此研究清楚顯示，親子互動是具有可塑性的：本來不會適當回應孩子的父母，學習之後，就變得比較會回應。本書也將重複述說一個論點：某些成人兒童之間的互動方式，會比其他方式更有可能促進孩子的認知發展。

   例如，本章已強調過，有效的親子互動的一個重要特點是，給予孩子的必須適合孩子的程度。在健康的互動中，成人不會要求太多或太少，而是正好能支持正在學習新能力的孩子。這種觀察與講動機的文獻（motivation literature）經常談論的基調是一致的，即當目標不是如此遙遠，而是有機會達成時，人們最有動機去做去學，雖然真要達成，還需要一些努力。也就是說，工作的難度剛好超出一個人的能力一點點，是非常能引發動機的；這會讓人努力去做，能力也隨之增長。這是研究人類動機的理論家所反覆述說的要點（例如，White, 1959）。我們在下一章將會再度談到動機的議題。

3. 只有自然的親子互動，並不足以為孩子做好初始閱讀的準備，音素覺識的研究，特別指出了這個說法。更積極地說，研究者已經知道，有哪些方式的成人－兒童互動，可以有助於孩子的音素覺識發展。只讓孩子浸潤在閱讀和寫作裡，是不夠的。經過仔細的研究，我們知道教學有助於兒童音素覺識的發展。但是，對幼兒中心（尤其是提供低收入家庭幼兒早期介入的

機構）讀寫課程品質的研究報告，卻得到一個良窳不齊的結果。的確有證據指出高品質的幼兒中心產生了長時、正向的效果；但也有服務低收入家庭的幼兒中心展現出令人絕望、極不公平的品質（例如，McGill-Franzen et al., 2002）。

4. Whitehurst 和 Lonigan（1998, 2001）把「由外而內」（outside-in）的讀寫成分定位為來自文字之外、在學前透過非正式社會過程發展而來的能力。這些包括一般語言能力，如概念知識、表達概念的詞彙和句法等等，孩子從這樣的互動中學習故事結構。他們會對文字的常規有所了解，包括英文閱讀是由左讀到右，從上讀到下的。相反的是「由內而外」（inside-out）讀寫能力成分，它就是隱藏在文字裡的訊息，可以把字詞轉化成語音。這些包括字母名稱的認識及字母－語音間的關聯性、音素覺識，並且理解語詞的書寫其實就是語音轉譯成文字的過程。這些能力比起「由外而內」的能力，似乎需要更明示的教導。

能在學前教育裡經驗過平衡「由外而內」及「由內而外」能力的幼兒，將比在語言貧乏環境長大的同儕，對小學低年級閱讀教學有更好的準備（Piasta, Justice, McGinty, & Kaderavek, 2012; Whitehurst & Lonigan, 1998, 2001）。例如，經常聽大人唸故事的孩子，就已經發展出許多文字的概念，對初習閱讀極為有用；已經察覺音素存在的幼兒，也馬上就可以學會如何看字讀音；學前經由許多互動而發展出良好語言理解的孩子，也準備好要理解他們所閱讀的內容了。

Frijters 等人（2000）提出一個很好的論證，說明了「由內而外」及「由外而內」經驗的重要性。他們測量幼兒園兒童的音素覺識，也測量每位兒童故事書閱讀經驗。他們發現，音素覺識可以解釋字母名稱及字母－語音的知識，而故事書閱讀經驗，則與詞彙發展有關。由內而外及由外而內的能力，都會促進孩子在學校的讀寫發展，兩者都必要，而且功能互補。孩子必須學會如何閱讀字彙，並從那字彙中獲取意義。

5. 令人驚訝的是，只有很少的研究把注意力放在科技對早期讀寫能力發展的影響上。有些偶爾一見的調查，是關於網際網路的影響（例如，

Karchmer, 2001; Leu, 2002）及多樣化形式的電腦互動式媒體（例如，de Jong & Bus, 2002; Ricci & Beal, 2002）。相較於傳統的閱讀，這些科技的效果較小（James-Burdumy et al., 2010）。像《芝麻街》（Sesame Street）的歷史成就（Ball & Bogatz, 1970; Bogatz & Ball, 1971; Fisch, 2004）已經後繼有人；對《獅子之間》（Between the Lions）之類教育節目的評量指出，此節目有中度的成效，雖然結果不太一致，但足以決定此節目可以支持初始讀寫能力的發展（例如，Linebarger, Kosanic, Greenwood, & Doku, 2004; Savage, Abrami, Hipps, & Deault, 2009）。因為有愈來愈多宣稱能促進讀寫能力的電子產品出現，這個領域需要許多研究者的投入。

6. 最後，我們以文化和讀寫萌發能力的反思來結束本章。中產階級和勞工階級家庭的學前幼兒所擁有的語言經驗大相逕庭（Gee, 2001; Heath, 1996; Watson, 2001; Wells, 1981）。我們可以很容易地推論，在以英文為第一語言的中產階級美國家庭中，其語言和親子互動的內容，會比較能跟本章所提的「由外而內」及「由內而外」的能力相符合（Goldenberg, 2001; Goldenberg & Gallimore, 1995; Whitehurst & Lonigan, 1998），雖然，很多低收入戶的孩子也會擁有高品質讀寫萌發的經歷（Anderson & Stokes, 1984; Clark, 1983; Goldenberg & Gallimore, 1995; Goldenberg, Reese, & Gallimore, 1992; Heath, 1996; Paratore, Melzi, & Krol-Sinclair, 1999; Taylor & Dorsey-Gaines, 1988; Teale, 1986）。但是，大多數低收入戶、英語為第二語言及少數族群家庭仍然處於初始閱讀困難的危機中，因為這些孩子的家庭文化及學校文化之間，存在很大的分歧（Delpit, 1995; Feagans & Haskins, 1986; Heath, 1996; Ogbu, 1982; Pellegrini, 2001; Steele, 1992; Vernon-Feagans, 1996; Vernon-Feagans, Hammer, Miccio, & Manlove, 2001）。

　　雖然我們知道有這個問題存在，但我們很少去談論怎樣以研究為基礎來解決它。即使到了近年，我們發現這個問題幾乎沒什麼進展時，倍感困擾。現有的進展是大家愈來愈清楚，這個議題沒有想像中的單純──例

如，大家慢慢知道，在雙語孩子的世界中，第一和第二語言有許多可能
的組合情形（Lesaux & Kieffer, 2010; Tabors & Snow, 2001; Vernon-
Feagans et al., 2001）。比起幾年前，現在我們更能了解，重視閱讀的
文化團體，比較有可能和幼兒做書本和讀寫的互動，這也是北美／歐洲
一般中產階級文化所看重的（見 Bus, 2001），而且，研究發現，大人看
重閱讀的程度，和孩子的口語及讀寫能力間，有一致的關聯性（McGill-
Franzen et al., 2002; Sénéchal, LeFevre, Hudson, & Lawson, 1996;
Snow, Barnes, Chandler, Goodman, & Hemphill, 1991）。一個接著一
個的研究都指出，我們到現在都還不知道，若學校裡有高比例兒童遭遇閱
讀困難，該怎麼做才好（例如，Baker, Serpell, & Sonnenschein, 1995;
Hart & Risley, 1995; Laakso, Poikkeus, & Lyytinen, 1999）。當我們出去
演講，談平衡式的閱讀教學時，大家都在問，那些語言背景和典型美國學
生極為不同的兒童怎麼辦？這個問題的背後是，現行的教育體制只把這些
孩子丟到一般的教育體系，然後就以為可以得到良好的教育成效。這種作
法和我們透過教學所了解的讀寫能力發展間，隔著一大鴻溝。進入學校大
門的孩子這麼多樣，我們需要對他們讀寫能力的發展，做更多的了解。

　　講一點正向的事，有個不在美國進行的研究指出，弱勢的孩子可以從
本書強調的平衡教學中獲益。Lesaux 和 Siegel（2003）研究的對象，是
以英語為第二語言的加拿大孩子。這套課程強調在幼兒園時系統性地教導
音素覺識，一年級時，則系統性地教字母拼讀，這些能力都以系統而且明
示的方式教學，但課程中也安排了全整式閱讀和寫作經驗，每天都有。到
了二年級，這些以英語為第二語言的學生，他們的閱讀能力和以英語為母
語的學生一樣好，甚至在某些測驗上勝過以英語為母語的學生（當然，在
尚未接受平衡式教學之前的測驗中，兩群兒童有明顯的差距）。簡言之，
這個研究的結果強力支持本書的論點——證據本位的平衡教學取向是可行
的。本書所強調的許多介入研究，研究對象都是高風險群兒童，這群孩子
讓我們有動機去發展一個平衡的混合教學方式並在各章中論述。雖然我希
望可以看到更多的證據，但現有的證據已經夠令人興奮，而且應該引發更

多研究者對不同兒童群體進行平衡式讀寫教學的研究⋯⋯甚至在他們進入小學讀一年級之前。Lesaux 和 Siegel（2003）從幼兒園開始介入，在二年級時，就見到驚人的果效！我們需要在全國幼兒園和小學低年級課程裡一再複製這樣的研究。

Chapter 5

學習識字

　　本章將討論一個關於初始閱讀教學的議題，這個議題近來備受爭議，也是長久以來關於初始閱讀的焦點議題（Chall, 1967）：在閱讀啟蒙的過程中，我們應該如何教導兒童識字呢？有拜讀過 Jeanne S. Chall 的經典著作《學習閱讀：大辯論》（*Learning to Read: The Great Debate*; 1967）的讀者就會對本章內容有似曾相識的感覺，尤其是關於 Chall 提到的一些結論。因為現在有愈來愈多人支持 Chall 的主張，強調閱讀技能取向（skills-emphasis approach）（例如字母拼讀法）的初始閱讀教學更勝強調意義取向一籌，以至於照本宣科的解碼不再受到重視。自從 Chall 的著作於 1967 年問世之後，大量的相關研究便相繼誕生，尤其是在該著作加上許多支持性數據再版後（Chall, 1983）（例如，本書第 2 章關於詞彙層次的文獻探討，指出優讀者會將詞彙朗讀出來，而第 3 章則說明許多遭遇困難的初習閱讀者就是無法看字讀音）。再重申一次，自從 1967 年的研究問世之後，才解開了許多這方面的疑問，但我們仍然要強調，大部分的新發現都是支持 Chall（1967）的論點。

　　雖然如此，許多教師以為強調意義取向的教學就是摒棄直接而系統化的解碼教學。本章的宗旨是要說明一種獲得研究支持的識字教學法。

　　在本章中，我們會先闡述在自然的情況下，從目不識丁到熟練地閱讀詞彙的過程，接下來則說明目前得到最多研究支持的兩種閱讀教學法：教

導學生朗誦詞彙，以及教導學生利用已知的詞彙來做類比[1]，學習生字的解碼——也就是利用以前讀過且熟知的詞彙中的一部分來做類比。我們相信這兩種閱讀方法是能互相截長補短的，也有研究的證據輔以證明；相形之下，第 1 章所談到強調語義－文脈線索，而忽略字形－字音線索的全語言閱讀教學，相關的研究證據就相當匱乏了。

識字能力的自然發展

識字的方法不只一種，有些很複雜（見 Ehri, 1991，其寓意深遠且能引發諸多討論；亦見 Ehri & Snowling, 2004; Siegel, 2003）。一般來說，愈複雜的識字歷程，在兒童識字能力的發展過程中就愈晚發生。

圖形意義閱讀期

有很多美國的小朋友 3 歲就認得麥當勞、漢堡王及 Dunkin' 甜甜圈的商標，這就是**圖形意義閱讀**（logographic reading，有時候也可稱為視覺線索閱讀；例如，Ehri, 1991），僅靠著詞彙的視覺特徵，而不需要靠字母－語音的對應關係來認出該字。這個年齡層的兒童會以詞彙特殊的構形為閱讀依據。因此，只要「Apple」這個字伴隨著一顆咬去一口、色彩鮮艷的蘋果，不管它出現在電腦或電視上，他們都能立刻辨認出來；Jell-O 有個令人印象深刻的構形；STOP 只要是出現在紅色的六角形框框裡，兒童就能精準地唸出來；很多 5 歲的兒童能唸出寫在黃色大車子後面的 SCHOOL BUS；而儘管 Walt Disney 的簽名書寫潦草，還不會解碼的 4、5 歲兒童要認出這兩個字，又有什麼困難？

德州大學的心理學家 Phillip Gough 和他的同事（Gough, Juel, & Griffith, 1992）曾將四個單字分別書寫於四張閃示卡上，並拿給四至五歲的兒童閱讀，其中一張閃示卡上有一個藍色的拇指印。兒童須瀏覽卡片直到能

---

[1] 譯註：例如學生已經學過 day，以後看到 bay、lay、stay 都可以類比的方式唸出 -ay。

唸出所有的字。有趣的事發生了。如果把拇指印移除，兒童是否仍能唸出該字？答案是不行。那如果只留下拇指印而沒有文字，兒童能否唸出該字？答案是可以。Gough 等人（1992）指出，這就是**選擇性聯想**（selective association），等同於圖形意義閱讀及視覺線索閱讀。不管它的名稱是什麼，其過程都相同，且學前兒童多半能完成。

雖然圖形意義閱讀並不是真正的閱讀，但它有助於未來閱讀的發展。Cronin、Farrell 和 Delaney（1995）便曾讓兒童進行情境中的圖形意義閱讀（例如，M 形商標的「麥當勞」、暫停符號上的「停」），甚至還有些商標是只有兒童才唸得出來的（例如 Zellers 公司的商標），這些字就成為兒童的瞬認字。一般來說，兒童學習閱讀伴隨情境出現的圖形，比學習沒有情境的圖形要快。這個研究中有許多控制變項，導出了學習閱讀「情境中的圖形」，能漸漸轉為閱讀「非情境下的文字」。Cronin 等人（1995）認為學前兒童光看圖形就能學會識字。

●● 字母閱讀期

再來是字母閱讀期（alphabetic reading）。傳統的解碼教學，強調利用字母－語音關係看字讀音，此機制在兒童認識**所有**字母－語音對應（letter-sound correspondences）前，對讀寫的學習都很有幫助（例如，Ehri & Wilce, 1985; Huba, 1984）。舉例來說，學前及幼兒園兒童會利用所知的字母－語音對應自行拼寫出熟悉的詞彙。當閱讀者了解字母與聲音的關係之後，便能進行 Ehri（1991）所謂的語音線索閱讀（phonetic cue reading），即只消看上幾個字母就能「閱讀」。Ehri（1991）利用下面的例子來對比出「語音線索閱讀」與「圖形意義閱讀」的差異：圖形意義閱讀者可能可以唸出 yellow 這個字，因為它中間有「兩條槓」（Seymour & Elder, 1986）。相較之下，語音線索閱讀者則可能曾看到 yellow 的 ll，並聽過它的發音，然後將這兩者連接起來並存入記憶中（p. 391）。

然而，這種模式的閱讀當然有其不穩當之處。如果同一組字母出現在不同的字詞，或是在不認識的新詞中，那就可能會搞錯（Allington & Fleming,

1978; Allington, Gormley, & Truex, 1976）。舉例來說，兒童誤認跟常見字詞有部分相同拼字的新詞是屢見不鮮〔例如，將 pillow 唸成 yellow；見 Ehri（1991）對 Seymour 和 Elder（1986）的研究資料所做的闡釋；Ehri & Wilce, 1987a, 1987b〕。當然，靠語音線索來閱讀的人，要學習很多有相同字母的單字時，也會覺得困難重重（例如，pots、post、spot、stop; Gilbert, Spring, & Sassenrath, 1977）。

當兒童進入語音線索閱讀期後，便開始了解**字母的規則**——就是「那些又小又怪的 26 個符號都值得好好認識一下，它們每個都不一樣，因為 [它們代表了]……平常說話的聲音」（Adams, 1990, p. 245）。當這種體悟產生，兒童使用整套字母來閱讀時，就需要學會某些解碼的「規則」。有些很簡單，只是一個簡短的訊息：字母 b 不管出現在哪裡，發音都一樣，d、f、l、n、r、v 及 z 也是一樣；而有些字母則視其出現的位置而有不同的發音，最常見的例子就是如果字尾有 e，母音就會是長音，反之則是短音。另一個例子是，字母 c 出現在 e 及 i 前與出現在 a、o、u 前的發音是不一樣的（例如，比較看看 celestial、city、cat、cot 及 cut 裡的 c 是否就發不同的音）。一般來說，兒童會先學會一對一字音規則，然後才是條件性規則（即須視其他字母而決定該字的發音；例如，Venezky & Johnson, 1973）。最後，小讀者學會了所有的字母－語音對應，雖然這其中有很多複雜的學問要學習（例如，Gough et al., 1992）。

> 只有少數的字母（b、d、f、l、n、r、v、z）能直接確定它們的發音，而其他 18 個則在確定它的發音之前，要看其他至少一個字母的搭配；有時候則要看到四個字母（比較看看 chord 和 chore）。……英文裡……大部分的字母－語音對應都是要視文脈決定的。（Gough et al., 1992, p. 39）

但是，並沒有很多兒童是透過教學來習得所有這些字母－語音連結的。如 Adams（1990）所指出的，到底要教多少種的字母－語音關係？在不同的讀寫課程中少有一致性；至於這些字母－語音關係應該以什麼順序來教？就更

無共識了。有些課程同時教授長母音和短母音，有些課程則先教短母音，等短母音都教過了，再教長母音。有些課程教授少量的字母－語音關係，有些則有一大卡車的字母－語音材料要教。有些課程有可解碼文本，有些課程則無。有些強調在孤立的狀態下學習解碼，有些則強調在有前後文脈的句子和故事裡練習解碼。有些逐一教導每個字母表音的策略，有些則教導以類比的方式進行解碼。換言之，今日學校裡採用的各種課程，各有其獨特的方式來教導解碼能力。如國家閱讀小組（NRP）所提及的，似乎沒有哪一種最好的方式來促進兒童解碼能力的發展，但 NRP 也說道，課程聚焦在解碼能力的發展的確會帶來較佳的解碼能力。

　　除了要學習字母－語音對應，初學者還得學會怎麼利用它們來解碼，將單獨的字音拼湊成一個完整的字。一開始，這樣的過程必須經過很大的努力才能完成，然後要幾年之後才會變得非常流暢而不費力。然而，雖然離這個目標還很遙遠，單獨的字還是可以用事半功倍的方式來辨認。

●● 閱讀瞬認字

　　我們懷疑會有人在看本書時將每個字朗讀出來，可能除了那些不甚熟悉的名字之外，像是 Gough（你把它唸成和 rough 或 trough 同韻嗎？），本書的每個字應該都在熟練讀者的瞬認字（sight-word）[2] 範圍內。但在過去曾有段時期，你卻可能需要將本章中的每個字都大聲唸出來。然而，幾經嘗試正確看字讀音的過程中，亦能增加對拼字組型的印象（Adams, 1990; Ehri, Nunes, Stahl, & Willows, 2001）。這是把字詞唸出聲來的多種好處之一。學習朗聲唸出字詞會讓讀者能發展出更大量可以立即辨識的詞彙，即瞬認字。

　　因此，當兒童第一次接觸到 frog 這個字並將它唸出來的時候，這個行為便啟動了將每個相鄰字母連結起來的過程，也強化了整串字母間的連結（如 fr- 與 -og 間的連結）。最後在記憶中，這組拼字就只成為一個單位

---

[2] 譯註：英文出現頻率最高的語詞，其拼字－發音經常是不規則的，如 the、find、one、of 等等，教學者經常利用閃示卡幫助初學者反覆練習閱讀這些詞彙，直到在閃示的瞬間，即能辨識。本書譯為瞬認字。

frog。不斷重複閱讀後，視覺上的刺激與概念上對 frog 的理解也能在長期記憶中相對加強，最後，只要看到 frog 這個字，馬上就能聯想到是一種綠色的、會跳來跳去的動物。大多數閱讀初學者的瞬認字字庫都能快速增加（第6章將談論更多關於這種自動化識字的發展）。

●● 從已知詞彙類比的閱讀

在重複的正確閱讀後，在不同詞彙裡出現的同一組字串，會被視為一個整體（例如，重複出現的 i、n、g 就會變成一個單位 -ing；Stanovich & West, 1989）。字首、字尾就是明顯的例子，當然還有很多其他組合，像是詞根（例如，-take、mal-、ben-、do-）。當這類拼字組型出現時，兒童就不用再一對一地按字母解碼，而是直接勾起記憶中該組型的發音。讀者練習愈多，發展愈順利，就會有愈多的詞彙成為瞬認字。亦即，不需要逐字母逐語音地解碼，讀者就能自動化地認出特定的詞彙。

有許多高頻詞（highest-frequency words）能逐字母地唸出語音來（例如，came、can、see），但還有許多詞彙沒辦法這麼唸，因為它們的發音並不符合典型的字母－語音對應規則（例如，come、was、have）。絕大多數這類詞彙的母音有獨一無二的發音價值，子音的發音法則與其他詞彙中的字音沒有什麼不同。多年來，已有許多教導這些「例外字」的教學系統出現。有的在教 was 的唸法時說，這個詞原本應該唸成像 gas 的尾音，但我們現在要唸成 wuz。其他教學系統則發明了新的字母，讓字母和語音之間的關係完全透明、完全規律，was 印成 wuz，have 印成 hav。過去一百年間，有多種這類的語音教學系統出現、又消失了，我們期待，未來還會有新的系統出現。

閱讀發展順利的一年級學生在學年過一半後，就開始能認出最常見的英文詞彙。邁向二年級的途中，她或他能認讀的詞彙愈來愈多，需要解碼的詞彙愈來愈少。但能讓這些詞彙看一眼就認出的前提是，兒童必須先能正確地辨識出這些高頻詞。本書的讀者或許聽過道奇瞬認字表（Dolch Word List; Dolch, 1936），此字表臚列了英文印刷品中最常見的基本詞彙，也是兒童必

須一眼就認出來的詞彙。為達此目的，最快也最容易的教學法就是讓所有初習閱讀的兒童能有幾篇由高頻詞組成的文章，要兒童們反覆誦讀，讓這些高頻詞成為他們的瞬認字。

　　當兒童一眼就能看字讀音或將一再出現的字母詞組（letter chunk）視為全整的單位，LaBerge 和 Samuels（1974；亦見 Samuels, Schermer, & Reinking, 1992）稱此為「自動化閱讀」。自動化閱讀對讀者來說有極大的好處。根據自動化理論，讀懂一個詞彙有兩個必經的過程：（1）必須先解碼，（2）必須理解解碼後的產物。解碼與理解均需占用短期記憶的容量，即是專注力，這是非常有限的資源。短期記憶裡一次只能容納 7±2 個單位（最好的情況下），而解碼與理解的過程卻要在這麼小的容量裡相爭一席之地。

　　字母解碼需要耗費讀者極大的注意力。當你一大早走進一年級的班級裡，你會發現兒童們輪流朗讀時，是如此全神貫注地努力唸出每個詞彙。如果他們將所有的注意力都放在解碼這件事上，那麼能用於理解的則所剩無幾了。這樣的後果就是，兒童可能會把每個字唸出來，但是卻不知道剛剛唸了什麼。解決之道是先解碼再理解，但這樣做也很不划算；解碼與理解應該是要一氣呵成的，因為詞彙語音的形成乃由短期記憶負責，但短期記憶仍需騰出空間來理解，所以只要讀者必須逐字解碼，就必須占用短期記憶的容量。

　　相對地，自動化瞬認字閱讀及自動化辨認詞組[3]（word chunk；例如，前綴、後綴、詞根，以及常見的字母組型如 -ake、-op），不需要占用太多注意力，因而可留下足夠的空間用以理解內容（例如，Baron, 1977）。久而久之，閱讀會愈來愈快速，愈來愈正確，也會更輕鬆自如（例如，Horn & Manis, 1987）。矛盾的是，緩慢而費力地逐字閱讀，正確率卻不比快速的自動化解碼。

---

[3] 譯註：chunk 原意是「連在一起的塊狀物」，在這裡指的是幾個字母經常連在一起重複出現，讀者在幾次接觸後，就不再分析個別字母，而把這個字母串視為一個單位，例如 -ight。而語言學裡的詞素（morpheme），例如 -tion、-ment、anti-、micro- 等，也都是 word chunks，本書譯為詞組。

當讀者認識了夠多詞組，他們開始能發現相同的拼字組型，發音也經常相同。因此，當一個知道 beak 怎麼發音的兒童，第一次遇到 leak 這個字時，用類比法就能正確發音（例如，它跟 beak 好像，只是變成 l 開頭！）相同地，當他又遇到 bean、bead 及 beat 這些字時，他就知道該怎麼類比了。Adams（1990, pp. 210-211）舉了一個例子，說明優讀者見到與 ale、sale、male、pale、gale 和 tale 等字押韻但少見的 kale，也能正確又快速地唸出。隨著每次遇到有 -ale 的字，且當中的 a 發音為長音，-ale 與長音 a 間的連結就加強了。因此，當一個已經看很多次 -ale 跟長音 a 的人再次遇到 kale 這個字，正確的發音就能不經思考地衝口而出了。

一般來說，類比法被視為比較進階的技巧，應是成人或已經有一些閱讀經驗的兒童才會使用。但有其他研究者指出，我們可以教導萌發中的讀者有效能地使用類比法來進行幾乎所有詞彙的解碼。Patricia Cunningham（1975, 1992, 2011）及 H. G. Marsh 和他的同事尤其大力主張此方法（例如，Marsh, Desberg, & Cooper, 1977; Marsh, Friedman, Desberg, & Saterdahl, 1981; Marsh, Friedman, Welch, & Desberg, 1981）。本章稍後會再談論這點（並延續到第 6 章），不過，在兒童自己發展出類比法解碼技巧之前，可以先試著教他們使用看看。

●● 小結與評語

無疑地，當兒童沉浸在語言與文字的世界裡頭時，多多少少會有一些自然發展的文字閱讀能力。以全整式而不精細的視覺形式配對來進行的圖形意義閱讀，只是一個開始，未來才會發展成字母閱讀，乃至建構拼字組型的知識。因為經常見到某些拼字組型，兒童才能自然地學習發音並使用類比法解碼，所以本章建議，教學盡量偏重系統化的說明並強化這種自然的學習發展。然而，當所有閱讀的學習都得要倚重兒童自行發現字母－語音間的關聯、自行發展詞組時，學習反而會變得緩慢且不確定，不如直接教導兒童如何發音及用類比法解碼。這就是為什麼研究閱讀的頂尖學者及教育家都會花費那麼多時間在指導初習閱讀者學習解碼，且愈來愈倚重接下來要討論的方

法（亦見 Lovett, Barron, & Benson, 2003; McGill-Franzen, 2006; O'Connor & Bell, 2004; Scanlon, Anderson, & Sweeney, 2010）。

教學生看字讀音

許多兒童學習解碼時，都被教導要注意個別字母的發音，然後再將它們拼湊起來，這樣才是閱讀。當詞彙被唸出來時，兒童也就認出來了。因此，當兒童唸出 cat 時，他會知道這就是那個他聽了、也用了好幾年的「貓」字。如果初習閱讀者聽覺口語語詞中原來就具備書裡那些簡單的詞彙，解碼後就應能立即理解了。

音素覺識（phonemic awareness）對閱讀初期看字讀音（sounding-out）的能力而言非常關鍵，如同第 4 章所說的，音素覺識是兒童對「文字乃由語音組成」的體會。如果沒有音素覺識，兒童就不可能嘗試分析詞彙裡的每個字，然後努力把它唸出來！也就是說，在教導兒童看字讀音前，必須先讓兒童了解詞彙是由語音組成的。

事實上，有研究證據指出，學習解碼的關鍵就在音素覺識。Tunmer、Herriman 和 Nesdale（1988）有一個經常被引用的研究，他們觀察到許多在解碼上有明顯進步的一年級小朋友，都擁有音素覺識的能力，而且認識每個字母的名稱。另一個常被引用的是 Fox 和 Routh（1975）的研究，他們發現，4 歲小朋友若能將詞彙切割成組成的音素，他們在把字母組成語音並將語音拼合等的解碼教學裡，就能受益。相反地，無法將詞彙切割成個別音素的小朋友就不能從解碼教學中獲益。

然而，除了音素覺識外，要能看字讀音還需要更多的知識。而連結字母與其所代表語音的知識是學習解碼技能的先決條件。

●● 字母與語音的關係

談到字母，要教的東西可多了。近年來，很多進入幼兒園就學的幼兒，早已學過 26 個字母。一部分原因是，社會上有教導學前兒童認識字母的傾

向，而這可能起因於《芝麻街》所造成的旋風（例如，Anderson & Collins, 1988; Ball & Bogatz, 1970; Bogatz & Ball, 1971; Mielke, 2001; Zill, 2001; Zill & West, 2001）。《芝麻街》在幫助兒童讀寫能力發展上的貢獻，甚至比家庭及其他刺激的影響更大（例如，Rice, Huston, Truglio, & Wright, 1990）。這個電視節目是一大推手，協助幼兒有個好的開始，而且影響深遠，就算是多年後這些小觀眾已經長大為青少年了，其影響還是有跡可循（Huston, Anderson, Wright, Linebarger, & Schmitt, 2001; Wright, Huston, Scantlin, & Kotler, 2001）。另外一個叫《獅子之間》的美國公共廣播公司（PBS）電視節目，設計來提升 3 到 7 歲幼兒的讀寫能力，它在 2000 年開播，我們也希望它能產生和《芝麻街》相同的正向效果。

　　然而，要學習解碼，只知道字母的名稱可不夠。要學會將看到的印刷文字分解成單獨的語音，再將語音拼合起來，就要先了解字與音間的關係。初學者不僅要學習母音的長音和短音，還要知道這些音跟子音相連時的不同發音。也就是說，他們必須知道字母 g，及當它和不同字母相連時可能的發音變化。這種教學強調的是，有些字母不管前後遇到的是哪些字母，它們的發音都不變（例如，b、d、l、n、r、v 及 z 就是如此），有些字母的發音則隨前後的字母而變化。例如，gem 跟 get 的 g，發音就不一樣。當然，當字尾有 e 的時候，大部分的母音就發長音，反之則發短音。除了學習每個字母的發音，好的字母拼讀教學還應包含子音複合音（consonant digraph）（sh、ch、th 和 wh）及一般的結合音（例如 dr、bl、sk、sch 及 tw）。一般來說，當兒童開始學習解碼時，就應該教導他們各種子音及母音的發音。英文裡到底有多少種發音，是一直引發討論的問題，多數認為是在 43 到 46 種之間。

　　字母與發音間的關聯是一門學問，有待兒童來學習。為了讓兒童熟記這門學問，最基本的方法就是用很長的一段時間來學習，利用各種情境或玩耍聲音的遊戲，以重複進行練習〔Cunningham（2013）及 Fox（2011），列出了許多可以建立字母－語音概念的活動與建議〕。當然，這些活動一般都是在能大量復習字母與語音連結的真實的讀寫情境下進行。

　　其實，有些學者及教育家早就注意到幼兒在學習字母與語音間關聯時的

記憶需求問題。Ehri、Deffner 和 Wilce（1984）進一步研究，為字母－語音關係的學習發明了一套記憶圖卡（見圖 5.1），這套圖卡將字母形狀，及以該字母為首的詞彙結合起來，如此，兒童可以利用這套圖卡來幫助記憶。你有看到在圖 5.1 最上面那格，代表房子的 h 嗎？你認為圖中代表 v 的那瓶花如何呢？我本來不認為犛牛也可以代表 y，但看到圖片裡的犛牛頭部就有個清楚的 y 字形狀，的確令人印象深刻。我第一次花了幾秒鐘才看出蝴蝶翅膀所代表的 w，但我現在只要一看到蝴蝶翅膀，立刻就想到字母 w──即使是真的蝴蝶！眼鏡代表的 g 也是一樣。

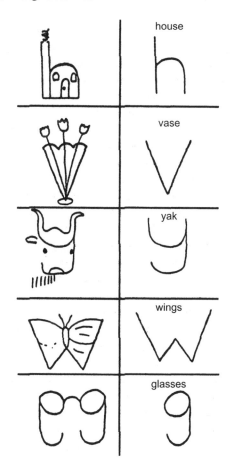

house

vase

yak

wings

glasses

圖 5.1　輔助學習字母－語音關係的記憶圖卡

資料來源：Ehri、Deffner 和 Wilce（1984）。美國心理學會（APA）1984 年出版，獲准翻印。

Ehri 和他同事（1984）的方法是圖片化記憶術，這個方法可用在很小的幼兒身上，這是大家早就知道的（Pressley, 1977）。不只要假設記憶圖卡對幼兒的學習普遍有效，Ehri 等人（1984）更進一步設計了一個嚴謹的實驗，清楚證明記憶圖卡真的能提升兒童學習字母－語音關係的成效。

很可惜地，Ehri 等人（1984）並沒有大量販售他們的教材。因此，想要使用記憶圖卡教學法的教師們，就必須自己製作。我們還沒有親自試過，但我們和幾位付諸實行的教師談過，他們說，只要有一點點想像力，就可以製作整套英文字母與聲音關係的圖卡了。

學習字母－語音關係雖然有助提升孩童的智能，實際的成效還是寥寥可數。舉例來說，Byrne 和 Fielding-Barnsley（1990, 1991）認為擁有音素覺識及了解字母－語音關係的學前兒童，在解碼不熟悉的詞彙時，能較一般兒童熟練，但即使如此，要教導他們拼合（blend）字母的發音，還有很長一段路要走。

●● 拼合字母－語音對應關係

我們相信只要有老師指導兒童閱讀，老師就會教他們如何將詞彙分析成個別聲音，再將這些聲音拼合起來。這種教學方法的成效在二十一世紀初已被普遍認同，主要是因為二十世紀中葉，Jeanne Chall 關於初始閱讀的傑出研究。

Chall（1967, 1983）的分析與總結

Chall（1967, 1983）對初始閱讀教學法的有效性，進行詳細的原始資料分析與文獻探討。其中一個重要的結論是，有系統地教導字母－語音關係、如何拼合每個字母的發音並藉此來識字的整合式字母拼讀法（synthetic phonics）〔有時亦稱為系統化或明示的字母拼讀教學法（"systematic" or "explicit phonics" instruction）〕，比其他方法都有效。還有許多不同的研究發現，支持整合式字母拼讀法的教學確實比其他教學法有效。

- 回顧 1912 年起的文獻，Chall 發現對小學一年級學生使用明示的字母拼讀教學法來達成識字與口頭閱讀的目的，比眼看口說法（look-say approach）的效果好。眼看口說法強調讓學生學習全整的詞彙，而不是經由字母拼讀法來學習解碼。雖然學習眼看口說的一年級兒童會有比較好的詞彙與理解能力，但到了二年級結束時，接受整合式字母拼讀法的學生卻有較好的表現。雖然眼看口說法的學生閱讀速度好像比較快，但正確率卻不高。

- Chall 亦發現，有些研究進行整合式字母拼讀法和內蘊式字母拼讀法（intrinsic phonic instruction）的成效比較。內蘊式字母拼讀法有時亦稱為分析式或內隱式的字母拼讀法（"analytic" or "implicit phonics" instrucion），此法會分析已知的瞬認字發音，然而這分析常在使用語義－文脈及圖片線索來識字時進行（要特別注意的是，內蘊式字母拼讀法是強調意義論者最常用的字母拼讀教學派）。雖然這些比較性的論點最早可追溯至 1926 年，事實上，整合式字母拼讀法和內蘊式字母拼讀法到底哪一種比較有效，一直到 Chall（1967）做研究的前十年才被熱烈討論，主要是因為當時最流行的閱讀教科書就是採用內蘊式的語音法〔這就是採用 Dick-and-Jane 讀本的班級所發生的情形：學生先認讀在文脈裡的全字（whole words），當他們學會這個字以後，才將它分析成單音，這就是教學的一部分〕。

  比較內蘊式與整合式字母拼讀兩者的研究，得到了明確的結論。學習整合式字母拼讀的學生會有比較優秀的口語語詞辨識能力，他們的拼字能力也比較好，而且這項優勢會是跨小學各年級。此外，學習整合式字母拼讀的學生在參加標準識字測驗時，也普遍獲得較高的成績。在標準化的理解測驗上也有相似的結果，雖然不是那麼明顯。

- 回顧至 1965 年的文獻資料，Chall（1967）發現整合式字母拼讀和其他教學法比較起來，適用範圍較廣，低智商到高智商的學習者都能用，對低智商的學生似乎特別有幫助。根據 Chall 的推測，內蘊式字母拼讀教學牽涉太多的歸納推理，對於低智商的學生可能太過困難。

- 1965 至 1966 年間，美國教育總署（U.S. Office of Education）推動了**一年級學生的比較研究**（*First-Grade Comparative Research Studies*），其中有一篇綜覽 27 篇關於各種教導一年級學生閱讀的研究論文。這幾篇論文中，有一些結論指出，以編碼本位（code-based）的初始閱讀教學相較於其他方式，尤其是以意義本位的（meaning-based）眼看口說教學法及內蘊式字母拼讀教學等，能產生更好的成效（Chall, 1983; Guthrie & Tyler, 1975）。但是，該研究結案報告的作者指出，大規模研究（Bond & Dykstra, 1967）注意到，某些老師所產出的效果遠大於研究者評量的所有閱讀課程。他們的結論是，到底這些老師做了什麼，讓他們的班級不管教的是哪一種教學方案或哪一種字母拼讀法，都會如此成功，這才是研究者該研究的。

- 當啟蒙計畫（Head Start）以接續計畫（Follow Through）的方式延伸至小學時，許多接續計畫裡採用的課程模式都被實施了，實施結果也很快地有了正式報告。接續計畫有各樣的課程，其中系統化字母拼讀教學（使用字母拼讀直接教學）較其他教學法更能提升學生在初級標準測驗中的表現（Abt Associates, 1977; Kennedy, 1978; Stallings, 1975）。Chall（1983）認為這是個有力的證據，支持家庭貧窮的低成就孩子比較適合接受系統化字母拼讀教學。另一方面，House、Glass、McLean 和 Walker（1978）評述道這些研究都是有瑕疵的。他們提到研究中的各種字母拼讀取向所產生的效果實際上和未使用這些課程的對照學校沒有兩樣。他們也提到，使用同一種教材的不同學校，其成效差異甚至大於不同課程間的成效差異。

- 從 1967 年開始，一些關於字母拼讀教學法的實驗研究便已展開。一般來說，這些研究中最重要的依變數是讀出沒有見過的新詞的能力，結果指出，不管是教導字母－語音關係或拼合聲音的技巧都是有效的教學法（Chall, 1983, Table I-1, p.14）。

- 從 Chall 的《學習閱讀：大辯論》（1967）的再版（1983）來看，有許多在班級裡實施的研究，比較「系統、直接、整合式字母拼讀」和

「不系統、不直接、不明示的教學法」在識字、朗讀、理解、詞彙與拼字測驗的教學成效，只要兩群學生的成績有差異，結果都是前者的成效較佳（Chall, 1983, Table I-2, pp.18-20）。

Adams（1990）的分析與總結

另一本讚賞系統化字母拼讀教學法的重要著作，是 Marilyn Adams（1990）的《開始閱讀》（*Beginning to Read*）。她不只為新一代的讀者重新審視 Chall 的研究分析與結論，也重新探討該書中主張系統化解碼教學的理論與實情。例如，Adams（1990, chap.11）便審視了字母拼讀教學如何在基礎課程中實施，以及如何根據當時的狀況實施。

Adams 亦說明了學術界已經了解明示的解碼教學涉及幾種不同能力的習得：

- Adams 的回顧主張，幼兒園與一年級學生經常需要被教導字母原理的事實，她說：「每個學生都需要了解，字母表中那 26 個小小的奇怪符號是值得一一學會的，並且要能區分彼此，因為每個字母都代表我們口說語詞中的語音」（p. 245）。
- Adams 告訴讀者，學生應該學習每個字母的物理特質。也就是說，他們必須學會每個字母與眾不同的特色（Gibson, Gibson, Pick, & Osser, 1962; Gibson & Levin, 1975）。這樣他們就會學到 P 與 R 的不同（即 R 有著由左上至右下的一撇），也學到 P 與 B 及 R 與 B 的不同（如 B 的下半部有個向右鼓起來的胖肚子，而 P 跟 R 都沒有）。
- Adams 探討為什麼學生必須學習英文裡每個字母表徵的語音及幾種常見的字母組合（見第 147 頁的表 5.1），以及教導字母－語音對應的各種不同順序（例如，先教短音再教長音，先教子音再教母音）。
- Adams 堅稱學習拼合聲音時必須多做練習，因為要唸出一個字，必須先能夠分析字母－語音對應，然後再將這些對應結果拼合起來才行。
- Adams 也探討了字母拼讀規則的教學案例：「當兩個母音並列，就

要發第一個母音的長音，而第二個母音不發音」；「ee 通常發 e 的長音」；以及「ow 就發 o 的長音」。她提出了一個有力的例子，建議大家不要太依賴這些發音規則。第一，沒有一條規則是完全可靠的。第二，了解字母－語音對應而後拼合發音的能力，無法完全被規則的學習所取代。

• Adams 強調初始閱讀教學必須在真實的文本中閱讀詞彙，這樣才能使學生明白為什麼要學習解碼，過程中也包含許多應用所學解碼技巧的機會。

因此，Adams（1990）認為應該利用閱讀來進行閱讀啟蒙教學，乍看之下似乎與強調意義教學法支持者的訴求略同。然而，Adams 偏好的文本裡強調當中所包含的字形－字音（graphemic-phonemic）對應元素，是有點程度的兒童（例如，已接受過教導）就能夠了解的。閱讀這種可解碼文本（decodable text），就跟強調意義教學法支持者的立場不大一樣，他們希望兒童能閱讀真實的兒童文學，而那裡面可能有很多兒童並不熟悉的字音組合。強調意義教學法支持者的確也幾乎成功地把可解碼文本從美國小學教室裡完全撤除。在強調意義教學法的全盛時期，即使是基礎讀本的課程裡，可解碼文本出現的機會也比以前少得多，顯示很多基礎文本的出版商也盡量出版符合強調意義訴求的教材（Hoffman et al., 1993）。但也許因為國家閱讀小組（NRP）報告的出版，基礎讀本的教材在 2000 年後，再度出現可解碼文本（Hoffman, Sailors, & Patterson, 2002）──雖然各種教材中的可解碼文本分量有別，重要性也有別。

但在此同時，卻有研究對可解碼文本的功用提出質疑。最常被引用的研究（Juel & Roper-Schneider, 1985）發現，使用可解碼文本的兒童在跨學年比較的確有些優勢。但另一方面，在學年結束時的閱讀評量指出，用或不用可解碼文本的兒童在閱讀成就並沒有差異。兩位研究者總結這個發現：「對本研究結果的解讀未能支持初始閱讀教學的任何一種特定倡議」（p. 150）。

Jenkins、Peyton、Sanders 和 Vadasy（2004）的研究報告了一群一年級

兒童的閱讀表現，他們都參與了一個課後的閱讀介入課輔計畫。這群兒童來自 11 所學校，他們的學校總共用了五種不同的閱讀核心課程。研究者將一半的學生隨機分派去讀可解碼文本（有 85% 的文句為可解碼），另一半則去讀可預測性文本（只有 11% 為可解碼）。教學者有劇本式教案[4]，每週有四天，持續了 25 週。該計畫聚焦在讓兒童浸潤於文本閱讀的活動中，每一節課裡，受輔兒童花一半至三分之二的時間閱讀，而且讀了又讀。課輔結束之後，受輔兒童閱讀表現的幾個指標上優於未受輔的對照組。但是，和使用可預測性文本的組別比較，同樣是受輔兒童，閱讀可解碼文本的兒童並沒有什麼優勢。研究者說：「這些分析指出，不管學生原來的能力或他們對介入的反應如何，文章的可解碼程度並沒有看到什麼效果」（p. 80）。在一系列的小組分析中，他們也沒有發現兒童受益於可解碼文本的證據。因此，看起來可能閱讀量才是更重要的因素，而不是文本的形式（可解碼或可預測性文本）。

Mathes 等人（2005）也得到相同的結論。他們比較了兩種教學取向的介入成效，一種是使用可解碼文本的劇本式和整合式字母拼讀課程，另一種是使用可預測文本的內含（embedded）或稱內蘊式字母拼讀課程[5]。讀寫困難的一年級兒童在兩種課程中，均在師生比一對三的小組介入中投入每日的閱讀活動。介入結束時，兩組學生表現均顯著優於未介入的對照組，但兩組之間在期末的閱讀成就評量卻沒有顯著差異。接受明示教學字母拼讀的兒童詞彙閱讀的表現的確較佳，但內蘊組有較佳的口語朗讀流暢性。

研究者提到，參與該研究的學生來自四個學區，但這些學區均未提供專家或密集的閱讀支持給萌發中便讀寫困難學生。他們也指出，應讓課輔老師

---

[4] 譯註：原文是 Tutoring was scripted。美國基於直接教學法（Direct Instruction）的商業出版課程，經常伴隨著極仔細的教案，仔細到老師上課要講的話都像劇本一樣，在教案中寫了出來。這種教案叫 scripted lesson plan，本書譯為劇本式教案或逐字教案。

[5] 譯註：這兩種課程最大的差別是，前者直接明示地（explicitly）教字母拼讀的規則，後者則不直接教，而是透過設計好的文本，讓兒童自己發現、學習潛隱的（implicit）字母拼讀規則。

有選擇明示或內隱式教學法的決定權，因為只有在老師選用了他們相信的教學取向時，才對學生有用。他們的結論是：

> 也許本研究最重要的發現是，從不同理論背景衍生出來的課輔介入都有成效。這些發現告訴我們，在談如何幫助讀寫困難兒童時，可能沒有一種「唯一最佳」的教學法取向，也沒有「唯一正確」的哲學或理論。（p. 179）

這些研究也呼應了國家閱讀小組（NRP, 2000）對強調解碼取向施用於早期閱讀教學的統合分析研究。第一，國家閱讀小組報告道，很少有研究針對初習閱讀教學中使用可解碼文本與其他類文本的成效，進行比較研究。第二，國家閱讀小組報告道，沒有哪一個特定的解碼教學類型優於其他取向的教學方式。在幼兒園大班及一年級的閱讀課程中，不管是明示、內隱或類比式的字母拼讀課程，只要每天有十分鐘的教學，都有其成效。他們也發現，一年級之後，強調解碼技巧的課程沒有正向的成效。對大班及一年級的解碼教學只對後來的解碼技能有影響，效果量不大，而且對後來的閱讀理解只有微小的效果。

也許 Adams（2009）的說法，最能說明我們現在對使用可解碼文本的理解。她寫道：「真的有什麼數據、理論或有說服力的論證，可以支持把可解碼文本用在最早期的讀寫階段之上的年級（更高年級）嗎？我沒有找到」（p. 44）。她支持在幼兒園及一年級的早期使用可解碼文本，但再來就不建議使用。亦即，我們必須注意到可解碼文本還有許多不同的類型，有些很少使用無法解碼的字詞（如 the、was、come 拼字發音不規則的詞），但有些卻無拘無束地使用這些字詞。有些選用可解碼的、幼兒在口語中已熟悉的高頻詞，有些卻使用了他們不熟悉的字詞。總結來說，可解碼文本對某些兒童也許是有用的，但到目前為止，證據指出，使用可解碼文本的好處不大。

國家閱讀小組（NRP, 2000）的結論是：「在幫助兒童運用這些解碼技巧來閱讀和拼字時，字母拼讀教學若有貢獻的話，也僅有微弱的貢獻」（pp. 2-108）。換句話說，研究發現各種解碼教學對解碼能力較有用處，

對朗讀正確性、朗讀流暢性或閱讀理解較無幫助。我們提到這些研究發現，主要是因為對我們來說，似乎沒有幾位教育者和研究者曾經好好讀過國家閱讀小組的報告，太多人讀的是那份較精簡、用淺白語言寫就、流傳廣泛的文件——《以閱讀為先》（*Put Reading First*; Armbruster, Lehr, & Osborn, 2001）。該文件建議，明示的整合式字母拼讀是最有效能的教學取向，還有些其他主張，但國家閱讀小組的發現並沒有支持這份文件的說法（Shanahan, 2003）。

因為該文件未能忠實表徵國家閱讀小組的發現（主張使用明示的整合式字母拼讀、用可解碼文本，就別提閱讀活動裡的各種衍生機會了），因此不幸地經常導致閱讀教學設計失去平衡，但研究指出這些做法的教學效能其實和學校的傳統教學沒有差別（Gamse, Jacob, Horst, Boulay, & Unlu, 2009）。

其他研究

許多不同的研究證實，熟練讀者會將不認識的詞彙唸出來（例如，Barron, 1986; Patterson & Coltheart, 1987; Perfetti, Bell, & Delaney, 1988）。近三十年有關眼動的分析研究指出，閱讀過程中絕大多數的詞彙都會被看到，而且詞彙中的字母都會被注視而後處理（McConkie, Zola, Blanchard, & Wolverton, 1982; Rayner, Inhoff, Morrison, Slowiaczek, & Bertera, 1981; 請見第2章）。除此之外，弱讀者比優讀者更依賴情境線索、更容易錯讀詞彙（例如，Nicholson, 1991; Nicholson, Lillas, & Rzoska, 1988; Rayner & Pollatsek, 1989; Stanovich, 1980, 1986; Waterman & Lewandowski, 1993）。

有四篇研究（Foorman, Francis, Novy, & Liberman, 1991; Lovett, Ransby, Hardwick, Johns, & Donaldson, 1989; Lovett et al., 1994; Nicholson, 1991）對是否該教解碼技能的議題，說得特別清楚。

關於識字，Nicholson（1991）正面迎戰一些強調意義取向支持者最常引述的論點。其中，Goodman（1965）讓一至三年級的學生閱讀一份詞彙列表，接著，他將這些詞彙放入一篇有意義的文本中讓兒童閱讀，當兒童閱讀孤立呈現的詞彙（即，只條列式地列出詞彙），會比詞彙於文脈中呈現時犯

更多的錯誤。想當然耳，這項研究支持「語義－文脈」及「句法－文脈」線索（即，當詞彙是文本中的一部分）比「無文脈」線索（即，當詞彙是條列式時）更能幫助閱讀的假設。於是這個發現不斷被拿來支持強調意義取向的識字教學：要教導學生識字，就要從分析句法、字形－字音對應，尤其是從語義線索的方式來識字。

然而，Nicholson（1991）發現 Goodman（1965）的研究中有幾個致命的錯誤。首先，沒有人注意到 Goodman（1965）實驗的對象是優讀者還是弱讀者；其次，受試者總是先讀條列式的詞彙列表，才讀有置入詞彙的文本，而可能因為有事先練習的機會，使後者的表現變好（例如，閱讀文脈時有先在列表上看過該詞彙）。

在 Nicholson（1991）的研究裡，還是讓學生在兩種情況（條列式詞彙、文脈中的詞彙）閱讀詞彙。然而，這個研究是讓一部分學生先讀條列式詞彙，另一部分則先讀文脈中的詞彙。不僅如此，還針對學生的閱讀能力提出一個系統分析，指出他們的不同程度（例如，優秀、普通、弱），這個研究的結果竟與 Goodman（1965）的研究大相逕庭：

- 各年齡層的弱讀者和平均 6 至 7 歲的兒童，確實在閱讀文脈中的詞彙時有較好的表現。
- 相對地，對 6 歲的優讀者或平均 8 歲的兒童，先閱讀詞彙列表上的詞，對再閱讀文脈中的詞彙有正向助益。這與 Goodman（1965）原本提出的練習效果是相符的。
- 但對 7 到 8 歲的優讀者而言，在文脈中閱讀詞彙並無顯著的正向效果。事實上，當 8 歲的優讀者先閱讀文脈中的詞彙後，在他們閱讀表列的詞彙時有更好的表現。

簡而言之，Nicholson（1991）的結論是，語義文脈的閱讀能夠裨益年幼且閱讀能力薄弱的兒童，卻對能力較強、年齡較大的讀者沒什麼幫助。因此，教兒童多加利用語義－文脈的線索，其實是在教他們用弱讀者不成熟的策略來閱讀。相對地，優讀者能夠利用字形－字音的線索來獨立進行閱讀。

1980 年代末期及 1990 年代初期，出現幾篇支持 Chall（1967, 1983）及 Adams（1990）論點的教學研究報告（例如，Foorman et al., 1991; Lovett et al., 1989, 1994）。這些研究為 Chall（1967）所強調之整合式字母拼讀教學法的重要性提供了支持性證據——也就是強調字母－語音關係，及拼合字母與語音以產生詞彙的教學法。

Foorman 等人（1991）則觀察參加兩種課程一年級生的閱讀能力發展：一半的學生接受教學強調要閱讀文脈清楚的讀本，文中的新詞可以從上下文推敲出來，課程並不告訴學生要如何認唸詞彙。另一半的學生參加的則是強調字母－語音關係、語音拼合，並唸出完整的詞彙。這些學生的社經地位都經過篩檢，確定他們都來自於市區中低至中產階級的家庭。年終時，接受整合式字母拼讀法教學的學生，其閱讀與拼字能力皆優於在解碼過程中強讀語義文脈線索教學的學生。

Foorman、Francis、Fletcher 和 Schatschneider（1998）在一篇研究中，補足了 Foorman 等人（1991）的不足，他們檢視了三種教學法，都是針對來自低收入家庭的低年級學生所實施的。其中一組學生接受了大量的整合式字母拼讀教學，並輔以大量可解碼文本閱讀練習（例如，課文設計特別強調看字讀音練習）。第二組亦接受整合式字母拼讀教學，但輔以閱讀較多真實的文章。第三組則接受強調閱讀真實文章的分析式字母拼讀法（analytic phonics）教學。一年後的學習成效，是第一組接受整合式字母拼讀法且閱讀可解碼文本的學生，有最好的字詞辨識（word recognition）能力。但各組的閱讀理解沒有顯著差異。這個研究提供了進一步的證據指出，系統的字母拼讀教學有助於學生閱讀個別詞彙，但對閱讀理解，卻只有較小或根本看不到的效果。

Maureen W. Lovett 及她的夥伴則將研究重點放在學習閱讀有嚴重困難的學生身上。這些學生的閱讀方面的能力是如此薄弱，以至於被轉介到加拿大多倫多的病童醫院，即 Lovett 服務的單位，以得到進一步的診斷及治療。Lovett 等人（1989）藉由密集地教導字母及語音分析與語音拼合（以人數極少的小組進行教學），成功幫助這群 9 到 13 歲的極弱讀者在解碼的能力上

有所進步。

Lovett 等人（1994）再次成功地教導這樣的學生利用聲韻的分析與語音拼合進行解碼，和控制條件下的情形相較，學生在標準化閱讀理解測驗上也有進步。這些研究讓人特別印象深刻的一點是，條件控制得相當好，參與者皆參與了某種處遇，以評估安慰劑效應（placebo effect）。當這些結果與其他研究整合起來看時（例如，Francis, Shaywitz, Stuebing, Shaywitz, & Fletcher, 1996; Shaywitz, Escobar, Shaywitz, Fletcher, & Makuch, 1992），就有足夠的證據顯示，許多在閱讀初期便落後的兒童與一般兒童並無質性差異，只是比較需要密集且系統性的解碼教學來學習閱讀。後來其他的研究者也陸續發表，密集且系統性的字母拼讀教學法確實能幫助閱讀困難的學生學習閱讀（例如，Alexander, Anderson, Heilman, Voeller, & Torgesen, 1991; Blachman et al., 2004, 2014; Johnston & Watson, 1997; Lesaux & Siegel, 2003; Manis, Custodio, & Szeszulski, 1993; Olson, Wise, Johnson, & Ring, 1997; Torgesen, & Burgess, 1998; Torgesen, Wagner, & Rashotte, 1997; Torgesen et al., 1996, 1999; Vellutino et al., 1996），這讓我們對 Lovett 等人的研究更有信心。

這些研究裡，用了不同的教學取向來教解碼能力。如國家閱讀小組（NRP）的報告中所說，多樣的字母拼讀教學都有助於提升閱讀能力，亦即，對字母拼讀教學不必抱著什麼定於一尊的想法，教字母拼讀時容許有些實質上的差異，只要教學上顧到廣泛性和系統性即可。

在這一段落的結尾，我們要說明一下反對明示解碼教學（如整合式字母拼讀法或系統化字母拼讀法）的人的主張。他們認為，「好吧，或許有些閱讀困難的兒童的確需要它，但它對其他學生來說並無助益。」要反駁這個主張有好幾種方法，但我還是選擇引用一篇 Fielding-Barnsley（1997）的研究來說明。她的研究對象是 32 個即將進入幼兒園、並已做好充分啟蒙閱讀準備的幼兒。他們學前的經驗已使他們具備良好的音素覺識，以及豐富的字母知識。這群幼兒的其中一半，在剛入園時，即被教導十個單詞，不但強調要唸出這些單詞，還特別加強這些字的某些組成成分（例如，pam 跟 am 相同的部分）。這十個單詞分別為：am、pam、sat、mat、splat、pal、lap、 slam、lamp 及 tam。其他的幼兒則以全字法（whole-word approach）學習這些字（這個方法就是 Dick-and-Jane[6] 讀本的主要概念）。兩組的教學都持續約六星期，每天花幾分鐘教這些詞。

相對於全字法的教學，學習解碼的學生呈現了顯著的差異。首先，接受解碼教學的學生，無論在讀或寫學過的這幾個詞彙時，表現都比接受全字法教學的學生好。如果讓他們閱讀有包含與這些字相同部分的新詞（novel word）（例如，at、pat、sam、tap），或假詞（pseudoword）（例如，ap、lat、tal），甚至會有更驚人的差異，接受解碼教學的學生，表現大大超越了學習全字法教學的學生。解碼教學讓學生知道如何處理他們從沒看過的詞彙，甚至教他們踏出閱讀的第一步。

也就是說，目前有一些可靠的研究資料指出，強調詞彙層次閱讀能力的教學法，對於已經有良好底子的小學新鮮人來說，可能不是最好的。例如，他們不如在幼兒園時那樣進步神速，可能是因為一年級教學及測驗的內容，他們都已經學過了（Leppänen, Niemi, Aunola, & Nurmi, 2004）。除此之外，美國至少有幾份研究指出，如果進入一年級就讀的學生有良好的詞彙層次能力，那讓他們參與強調閱讀圖書及其他全整式活動（holistic activity）的課程，會比要他們參加只有明示解碼教學的課程，閱讀能力的成長會大得多（明示解碼教學比較適合閱讀能力較差的學生；Connor, Morrison, & Katch, 2004; Connor, 2009; Connor et al., 2013; Juel & Minden-Cupp, 2000）。根據此類研究，廣泛且密集的解碼教學，對能力較弱的讀者而言是好的，但同樣的教學方法，可能就不那麼適合已具備良好詞彙層次能力的新生。這案例的研究和其他的研究（Mathes et al., 2005; Vellutino & Scanlon, 2002）也指出這兩群學生，都受益於伴隨著大量文章閱讀及重複閱讀的有效能解碼教學。

---

[6] 譯註：Dick-and-Jane 是 1930 至 1970 年代，美國最廣被使用的語文教科書，Dick 和 Jane 是這套教科書的主角，配角還有 Sally、爸爸、媽媽和鄰居等。

●● 小結與評語

近幾十年來，已有大量關於早期閱讀教學成效的研究資料出現，證實在閱讀啟蒙時期教導字母、字母－語音關係以及看詞讀音（例如，將詞彙拆解成個別單音，接著再拼合起來）的成效卓著。

二十世紀的字母拼讀教學研究，已經成功地釐清對識字能力發展的各種教學法哪些有效，哪些無效。所有的小學教師及初等教育工作者皆須審慎思考以上研究所提出的事實。如同我們說的，最近有這麼多研究都將心力放在為閱讀困難的學生實施的明示解碼教學（經常以密集的指導來進行），這讓我感覺相當可惜。好消息是，這樣的教學法的確能幫助那些無法適應一般閱讀教學的學生。壞消息則是，正常發展和中上程度的學生是否適用現代各種的字母拼讀教學？答案猶未可知。而另一個壞消息是，如何在其他的讀寫教學中置入直接的字母拼讀教學法，仍然讓人摸不著頭緒。平心而論，有許多奉強調意義取向為圭臬的老師們一直努力嘗試要平衡技巧教學和全整式的讀寫，也獲得成功。他們不會去擁抱任何去情境化的字母拼讀教學，本章後段及第 8 章，我們將探討某些教師如何在直接技巧教學及浸潤於強調意義的活動──如寫作及閱讀文學作品──之間取得平衡。

為了對 Chall（1967, 1983）與 Adams（1990）不失公允，我們必須強調，他們一直都是主張平衡式教學法。在他們的書中，清楚地闡述字母拼讀教學法在許多不同閱讀課程中所扮演的重要角色。對這兩位思慮精純的專家來說，他們絕沒有強調過「單純的字母拼讀法」**或**「單純的強調意義法」這種簡化的二分法。如同本書第 8 章要強調的主題，已經有許多平衡兩者的教學法的呼聲出現了。

教學生類比已知詞彙學習新字

還記得第 2 章中，關於熟練性閱讀的討論嗎？優讀者懂得利用詞彙的部分拼字來進行生字的解碼。而且，如同本章之前提到的，當兒童一而再、再

而三地遇到常見的詞根（word roots）、前綴（prefixes）和後綴（suffixes）[7]，就會開始將這些字母串視為一個整體，不需要再逐字母分析以朗誦認出該字（例如，Calhoon & Leslie, 2002; Ehri, 1992; Leslie & Calhoon, 1995）。的確，即使是閱讀生手，只要對特定的字母串有過幾次的接觸經驗，就足以將該字母串視為詞組（Share, 1999），甚至一次的接觸就夠（Share, 2004）。這個階段通常發生於一年級（Savage & Stuart, 1998; Sprenger-Charolles, Siegel, & Bonnet, 1998），到了中年級，優讀者跟弱讀者在詞組的運用表現上就能分出明顯的優劣（例如，Bowey & Hansen, 1994; Bowey & Underwood, 1996; Leslie & Calhoon, 1995）：在絕大多數的情況下，優讀者遇到書面詞彙時，在詞組層次處理的機會遠大於在音素層次處理（Booth, Perfetti, & MacWhinney, 1999; Scarborough, 1995）。然而這是弱讀者辦不到的事，因為相較於優讀者，弱讀者缺乏對詞素（morpheme）的知識與覺識（Casalis, Colé, & Sopo, 2004; Nagy, Berninger, Abbott, Vaughan, & Vermeulen, 2003）。甚至還有證據顯示，幼兒園與一年級時對詞根或前綴認識多寡的差異，就能預測未來幾年在小學的閱讀能力（Badian, 1993, 1994, 1995; Carlisle, 1994; Cunningham & Stanovich, 1993）。例如，初期在四種可能的拼字中（例如，droq、drop、borq、brop）選出正確詞彙（例如，drop）的能力，便能夠預測未來幾年的閱讀理解能力（Badian, 1995）。

　　優讀者可以運用許多常見的詞組來解碼，當兒童的閱讀能力漸增，也愈能運用詞組解碼，這個事實讓許多研究者主張，兒童初習閱讀時就應該特別強調一些詞組的教學。畢竟，在 4 歲前，兒童就能察覺多音節詞彙中有不同的音節了（Liberman, Shankweiler, Fisher, & Carter, 1974）。他們也能察覺詞彙中首音和韻腳（onset and rime，或譯首尾音。bat、cat、hat 中的 -at 就是韻腳）。因此，他們可以察覺 health、stealth 及 wealth 中的韻腳 -ealth，以及首音 h-、st- 及 w-（Goswami, 1998）。除了察覺首音及韻腳，只要詞彙

---

[7] 譯註：例如在 predictable（可預測的）這個詞彙裡，pre- 是前綴，-able 是後綴，-dict- 則是詞根，又稱詞幹（word stem）。

間有很明顯的押韻，5 至 6 歲的兒童更能藉由類比法來解碼押韻的新詞。因此，如果一個 5 歲的兒童看到 beak 這個字、看到完整的拼字並聽到它的發音後，他或她通常就能解碼其他的詞彙像是 peak、weak 及 speak（Bowey, Vaughan, & Hansen, 1998; Goswami, 1986, 1988, 1999; Wang & Gaffney, 1998）。當第一年的閱讀教學結束後，兒童的閱讀能力便已經進步到可以利用類似的方式來使用這些韻腳中的部分組合了（例如，-eak 中的 -ea）（Cunningham, 2013; Goswami, 1993, 1998）。

●● 詞彙家族的教學

要怎麼教兒童利用詞彙的部分拼音進行解碼呢？有一個方法就是利用「詞彙家族」。我們很常觀察到一群一年級的兒童練習寫下他們所能想到的所有以 -ade、-eeze 或 -isk 結尾的詞彙。許多班級的老師和學生，會在一張大紙上寫下這樣的一列清單，這列清單就會跟其他有類似的詞彙清單一樣在教室裡展示。表 5.1 所列出的每一個常用字尾，在英文中至少有十個詞彙包含相同的字尾。大部分的詞彙家族都以韻腳做結尾——它們只需要一個開頭的子音，就能製造出一個新的詞彙。然而，其中有一些是以母音的聲音做結尾，例如 -aw 或 -ay。因此，與其說表 5.1 的詞彙家族是以韻腳為字尾，不如說是以聲碼（phonogram）為字尾還比較正確（Fry, Kress, & Fountoukidis, 1993）。最常見的字尾也是學生可以最快學會的（Calhoon & Leslie, 2002; Leslie & Calhoon, 1995），因此在教學中強調這些字尾，邏輯上是說得通的。

我們在低年級課堂裡已經觀察到的詞彙家族教學，幾乎都是在強調字母拼讀教學的情境中進行。這樣做相當有道理，因為優讀者的確都能自由拼合他們認識的聲音及詞組（例如，詞根、聲碼、前綴及後綴）。舉例來說，我們來想想看，以列出一大串以 -ade 為字尾的字（bade、fade、jade、made、wade、blade、glade、grade、shade、spade、trade）的任務為例。要建構出這樣的一張字單，並且將它們唸出來，除了要對韻腳有相當的認識之外，還要對首音及語音的拼合有相當的概念。這也難怪只有一些已經擁有語音

表 5.1　英文裡常見的詞彙家族

-ab	-amp	-ear (short *e*)	-ick	-it	-ow (*know*)
-ace	-ank	-eat	-id	-ob	-ow (*cow*)
-ack	-ap	-ed	-ide	-ock	-ub
-ad	-ar	-ee	-ies	-od	-uck
-ade	-are	-eed	-ig	-og	-uff
-ag	-ark	-eek	-ight	-oke	-ug
-ail	-ash	-eep	-ile	-old	-um
-ain	-at	-eet	-ill	-one	-ump
-ake	-ate	-ell	-im	-ong	-ung
-ale	-ave	-end	-ime	-oop	-unk
-all	-aw	-ent	-in	-op	-ush
-am	-ay	-ess	-ine	-ope	-ust
-ame	-aze	-est	-ing	-ore	-ut
-an	-eak	-et	-ink	-orn	-y
-ane	-eal	-ew	-int	-ot	
-ang	-eam	-ice	-ip	-out	

註：取材自 Fry 等人（1993）的 List 47

解碼能力的兒童，會利用類比法（Ehri & Robbins, 1992; Peterson & Haines, 1992）或他們所知道的字母－語音關係（Walton, 1995）來解碼。當兒童遇到一個跟他認識的詞彙有相同韻腳的詞彙，就會用類比法，將這個字首的聲音與其後的韻腳拼合起來（Bruck & Treiman, 1992）。

　　以類比法來解碼的能力，經常是在沒有特定教學的情況下「自學」發展出來的，這種自學大多發生在兒童閱讀文章時。當「一瞬即識」詞庫裡的詞彙日益增加，兒童似乎也在長期記憶裡儲存了剛剛才讀過語詞的韻尾及聲碼。Share（2004）的研究顯示，在閱讀中即使只看過某個詞彙一次，就可以在稍後加速這個已經較熟悉詞彙的辨識。這就是 Adams（1990）所稱的「字型」（orthographic）辨識。讀者從事大量閱讀後，他們熟悉的字詞愈來愈多樣化，而且能建立起瞬認詞彙的數量。如前所述，從 beak 到 bead 的類推解碼能力就開始了。

但是，「自學」不是學生學會以類推法並運用字型辨識來解碼新詞的唯一管道。如同 Gaskins（Gaskins, Gaskins, Anderson, & Schommer, 1995）和 Cunningham（2013）的舉例說明，經過好好規劃的「教學」也可以幫助兒童發展出以類比法解碼的能力。

●● 用類比法解碼

我們所見過最好的類比解碼（decoding-by-analogy）教學計畫是由一所標竿學校發起的，這所學校的學生都是一些無法參與正規教學、有閱讀困難的孩子。這個計畫是由該校的教學領袖 Irene W. Gaskins 與 Linnea C. Ehri 教授（紐約市立大學研究中心）、Patricia M. Cunningham 教授（維克森林大學），以及 Richard C. Anderson 教授（伊利諾大學）合作創立。他們將這個新的教學法命名為「詞彙身分證」（Word ID）計畫（Gaskins, 1998, 2005; Gaskins et al., 1995; Gaskins, Gaskins, & Gaskins, 1991, 1992）。

這個計畫的中心，是與英文六個母音相關的 120 個最基礎的拼字組型，此外，也有兩種 g 音（例如，girl、giraffe）及兩種 c 音（例如，can、city）的關鍵詞彙。永遠都發同一個音、沒有例外的拼字組型（如，-tion），就被視為一個完整的詞組來教。計畫中所有的關鍵字都整理在表 5.2。

因此，如果要對 dispatcher 這個字進行解碼，詞彙身分證的使用者就能針對每個音節找到一個可以對應的關鍵字。第一個音節 dis-，就可以用 this 這個關鍵字，因為在母音 i 後都跟著一個子音。第二個音節 -patch-，可以利用關鍵字 cat，因為 -patch- 中的 a 後面也是跟著子音。最後一個音節 -er，就能利用 her 這個字。因此，一個正在學習英文的子音、複合字母（digraphs）及子音拼合（consonant blend）的學生，會認識其他母音以及如何將詞彙唸出來。因此，學生就能唸出 dispatcher 而不是 this-cat-her。

因為學生被要求在運用這個策略的時候，將思考的過程說出來，這跟經常用來教導兒童的策略雷同（Meichenbaum, 1977），如果你在標竿學校看到一個小朋友正試著唸出 dispatcher 來，你也許會聽到他這麼說：

表 5.2　標竿學校的詞彙身分證計畫／詞彙發展計畫：關鍵拼字組型

a	e	i	o	u	y
grab	he	hi	go	club	my
place	speak	mice	boat	truck	baby
black	scream	kick	job	glue	gym
had	year	did	clock	bug	
made	treat	slide	frog	drum	
flag	red	knife	broke	jump	
snail	see	pig	old	fun	
rain	bleed	right	from	skunk	
make	queen	like	on	up	
talk	sleep	smile	phone	us	
all	sweet	will	long	use	
am	tell	swim	zoo	but	
name	them	time	good		
champ	ten	in	food		
can	end	find	look		
and	tent	vine	school		
map	her	king	stop		
car	yes	think	for		
shark	nest	ship	more		
smart	let	squirt	corn		
smash	flew	this	nose		
has		wish	not		
ask		it	could		
cat		write	round		
skate		five	your		
brave		give	scout		
saw			cow		
day			glow		
			down		
			boy		

	g		g = i
girl	grab		gym
go	dragon		giraffe
bug	glow		

	c = k		c = s
can	club	city	excitement
corn	discover	princess	centipede

an i mals	drag on
con test	ex cite ment
crea ture	pres i dent
choc o late	ques tion
dis cover	re port
thank ful	un happy
va ca tion	

註：本書獲標竿學校及 Irene Gaskins 同意翻印本表

> 看到這個字的時候，我看得出來它有三個母音，因此我知道這個字有三個詞組。這個英文字裡出現的三個瞬認詞組就可以被區分出來。第一個詞組的拼字組型，或那個母音及緊隨其後的子音，是 -is。我知道 this 有這個詞組。第二個詞組的拼字組型，或那個母音及緊隨其後的子音是 -at。我知道 cat 有這個詞組。第三個詞組的拼字組型是 -er，我知道 her 包含了這個詞組。這個詞彙就是 dispatcher。（改寫自 Gaskins et al., 1995, p. 343）

同樣地，當標竿學生遇到像 caterpillar 這樣的詞彙，他們就能夠利用類比法，唸出包含該字詞組的 cat、her、will 及 car，以形成最接近的發音。

　　這個課程在標竿學校裡實施了好幾年。首先，進行各種練習，是為了要增進學生對關鍵詞彙拼字組型的了解。一次教五個新的關鍵詞彙，然後用五天的課程來精熟這幾個詞彙，包括練習用它們來解碼其他詞彙。等到學生已經完全精熟這五個詞彙，運用這幾個詞彙的課程仍然持續進行。課程進行的時候，教師會示範如何用關鍵詞彙解碼，學生則複習在詞彙身分證計畫中學習過的詞彙，並且練習解碼新詞彙——教學裡有許多的練習讓好學生對關鍵詞彙及其解碼上的應用完全精熟。我們見過許多標竿學生使用詞彙身分證：中年級時，大部分學生已經可以輕鬆使用關鍵詞彙對未曾見過的多音節詞彙進行解碼。

　　然而，更特別的是，標竿學校從一年級開始，詞彙身分證課程所教授的內容，遠遠超過解碼技能。課程介紹特定關鍵詞彙時，兒童除了學習它們的含義，也要學著用這些詞彙來寫作故事。課程運用了型態故事書（patterned book）[8]。兒童在標竿學校每天都會聆聽及閱讀優良的讀物。標竿學校的教學取向絕對不是只有純粹的解碼教學；更確切地說，詞彙身分證課程深植於教學中，並幫助兒童能夠獨立進行寫作，以及閱讀真實的文學作品。關於標

---

[8] 譯註：型態書是給初習閱讀幼兒設計的圖畫書，通常一頁只有一句話，加上插圖，而這句話的句型貫串全書。例如，第一頁是 I see a cat. 第 2 頁是 I see a rat.，第 3 頁是 I see a dog. ....。型態書提供多樣線索幫助幼兒識字。

竿學校的教學策略，第 9 章將有更詳盡的討論。

　　這個計畫的發展及效果評估有一段引人入勝的歷史（見 Gaskins et al., 1995）。從 Irene W. Gaskins 針對標竿學校學生的特殊閱讀困難進行研究之後，就設計了這套課程的最初版本，並開始在該校的部分班級中實施。因為兒童的解碼能力、拼字能力及詞彙量的發展確有進步，課程便擴大實施。然而，跨校實施時，並非所有的班級都全力、忠實地實施該課程。一般班級實施情形的差異正好提供了重要的評量課程成效的機會。Richard C. Anderson 跟他的同事 Marlene Schommer 進一步根據課程的落實與否進行分析，發現了一個驚人的事實：教師花愈多時間鼓勵並協助兒童在閱讀時使用詞彙身分證，這個班級的閱讀表現愈傑出。也就是說，僅僅提供詞彙身分證的課程還不夠，還必須扎扎實實地提供各種支持。本書後續的章節中，我們還會提到有效的初始閱讀教學中，一項有效的關鍵成分就是這樣的鷹架（Wood, Bruner, & Ross, 1976）——學生想用課程中學到的技巧來閱讀時，能夠適時提供協助的教師，才是最成功的教師。

　　標竿學校及幾位大學研究人員監控了這個課程執行上的困難，精益求精直到獲得最有效能的教學方法。這套課程也因為伊利諾大學閱讀研究中心（Center for the Study of Reading）為其錄製過程並發送錄影帶而聲名大噪。雖然 Gaskins 和她的夥伴從未商業化地出版此課程，但任何學區若想取得複本，只要付成本價就可以取得，已經有許多人來索取。不管我們在美國何處演講，總會被問到有關詞彙身分證課程的實施情形。

　　此課程如此高的能見度，已經引起了一些閱讀教育研究者的注意，他們對類比解碼法與整合式字母拼讀法的成效比較特別有興趣。Greaney、Tunmer 和 Chapman（1997）發現訓練學生使用類比法來解碼，確實有助於低年級的閱讀障礙讀者。雖然有些短期的比較結果較傾向於字母拼讀法，而不是類比解碼法（Bruck & Treiman, 1992; Wise, Olson, & Treiman, 1990），但是在其他的研究中，詞彙身分證及整合式字母拼讀教學法對初習閱讀者的解碼成效所差無幾（Dewitz, 1993; Lovett et al., 1994; Walton, Walton, & Felton, 2001）。Lovett 及同事（1994）的研究特別值得注意，因為教學的對

象是有重大閱讀障礙的學生——就跟標竿學校的學生一樣。另外，在 Walton
等人（2001）的研究中，雖然教導一年級兒童利用類比法解碼，與教導他們
看字讀音（sounding out）兩者成效幾無不同，但教導學生使用類比法仍有
少許益處（例如，學習用類比法解碼能增進看字讀音的能力，但學習看字讀
音卻不能增進類比解碼能力）。

　　簡而言之，類比解碼成效的研究結果相當一致——兒童辦得到（亦見
Ehri & Robbins, 1992; Peterson & Haines, 1992）。即使是早期有閱讀障礙的
學生，現在也能閱讀長而複雜的詞彙（例如，van Daal, Reitsma, & van der
Leu, 1994）。事實上，Irene Gaskins（2000）更進一步拓展了詞彙身分證教
學法，適用於五年級以上的學生，強調更長詞彙的解碼能力。這個課程包含
了以直接教學法大量教導詞彙特色，如語調及常見詞根。

　　到了類比解碼教學法討論的尾聲，我們強調標竿學校擁有一個平衡式的
讀寫教學課程，課程中指導學生多讀精緻文學作品，並有寫作及理解策略的
教學（見第 8 章）。Leslie 和 Allen（1999）提出了一份有趣的研究。他們
規劃了一系列混合了類比解碼、各式解碼線索、瞬認字教學、理解力教學、
延伸閱讀、閱讀分享以及讓父母參與的閱讀教學法。教學後，有閱讀障礙的
讀者明顯地有所進步。

　　Cunningham 和 Hall（1998）為小學低年級發展了四區塊教學架構
（the Four Blocks framework）。這種平衡式的閱讀教學（見 Cunningham &
Allington, 2011 的細節說明）大約占了四分之一的上課時間。每天課堂都提
供詞彙研究的區塊，雖然區塊從整合式解碼開始，但其核心活動就是類比
解碼，另外三個區塊分別是引導式閱讀、寫作和獨立閱讀。有些學者對四
區塊教學架構（Cunningham, 2007; Popplewell & Doty, 2001）及類比解碼法
（White, 2005）做了成效評估，他們指出教導兒童以類比方式解碼是成功
的，實驗組兒童在單詞（words in isolation）及文章閱讀的正確性與流暢性
上都優於未接受如此教學的同儕。根據現有的資料，同時包含類比解碼教學
的平衡式讀寫教學法，是站得住腳的。

●● 類比解碼教學法的重要性

　　如果兒童可以在經過「整合式字母拼讀法」或「類比識字法」的教學之後學會閱讀，那會不會有人兩種都需要學習呢？長久以來，許多從事閱讀障礙矯治的臨床教學者相信，有些兒童無法以逐字母分析或拼合的方式習得閱讀，但卻可以用「全詞」或音節的層次學習。事實上，Irene Gaskins 發展詞彙身分證教學法的初步動機，就是發現有很多標竿學校的學生無法適應整合式字母拼讀教學法。另一方面，臨床教學者也發現，有些兒童善於分解詞彙中的個別音素，並將它們重新拼合成詞彙，卻無法發展詞組及瞬認字的知識。這些兒童就比較適合整合式字母拼讀教學法（Berninger, 1995）。

　　有證據支持這樣的結論：有些閱讀初學者比較依賴整合式字母拼讀式的解碼，有些則比較依賴類比的解碼法（Berninger, Yates, & Lester, 1991; Freebody & Byrne, 1988）。也就是說，對某些弱讀者來說，以「全詞」的方式學習識字，還比語詞的音素分析組成更容易一些（Wise, 1992）。另有一些讀者利用字母拼讀法的學習效果則比強調類比教學法更好（Levy, Bourassa, & Horn, 1999）。

　　從兒童的閱讀發展來看，那種不共戴天的只強調某一種教學方式（類比法或看字讀音）的想法也許是錯誤的。優讀者不但會分析並拼合個別的語音，更會利用詞組進行閱讀（Berninger, 1994, chap. 4; Ehri, 1992）。雖然其背後的認知歷程還不是很清楚，但優讀者在看字讀音時，能推理出詞組的規則，此外，在體驗了詞組每個部分的發音後，他們會認識更多不同字母及字母組合的發音（例如，Thompson, Cottrell, & Fletcher-Flinn, 1996）。

　　綜上所述，初始閱讀教學最有效的方法，就是要教導學生利用詞組（如詞根或前綴）解碼時，鼓勵他們分解並拼合每個語音。雖然我們見過許多優秀的教師用這種方式教學，但我們仍必須承認，到目前為止，並不是大家都知道該如何完美地結合明示字母拼讀法及類比法。Irene Gaskins 及標竿學校的教師們已經在解碼教學中融合整合式字母拼讀法及類比法，並且發現當兒童同時使用字母拼讀線索時，類比解碼的確成效最佳（Ehri, 1998）。同樣

地，Patricia M. Cunningham（2013）也已經嘗試著把類比解碼的教學納入她的四區塊教學模式裡。

因此，當標竿學校的學生在學習那些關鍵詞彙時，教師教導他們如何將這些詞彙分解成一個個的語音。這些關鍵詞彙主要是用來幫助學生了解英文裡常見的字母－語音關係及字母組合。學生會花很多時間拉長這些重要詞彙的發音，以聽清楚組成該詞彙的所有語音。他們學會要看著詞彙的外形，以培養對字母串及詞組的敏感性。

簡而言之，當詞彙身分證教學漸趨成熟，課程中融入了看字讀音以及拼合字母拼讀法及類比解碼的教學（Gaskins, Ehri, Cress, O'Hara, & Donnelly, 1997）〔如同第 8 章所述的閱讀復甦方案（Reading Recovery®）作法類似，它也教導閱讀困難的兒童認識詞組及看字讀音〕。

而我們的直覺則與 Gaskins 和她標竿學校的同事，以及 Cunningham 和她的同事一致：如果解碼教學能多一點彈性，對那些可能真的無法適應整合式字母拼讀法及類比解碼法的兒童會有莫大的助益。因此，我們希望未來的字母拼讀法，能不只是不斷分析及拼合字詞的語音，更能教導大塊詞組，而不用每次都還要重新分析與拼合。藉由讓學生大量練習學習過的詞組（例如，常見的拼字組型，像是聲碼、前綴與後綴），他們便能漸漸自動化地識別這些詞彙。

Lovett 等人（2000）支持了我們的直覺。該研究的實驗對象乃是 6 至 13 歲患有重度閱讀障礙的讀者，接受了 70 小時的介入。但有些人同時接受「看字讀音＋詞彙身分證」的教學，有些人只接受「看字讀音」教學，而有些人只接受「詞彙身分證」教學。控制組則接受數學及其他課堂必備技巧的訓練課程。課程結束後，同時接受「看字讀音＋詞彙身分證」教學的學生明顯有較好的識字能力。Walton 和 Walton（2002）最近複製了 Lovett 等人（2000）的研究，研究結果指出，結合「看字讀音」和「詞彙身分證」的教學，確實比單獨教導其中任何一種方法，會讓兒童發展出更好的閱讀能力。這個研究再度支持了 Lovett 等人的結論。

無論是要讓閱讀困難的讀者學會看字讀音，或是學會詞彙身分證技巧，

學界都還有許多尚待努力的空間。如果閱讀矯治的臨床教學者所言不假——而根據現有事實，我們打賭他們說得沒錯——不管讀者是無法進行語音分析與拼合，或是無法單獨利用詞組進行類比解碼，有彈性的解碼教學對他們來說都至關重要。對前者來說，教學應該更強調詞組及運用類比法進行解碼。對於後者，則應減少詞彙家族及詞組，著重分析與拼合的教學。簡而言之，解碼教學最重要的就是適應學生的個別差異，而不是一成不變地套用同一套教學方法。發展這種教學是很有挑戰性的，但我們仍然懷疑這樣的努力還不足以成功改善初始的閱讀教學。低年級的班級會牽涉到一連串不同的教學方法，也是下一節主要討論的內容。

一年級全語言班級的字母拼讀教學

在第 1 章，我們介紹過一篇 Dahl、Scharer、Lawson 和 Grogan（1999）的研究，研究者觀察由俄亥俄州全語言教師學會所指定的八個一年級班級中的字母拼讀教學。我們再次討論該研究，重點是，全語言班級也會進行明示的識字技巧教學，而且經常進行——也就是說，識字技巧是能跟強調意義取向教學結合起來的。

研究者對一整年的課程進行密集的觀察，尤其是讀寫方面，研究者特別著重在這些班級裡進行的字母拼讀教學。第一個發現就是，課堂上觀察到了大量的字母拼讀教學。大聲朗讀時，老師會講解故事裡詞彙的字母－語音關係，學生也經常根據他們所知的字音特色，蒐集並分類擁有這些特色的詞彙（例如，相同的字首、韻腳等等）。在導讀與共讀的過程中，老師會教導新詞的解碼技巧。當老師個別聆聽學生朗讀時，字母拼讀教學是很重要的一環。寫作的過程中，教師非常鼓勵學生將所寫的詞彙唸出來。還有詞彙分析遊戲（「我看到」（"I Spy"），學生必須在上下文中尋找特定詞彙）及練習（例如，根據字母－語音組型將詞彙卡片分類，以及根據聽到的詞彙討論它的拼字組型）。

第二個發現是，研究者觀察到許多發展語音及字母層次技能的教學，老

師鼓勵音素覺識的活動（例如，教師希望學生能聽辨出詞彙裡的語音，用慢慢唸的方式把目標詞彙的語音拉長[9]）。字母拼讀教學的內容很豐富，除了強調母音與子音，也有許多拼合語音的練習，以及大量詞根、前綴、複合字、縮寫及同音異義字的教學。簡而言之，所有在字母拼讀教學法中看得到的內容，在 Dahl 等人（1999）的研究中都找得到。

第三個重要的發現是，這些班級的字母拼讀教學非常明確地強調，要讓學生能靈活運用策略，在互動中鼓勵他們使用多種解碼的策略。老師會鼓勵學生利用首音解碼，並在解碼的同時留意整個句子的意思。在閱讀與寫作的過程中，老師也很希望學生能慢慢唸出詞彙的每個語音（例如，慢慢唸出想要寫下的詞彙，然後將每個語音謄寫下來）。寫作時，教師會鼓勵學生重讀自己剛剛寫出的字，確定有把該字的每個語音都寫出來，或尋找詞彙裡熟悉的拼字組型，以輔助解碼（例如，雙母音、c 或 g 的兩種規則發音）。老師有時候會讓學生注意自己發某些語音時的嘴型，以引導他們察覺字母－語音關係。有時候老師會鼓勵學生一邊朗讀，一邊用手指指著每個字，以強調語音與字母之間的連結。當遇到例外詞時，老師也會特別指出來。除了這些技巧，老師也鼓勵學生利用教室裡可以取得的任何資源來幫助自己解碼（例如，詞彙牆、字典、其他學生）。

老師對於每個學生進步的情況都瞭如指掌，用各種迷你課程同時達成教學與評量的雙重目的，所以教學能夠符合每位學生的需求。當老師估量學生有不同的需求時，便會針對分組的學生進行有特定目的的課程，而全班都需要知道的知識，則在大團體的課程上說明。這份研究中的老師在教學時，心中完全了解學生的各種需求。

這些班級的學生在閱讀課中是否收穫良多？如文獻所載，根據幾種測驗詞彙知識的有效工具，答案當然是肯定的，讀者在閱讀的各個層次上都有豐碩的收穫。

---

[9] 譯註：例如，把 shark 的發音拉長，成為 shaaarrrk，好讓兒童聽出語詞裡的 sh-、-ar-、-k。

我們對 Dahl 等人（1999）研究中學生的進步情形印象深刻。我們見到了成功混合技巧導向與全整式讀寫經驗的教學，後面的章節還會說得更清楚。除此之外，這些班級的學生在讀寫能力的進步確實讓人驚艷，甚至讓我們有了寫作本書來談談平衡式讀寫教學的念頭。話說我們也曾置身於奉強調意義取向為圭臬、排斥技巧教學的班級中，這些老師非常少用到 Dahl 等人（1999）所提到的教學方法。儘管都是所謂的強調意義取向教師，但他們之間還真是天差地別。我們認為像 Dahl 等人（1999）所描述的老師應稱為以平衡式教學法為主的老師，而我們強烈建議本書的讀者閱讀本章時能夠積極地思考，一位自認是強調意義取向教學者的教師，該如何對一年級的學生進行平衡的閱讀教學。

為維護強調意義取向教學社群的聲譽，他們也針對 Dahl 等人的研究及那些努力要在技巧與全語言教學間取得平衡點的教師們提出相關回應——仔細說明了要如何在強調意義的班級裡教字母拼讀。我們敦促初始閱讀的教學者也能花點時間閱讀這些資源。這些資源包括 Moustafa 的《超越傳統字母拼讀》（*Beyond Traditional Phonics*, 1997）和《全整到部分的字母拼讀：兒童如何學會閱讀與拼音》（*Whole to Part Phonics: How Children Learn to Read and Spell*, 1998）；Dahl、Scharer、Lawson 和 Grogan 的《再思字母拼讀：做最佳教學決策》（*Rethinking Phonics: Making the Best Teaching Decisions*, 2001）；以及 Pinnell、Fountas、Giacobbe 和 Fountas 的《字詞有關係：在讀寫課堂教字母拼讀與拼音》（*Word Matters: Teaching Phonics and Spelling in the Reading / Writing Classroom*, 1998）。

總結性觀察

閱讀的目標不是解碼，而是為了要理解文章所傳達的意義。然而，當讀者的識字不熟練時，理解度就低。解碼有障礙是初習閱讀之弱讀者的共同特徵，也是他們理解力低落的最大禍因（例如，Ehrlich, Kurtz-Costes, & Loridant, 1993）。研究者有非常充分的理由去這麼努力地研究詞彙層次處理

歷程，以及努力找出什麼才是最有效的識字教學法。有些人主張初始閱讀教學不應太過重視識字技巧發展，這些人一定是沒有看到這麼多的證據，才會這麼說。

只要是曾潛心研究過早期識字的學者，就至少會同意本章所強調的重要結論。從事科學性閱讀研究的學者們普遍有一個共識，教導兒童將詞彙唸出聲及使用常見的詞組（例如，詞根、前綴與後綴）來識字，會比只教他們注意與意義有關的線索還更有道理一些。

●● Vygotsky 對識字學習的觀點

這裡我們要談一下，怎樣用 Vygotsky 的術語來討論識字教學（見第 4 章）。當大人與兒童一起看字讀音，認出詞組並解碼，他們可能就已經進入了內化的早期階段，兒童於焉開始學習如何利用口語來解碼新詞。Lev S. Vygotsky 主要的理念之一，就是個體的心智會在與別人的互動中發展，大人與兒童一起解決問題時，會產生大量對話，而這就是互動。學習閱讀也一樣，閱讀會藉著與他人的互動發展，所以由大人藉那些與解碼有關的對話，產生閱讀策略的鷹架，便能被兒童悄悄內化（Lovett 及她的同事，還有 Vellutino、Scanlon 及他們的同事在標竿學校裡的教學，就充分顯示了 Vygotsky 所指的這種鷹架學習）。

根據 Vygotsky 及其他蘇聯研究者指出，內在語言，包括協調識字的內在對話，在大人與兒童互動的對話中都有跡可循，像是大人教兒童幾種要解決問題就必須學會的方法。當大人示範看字讀音，然後協助第一次努力嘗試依樣畫葫蘆的兒童，內化過程就開始了，而這顯然是個社會性的過程。如此一來，大人便向下一代傳承了一套人類為了閱讀文字所發明的有力工具。

●● 實施證據本位識字教學法的挑戰

本章所談到的訊息，會不會在可見的未來付諸實行呢？希望如此，但預期會有許多挑戰。其中一個最大的困難是，許多低年級的老師可能對解碼或常用瞬認詞組認識不足，所以無法施行有效的明示式字母拼讀法或類比解碼

教學課程（Stahl, Duffy-Hester, & Stahl, 1998）。舉個例子，Scarborough、Ehri、Olson 和 Fowler（1998）觀察到，準教師們無法準確地辨別詞彙裡的音素，對於初始閱讀亦欠缺完整的了解（Bos, Mather, Dickson, Podhajski, & Chard, 2001; Cunningham, Perry, Stanovich, & Stanovich, 2004; McCutchen et al., 2002a, 2002b; Moats & Foorman, 2003; Spear-Swerling & Brucker, 2003）。

Piasta、Connor、Fishman 和 Morrison（2009）的研究指出，低年級老師的教學效能不只取決於他們對初始閱讀的專業程度，也取決於是否能提供較大量的、有用的解碼課程。研究者們寫道：「因此，若老師不但博學，又肯多花一點時間在明示的解碼教學上，學生就會在詞彙閱讀上有顯著的成長進步」（p. 224）。如果低年級老師想要幫學生發展音素覺識、想要教字母拼讀，他們就必須先好好了解什麼是音素覺識、什麼是字母拼讀。到目前為止，有太多低年級的老師相信，只要乖乖照著商業出版教材的教師手冊執行教學，就會有好的教學效能（Brenner & Hiebert, 2010）。不幸的是，根本沒有哪一種商業出版的閱讀教材是有研究為基礎的（Dewitz, Jones, & Leahy, 2009; McGill-Franzen, Zmach, Solic, & Zeig, 2006; What Works Clearinghouse, 2007）。

即使教師願意教導詞彙層次的技巧，他們所能取得的教材，也經常未能清楚說明如何進行最有效的解碼教學。老實說，非常糟糕的字母拼讀課程很多（雖然絕對有例外）——頂多只是一堆學習單和技巧練習，卻沒有告訴教師們該發展哪些技能。市面上有兩本專業書籍，我們特別推薦給想要精進自己的解碼教學的教師參考。很多老師告訴我，這兩本書的確能幫助了解字詞辨識的過程，以及可以如何進行識字教學：一本是 Patricia M. Cunningham（2013）的《他們用的字母拼讀：讀寫常用詞彙》（*Phonics They Use: Words for Reading and Writing*），另一本是 Barbara J. Fox（2011）的《識字策略：在閱讀課中帶進字母拼讀》（*Word Identification Strategies: Building Phonics into a Classroom Reading Program*）。

除此之外，有些很棒的教學資源也提供了不少識字教學的資訊，包括 Darrell Morris（2005）的《郝渥街教學手冊：低年級高風險讀者的教學》

（*The Howard Street Tutoring Manual: Teaching At-Risk Readers in the Primary Grades*）；Francine R. Johnston、Marcia Invernizzi 和 Connie Juel（1998）的《閱讀夥伴：給萌發與早期讀者義務指導者的守則》（*Book Buddies: Guidelines for Volunteer Tutors of Emergent and Early Readers*）；以及 Kathy Ganske（2000）的《詞彙之旅：評量導向的字母拼讀、拼音和詞彙教學》（*Word Journeys: Assessment-Guided Phonics, Spelling, and Vocabulary Instruction*）。我們不得不說，閱讀這些教戰手冊之後，教師若都能如法炮製，就可以提高教學成效（例如，Morris, Tyner, & Perney, 2000; Santa & Høien, 1999）。事實上，教師若按照像《閱讀夥伴》所建議的來扮演教師的角色，都會在閱讀教學方面收穫良多（Broaddus & Bloodgood, 1999）。

●● 今日的強調意義取向教學法

本章綜整了反對識字教學者的許多論點，簡言之，如果我們只是很有系統地教導兒童識字，而不去接觸真實文學世界的文本，那麼某些強調意義取向的優點就在不知不覺中流失了。如他們所說，有些強調意義取向教學的擁護者確實提供了一些如何在體驗真實文章的前提下，教導字母拼讀法的建議。這種作法依據兒童的需求決定教學內容，而不是在閱讀真實文章之前，就教了去脈絡化的閱讀技巧（例如，Church, 1996; Goodman, 1993; Routman, 1996）。這些作者確實指出了一條明路——至少對部分教師是如此——可以用一些教學方法讓字母拼讀與全整式的讀寫經驗共存，而且互補。效能特別優秀的小學教師，可以在「系統化的技巧教學（如字詞辨識）」與「浸潤在真實文本與寫作」間取得平衡。例如本章所介紹 Dahl 等人（1999）的研究所述。關於如何在「技巧教學」與「強調意義取向教學」中取得平衡點的資料逐年增加，而我們也想建議所有的老師考慮一下，對就讀小學一年級前就有不錯的閱讀基礎者，有愈來愈多證據顯示，這種平衡式教學法的確比一味強調解碼，更能幫助學生在閱讀方面的成長（Connor et al., 2004, 2013; Juel & Minden-Cupp, 2000）。大部分的一年級班級，可能都有比較適合明示解碼教學的學生，也有比較適合高品質強調意義教學法的學生。

事實上，最近 Connor 等人（2004, 2013）所發現的證據對這項結論非常有利。他們發現，如果剛入學的兒童解碼能力低落，只要經過大量明示解碼教學的訓練，閱讀能力就會有大幅進步；相對地，如果入學時的解碼能力已經很不錯，即便是接受明示解碼的教學，對他們的閱讀能力似乎也沒什麼影響。缺乏足夠詞彙知識的小學新鮮人，接受較多的明示解碼教學，解碼能力的進步較大，但若能同時接受慢慢增加的全整式閱讀與寫作教學，學生也會受益匪淺。對於擁有豐富詞彙知識的小學新鮮人，在該年當中接受全整式教學法，則會進步最多。簡而言之，學生需要明示解碼教學的程度因人而異——能力較弱的讀者需要較多，而能力較強的學生則比較適合全整式的閱讀與寫作教學。

我們要為一些強調意義取向教學的熱中者補充說明。他們持續性地擔憂缺乏文脈的系統化字母拼讀法，會只顧及低層次的識字能力（也就是非高層次的理解與創作能力），因為這種教學法就是特別針對那些成績落後，包括文化弱勢的學生所設計的（Allington, 1991; Au, 2001; Cummins, 2008; Fitzgerald, 1995）。許多人很擔心系統化的字母拼讀教學法會成為初始閱讀教育的主流，因為的確有許多低年級的班級，在早晨詞彙層次的技巧練習後，已經沒有太多時間進行其他教學了！沒有人讀完這個章節後，還會覺得這樣的教學法很好。這本書主要在闡述平衡式讀寫教學法的理念，包含適合所有兒童的重要技巧教學以及重要的全整式讀寫經驗，而對於部分兒童（亦即優秀的初學者），教學則要多強調全整式閱讀的教學，而不只是基本的識字技能。

●● 優良字母拼讀教學法的本質

不同的字母拼讀教學法間的教學效能只有很小的差異（Ehri et al., 2001; NRP, 2000; Stahl et al., 1998），但這不代表我們不知道哪些元素才能建構最優良的字母拼讀教學法。回顧字母拼讀教學法的相關文獻後，Stahl 等人（1998）對優良字母拼讀教學法應該具備的要素，整理出滿有道理的結論：

- 好的字母拼讀教學法，應能發展兒童對字母系統的認識，了解每個詞彙中的字母都有其獨特的發音。
- 好的字母拼讀教學法，應能發展兒童的聲韻（音素）覺識。
- 好的字母拼讀教學法，應能幫助兒童認識字母——能夠自動地認出每個字母的外形（例如，不會將 p 與 q 搞混）。
- 好的字母拼讀教學法不應強調規則（因為經常出現例外——例如，「兩個母音在一起時，發第一個母音的音」只有 45% 適用；Clymer, 1963），也不應依賴學習單、權威式或太無趣的教學。
- 好的字母拼讀教學法，需要大量練習閱讀詞彙——「單詞閱讀」和「文脈中的詞彙」都要，也要能寫出詞彙。
- 好的字母拼讀教學法能達到識字自動化。熟練的閱讀不只是唸得出詞彙，而是能夠毫不費力地認得詞彙。
- 好的字母拼讀教學法只是閱讀教學的一部分。

●● 超越系統化字母拼讀法及低年級識字的研究

然而，以上提出發展識字能力的一堆方法中，還有個問題，就是這些方法大都是系統化字母拼讀，而且所有的研究都是針對低年級讀者，而不是其他族群的研究（Pianta & Hamre, 2009）。幸好，自國家閱讀小組的報告（NRP, 2000）出版後，各式其他字母拼讀教學法，以及針對各種年齡層的研究紛紛出爐，尤其它們都是經過國家閱讀小組最看重的真實的實驗研究方法完成的。

例如，McCandliss、Beck、Sandak 和 Perfetti（2003）曾研究一群有閱讀障礙的一年級小學生。這些學生參與的是一套有 20 堂，每堂課 50 分鐘，稱為詞彙建構活動（Word Building）的介入性課程（另有未介入的對照組）。這套課程主要強調只抽換一個字母的發音練習。因此，sat 將最後的字母換掉後，會變成 sap；sap 把第一個字母換掉後，會變成 tap；把中間的字母換掉後，tap 會變成 top；在字首增加字母 s 可以變成 stop。當讀到的句子含有詞彙建構活動課程所教的詞彙時，還輔以閃示卡，以及師生對該句的意思進

行討論。這套介入性課程成效良好，學生的閱讀能力進步神速，甚至有些對於文章段落的理解能力也得到提升。像這樣的特殊教學所在多有，都應該進行實驗評量，因為許多字母拼讀法的教學都規劃了這類課程。

不只小學生，研究者還利用詞根，以及詞彙裡每個字母發音的不同，來研究強調發音的識字教學法（很類似 Lovett 所做的教學研究）。這種教學已幫助學習有困難的青少年讀者改善閱讀能力，尤其是詞彙閱讀能力（Bhattacharya & Ehri, 2004; Kamil et al., 2008; Penney, 2002; Scammacca et al., 2007）。

簡而言之，仍有許多關於初始閱讀的研究正持續進行，而且還有許多的努力空間。識字應該仍會是未來一段時間研究的重要領域，我們會建議對識字有興趣的教育研究者努力思考，針對現今廣泛運用的各種介入課程，問自己一個問題「還有哪些議題未經檢驗？」答案會是**有很多**，這樣，我們才會看到更多嶄新的探究機會。

◆ ◆ ◆ 結論與總結性迴響 ◆ ◆ ◆

1. Ehri（例如，1991）曾經提出學習識字的一般發展階段理論。學前兒童在他們學會閱讀字母前，甚至在兒童認識所有的字母－語音關係之前，就已經能夠進行圖形意義閱讀了。將詞彙唸出來的經驗能幫助學生將常遇到的幾個特殊字轉化為瞬認字，而不再需要一個個字母地解碼。經常出現在詞彙裡的字母組合，包括詞根、聲碼、前綴以及後綴，都會漸漸被視為一個單位，下次又在新的詞彙中遇到時，就不用靠著看字讀音來識字了。因此，讀者便經常能利用已知的詞彙來類比解碼新的詞彙（例如，兒童如果知道 beak 這個字，就能唸出 peak）。

2. 系統化字母拼讀教學法受到廣泛的支持。Chall（1967, 1983）的著作就是第一波證據的重點摘要，自出版後，證據也不斷推陳出新。Chall 最中意的整合式字母拼讀教學法結合了字母－語音關係的學習及拼合每個字母的發音，以唸出整個詞彙。較不具系統性的分析式字母拼讀法（只在兒童需

要時才教），相形之下就不如整合式字母拼讀那樣能夠如此成功地教導初習閱讀者識字。

3. 除了著重於解碼與個別單音的拼合，還可以教導學生使用類比法解碼。這需要讓學生學習大量的詞根，而後才能利用類比法來閱讀。無論是傳統的「詞彙家族」，或是標竿學校的詞彙身分證計畫（Gaskins, 2005），還是Cunningham（Cunningham, 2013; Cunningham & Allington, 2011; Cunningham & Hall, 1998）的四區塊教學模式都是類比解碼的例子。

4. 優讀者會利用分析、拼合與類比等方法來解碼，因此，要如何教會初習閱讀者同時使用這兩種方法來閱讀，就引起了廣泛的思考。有一種可能是，有些人比較適合前者，而有些人則適合後者。有效的解碼教學法應該有足夠的彈性，容許學生選擇對自己有效的教學方法。

5. 系統化字母拼讀或類比解碼教學法，都得到大量及持續增加的研究支持。另一方面，用「語義－文脈」或「語法—文脈」線索當成主要的解碼方式，這種教學法卻得不到什麼研究支持。但是，研究的確指出，優讀者使用「語義－語法」的訊息來確認字詞辨識的結果，亦即，錯讀一個字詞之後，優讀者再讀下去，就會在句子的層次發現句不成句，前面讀錯了。他們使用「語義－語法」的訊息來檢查閱讀內容，並且自我糾錯。而自我糾錯正是初習閱讀兒童成為專家讀者的一項重要里程碑（Clay, 1969）。

6. 有些強調意義的教師會在教學情境中融入大量的識字教學，而促成了字詞辨識能力的成長。除此，研究者現在推出平衡式閱讀教學模式，結果在普通班及需要補救教學的介入中，都看到密集式平衡取向的教學可以帶來良好的學習成效。我們希望平衡取向的教學法的研發基礎，可以為每日的閱讀課程帶來更好的平衡。

7. 如何進行解碼教學仍是現在極為熱門的研究領域，無論如何，這個領域都需要更多研究者的關注。例如，有一項值得重視的假設：有一種很有效的解碼教學，就是讓學生先觀察字母的語音線索，再將個別字母語音及詞根進行拼合，最後利用語義及句法—文脈的線索檢查解碼是否正確。在後面幾章會說明這樣的教法，這是平衡式讀寫教學的一部分。它讓強調技能的

識字教學及強調意義的語義－文脈法都能有所發揮，它似乎處於有效識字教學之核心地位（Gough et al., 1992）。

8. 本章中所強調的任何字母、語音以及詞彙層次的教學，都不應該被解釋為單靠這套就足以培養一個優秀的讀者。更確切地說，識字只是眾多因素中的一環，而接下來的幾章還有許多關於識字及閱讀其他過程的研究。

9. 在整合解碼知識與閱讀流暢性時，「閱讀量」扮演了什麼角色？它對解碼能力有什麼影響？至今仍少有人進行研究。研究有提到，營造一個讓兒童廣泛閱讀的環境，確實能提升解碼的技能。David Share（1995, 1999, 2008）的證據指出，閱讀投入可以提升字詞辨識的能力。而對弱讀兒童來說，若課程內容涵蓋了相當多的閱讀機會並輔以明示的解碼教學，教學介入會更有成效（例如：Mathes et al., 2005; Vellutino et al., 1996）。在這方面，我們需要更多研究來了解初習閱讀者的閱讀量及所讀文本的性質。

Chapter 6

閱讀流暢性

「流暢的閱讀」指的是在詞彙階段準確快速地閱讀，並帶有好的韻律性（prosody）[1]（如，流暢的閱讀與成熟閱讀有一致的表情；Stahl, 2004）。然而，以我們的觀點，我們所強調最重要的閱讀功能是理解力。準確、快速，甚至帶著抑揚頓挫的閱讀，對於讀者了解文本而言是不夠的，雖然在某些例子中，這種詞彙層次的流暢性對於讀者獲得理解而言，可能是必要的。

商業出版的流暢性評量，常涉及要求閱讀者在一段時間內讀一個段落，而且通常要大聲讀，時間大約是一分鐘。流暢的閱讀者會快速閱讀，而且幾乎沒有準確性上的錯誤。當我們執行這樣的測量時，常會注意到讀者並沒有停頓下來去想他們正在閱讀什麼。事實上，這時他們在活動中所表達的，就是快速準確地閱讀詞彙；雖然流暢性測量中通常沒有為抑揚頓挫加分，但是如果閱讀時，讀者的朗讀具有好的表情，我們會覺得更好。

過度強調流暢閱讀讓我們很困擾，因為我們知道以優秀理解者的許多研究為基礎，最佳閱讀者不會一根腸子通到底地閱讀文本，而是在他們閱讀時相當能深思（Pressley & Afflerbach, 1995）。優秀的理解者會概覽、瀏覽全文，他們把自己的先備知識和文本的構想相聯繫。他們能察覺自己懂或不懂，並在需要重新閱讀時開始重讀。他們會在心中建構影像來反映文本內容。優讀者能做總結、能詮釋，且在否決或欣然接受一位作者的想法時，常

---

[1] 譯註：prosody 指的是口語的表情，如輕重音及抑揚頓挫。本書依前後文，也譯成抑揚頓挫。

會帶有強烈的情感。事實上，如此深思熟慮的閱讀，可能是相當緩慢的。

有天晚上，本書的第一作者 Mike 閱讀一首詩，閱讀詞彙時並沒有任何問題，但會停頓下來思考，並在整個閱讀中重讀及重新思考作者的意旨。詩只有 300 個字，但他花了五分鐘來閱讀。雖然 Mike 沒有流暢性的問題，但是成人在流暢的測量上，每分鐘閱讀 60 個字是不及格的。雖然如此，詞彙層次的流暢性（操作定義是準確快速地閱讀），卻是必要的，夠流暢，讀者才可以選擇慢下來，並啟動上述的理解策略（如，詞彙層次的閱讀夠流暢，讀者才會有足夠的認知空間，去選擇並執行理解策略）。然而閱讀教育的目標，不該只是訓練出能在詞彙層次快速閱讀的讀者，而是能對文章有建設性的回應、能建構意義、並對文本做出一連串反應的讀者，因為這牽涉到最佳閱讀者所用的理解策略（Pressley & Afflerbach, 1995），他們能持續地把相關先備知識與文本的構想聯繫起來（Anderson & Pearson, 1984）。和本章所談的流暢性閱讀比較起來，這樣的閱讀較慢，但緩慢乃是因為讀者正在思考書中的意義。從我們的觀點來說，**真正流暢的讀者不但能夠、而且真的在閱讀時對所閱讀的材料動腦思索**（Newkirk, 2012）。

因此，在本章中，當試圖了解流暢閱讀的本質、如何提升閱讀流暢性，及流暢閱讀是否對所有讀者是真實的、必要的、合適的時候，我們會討論研究者團隊應放在心上的理論、研究及教室實務（Newkirk, 2012）。然而，最後我們將會回頭強調閱讀理解，因為它才是閱讀最重要的一件事。

混亂的理論、研究和教學實務

我們要在這裡先提出警告。我們心中所認為的閱讀流暢性（如下所述的），在個別理論、研究和教學實務上，都是一片雨雪加交式的混亂。這應該是每個關心閱讀流暢發展的人都會在意的。有時你可能會覺得在惡劣的天氣中迷途，一旦這場雨雪結束，也就是本章節的結束部分，我們將會檢視整個景觀，在一片狼藉中收拾拼湊各樣的碎片，並試著開始去清出一條小徑。這小徑是我們竭盡心智之後推出的，我們會建議現場的老師對於一般學生和

閱讀有困難的學生可以怎麼做，同時也會提供想法給研究者，關於未來閱讀流暢性的研究往哪裡走、該怎麼做。

接著，我們要從史上第一篇閱讀流暢性的科學文章進入這場雨雪了，那是 David LaBerge 在 1973 年秋天明尼蘇達大學研究生的新生週時，交給本章第一作者 Mike 的一份預先印好的紙本。無疑地，這篇文章在閱讀流暢議題上，是最具影響力的理論觀點，並持續被每一篇有關流暢性的學術報告引用。它出版的時候，正是學界對閱讀的觀點大改變的年代，而這篇文章是這場轉變的一個主因。

●● LaBerge 和 Samuels（1974）的說法

LaBerge 和 Samuels（1974）是在 George Miller（1956）的洞見產生的時期出現的，George Miller 認為，人類意識中注意力容量是有限的，這個事實不只是實驗室裡的觀察，甚至對人類所有意識中的生活，都有重大意義。對人類注意力有興趣的學者，特別了解人們在任一時刻所能注意的事物都是有限的（Kahnemann, 1973）。像閱讀這樣複雜的活動，必須在如此有限的注意力下完成，亦即，從字母、詞根的訊息去識字、看字讀音（sound out），一直到完成理解，全部的過程都必須利用有限的注意力容量完成。在此限制中，要完成詞彙理解的方式只有一個，就是任務的某些部分必須完全自動化。LaBerge 和 Samuels（1974）指出，成熟的讀者能自動化地辨識字母和整個詞彙〔如，瞬認字（sight words）[2]〕，甚至能把唸出來的字立刻和其意義結合，而不用花費額外的注意力。

不夠熟練的讀者在閱讀上則會花費許多額外的容量。對於還不會閱讀的幼兒來說，所有的注意力容量可能都耗用在字母的逐一識別上。即使，幼兒已經認得字母，而且可以有自動化的形音連結，混合這些字音以形成語詞，可能仍會耗用過多的容量，結果，這孩子可能讀完一個句子的所有字詞，卻

---

[2] 譯註：英文出現頻率最高的語詞，其拼字－發音經常是不規則的，如 the、find、one、of 等等，教學者經常利用閃示卡幫助初學者反覆練習閱讀這些詞彙，直到在閃示的瞬間，即能辨識。本書譯為瞬認字。

仍然不知句子的意思。從努力不懈到不費吹灰之力、不犯錯、自動化的表現，這些階段性的轉變都仰賴執行任務時的練習。從這個觀點，精熟確能生巧，閱讀的正確性和速度增加之後，注意力容量的需求就隨之減少。與當時的主流學習研究的結果一致，LaBerge 和 Samuels（1974）認為分散式練習（即每天、每星期都練習，用各式各樣不同內容的任務來練習）比集中式大量練習（即短期時間內，在某種特別形式內容中做很多練習）的效果還好。在 LaBerge 和 Samuels（1974）的研究出現時，強調刺激－反應聯結的行為主義已經擅場了幾十年，LaBerge 和 Samuels 領會出練習時所得的回饋可幫助學習，亦即正確回應可加強刺激與反應聯結〔如，字母與它的聲音之間，根詞（root word）的視覺刺激與它的正確發音之間〕，而負向的回饋則會消弱錯誤的反應。因為練習，幼兒逐漸把字母的多樣字形特徵轉變成一個個整體的字母來識別；而由個別字母組成的根詞，在一年級時會轉變成以整體來識別；一年級時，唸出根詞還要經一番努力，但在二年級時，相同的根詞，一瞥即能識別；字詞的意義，本來要唸出語音後才能獲得〔如，幼兒要唸出boat（船）的字音之後，「船」的意思才會在心中浮現〕，最後只要看到字詞，甚至不需要有意識的發音過程，字詞的意義已經在心中出現。總之，學習閱讀的過程中，耗神費時及不正確的歷程會被省時輕鬆而且更正確的歷程取代。原來無法識別個別字母的學前幼兒，在日積月累的工夫之後，成為能閱讀全整字詞，甚至更長內容的流暢性讀者。

總而言之，LaBerge 和 Samuels（1974）很優秀地統整了當時的理論觀點，引發了一系列的實驗，他們的文章中精要的總結，支持了他們的理論架構。現在閱讀這篇文章，只有一個相當奇怪的認知成分，和一個可能的關切。那時有許多人在做字母的視覺分析和知覺學習的研究，那是 1970 年代閱讀心理學最引人注意的議題（Gibson & Levin, 1975），當時 Gibson 有幾位學生在明尼蘇達大學也可能影響了 LaBerge 和 Samuels（1974），他們的文章因此反映了當時的研究焦點，納入了視知覺學習的說法。但就在同時，有其他研究者正在進行一系列的研究，目的在評估視覺和口語的角色，要想了解到底是何因素導致閱讀障礙。十年後，Frank Vellutino（1979）總結了

各方證據，說明閱讀障礙為視知覺障礙所導致的說法是錯誤的，閱讀障礙主要是語言上的障礙導致。Vellutino 的書出版之後，他的觀點成為主流，人們開始明白，我們必須先了解語言心理學，特別是詞彙層次，才能了解閱讀，包含障礙的閱讀和精熟的閱讀。在下一節，我們會將討論重心轉移到這個重要的觀念，了解它之後，才能了解當今許多關於閱讀流暢性之想法。

　　然而，我們轉移焦點之前，不得不提及另一個與 LaBerge 和 Samuels 有關的可能問題，它在前言介紹時已提到過，而我們將在本章稍後會用較長的篇幅再繼續討論。閱讀的目的是理解，而流暢性之所以被重視，至多只因為它是達成目標的途徑。當 LaBerge 和 Samuels 發展他們的「自動資訊處理理論」或「自動化理論」，他們特別看重朗讀的速度（和正確性），但這也許和毫不費力的自然閱讀有所不同。也可能導致老師過度強調朗讀速度的教學與評量，甚至對理解力有潛在的損害。例如，當我們在年幼讀者身上實行朗讀評量，我們會注意到他們盡可能快速地閱讀，而幾乎沒有注意到細節。這在年幼讀者身上很常見，讓人覺得閱讀速度似乎成為早期閱讀教學的一個潛在目標，然而這樣做卻可能忽略了閱讀理解的加強。有個看法是，要讓孩子學習快速閱讀，這樣孩子才可以聽見，然後他們可以了解自己所讀的內容，當我們跳開這種簡單的閱讀觀點（例如，Gough & Tunmer, 1986），我們才可以開始質疑，究竟在教學與評量上，是否應該多強調閱讀速度這個目標。反而，我們想知道，即便是在幼年時期，是否多教一點理解策略，可以幫助孩子減少盡快讀完文章的現象。此問題不應與某些孩子有處理速度困難的問題扯在一起，本章稍後我們會再做說明。

●● 閱讀和口語歷程有關 —— 特別是詞彙的聲韻處理

　　你已讀過 Jeanne Chall 和 Marilyn Adams 在閱讀發展上的貢獻，主要是強調音素覺識和字母拼讀法（請見第 5 章）。雖然有全語言運動，Chall 和 Adams 以字母拼讀法為基礎的教學法，仍在閱讀教學上再度成為主流，特別是當國立兒童健康與人類發展研究院（National Institute of Child Health and Human Development, NICHD）對此研究有興趣，且開始提供大力資助時。

在 NICHD 的關注之後，接下來幾年累積了許多實質的研究，為起步困難的初習閱讀兒童提供了幾年的密集、系統、明示的字母拼讀教學法。

這樣的教學的確增加了這些孩子的字詞辨識（word recognition）能力（也就是，正確性），讓他們的解碼正確性在小學高年級之前，不致於和一般讀者差距過大。但兒童的閱讀流暢性並未因此而改善（見 Torgesen, 2004 的回顧；亦見 Torgesen & Hudson, 2006）。比起一般讀者，這些學生在小學晚期的閱讀速度仍然很慢。然而，更精確地說，閱讀高風險群、但尚未確定為閱讀障礙的幼兒，在幼兒園和一年級時接受系統化字母拼讀教學，結果是，這些學生在小學高年級的閱讀，幾乎和同儕一樣流暢（即，快速）（Torgesen, 2004）。在此似乎有兩個重要的啟示。

這些資料並未指出：對於大部分的閱讀者，在幼兒園和一年級的聲韻本位教學，會干擾閱讀流暢性的發展。也就是說，對於真正有困難的初習閱讀者，字母拼讀的教學並不足以確保孩子閱讀的流暢性。根據這些研究，NICHD 已經斷定，要發展流暢性，除了字母拼讀之外，還需要其他的教學。這在國家閱讀小組（NRP, 2000）報告中關於閱讀流暢性的部分，也有清楚的說明，我們稍後會再討論。但我們先要指出，NICHD 贊助的研究，已經提供一些有力的建議，說明為什麼大部分有困難的讀者閱讀時無法流暢。

●● 大腦造影研究

NICHD 一直是大腦研究的主要贊助者，讓研究者可以了解正常和讀寫障礙兒童及成人閱讀者的大腦功能。現今已有大腦造影技術，可檢測人類閱讀時的大腦裡或多或少的活動區域（見 Shaywitz & Shaywitz, 2004 的回顧，這是本小節的基礎；亦見 Goswami, 2004 對過去 15 年來有關語言和理解力領域神經造影的研究綜覽。見 Gernsbacher & Kaschak, 2003；若要看對這系列研究的批判觀點，見 Hruby & Goswami, 2011）。

有個重要發現是，閱讀時，比起讀寫障礙兒童，研究者可以更穩定地在正常的成熟讀者觀察到左腦三個區域的激發（Shaywitz et al., 2002）。特別

活躍的區域在頂葉－顳葉區，這個部位大約在大腦直徑由前往後四分之三，由下往上三分之二處。這區域的健全運作與詞彙聲韻分析的能力（如，看字讀音）有關。在正常閱讀時，第二個非常活躍的區域在枕葉－顳葉區，它靠近大腦背面及皮質底部。此區域的健全運作在「詞彙的全形辨識」上相當重要，亦即，它和瞬認字有關，而不是看字讀音。第三個區域是布洛卡區（Broca's area），它靠近大腦前面，功能是口語語詞的分析。在優讀者的大腦裡，這三個區域協調得很好，所以閱讀者對熟悉的詞彙能達到自動的辨識，無需發聲，也能快速正確唸出不常見的詞彙。

優讀者在處理語言時，可能並非因為天生就有特別活躍的大腦左側區域。例如，Turkelbaum、Gareau、Flowers、Zeffiro 和 Eden（2003）以橫斷式的發展研究指出，當孩子學習閱讀的時候，這些大腦區域的活動會隨著年齡而增加。非常有趣的是，大腦右側區域的活動卻隨著發展而減少。Keller 和 Just（2009）研究 100 小時的密集閱讀補救教學，對大腦白質的微結構有何影響。白質的角色在於支持大腦各部位能協力運作。大腦造影的結果指出，介入之前，閱讀困難者大腦中的白質和較佳讀者比較起來，處於「低結構品質」的狀態。但在 100 小時包含許多文本閱讀與重複閱讀的補救教學後，白質的結構有了進步，而且白質的結構性改變可以預測閱讀能力的進步。大腦對詞彙的反應，可能隨著人們的閱讀學習而改變，此假說值得更多的研究去檢驗，也確實有許多研究正在進行中。

一般來說，有嚴重閱讀困難者左腦的運作是與眾不同的，特別是頂葉－顳葉部位似乎是受損的，而他們的布洛卡區（和一些其他區域）會比較活躍，可能是這些區域會以某種方式補償頂葉－顳葉區域的功能缺失，但由於這些區域本來就不適合這樣的工作，所以比起正常讀者，他們的字詞辨識又慢又不正確。但有些成人在小時候有讀寫障礙，卻能在長大後某種程度的補償過來（Fink, 1998; Shaywitz et al., 2003）。他們對常見字的辨識相當好。有趣的是，這些有補償作用的成人，比起不會識別常見字的讀寫障礙成人，在枕葉－顳葉區有比較清楚的活動。亦即，小時候有識字困難、長大後成功補償的成人，他們的大腦在負責詞彙的全形辨識的區域，比起負責看字讀音

的區域來說，有更清楚的活動。因為比起其他閱讀者（包括正常讀者），這些受補償的閱讀者，其枕葉－顳葉區和負責短期記憶的大腦區域之間也似乎有更多的連結，所以很有可能是它們已經某種程度地記憶了這些瞬認字。相對地，正常讀者在頂葉－顳葉和枕葉－顳葉區域之間有較強的連結，即正常人在常見字的流暢閱讀，也許是藉由重複看字讀音所產生，而不是機械式地背誦。正常讀者第一次見到新詞時，會發聲唸出，若一再地重複遇到該字，就會轉成瞬認字處理。有些證據說明，年幼讀者的頂葉－顳葉區的活躍運作，先於枕葉－顳葉的活躍運作。這可能是初習閱讀者從正確唸出每一個新詞來發展成瞬認詞彙所導致的結果。

再來看看那些小時候有讀寫障礙，長大成人時似乎補償成功的情況。他們的閱讀仍然不流暢，因為他們難以唸出不熟悉的詞彙。他們仍無法看字讀音，大腦造影資料也證實，他們的頂葉－顳葉區運作不如理想（見 Shaywitz et al., 2003，這迷人研究之原始資料，可能對閱讀教育有重要啟示）。根據 Shaywitz 等人（2003）的觀察，流暢閱讀取決於能自動化辨識高頻詞彙，及能技巧精熟地唸出低頻詞彙，這結果與其他近期的研究報告一致（Compton, Appleton, & Hosp, 2004）。這樣的發展也仰賴讓萌發中的讀者投入大量的閱讀活動。

不意外地，從事大腦造影研究的 NICHD 科學家，對聲韻本位的閱讀介入產生興趣——特別是在這些介入之後，參與兒童和正常閱讀有關的大腦區域，是否因而產生變化。Shaywitz 等人（2004）報告一則有趣的初步研究，支持了這個可能性。聲韻本位的介入方式是 NICHD 和近期聯邦立法〔如「沒有孩子落後」（NCLB）〕所推薦的，事實上，這種介入方式能刺激與熟練性閱讀相關大腦區域的發展。也就是說，他們想要知道，「有接受」和「沒有接受」聲韻本位補救教學的學生，在與熟練閱讀相關的左腦區域中，是否有更多的活動。該研究的實驗組及對照組受試兒童，在小學一或二年級結束時的字詞辨識及解碼標準化測驗中，百分等級都在 25 以下。聲韻本位介入組的學生，接受一學年系統化的字母拼讀教學，包括可解碼書籍（decodable books）的閱讀，以及當解碼能力增加時，市售讀物的補充閱

讀。對照組兒童在小學二或三年級就接受一般學校的閱讀課程，各學校間的課程不盡相同，但是都沒有把重心放在聲韻技巧上。經過介入之後，聲韻介入組的學生比起對照組，有更好的閱讀表現、更佳的字詞辨識能力，而且閱讀速度有稍微快一點，理解力也較好。但是，有聲韻介入的學生，其閱讀能力仍然遠落於同齡的正常讀者之後。

科學家蒐集閱讀時的大腦造影作為前測和後測。最令人驚訝的結果是，介入時期結束之前，接受聲韻介入的學生和正常的同齡同儕一樣，有相似的大腦造影。特別是與看字讀音有關的大腦區域中，有著正常的激發。那些接受一般閱讀教學的閱讀障礙者，其與熟練性閱讀相關的大腦區域裡，激發的情形則較不明顯。

研究者在介入期結束一年之後，再度蒐集參與者的大腦造影資料。令人振奮地，現在於枕葉－顳葉區域中有更多的活動，該區域與「詞彙的全形辨識」有關。聲韻本位的介入，其成效遠超過教導學生如何看字讀音，這個說法在本研究中獲得支持——雖然我們還需要更多的研究。特別是在低年級時，釐清聲韻本位介入的長期成效，不管是行為資料（如，閱讀量、正確看字讀音、流暢性，和理解力）還是大腦功能，結果都將頗具指導作用。不過大腦造影資料在這兒僅供參考，對流暢性而言，尤其不很確定。

事實上，Hruby 和 Hynd（2006）指出，討論這些用正子放射斷層攝影（PET）或功能性核磁共振（fMRI）創造的彩虹炫光的影像時，「畢竟這些資料大都蒐集自人數很少、非隨機取得的群體，而且要如何排除參與者因新奇而產生的訊號／噪音比值仍有疑義，還有取決於減法或觸發的方法學，而結果是這些所有[3]的平均值」（p. 552）[4]。除此，這類研究總是用個別呈現

---

[3] 譯註：不確定。

[4] 譯註：Hruby 和 Hynd 這段話主要在質疑目前大腦造影研究的方法學。所謂的減法和觸發法的方法學（subtractive and enhancing methodologies）是這個領域常用的計量方法。例如，在中文的實驗裡，唸出「佳、桂」所需的時間會長於唸出「理、俚」，因為後者是形似音同的字對，處理完第一個字「理」，大腦相關的機制均處於激發的狀況，要唸出第二個字「俚」就可以節省時間，但「佳、桂」的字對，就不會有這種省時間的效果。心理學家經常把唸出「佳、桂」所需時間減去「理、俚」所需時間，並假定這個時間差異就是形似音同的觸發效果（priming effect）。但，Hruby 和 Hynd 懷疑這樣的假設的合理性。

詞彙的閱讀作為閱讀精熟的測量標的，到目前為止，我們只有兒童在讀個別詞彙時的大腦快照。因此，當許多教育者因大腦造影而興奮時，教育可以從造影研究得到的啟示，可能不如想像的多。

當然，隨著討論的進行，本書將會清楚顯示，雖然多年來已經有許多關於介入的研究，我們需要更多關於流暢性及教學介入的研究。回顧國家閱讀小組報告書（NRP, 2000）中的結果就會很清楚，我們馬上就會提到。

●● 國家閱讀小組的報告

前面我們已檢視過 NRP 的報告，及他們在音素覺識和字母拼讀法領域的發現，也知道這些領域特別受到 NRP 和 NICHD 的厚愛與資助（NRP, 2000）。但是，關於流暢性呢？NRP 發現一個清楚可靠的結論──閱讀流暢性可以透過有回饋及指導下的重複性朗讀（oral reading）得到提升。亦即，閱讀的正確性和閱讀速度都可以增加。然而，NRP 提及的重複性朗讀其程序正如 Stahl（2004）所描述的，是個「大雜燴」（mulligan stew）。重複讀幾遍、有沒有成人在旁協助、有沒有成人的指導，或讓孩子跟著錄音帶閱讀，各個研究的作法都不一樣。然而，NRP 並未試圖從這些增加流暢性的介入選項中，根據它們相對的效果區分出高下來。

Kuhn 和 Stahl（2003）再次檢視 NRP 報告中所蒐集的研究報告，並把選擇研究的評準放寬，這樣一來，不只是實驗或準實驗研究包含在他們的分析中，許多能提供量化資訊的研究，也包含在他們的後設分析（meta-analysis）中。他們的分析指出了以下幾個重點。

1. Kuhn 和 Stahl（2003）下結論道，對於增加流暢性，成人的協助相當重要，因為相較於有成人協助的重複性閱讀，單純的重複性閱讀似乎沒有什麼正向的成效。

2. Kuhn 和 Stahl（2003）也注意到，「重複閱讀相同的文章」與「花同樣時間閱讀不同文章」，這兩種介入方式所帶來的「流暢性」或「其他閱讀變項」，都沒有差異（Homan, Klesius, & Hite, 1993; Mathes, & Fuchs,

1993; Rashotte & Torgesen, 1985; von Bon, Boksebeld, Font Freide, & van den Hurk, 1991）。這個發現引發了一系列研究，比較「重複閱讀文章」及「增加閱讀各種文本時間」的效果，底下我們還會報告。

3. 重複性閱讀期間的協助，可以促進流暢性及理解力。

4. 有更多的證據贊成讓閱讀者在做流暢性教學時，面對一些具挑戰性的文章，而不只是唸簡單的文章而已。

5. 雖然大部分流暢性教學的研究都在一對一的指導下進行，但是有些全班的教學模式（Rasinski, Padak, Linek, & Sturtevant, 1994; Stahl, Heubach, & Cramond, 1997）看來也很合適，值得更仔細的評估。

6. 總之，至今所看到的流暢性教學研究告訴我們，流暢性教學無法使弱讀者的閱讀流暢表現趕上一般成就的讀者。

　　上述第二點的發現，引發了關於「重複性閱讀」及「增加閱讀活動時間」的大規模、長期的研究。Kuhn（2005）最先以二年級低成就生為對象，比較了重複閱讀組（repeated reading）、廣泛閱讀組（wide-reading），和只有聆聽組（listening-only）等三種介入方式的成效。她發現重複閱讀和廣泛閱讀組的字詞辨識、每分鐘正確詞彙數及抑揚頓挫都顯著優於只有聆聽組。除此，廣泛閱讀組的閱讀理解成長顯著優於另外兩組。

　　在此研究中，廣泛閱讀組的優勢又引發了進一步的研究。Kuhn 等人（2006）比較重複閱讀、廣泛閱讀和沒有介入的控制組等三群學生。雖然許多學生的閱讀能力低於年級水準，但參與班級裡用的教材都是該年級水準的教材。實驗進行期間，重複閱讀組和廣泛閱讀組的閱讀量差不多，但重複閱讀組每一週都對相同的課文讀了又讀，廣泛閱讀組則先是聽老師朗讀課文，再和一位同儕重讀該課文，然後和同學們齊讀課文，最後是寫作，寫一些和課文相關的文字。每週最後兩天，廣泛閱讀組開始新課文的跟讀（echo reading）及同儕伴讀（partner reading）。亦即，在一週內，廣泛閱讀組的學生也有一些重複閱讀，但他們會開始閱讀新課文。研究者總結道：

　　　在學年結束時，相對於控制組，重複閱讀組和廣泛閱讀組在標

準化詞彙閱讀效能和閱讀理解的測量上，都顯出類似的優勢，雖說
廣泛閱讀組的優勢更早出現，而且課文的朗讀流暢性表現較佳。
（p. 358）

兩個介入組都比控制組展現出更好的瞬認字表現及閱讀理解，但只有廣泛閱
讀組的朗讀流暢性優於控制組。

Schwanenflugel 等人（2009）在兩個州檢視了這兩種介入方式在提升二
年級閱讀流暢性及閱讀成就上的長期效果。在流暢性或瞬認字閱讀表現上，
兩個組別均未優於對照組。但是兩組的閱讀理解都優於對照組。研究者指
出：

我們得到的結論是，讓兒童閱讀多樣化、具挑戰性的相關篇
章，要求少量的重複閱讀，同時支持他們的解碼需求，這樣的作法
比起要求他們一而再、再而三地重複閱讀同一篇文章更有成效。
（p. 333）

總之，這些研究指出，重複閱讀雖然有用，卻也許不是提升閱讀流暢性及閱
讀理解最有用的方式。Kuhn 和 Stahl（2003）提到，他們無法判斷導致流暢
性的，究竟是重複閱讀篇章的效果，還是單單只要有額外的閱讀機會就可以
了。但他們後來的研究卻建議，一點重複閱讀練習加上許多閱讀新文章的機
會，這樣的綜合法比單單進行重複性閱讀更能提升流暢性及閱讀理解。

簡言之，研究支持，發展音素覺識、教字母拼讀及鼓勵閱讀流暢性均可
藉由有指導、回饋的重複性閱讀及文章的廣泛閱讀促成。同時，讓不流暢的
讀者從事更多真實的閱讀活動、較少的重複性閱讀，將更有機會提升其閱
讀發展。這方面的研究愈來愈多，從這些證據看起來，除了 NRP 主張的之
外，還有更多方式可以提升閱讀及流暢性。一般而言，我們合情合理地認
為，許多融入廣泛閱讀經驗的教學方向，都可以增進閱讀困難兒童的流暢性
及閱讀理解（Allington, 2009）。

●● 發展瞬認字和詞彙知識

　　在最常見的流暢性閱讀中，都強調詞彙層次的閱讀，我們認為頗有道理，因為所有的閱讀教育都必須考慮到學生該學些什麼詞彙。回顧 LaBerge 和 Samuels（1974）的說法，讀者自動地解碼詞彙且自動地了解詞彙的意思，這都是必要的（如，一旦讀到某詞彙，讀者立刻知道它的意思）。但是，想一想英語中數百萬個詞彙——完整的《牛津英語字典》（*Oxford English Dictionary*; Simpson & Weiner, 1989），整整 20 鉅冊——這樣的自動化怎麼可能發生？但它的確能發生，因為讀者不需知道字典中所有的詞彙。

　　首先來看一下歷史上赫赫有名的閱讀流暢性的介入。Edward W. Dolch（1939/1945, 1941/1951/1960）相信，應該讓最常出現在文章中的詞彙，變成孩子的瞬認字，也就是對這些字，孩子應該達到完全自動化的辨識。經由這個研究，他找到 220 個詞彙，這些詞彙占兒童閱讀文章詞彙的 50% 至 75%，包括功能詞（如，the, a）、連接詞、代名詞、介系詞和一般動詞。他也找出 95 個經常出現在孩子閱讀文本中的名詞。這兩種字表，都是 1,000 個最常見詞彙中的一部分。

　　Dolch 對閱讀及閱讀教學的觀點遠遠超前他的時代（見 Pressley, 2005）——這裡我們只報告和我們的討論最相關的內容。雖然他相信許多常見字可在不具文脈的情境下學習，但是 Dolch 也發展了許多故事，使學生能在文本中遇見特別挑選的詞彙。對於閱讀有困難的讀者，Dolch 覺得學生應該朗讀這些故事，而且得到老師的實質回應，這些回應包含如何看字讀音（如，故事所包含的相關詞彙，是可藉由字母拼讀法教導的詞彙，那是 Dolch 所相信的一種明示教學）。Dolch 強調閱讀故事並不是閱讀詞彙而已，而是從文本中取得意義，並且經常是學生從先備知識中所形成的個人化意義。Dolch 的教學法強調動機，他的著作裡，提供許多提升動機的教學實務，現在都已得到相當多研究的支持（見 Pintrich & Schunk, 2002）。他所提倡的教學文本要具有一定程度的挑戰性，並相信教學時要提供許多讚美，在遊戲中練習閱讀，而且主張學生們彼此合作，而不是強調學生們之間的競爭。

　　Dolch 出生在實驗研究不盛行、而且大家也不了解可以用實驗評量課程的時代，Campbell 和 Stanley（1966）著名的實驗專書亦出現在 Dolch 的著名教科書最後一版之後的好幾年。因此，Dolch 的教學想法，從未得到廣泛的檢驗。到目前為止，有些學者**已經**以密集、短期的方式，進行無文脈的瞬認字教學，並檢驗這樣的教學是否可增進後來的閱讀。雖然研究結果並不一致（Fleisher, Jenkins, & Pany, 1979; Levy, Abello, & Lysynchuk, 1997），但是 Dolch 實際上所建議的是**長期的**瞬認字教學，以及閱讀包含這些瞬認字的真實故事，這樣的教學並不困難，特別是 220 個最常見的詞彙和 95 個最常見的名詞。根據 Dolch 的研究，這樣的識字及閱讀教學，應該出現在強調平衡閱讀教學的課程中，每天都要這麼教。

　　從最近的研究看來，Dolch 要求學生必須學會一些核心的常見字的主張確實有道理。現在，我們比較知道，幼兒園到十二年級的學生需要知道哪些詞彙，也就是兒童及青少年需要學習的基本單字。

　　Biemiller 和 Slonim（2001）在這方面提供了最新、最有用的資料，他們確定了每個年級 80% 的兒童所了解的詞彙（即大部分孩子知道這些詞彙的意思）。他們分析的單位為詞根（例如，fish 是一個詞根，fishing、fishy 和 fished 都是從這個詞根延伸出來的）。二年級結束之前，孩子會認識 5,000 個詞根。之後，學生一年增加約 1,000 個詞彙，一直到十二年級，詞彙達約 15,000 個。簡言之，Biemiller 和 Slonim（2001）已確定孩子在每個年級需要了解的詞彙。這當然比 Dolch 的 1,000 個基本詞彙還要多，但因為他們的詞彙表中，有許多詞彙在英文中，或孩子所讀的文本中，出現頻率並不特別高，老師可以進一步篩選出哪些詞彙應該是優先發展的瞬認字，而且學生已準備好要觸接（access）這些詞彙的意義。Biemiller 和 Boote（2006）甚至發展了一種策略，讓老師可以相當有效能地提升孩子對這些詞彙的辨識。

　　眾所皆知，閱讀並不只是解碼詞彙。即使是簡單的閱讀觀點（例如，Gough & Tunmer, 1986），也假定閱讀牽涉了對詞彙的解碼，然後藉由傾聽個人對詞彙的解釋，而完成理解。因此，閱讀理解能力，被認為是識字能

力和聽覺理解能力的結合。在一個重要的研究中，Catts、Hogan、Adlof 和 Barth（2003）評量一群學生的識字、聽覺理解和閱讀理解能力，這群二、四及八年級學生的閱讀能力參差。結果發現，二年級的字詞辨識比四年級的更能預測閱讀理解，而且四年級的字詞辨識又比八年級的更能預測閱讀理解，八年級學生的字詞辨識對閱讀理解的解釋力，則可說是**微不足道**。研究者也測試每個年段中的最弱讀者，年齡愈小的學生，字詞辨識的困難會和閱讀困難有愈清楚的相關。而隨著年齡的增加，學生的聽覺理解的困難會變得和閱讀困難有愈來愈明顯的相關。從這些資料看來，我們應該更關心年幼學生的字詞辨識，但是對弱讀者而言，字詞辨識的問題到了八年級仍然非常明顯。然而，在全部的年段中，閱讀理解反映了字詞辨識和聽覺理解能力兩者間的平衡。這些分析中很清楚地說明閱讀技能的平衡發展需求，這和過去十年間的研究訊息是一致的，亦即在有效的閱讀教學中，許多要素的平衡是必要的。

　　另一個重要的假說是，發展字詞辨識能力到流暢的程度，應該會增加閱讀理解能力，不過，讀者學習新詞彙到自動化的程度，是不是能增加閱讀理解呢？研究結果並不一致（例如，Fleisher et al., 1979; Samuels, Dahl, & Archwamety, 1974; Yuill & Oakhill, 1988, 1991）。然而，Tan 和 Nicholson（1997）提出特別重要的證據，支持字詞辨識流暢性可改善閱讀理解的說法。

　　Tan 和 Nicholson（1997）研究裡的參與者是 7 至 10 歲的弱讀者。參與者必須練習辨識目標詞彙，直到他們能毫不猶豫地讀出每個詞彙。當字詞辨識的流暢性沒有問題之後，研究者也有一些關於目標詞彙意義的訓練。相反地，研究者只和對照組的學生討論詞彙的意思，而不強調字詞辨識的流暢性。實際上，對照組學生在訓練期間，並沒有見過這些詞彙，只有聽過它們。

　　訓練之後，Tan 和 Nicholson（1997）研究中的全部參與者都閱讀一段包含所指定詞彙的文章，讀完後，接著問答 12 個閱讀理解問題。問題有兩類：表面文字題及推論理解題。最重要的結果是，雖然對照組對目標詞彙的

理解較佳，但實驗組的參與者比對照組答對更多推論理解的問題。Breznitz（1997a, 1997b）提供另一些證據，說明更快速自動化解碼能增進閱讀理解能力，也許是自動化之後，短期記憶空間釋放出來，因而得到了較佳的理解。

●● 韻律性

雖然流暢閱讀的特徵是快、正確且具備韻律性，但很少有研究者注意到流暢性閱讀中的韻律性。一方面來說，閱讀的韻律性可能是流暢且熟練閱讀的副產品，只要解碼自動化的程度夠，注意力的容量被釋放出來運用在理解上，此時抑揚頓挫自然就會產生（Gough & Tunmer, 1986; Kuhn & Stahl, 2003）。另一方面來說，也有可能是閱讀時的抑揚頓挫增進了閱讀能力——例如，閱讀理解——不管從哪方面看，就像其他可以增進文本理解的各樣能力，它都應該被教導給讀者。然而，到目前為止，即便重複閱讀有助於讀者閱讀時出現抑揚頓挫，但是其他方式（如老師所做的韻律示範）對韻律閱讀一直都沒有什麼影響（參見 Young, Bowers, & MacKinnon, 1996）。

Schwanenflugel、Hamilton、Kuhn、Wisenbaker 和 Stahl（2004）提供一個特別的分析評量，研究關於二年級和三年級學生的閱讀流暢性和韻律性問題。他們發現，詞彙的自動化解碼和韻律性與理解有強烈相關。相反地，韻律性和理解並沒有很大關聯，韻律性只是了解所讀內容的前因或後果罷了（雖然其他資料顯示，如 Kitzen, 2001，韻律性和理解力之間有微小的正相關）。根據這些資料，最可能的假設是，對許多孩子而言，韻律性閱讀是在詞彙流暢後的副產品（亦見 Bear, 1992），但不管視為因還是果，都與閱讀理解沒有很大關聯。

最近，Benjamin 等人（2013）提出了一套新的評量閱讀韻律性的程序，這個叫作 CORFS（Comprehensive Oral Reading Fluency Scale）的工具測量朗讀的兩個面向：自動化程度（速率和正確性）及韻律性（運用聲譜分析得到抑揚頓挫資料）。Benjamin 等人（2013）用了兩個研究來探討 CORFS，第一個研究蒐集 90 名二年級學生的朗讀資料，然後根據專家的使用經驗及評

述稍微修訂 CORFS。第二個研究用了跨兩州共 120 名的三年級學生，進一步評估 CORFS。結果 CORFS 的表達總分（Total Expression scores）和另外三種測驗分數（QRI-5 流暢性、TOWRE-SWE 和 WIAT-RC）的相關係數都達到 $p = .01$ 的顯著水準。這個結果指出，只靠閱讀速率或韻律性中的任一項來預測學生的閱讀能力，都不如綜合閱讀速率、正確性和韻律性等指標的預測力。

我們也察覺到某些常見的教學方式可能讓學生出現朗讀不流暢的問題。第一個必須考慮的因素是文本難度。在美國的班級，能流暢閱讀課文的很可能都是班上較佳的讀者，但是，這些課文的難度經常遠低於他們的閱讀水準，也就是說，他們每天讀的，都是對他們很容易的文章。另一方面，弱讀的兒童花了大部分在校的時間閱讀比他們閱讀水準還要高的文章（Allington, 1983）。第二，當學生唸錯時，老師（和其他同學）會插進來干預；弱讀的學生會比閱讀能力較優的學生更常被干預（Allington, 1980）。亦即學校很典型地為不同精熟程度的讀者創造了兩種相當不同的閱讀環境。

我們的直覺是，許多閱讀行為是環境因素誘發的（Allington, 2009），因此，只要以某些方式改變教學環境，我們就能減少特定行為的發生機會。根據臨床經驗，我們發現兩種環境因素的改變將有助於提升閱讀流暢性。第一是要先確保，每位學生手上都有他或她能讀而且正確率很高的文本。第二個改變是只要好好地聆聽弱讀者的朗讀，既不要主動打斷、干預，也不要讓別人干預。一頁讀完了，再跳進來問兒童剛剛讀錯的地方，這樣是可以的（尤其是讀者自己唸錯又未更正的部分）。但與其指出兒童讀錯之處，倒不如請他重讀唸錯的句子。

Torgesen 和 Hudson（2006）回顧了一系列增進詞彙閱讀精熟度的研究，通常是以密集的解碼課程進行介入，結果發現這種作法對增進閱讀速率沒什麼用，而閱讀速率卻是閱讀流暢性的核心成分。即使學生的解碼從百分等級 2 進步到百分等級 39，他們的閱讀速率卻幾乎沒有改善（只從百分等級 3 進步到百分等級 5）。他們的結論是（至少對高年級的弱讀學生）：

　　　　對小學高年級學生在正確讀字的重大缺陷上，最重要的影響因素……缺少閱讀練習所導致的重大問題之一，是閱讀障礙兒童能自動化辨識，或所謂一瞬即識的詞彙數量極為有限……這樣的「追上」（catching up）似乎需要一長段的時間，讓閱讀障礙兒童投入比同儕更多的閱讀練習。即使詞彙閱讀的正確性在分析式的詞彙閱讀歷程中已經有了巨大的進步，讀者對分析式歷程的依賴並不會產生流暢的閱讀，也不能讓每一段落裡大多數的詞彙都能一瞬即識。（pp. 147-148）

　　那樣廣泛閱讀活動的目標就是要刺激自我調節行為。朗讀時的韻律性可反映出讀者閱讀時的理解，也似乎和讀者的自我調節程度有關。和朗讀時讀者的自我更正一樣，讀者可以學會在閱讀時自我調節其韻律性。但兒童閱讀時，每讀錯一個字，就會被老師或同學打斷，他就不可能養成自我調節的策略。老師不停打斷小朋友的閱讀就可能造成所謂的「習得無助」（learned helplessness）。大多數弱讀者都有習得無助的問題，等著老師或其他人來糾正他們讀錯的地方（Johnston & Winograd, 1985）。Clay（1969）報告道，優讀者每三個錯讀的字中，有一個字可以自我糾正；但進展緩慢的讀者，每讀錯 20 個字，才能自我糾正一個字。

　　我們關心的是，如果進展緩慢的讀者真的決定要等別人來糾錯，他們永遠也不會成為流暢或精熟的讀者。不幸的是，大多數的弱讀者會發現他們自己身處於不能提升流暢性或自我調節的教學環境裡。因此他們讀得結結巴巴、抑揚頓挫不明顯，而且錯讀頻仍。然而，從我們的臨床經驗來建議，只要選對文本難度，讓讀者閱讀時能達成高度的正確性，而且要限制打斷兒童閱讀的次數，直到頁末才請兒童重讀他或她錯讀的句子，就有機會帶起閱讀的流暢性及理解程度。

●● 流暢性的評量

　　流暢性閱讀最常採用規定時間內能正確讀出多少詞彙的方式來測量。

雖然有好幾種方法可以測量韻律（Benjamin et al., 2013; Schwanenflugel et al., 2004），但是很少有人注意。在過去幾年，有一套知名評量工具「基礎早期讀寫技能的動力指標」（Dynamic Indicators of Basic Early Literacy Skills, DIBELS，見 dibels.uoregon.edu）已在小學低年級廣泛使用，現在已推展至中高年級。

基本上，它是一個可以用來測量精確閱讀的速度（如，一分鐘可閱讀多少該年齡層文本的詞彙）的工具。該測驗是近期發展的，因此還沒有足夠的心理計量的評量去充分了解此測驗（Paris, 2005; Rathvon, 2004）。

Pressley、Hilden 和 Shankland（2006）分析了 DIBELS 三年級版本的資料。此研究有個非常重要的發現，如之前已提到的，孩子閱讀時，常常有很好的速度及正確性，可是他們幾乎回想不出來他們已閱讀過的文章內容。還有，DIBELS 表現只和另一項標準化閱讀成就測驗 Terranova 的分數有低相關。同樣地，Carlisle、Schilling、Scott 和 Zeng（2004），Shelton、Altwerger 和 Jordan（2009），Mathson、Solic 和 Allington（2006）也都發現 DIBELS 分數能預測閱讀理解的程度低於預期，這都支持了 Pressley 等人（2006）的說法——快速閱讀並非一個有用的目標，在兒童不知道自己讀了什麼的情況下，尤其如此。

這樣問題就大了。如果理解力不高，應該不會有人對快速閱讀感興趣或想提倡它（Samuels, 2007）。然而，很多學校注重 DIBELS 的使用，因此，這個測驗的效度有再度被檢驗的必要。我們要強調，我們並不幫任何評量背書——如果它獎勵了與理解無關的快速閱讀。

●● 理解策略的教學

教以理解策略之後，弱讀者的閱讀能力將會有較大的進步。Brown、Pressley、Van Meter 和 Schuder（1996）及 Anderson（1992）的研究在這方面提供了特別有力的證據。Brown 等人（1996）的研究，以一學年時間教導二年級弱讀者一些閱讀理解策略，在學年結束時，兒童在閱讀成就上得到長足的進步。Anderson（1992）提供六至九年級弱讀者類似的教學，兒童在閱

讀成就上，也得到類似的明顯進步。這兩個研究，所使用的各種評量方式都得到正向成效。這兩個研究中的許多孩子，在詞彙層次絕不能算是流暢的閱讀者，但理解策略的使用，似乎可以補償流暢性的不足。

當然，學習使用理解策略也有額外的好處。如果學生閱讀優良讀物，理解策略使他們從閱讀中有更好的學習，世界知識隨之增加，並藉由如此豐富的世界知識，他們更能夠理解未來相關題材的讀物（Anderson & Pearson, 1984）。所以，藉由教導理解策略，讓學生閱讀好書，對讀寫能力發展是很有幫助的，即使學生的閱讀不如其同班同學一樣流暢。

●● 平衡式閱讀教學比較好

本書第 8 章描述了有效能的小學老師，實際上做了什麼來促進學生的讀寫能力。流暢性的主要取向在於鼓勵廣泛閱讀，使弱讀者比其他學生更有機會在個別的情況與成人共讀，以得到成人的支持及回饋。通常，在這些教室裡，老師找到一些方式提供額外的支持給最需要幫助的學生，結果在這些班級裡的每個學生都有進步。這些班級的一個重要特色是，學生有極強的動機，老師們使用超過 40 種不同方式加強學生的投入動機，而且從未使用可能降低學生投入的教法（Pressley et al., 2003）。

讓我們來做一下習題，強調的重點是閱讀介入文獻中不斷出現的「平衡式教學」，請回顧前文，到底「平衡式教學」被提出多少次？即使沒有回頭看，你也知道答案是——「還真不少！」

●● 總結與評述

關於流暢性閱讀的教導以及未來的流暢性研究，從這些一陣疾風似的相關理論、研究及實務，我們可以做出什麼結論？首先，對於一些閱讀者來說，明示地以字母拼讀法教導字詞辨識，可以奠定看字讀音的能力，而它也是達成流暢閱讀的進階石。但對某些孩子而言，字母拼讀法或者是不成功，或者只能培養出緩慢的詞彙解碼能力。當詞彙教學失敗時，理解力幾乎一定受損。不能閱讀文字，你就別想從文本中取得超過詞彙層次以上的意義。對

於解碼緩慢者而言，看字讀音已經占掉大量的認知容量，剩下的認知資源就不足以完成更高層次的理解，這與 LaBerge 和 Samuels（1974）的概念一致，他們認為，在支援閱讀的認知系統中，容量有限的短期記憶是一個可能的瓶頸。

我們要再度提醒讀者，教育者一直很少去檢驗教學作為本身是否為造成閱讀無效能的原因之一。前面提到，當弱讀者朗讀時，老師進行不斷指正的作為，緩慢的解碼說不定也是教學不當所致。就如 Johnston 和 Allington（1990）對強調多感官的 Orton-Gillingham 二氏字母拼讀課程的評論：

> 似乎 Gillingham 沒有察覺到，辛苦的解碼教學其實可能產生持續的緩慢閱讀，在教學中的不愉快，可能嚴重降低兒童本來要閱讀的量和頻率，然後，也降低了他們字詞辨識自動化的可能性。（p. 999）

一如 Barr（1975）和 Cohen（1974）所報告的，初習閱讀時接受過哪一類型的閱讀教學，會影響讀者犯哪一種閱讀的錯誤。教學的方法也會影響讀者如何去讀出不認識的字。如果大部分的教學努力都放在一個字母接著一個字母（或音素接音素）的語音轉換上，則至少有些學生會固著於這種方法，即使已經有更快速的字詞辨識方法可用。

小時候有讀寫障礙，但成年後補償過來的讀者，似乎是藉著對高頻詞彙的反覆學習，練到能自動化地認出這些詞彙而辦到的。這些補償性閱讀者讓我們思考，對某些閱讀者來說，除了字母拼讀法以外，是不是還需要別的東西？這些成功補償者到底補償了什麼？他們還算不錯的閱讀能力（也許不是完全流暢），可能導因於這些在看字讀音遭遇重大困難的學生，能夠用不必分析的方式學習瞬認字，以克服閱讀困難。事實上，這樣的想法早已存在，最明顯的是 Dolch 的研究。很可惜，Dolch 的方法一直還沒有好的實驗確認其效果。我們應該把這方面的閱讀教學研究列為高度優先，研究尤其應該聚焦在那些盡了很大的努力學習如何看字讀音，但仍無法掌握字母拼讀法的學生。我們想強調，在更多 Dolch 的教學研究上的爭議，我們偏愛的是 Dolch

在著作裡詳細介紹的廣泛及平衡式教學。我們要講的流暢性教學，絕不只是用閃示卡訓練兒童，而是在教學中提供學生許多機會練習閱讀，Dolch 列出的常用詞彙也應該放在有意義、且前後關聯的文章中來學習。這樣的教學，會讓學生有許多機會去練習文章的朗讀，並且得著老師的指導和回饋。如果我們假設有些在流暢性上有困難的讀者，可從全字教學中獲益，這個研究可能超越原來的 Dolch 詞彙，因為現在我們更清楚各年級學生應該習得哪些詞彙。將各年齡層或各年級學生應習詞彙中的高頻詞找出來，對於初習閱讀困難的兒童，應是很好的瞬認字學習目標（Hiebert & Martin, 2009）。

閱讀流暢性的相關研究中，關注「解碼速度」與「解碼正確性」的，比關注「閱讀韻律」的多得多。由於韻律和閱讀理解間的相關很低，看起來，韻律的教學不應是教學中優先的元素。但因為閱讀時的抑揚頓挫乃熟練性閱讀的品質保證，所以閱讀時沒有抑揚頓挫的閱讀者，我們應該要稍微注意他們的韻律。若想在韻律方面的研究有進展，我們需要更多關於提升韻律的教學研究，做這個題材的研究，實在是太少了。

我們還是認為，像流暢性這樣的能力，最好是藉由平衡式教學法來發展。Pressley 和同事們已有許多研究指出，對學生來說，這樣的教學最有果效，特別是對弱讀者。過度地將焦點集中在少數幾個能力上（如，聲韻解碼教學、在詞彙層次快速及正確地解碼等），在他們所研究過的最佳小學班級裡，是從來不曾見過的。

三年級期末時，兒童的閱讀能力是否達到年級水準，與日後的學校學習有很強的關係，這也是「沒有孩子落後」法案把焦點過度放在幼兒園到三年級之間的理由。Hernandez（2011）發表了一個有 4,000 名學生的縱貫研究。他注意到三年級結束時被判定為閱讀困難的兒童，比其他同儕有高出四倍的機會中輟。三分之一在三年級結束時有閱讀困難的兒童，後來占了三分之二中輟學生的比例。因此，學校要在四年（幼兒園到三年級）時間裡好好處理部分兒童閱讀習得上的困難。

但是，即使是成效最好的研究（Mathes et al., 2005; Phillips & Smith, 2010; Vellutino et al., 1996），也沒有辦法把每個孩子都帶到年級水準。但這

些研究中帶不起來的孩子的百分比（小於 5%），遠遠低於教學現場四年級兒童在最近國家閱讀精熟度評量中失敗的比例（33% 低於基礎水準）。

在學齡後，仍有許多年輕成人閱讀有困難，從這個事實，你就知道，不是只有小學生才需要閱讀教學。更確實地說，小學低年級過後，我們若仍持續提供額外的教學，高風險群人口的學業也會隨之成長（Campbell & Ramey, 1994; Scammacca et al., 2007）。對於讀寫發展緩慢的人口來說，流暢性及任何高層次讀寫能力的技巧的發展，是沒有什麼捷徑的。

另外，只將焦點放在閱讀障礙學生身上，也沒有什麼道理。這樣誤入歧途的偏見導致文獻不去談如何發展一般能力及較佳能力讀者的閱讀，流暢性的教學就更不用說了。要讓閱讀流暢性或一般閱讀的研究得到更進一步的進展，我們需要去注意各種不同能力、不同需求的學習者。

回到我們開始的地方，閱讀的主要目標是理解。如果理解帶不上來，讀得又快又正確也沒有什麼用。未來流暢性的研究無論如何都應該要做閱讀理解的評量。過去我們已經有了許多流暢性的研究──這些研究的動機，大都不出 LaBerge 和 Samuels（1974）40 年前對流暢性和閱讀理解之間的假設，但是許多研究的深度不足，有些甚至連閱讀理解都沒有去測量。我們需要更多關於流暢性及其相關的研究，特別是流暢性加上閱讀理解的研究（Samuels, 2007; Valencia et al., 2010）。

最後，每位閱讀實務工作者該在星期一的早晨做些什麼呢？ Pressley、Gaskins、Solic 和 Collins（2006）提供了一個對標竿學校的研究，那是世界上為了閱讀障礙的學生設置的最好學校之一，強調證據本位的教學。學生都經歷過一年或二年的閱讀失敗後，才會進入該校，入學四至七年後離校時，大都有能力閱讀了，雖然還是有許多學生不能以快速且正確的方式去流暢地閱讀文章中的所有詞彙。

這是怎麼辦到的？是的，學校用了系統性的解碼教學、許多重複性的朗讀、許多獨立的閱讀，以及許多瞬認詞彙的教學。學生所接收的綜合教學內容取決於他或她對教學的反應。因為學校密切觀察記錄兒童在校的學習情況，這樣客製化（customization）的教學才有可能發生。此外，學校的教學

目標抓得很好，即學生應該理解他們所閱讀的文本，而且應該在高層次的讀寫任務（如作文）中把所讀的運用出來。學校裡還有許多理解策略及寫作策略的教學。在中年級結束之前，學校裡許多學生即使無法很快地唸出每一個詞彙，但他們在閱讀時已經能用許多理解策略及寫作策略，他們能從所讀的文本中學習，也能把所學的應用出來。這就證明了，學生不一定要又快又正確地唸出每個詞彙，這種強調流暢的閱讀方式，並不是絕對必要的。即使有許多孩子沒有辦法學會詞彙層次的流暢閱讀，但若先教以理解策略，繼之以高層次讀寫能力的教學，他們仍有希望在閱讀文章時學到很多，成為一個有讀寫能力的人。當然，他們理解愈多，所發展的先備知識就愈多，這可讓他們在未來更能了解與主題相關的文本。因此，閱讀實務工作者應該在星期一的早晨做些什麼呢？答案是：平衡式教學，你要平衡使用所有可促成熟練性閱讀的成分以進行教學。

◆◆◆ 結論與總結性迴響 ◆◆◆

1. 流暢性的研究與實務在理論的部分仍然混亂，還沒有清楚整合的圖像足以說明流暢性是什麼，以及如何在教室裡把它教出來。

2. LaBerge 和 Samuels 在 1974 年的著名文章裡，解釋了自動化歷程對初習閱讀者的重要性。在未成熟讀者能夠毫不費力地識字及解碼之前，他們認知資源中的一大部分都耗在字詞辨識上；當字詞辨識完全自動化之後，他們的注意力才能釋放出來，用在閱讀理解上。

3. 對於高風險群的讀者而言，系統化的字母拼讀教學有助於促進閱讀的流暢性。但是，它不該被視為萬靈丹，並不是對所有的困難讀者都有幫助。

4. 最近大腦造影研究領域一直非常活躍，而且也已經產出一些有潛力的重要發現。正常的成熟讀者閱讀時使用大腦左半部的三個區域：頂葉－顳葉區、枕葉－顳葉區和布洛卡區。我們也知道廣泛的閱讀活動會提升大腦的白質結構部分，這個結構的增進和閱讀表現的進步有關。

5. 對於一些讀者而言，語文處理的緩慢速度會減弱閱讀的流暢性。此歷程也

會有礙解碼速度，雖說它並非植基於聲韻能力。

6. 藉由重複閱讀和強調難度適當文本的獨立閱讀，流暢性可以在教室得到發展。在有效能的小學班級裡（Pressley et al., 2003），流暢性的主要教學方法是給予弱讀者足夠的閱讀機會，同時老師要提供許多的回饋及支持。

7. 發展弱讀者的瞬認字辨識及詞彙知識，可能是未來研究與教學實務的重點。一位閱讀教學的先知，Edward Dolch，曾發展一個教學系統，把瞬認字教學融入在全整式的閱讀課程中，這個系統的教學效果應該透過實驗研究做進一步的探討。此外，我們現在更清楚地知道，不同年齡的孩子應該要學會哪些詞彙，這要歸功於 Biemiller 和 Slonim（2001）的努力，以及關於有效策略使用的研究本位資訊（Biemiller & Boote, 2006）。

8. 韻律性閱讀很可能只是閱讀流暢性的副產品。同時，教學環境似乎對讀者能否發展出韻律式閱讀能力扮演重要角色。字詞辨識教學的本質與師生互動的情形似乎會影響讀者在朗讀時所用的策略。

9. 關於如何評估流暢性及它與理解力的關係，正有新的問題逐漸冒出來。

10. 理解力才是閱讀教學的主要目標，流暢性只是達成目標的方法之一。如此一來，即使學生的閱讀並不流暢，閱讀理解策略的教導也可以幫助他們在理解力上有所收穫（Anderson, 1992; Brown et al., 1996）。

Chapter 7

詞彙習得

　　本章將討論兒童如何自然地習得詞彙（vocabulary），以及兒童如果不是自然習得，他們又如何學習詞彙？自從國家閱讀小組（NRP, 2000）的報告出版之後，詞彙教學一直就被教師們看重，因為它是證據本位閱讀教學的五個要素之一，另外四個是音素覺識、字母拼讀、閱讀流暢性及閱讀理解。過去的研究文獻對詞彙有個非常一致的見解，說明了它對閱讀習得的重要性：當讀者具有較大的詞彙量時，他的閱讀理解也較佳（Cunningham & Stanovich, 1997; Davis, 1944, 1968; Singer, 1965; Spearitt, 1972; Thurstone, 1946）。不過請你注意上述這個頗受爭議的說法，因為它這並不等同於「只要增加詞彙量，就能改善閱讀理解的能力」。兩者間的關聯性還受到許多質疑。

詞彙的自然學習

　　很多人在成年之前，就已經學會 15,000 個以上的根詞（root word）（亦即具有共同詞根的詞彙，例如，children、child-like、childish 等詞都有著共同的詞根 child；Biemiller & Slonim, 2001），絕大多數的詞彙都是在語境（context）中不經意學會的（Sternberg, 1987）。學校裡一年只會教幾百個詞，那人們是怎麼會具有如此豐富的詞彙呢？這個問題唯一可能的解釋，就是大多數的詞彙都是人們從日常生活中學會的，也就是透過與他人的溝

通、聽收音機、看電視以及閱讀等各種活動中，不經意地習得大量的詞彙。過去 25 年來，有許多關於在各種情境中自然習得詞彙的研究與統計，而這些研究也都受到廣泛的理解與重視（McGregor, 2004）。

●● 家庭會話

近年來，在眾多詞彙習得的相關性研究中，最負盛名的莫過於 Hart 和 Risley（1995）的《美國幼兒日常經驗的重大差異》（*Meaningful Differences in the Everyday Experiences of Young American Children*）一書。作者在長達兩年的時間中，觀察了 42 個來自於高、中、低等各種社經地位階層的家庭，而每一位研究對象都是從 6 至 9 個月大時便開始進行觀察。這個研究最有趣的發現是，每個兒童在家庭裡接觸到的語言，會隨著家庭社經地位的不同，而在語言的質與量兩種層次上，有顯著的差別。愈不富裕的家庭，兒童所受到的語言刺激愈少、語言複雜度愈低，而且所接收到的語言訊息愈負面（例如，和高社經地位家庭的兒童相較，低社經地位家庭的兒童會接收到較多被禁止的語言）。因此，嬰幼兒詞彙量的發展與早期語言刺激的質和量有顯著關係。

同樣是 3 歲的兒童，高社經地位家庭的兒童的詞彙量，會比中、低社經地位家庭的兒童來得多。例如，即便是詞彙量最少的高社經地位兒童，他們所認識的詞彙也遠比詞彙量最多的低社經地位兒童還來得多。那麼，六年後，當兒童 9 歲時，兩者的閱讀能力誰又會比較好呢？答案是 3 歲時和父母具有語言互動進而獲得較多語言刺激的兒童，而且這樣的模式也能有效預測日後閱讀成就（能解釋 59% 的變異量）。

這份研究中還提到了幼年時語言刺激之質和量，對其日後的語言發展存有高度的關係，特別是詞彙量之間的關聯性（Dickinson & Porche, 2011; Huttenlocher, Vasilyeva, Cymerman, & Levine, 2001; Naigles & Hoff-Ginsberg, 1995; Pearson, Fernandez, Lewedeg, & Oller, 1997）。因此，有個合理的假設是，早期的語言互動對於詞彙量發展，乃至於日後的閱讀發展均至關重要。從 2 至 3 歲起，兒童會將他們聽到的詞彙納入自己的語言，而且隨著

聽到的次數和時間的增加，兒童愈可能學會這個詞彙（Schwartz & Terrell, 1983）。

上述這種重複接觸詞彙的情形，只有當兒童身邊有語言成熟的成人，對他不斷進行大量而豐富的交談時才會發生。雖然這只是一份相關性研究報告，不過它大力推動了鼓勵父母多在他們的孩子身邊說話。然而，本章稍後會再探討一些文獻，說明在實驗控制提供語言豐富程度的情形下，兒童的詞彙量亦隨之豐富，並且論及無意中塑造的語言經驗和接觸，與日後詞彙量發展之間的關聯性。

●● 快速對應

兒童生來就已具備學習語言的能力（例如，Chomsky, 1957）。此一說法最有力的證據，就是他們具有對所聽到的詞彙意義進行「快速對應」（fast mapping）的能力。

Carey 和 Bartlett（1978）曾經請幾位學前兒童做一項作業——「請幫我拿那個鉻色（chromium）的盤子過來，不是藍色的喔，是鉻色的」——兒童面前有兩個盤子，一個是藍色的，一個是橄欖色的。經過一週和六週後的測驗，有些兒童已經知道鉻是一種顏色（也就是給兒童一些名詞，令其找出形容顏色的，而 chromium 就會被認為是一種顏色），甚至還有些兒童知道它就是指橄欖色。由此可知，他們經過一次偶發的學習機會，已經學會某些詞彙的意義了。此外，當學前兒童經由快速對應學會新詞，他們也就將這個詞類化（generalize）了。舉例來說，他們會認識類似的東西，而它們之間僅有些微的差異（例如：大小；Behrend, Scofield, & Kleinknecht, 2001; Kleinknecht, Behrend, & Scofield, 1999; Waxman & Booth, 2000）。

但是，最驚人的發現是，其實 2 歲的幼兒有時也能進行詞彙意義的快速對應（Heibeck & Markman, 1987; Markson, 1999），甚至還有證據顯示，偶然發生的快速對應對於詞彙學習，竟然和直接教導兒童詞彙意義的學習效果不相上下（Jaswal & Markman, 2003）。雖然前人早就提過，即使是不經意的學習機會，也會對兒童的詞彙習得產生影響（例如，Brown, 1957）。而

Carey 和 Bartlett（1978）卻比先前的研究更強調這個現象。雖然目前還不清楚快速對應的機制（Bloom, 2000, chap. 2），但是快速對應的效果也指出不經意學習在詞彙發展的機制中扮演著重要角色。所以，豐富的詞彙環境不僅能夠提供許多快速對應的發生機會，亦能給予幼童多次練習詞彙的機會。

●● 兒童會注意有名稱的物體

Lois Bloom 和她的同事曾說明當幼童與成人相處互動時，兒童多半都是談話內容的決定者。照顧者大都會傾向於稱呼或談論幼童當前所注意的物體，而幼童也總會讓照顧者清楚知道，在周圍的環境中，目前最吸引他們注意的東西是什麼；也就是說，他們總會讓大人知道他們想聊什麼。另一方面，照顧者談論的內容也影響著兒童詞彙學習（Bloom, Margulis, Tinker, & Fujita, 1996; Bloom & Tinker, 2001）。想進一步了解有關兒童不經意的詞彙學習，可以參閱 Bloom（2000）。

如果你想知道不同的家長有哪些和兒童互動的方式，不妨走一趟超市賣場，觀察一下家長和幼兒的互動。有些家長一直對在旁的幼兒說話，他們說，「好啊，我們要買兩罐豆子，你可以幫我找找看豆子罐頭在哪裡嗎？要記住哦，豆子是綠色的。〔出示一個玉米罐頭〕這是豆子嗎？不是，它們是黃色的。那這些呢？〔出示一個胡蘿蔔罐頭〕也不是，它們是橘色的。再看這個，這是一個豆子罐頭嗎？〔出示一個青豆罐頭〕對了，我們找到我們想買的豆子罐頭了」。

有些家長則說得不多，還會批評幼兒的所作所為。親子間的互動對話大概是：「手放下來……不要煩我，我正在買晚餐要吃的……不行，你不能買那個……坐好，把手放下來！」對話像這樣持續下去。

你會發現到正向或負面的、持續或偶發的、稱讚和批評的互動方式，這些只要去一趟超市就都可以看見。想想看，這些不同的互動方式，會怎樣影響兒童的詞彙學習。想想看，有些孩子的童年充滿了與家長和其他小朋友間豐富的口語互動，但有些孩子身邊的大人卻很少講話，孩子們的環境難以提升其認知發展，也很少聽到什麼詞彙。這些孩子童年的境遇天差地別，但入

學後都可能進到同一個班級，這讓有效教學變得更複雜，但教得好的話，也可以更有價值。

●● 情境中不經意習得詞彙？保留的看法

當 Sternberg（1987）提出大部分的詞彙都是由情境中習得的看法後，也有資料說明從情境習得詞彙並非如此可靠。例如，眾所皆知，當學習者閱讀文本時經常無法猜出不認識詞彙的正確意思（例如，Daalen-Kapteijns & Elshout-Mohr, 1981; McKeown, 1985; Nicholson & Whyte, 1992; Schatz & Baldwin, 1986）。即便如此，Sternberg（1987）的說法還是引起許多關於幼兒在情境中習得詞彙的討論。Swanborn 與 de Glopper（1999）審閱了這些文獻並加以整理，認為讀者的確能從情境中習得詞彙，只是效果不彰。他們粗估，文本中所遇到的新詞大約只有 15% 左右會在某種程度上被吸收。或許讀者並不知道該字完整的意思，但至少知道個大概，就像學前兒童進行快速對應時，對只聽過一、兩次的新詞，雖然知之但卻不甚透澈一樣（Carey & Bartlett, 1978）。就 15% 的習得率來計算，兒童需要在情境中遇到該字七次左右，才有可能學會。

但是，不同兒童投入的閱讀量有非常巨大的個別差異，這個領域的經典研究是 Anderson、Wilson 和 Fielding（1988）所做的校外閱讀研究。該研究的對象是五年級的兒童，他們要每天記下課外閱讀的時間，持續 8 到 26 週。每個孩子每天花在閱讀上的時間有極大的差異，而且和他們二到五年級的閱讀成就分數有高度相關。閱讀成就在百分等級 50 的學生，每天校外自主閱讀時間大概有十分鐘；但百分等級 80 的學生，自主閱讀時間大概是半個鐘頭；百分等級 98 的學生，每天的閱讀時間超過一個鐘頭。校外自主閱讀的量少，閱讀成就的表現就弱，閱讀成就百分等級 30 的學生，閱讀量大約只有百分等級 50 的學生的一半，只有百分等級 80 的學生的十分之一。

亦即，不管要遇見它幾次才能認識一個新詞，有些兒童閱讀了大量的文本來促成詞彙的發展，但在此同時，有些兒童讀得太少，因此很難期待他們能從閱讀中不經意地（incidentally）學會什麼新詞。

更消極一點來說，有愈來愈多的研究已經清楚指出，讀者在文脈中（也就是在句子、段落、故事中）遇到新詞並推測該詞的意義時，他們經常猜錯（見 Fukkink & de Glopper, 1998 的回顧）。為什麼會這樣呢？有時候是因為讀者缺乏賴以推測文本中新詞意義的相關背景知識。此外，文脈中所隱含對新詞意義的線索數量的多寡，也常影響人們推測與使用該詞彙（見 Nist & Olejnik, 1995 敘說清楚的實證分析）。可惜的是，我們迄今還不知道如何清楚判斷怎樣的上下文能夠提供讀者足夠訊息來推測新詞的意思，而哪些上下文卻不能。

但我們確實知道，不同的文脈會提供或豐富或貧乏的機會來影響讀者不經意的詞彙習得。Hayes 和 Ahrens（1988）分析了不同的情境中罕用詞的出現率（rare word occurrences），他們發現罕用詞相當豐富的來源之一是童書（31%），至少和「兒童電視節目」（2%）或「兩名大專程度成人間的會話內容」（17%）比較起來是如此。童書中的罕用詞數目甚至多過「黃金時間的成人電視節目」（23%）。

為什麼家長會被告知要限制兒童看電視的時間，以上的資料是一個主要的理由。因為讀童書給孩子聽，會比讓孩子看電視兒童節目，多出十倍的機會接觸到新的詞彙。這樣你也就能明白，為什麼和家長共讀過一千本書的兒童，會比整天都在看電視、只共讀過一百本書的兒童，在入學時有明顯的優勢。而有些兒童在入學前，甚至連一本書都沒讀過。

●● 參與高品質課程的兒童

雖然在學前階段於情境中學習詞彙的確受到相當的重視，不過詞彙學習會在整個童年的過程持續（Biemiller & Slonim, 2001）。能夠促進兒童學習詞彙的方法之一，就是透過高品質的課程。Carlisle、Fleming 和 Gudbrandsen（2000）曾經設計出一個高品質的科學學習單元，雖然詞彙並不是該單元的學習重點，但卻是參與該單元課程的學生額外的學習成果。

Carlisle 等人（2000）發現除了該單元學習的目標外，兒童還意外習得了一些詞彙（由於實驗中有對照組可以相互比較，所以一個月後，他們發現

兒童關於該科學單元方面的詞彙也超越了對照組）。即使如此，在單元教學結束後，兒童對上述詞彙的了解還是不足，仍有許多學習的空間。

而 Carlisle 等人（2000）也提出了許多有趣的評估，例如，在學習該單元前，擁有較多相關背景知識和詞彙的學生，能不經意地學到更多詞彙，反之則較少。在課程進行時，學生不經意學到的詞彙數量，不僅取決於接觸詞彙的情形，也與學生對於此主題的先備知識有關。

更廣泛一點地說，在過去十年間，本書作者及多位研究者觀察了許多高、低教學效能的班級特性，包含小學低年級（例如，Bogner, Raphael, & Pressley, 2002; Dolezal, Welsh, Pressley, & Vincent, 2003; Morrow, Tracey, Woo, & Pressley, 1999; Pressley, Allington, Wharton-McDonald, Block, & Morrow, 2001; Pressley, Dolezal, et al., 2003; Pressley, Roehrig, et al., 2003; Pressley, Wharton-McDonald, Allington, et al., 2001; Pressley, Wharton-McDonald, & Mistretta, 1998; Pressley, Wharton-McDonald, Raphael, Bogner, & Roehrig, 2001; Wharton-McDonald, Pressley, & Hampston, 1998；見本書第 8 章）；以及小學高年級和中學（Allington & Johnston, 2002; Allington, Johnston, & Day, 2002; Gabriel, Day, & Allington, 2011; Johnston, 2004; Pressley, Wharton-McDonald, Mistretta-Hampston, & Echevarria, 1998; Pressley, Yokoi, Rankin, Wharton-McDonald, & Mistretta, 1997）。

他們發現優秀教師會機遇式且頻繁地教導詞彙。當有一個學生不認識但很重要的詞彙出現時，對優秀的教師來說，這就是一個絕佳的教學時機。研究小組也發現，優秀教師不會直接告訴學生這個字多重要，而是不斷使用到這個字，並且提供很多機會讓學生在情境中不自覺地學會它。高品質課程就是設計許多幫助學生發展詞彙量的適合契機。

你也許以為這些高效能老師會比一般老師更常使用教材裡提供的指引，來設計這些機會，以幫助兒童發展詞彙知識。很可惜，完全不是這麼回事。教材裡提供的各種詞彙發展課次，似乎很少反映出我們認為最有效能、能提升詞彙發展的教學方式。在很多方面，現行發展詞彙的教材和這些教材中的閱讀理解成分一樣糟糕（Dewitz, Jones, & Leahy, 2009; Maniates & Pearson

2008）。換句話說，教材所建議的教學活動很少能重複提供新詞彙的接觸機會，也缺少豐富的文脈以裨益於新詞彙意義的習得。

但是研究指出，各種教材在新詞的字數及教學設計的品質上都有很大的差異。以 Wright 和 Neuman（2013）的發現為例，他們用文件分析法探討了四種在幼兒園最常用的 12 週課程，結果發現各家的教學目標詞彙數目有很大的差異，有的每週教兩個詞彙，有的每週教 20 個詞彙！詞彙被選入教材的原因並不清楚，有的教材聚焦在研究者認為很可能小朋友已經熟悉的詞彙上。最後，教材裡推薦的詞彙教學活動很少是有研究支持的。Wright 和 Neuman（2013）的結論是：「研究結果指出，幼兒園核心課程裡的教學並未反映現有關於詞彙發展的研究基礎，也可能系統化不足，以致不能影響兒童詞彙學習的軌跡」（p. 286）。

另有研究者已經報告過小學班級裡的詞彙發展課程，Lloyd（1995）與 Scott、Jamieson-Noel 和 Asselin（2003）注意到，詞彙教學通常是在去情境的詞彙層級活動中進行——通常強調發音甚於意義。同樣地，Dickinson（2011）報告道，一年級班級老師每天花 60 分鐘進行解碼課程（遠超過一般建議的），但每天只花 5 分鐘讓兒童有發展他們的語言和詞彙的機會（遠低於一般建議的）。這些不同的研究指出，只有很少的小學兒童在班級裡有過很豐富的詞彙發展經驗。

●● 學術（業）性詞彙

大多數詞彙習得的研究聚焦在一般詞彙知識的學習上，也就是我們在非學業會話或作文中會用的詞彙。但是學校教育的中心目標在於發展學生的關鍵學術性詞彙（academic vocabulary）。每一堂自然、數學、社會科、音樂或藝術課都會讓學生發展出某些主要和該學科領域，或只和該學科領域相關的詞彙。先不論科學家的談話或寫作，一般人很少會在日常會話、書信或電子郵件裡用到諸如**有機體**（organism）、**生理學**（physiology）、**有絲分裂**（mitosis）或**膽紅素**（bilirubin）等字眼。雖然如此，讓學生學會這類詞彙的意義，卻是自然科老師們每天都要做的事。有一小群的研究者致力於研

究學會這些詞彙可能產生的效果，及老師該怎麼有效地幫學生發展學術性詞彙。這方面的研究大都是最近才有，已經說明了學習學術性詞彙的重要性。

Townsend、Filippini、Collins 和 Biancarosa（2012）研究了多族裔中學且低收入家庭出身學生的關鍵學術詞彙知識。低收入家庭的學生在所有任務上的表現都弱於中產階級的學生，而母語為英語的學生在所有任務上的表現都優於母語非英語的學生，此外，學術詞彙知識可以解釋四個學科成就的變異量，其解釋量相當可觀而且達顯著水準。

Lesaux 和 Kieffer（2010）以 26 所多元族裔、低社經學校的六年級弱讀兒童為對象，研究他們的學術性詞彙知識。這群學生中超過三分之二為英語學習者，其母語不是英語，而有四分之三學生的強項是解碼能力。這群弱讀學生最大的共同點是意義詞彙知識不足，包括學術性詞彙知識的不足。研究者無法從學生「是否為英語學習者」的身分預測他們會如何被歸類在三種類別之中（字詞唸出緩慢組、字詞唸出自動化組，或全面障礙組），兩位作者總結道：

> 中學裡的弱讀學生絕大多數接受詞彙層次閱讀技能的介入，尤其是閱讀流暢性（Deshler, Palincsar, Biancarosa, & Nair, 2007）。這些介入的特色是重複閱讀詞彙難度較低的書籍以提升自動化技能，以及旨在提升字母－語音關聯性的字母拼讀活動。之前有一個研究以相似背景四年級學生為研究對象（Buly & Valencia, 2002），也得到和本研究一致的結果，對本研究中大多數的弱讀者來說，我們的資料顯示，將努力聚焦在詞彙閱讀流暢性，是資源的誤用，並無必要。（p. 622）

換句話說，相關的研究顯示，介入的重點應擺在怎樣提升學生要懂得其意義之詞彙量的成長。現在大多數年紀較長的弱讀者似乎學到了如何唸出不認識的詞彙，這並不意外，因為解碼課程占據了補救教學和特教介入絕大部分的注意力。但是年紀較大的弱讀者，包括英語學習者，他們最主要的問題在於缺少很多很多的詞彙、不曉得它們的意義，特別是關鍵學術性詞彙的

意義。好消息是我們知道怎樣幫助學生發展他們的意義詞彙；壞消息是能提供這般有效的詞彙發展活動的班級或介入方案實在太少了（Deshler et al., 2007）。

幸運的是，「刻意的（intentional）詞彙教導」會比「不經意的詞彙學習」帶來更好、更扎實的詞彙學習成效。而刻意的詞彙教導正是本章後續部分要談的主題。

詞彙該怎麼教？

詞彙教學有很多種方法，有些相當簡單，有些比較複雜。大致說來，我們會由淺入深地討論，從比較簡單到比較完整的教學方法。讀者若想特別深入探討這個議題，可參考 Baumann 和 Kame'enui（2004）或 Cunningham（2008）的書。

●● 提供詞彙的定義

Pany、Jenkins 和 Schreck（1982）的研究中，參與兒童被要求學習一張詞彙表中字詞的意義，他們對象很廣，從四年級的一般學生，到被確定為學習障礙的四、五年級學生，及因低社經家庭背景，而被認為可能是高風險的四年級學生。此研究的參與者須在學到詞彙後，將意思記起來，幾分鐘後再接受測驗。研究中有些是回憶測驗、從相似的幾個字辨別出同義字（選擇題形式），以及在依據上下文的語境中，判斷他們剛學過的詞彙是否用法正確。

在這個研究中最重要的自變項就是呈現詞彙的方式。在**從上下文推測意義**的實驗情境中，待推測意義的目標詞彙出現在兩個句子的上下文中；在**給予意義**的實驗情境中，學生會讀到包含該詞彙的句子，然後施測者告訴學生該詞的意義，並提供另一個包含該詞彙的例句；而在**練習意義**的實驗情境中，施測者拿出一個和目標詞彙的意義相同的同義詞，讓學生練習複習該同義詞彙兩次。最後，還有一個對照組，該組的參與者只能讀到詞彙本身——

而且閱讀時並不提供該詞的意義。研究設計裡有這個對照組，才能對比出其他呈現方式的效果。結果指出，呈現詞彙的定義真的能夠幫助學生學習，因為給予意義與練習意義兩組學生都比對照組有更好的表現。

然而，另一項重要的發現是，從上下文推測意義的實驗組，其表現與對照組相去不遠，這與本章第一節的結論不謀而合：從上下文不經意地學會新詞，是一種不可靠的學習方式，儘管 Pany 等人（1982）研究中已刻意做了手腳，讓推測字義變得特別容易（也就是第一個句子包含目標詞彙，第二個句子包含一個目標詞彙的同義字）。雖然兒童有時會從上下文中學會詞彙的意義，但就像他們做快速對應時一樣，這種學習不是很穩定，也遠不如 Pany 等人（1982）在研究中直接給予意義的效果來得大。

自從 Pany 等人（1982）的研究問世以來，許多有關詞彙意義的研究陸續出爐，這些研究大都是比較「提供詞彙意義」與「未提供詞彙意義」的學習效果。當提供詞彙意義說明時，通常會對詞彙學習有較大的助益（Brabham & Lynch-Brown, 2002; Brett, Rothlein, & Hurley, 1996; Elley, 1989; Penno, Wilkinson, & Moore, 2002）。雖然如此，提供詞彙的意義也不能保證學生就一定能完全理解該詞彙的定義。

因此，只要有辭典，老師們就會讓學生自行去查詢詞彙的意義，好幫助他們學習。但是，Miller 和 Gildea（1987）的研究卻粉碎了只要學生多查辭典，就可以增進對詞彙的了解這種一廂情願的想法。他們讓五、六年級的兒童在辭典裡查詢不認識新詞的意義，接著請學生寫出包含新詞的句子，這些兒童卻寫出了很多病句，如以下的例子（Miller & Gildea, 1987, p.98）：

Me and my parents *correlate*, because without them, I wouldn't be here.[1]
〔我和我爸媽有統計上的相關（有血緣上的關係），因為沒有他們，就沒有我。〕

---

[1] 譯註：這種錯誤在中文措詞裡也常見，例如，稱讚一個人有卓越貢獻，卻說成：「他對社會的貢獻罄竹難書。」

I was *meticulous* about falling off the cliff.

〔我拘泥（小心翼翼）地不要摔下懸崖。〕

The *redress* for getting well when you're sick is to stay in bed.

〔生病了，要好起來的救濟方式（妙方）就是多休息。〕

I *relegated* my pen pal's letter to her house.

〔我把我筆友的信移交（轉寄）到她家。〕

The news is very *tenet*.

〔這個新聞非常原則（重要）。〕

　　除此之外，既有釋義又有例句的方法其實幫助也不大。就用 usurp（權力的奪取）做例子吧，它大概的意思是 take，伴隨的例句是「The king's brother tried to *usurp* the throne.」，那麼兒童以 usurp 再造的句子還是會用錯意義。下面是幾個兒童寫的句子，如果把 usurp 換作 take 或其他相近字就都說得通：

The blue chair was *usurped* from the room.

〔這把藍椅子從這個房間被篡奪（拿走）了。〕

Don't try to *usurp* the tape from the store.

〔不要從店裡篡奪（偷走）膠帶。〕

The thief tried to *usurp* the money from the safe.

〔小偷試圖從保險箱篡奪（偷走）錢。〕

　　如同 Pany 等人（1982）研究中的參與者獲得新詞意義的解釋，Miller 和 Gildea（1987）的參與者也能從詞義的解釋中學習。但在基本面看來，Miller 和 Gildea（1987）這種只提供單獨的詞義解釋，或加上對詞彙提供上下文的範例的教學策略，通常有一定的難度。

　　辭典的解釋常常有好有壞（有些很清楚、完整，而有些就比較含糊、不完整），所以，我們需要一個有系統的研究，針對辭典闡釋詞義品質的優劣如何影響閱讀學習效果來進行分析（Scott & Nagy, 1997）。現在該是我們找

出能導致最佳學習效果之辭典的時候了。

●● 教導學生遇到新詞時，先對文脈進行分析

從文脈中學習的相關研究探討至此，可以知道學生們都是自己想辦法來學習詞彙的。然而，我們是可以教學生藉由文脈對新詞進行分析的。Sternberg（1987）和他的研究夥伴認為，教師可以教導學生兩種利用文脈線索的方式，幫助他們進行詞彙的學習。一種是外在的文脈線索（external context clues; 也就是依據新詞前後的意義線索），另一種是內在的文脈線索（internal context clues）——即新詞的前綴、後綴與詞幹[2]（Sternberg & Powell, 1983; Sternberg, Powell, & Kaye, 1983）。Sternberg 提出的利用文脈分析來進行詞彙學習的觀點，吸引了許多研究者對此進行探究。

1998 年，Kuhn 和 Stahl 分析了 14 個教導學生利用外在的文脈語義線索的研究，歸納出一個明確的結論。相較於沒有接受任何指導的對照組學生，那些接受外在文脈語義線索指導的學生，確實比較能夠發現新詞彙的定義（亦見 Fukkink & de Glopper, 1998，他們利用後設分析的方法來探究那些教導學生文脈線索的研究，包括：對學生推測詞彙意義的能力有一定影響的教學法）。Kuhn 和 Stahl（1998）還發現一個重要且有趣的事實。在 14 個研究中的四個研究，控制組的參與者是在沒有接受指導的情況下，簡單練習推測文本中詞彙的意思，但其進步的表現卻和接受特殊的文脈分析策略的參與者差不多。亦即，鼓勵學生揣測文句中詞彙的意義，並給予練習機會的教學效果，和給予詳盡利用上下文的策略（亦即，各種給予詳細不同的文脈語義線索的教學）的教學效果相當類似。

那麼，內在的文脈線索〔如，詞組（word parts）〕的分析，其效果又是如何呢？目前有關內在線索分析有清楚闡述的研究資料不但稀少，而且並不可靠（參見 Baumann, Kame'enui, & Ash, 2003 的回顧）。同時，Levin、

---

[2] 譯註：prefixes、suffixes 和 stems 的中文譯為前綴、後綴與詞幹。例如 untouchable 這個詞，un- 就是前綴，touch 是詞幹，-able 是後綴。

Carney 和 Pressley（1988）發現，如果對大學生進行詞彙成分的教學（也就是前綴、後綴及詞幹的意義），他們可以據此推測新詞的意思。這項研究結果指出內在線索的效果是相當明顯且廣泛的，雖然該研究只是讓才剛教過的根詞知識現學現賣。而 Graves 和 Hammond（1980）也發表了一篇類似的研究，對象是七年級的學生，研究證明這個年齡的學生可以將剛學過關於前綴的知識，類推到文本裡包含這些前綴的新詞。Wysocki 和 Jenkins（1987）發現，四年級、六年級跟八年級的學生都能夠將後綴的知識類推至其他詞彙，雖然只有在學生對於猜對或猜錯沒有壓力的時候，效果才特別顯著。簡言之，至少有一些證據顯示，不管兒童或是成人，教導他們詞素（morphemes；也就是語言中最小的意義單位——前綴、後綴及詞根）對於其推測詞彙意義是有幫助的。雖然如此，我們還沒有看到一份研究能夠證明其效果明顯，或是可以明顯看出，學生能將先前學過的知識運用於推測詞彙的意義上。因此，我們需要更多有關教導學生利用內在的文脈線索來推測詞彙意義的研究，以充足的證據支持這類教學確實能夠促進詞彙的學習。

相較於前述的文獻，有一份關於內在文脈分析的研究相當吸引我們的注意。Baumann 和他的同事們（Baumann et al., 2002; Baumann, Edwards, Boland, Olejnik, & Kame'enui, 2003）研究了教導五年級學生分析詞素（即內在的線索）及上下文語義線索（即外在的線索）的效果。其中一項研究經過為期兩個月的教學，而另一項則有 12 堂每次 50 分鐘的教學課程。在最受矚目的教學實驗中，學生被教導同時進行語素分析和文脈語義分析的方法。語素分析教學著重在教導學生利用詞根、前綴和後綴來學習閱讀過程中所遇到的新詞，在這個課程裡包括了 15 個特定的前綴和 5 個特定的後綴；而文脈語義分析的教學則強調仔細閱讀新詞前後的句子，以決定該詞彙的意思。教師並同時說明能幫助了解詞彙意義的線索、同義字或反義字的訊息，如果新詞是很常見的概念，也佐以其他例句說明。而參與者也會被教導幫助推知新詞彙意義的線索，通常是存在於周圍好幾個句子之中。

一般來說，課程是經過完善規劃的，包括了反覆練習實際運用詞素和文脈語義的教學策略，並提供參與者一個能夠覺察該於何時何地、如何運用這

些策略的機會。他們明確地教導這些五年級的參與學生，按照下面幾點方法去做：

> 當你遇到一個你不知道是什麼意思的詞彙時，請利用：
>
> 1. 文脈線索：閱讀該詞彙前後的句子，看看有沒有能幫助理解的線索。
>
> 2. 詞組線索：看看你能不能將該字分成你認識的詞根、前級或後綴，來幫助你了解它的意義。
>
> 3. 文脈線索：再一次閱讀該詞彙前後的句子，看看你是否能猜出它的意思（Edwards, Font, Baumann, & Boland, 2004, p.170）。

上述的研究結果指出一些清楚的教學效果。研究指出教導詞素與文脈語義策略的方法，能夠幫助學生在文本的閱讀過程中學習新的詞彙（亦見 Tomesen & Aarnoutse, 1998）。此外，雖然教導學生這些策略只有中度的效果，有時甚至只有微小的成效，但有證據顯示，五年級學生的確可以將他們學到猜測詞彙意義的技巧運用在閱讀新文本中。但是，目前還是沒有證據可以證明教導這些技巧能有效提高閱讀理解能力。教導促進詞彙習得的方法並不保證對閱讀有類化的效果。

Joanne Carlisle（2010）對 13 個有關詞素覺識教學的實驗研究進行了回顧，她發現這些研究的參與者年齡、母語（漢語、法語）和研究方法都很不相同，因此無法進行後設分析，只能進行整合性的回顧。她最主要的發現是，和沒有介入的對照組比較起來，13 個研究中的 12 個提升了實驗組參與者在詞素測量上的表現。整體來說，有四個研究聚焦在詞素分析、詞彙意義和閱讀理解，這些研究中的學生在接受詞素分析教學之後，一般都比較能推論出不熟悉詞彙的意義；但是，到目前為止，幾乎沒有證據表明學習應用詞素分析有助於提高閱讀理解能力。Carlisle 指出詞素覺識和詞彙知識的相關高達 0.91，和閱讀理解的相關也有 0.86。她下結論道，不管是詞素覺識在閱讀發展中的角色或者詞素分析的教學效果，都需要更多的研究來釐清。

●● 重複練習目標詞彙和意義

Pany 等人（1982）的研究發現，「練習＋給予意義」的教學效果，優於「只給一次詞彙意義」的效果。1980 年代中期，「增加詞彙接觸頻率能強化詞彙學習」的論點已然確立（Stahl & Fairbanks, 1986），重複呈現詞彙的教學也被證實比單一呈現的效果更好（例如，Leung, 1992; Penno et al., 2002; Senechal, 1997），且重複呈現的時間均勻分布為更佳（例如，分成幾天來呈現，比全部集中在同一天的效果好；Childers & Tomasello, 2002）。亦即，如同 Thorndike（1911）所言，反覆學習——增加和詞彙接觸的次數——對於學習詞彙意義來說是有效的。

●● 和兒童談論他們有興趣的東西

Valdez-Menchaca 和 Whitehurst（1988）曾對第二語言的學習進行探究，他們的研究對象是一群正在學習西班牙文、但以英語為母語的兒童。在實驗的情境下，當兒童對某玩具感興趣，大人當下就說出貼在該玩具上的西班牙文名稱。而控制組的兒童也會聽到相同的名稱，但聽到的時機，並非緊跟在他們正對玩具表示興趣的時候。雖然這兩組兒童都學會了這些名稱所代表的意思，不過那些即時聽到標籤名稱的實驗組兒童，在日後表示他們喜歡的玩具時，比較會常使用這些名稱。詞彙習得方面就如同其他各種的學習般，兒童的興趣很重要，當教學內容符合他們的興趣時，他們的學習就較有效率（Hidi, 1990）。

●● 和兒童共讀

父母和教師與兒童共讀可以增加他們的詞彙量。父母和兒童對於書本內容的互動愈頻繁，兒童語言的發展也就愈好（例如，Mol & Bus, 2011; Ninio, 1980; Payne, Whitehurst, & Angell, 1994；欲見相關文獻探討，可見 Bus, Van IJzendoorn, & Pellegrini, 1995；及 Scarborough & Dobrich, 1994）。更特別的是，有許多設計精良的實驗結果說明了，父母和師長如果能與學

前或小學兒童透過繪本彼此互動，更可以刺激語言的發展，當然也包括詞彙量的增加（例如，Arnold, Lonigan, Whitehurst, & Epstein, 1994; Baker et al., 2013; Brabham & Lynch-Brown, 2002; Dickinson & Smith, 1994; Leung, 1992; Lonigan & Whitehurst, 1998; Robbins & Ehri, 1994; Senechal & Cornell, 1993; Valdez-Menchaca & Whitehurst, 1992; Whitehurst et al., 1988, 1999; Whitehurst, Arnold, et al., 1994; Whitehurst, Epstein, et al., 1994; Zevenbergen, Whitehurst, & Zevenbergen, 2003）。簡言之，親子一起共讀優良的書籍，能夠促進兒童語言能力及其詞彙的發展。

●● 廣泛閱讀與詞彙發展

如同前面討論過的，自發性閱讀和詞彙發展與閱讀發展有關。即使在閱讀中不經意地習得新詞彙的不確定性太高，投入自發性閱讀也可能帶來更多的希望。Krashen（2006, 2011）可能是提倡自由、自發閱讀（free and voluntary reading, FVR）著力最多的人，他的書提出關聯性及實驗性的證據，說明刺激廣泛自主閱讀的效果。

證據指出學校的核心語文課程，平均一天只有 15 分鐘的閱讀活動（Brenner & Hiebert, 2010），有太多兒童的閱讀量實在少得可憐，根本不足以提升其閱讀及詞彙的發展。你可以去問問任何運動或弈棋的高手，一天若只練個 15 分鐘，他們有沒有可能成為高手。Ericsson、Krampe 和 Tesch-Romer（1993）關於專家活動的研究指出，那些特別厲害的高手，和能力稍弱的對照組比較起來，最大的差異在於「刻意練習」（deliberate practice）的程度。刻意練習涉及自主選擇要去做哪些練習，有時候這樣的練習非常狹隘單一（如練習籃球罰球，或倒退溜冰），有時則是直接投入比賽（如籃球、下棋或擊劍），但試著帶進一直在練習的招式。菁英級的鋼琴家比業餘鋼琴家多花了十倍以上的時間練習。Ericsson 等人（1993）的文章強調的重點是每個運動員和音樂家都聽過的老生常談——熟能生巧。

Cunningham 和 Stanovich（1991, 1997, 1998）指出，有各式各樣的資料顯示，閱讀量不但可預測詞彙量，也可預測閱讀的精熟程度。Cunningham

和 Stanovich（1991）指出，兒童的閱讀量能解釋各種語文能力的表現，包括詞彙知識及一般知識的成長，即使以統計方法移除一般能力及聲韻解碼技巧的影響之後，仍然如此。Cunningham 和 Stanovich（1997）下結論道：「整個小學階段，文字接觸的個別差異能夠預測閱讀理解能力的成長，小學畢業之後亦如此」（p. 940）。尤有甚者，他們強調廣泛自主的閱讀「對語文能力特別需要加強的兒童有雙倍的必要性，因為就是這種閱讀才能夠真正建立那些能力」（p. 7）。

只要出身低收入家庭的兒童在家庭和社區接觸不到書籍，他們所就讀學校的藏書亦少於中產階級小孩的學校，我們就會繼續看到廣泛閱讀在提升詞彙和閱讀發展上的角色。美國的現況是，來自低收入家庭的兒童可取得的書籍較少，這並不是說他們的學校完全沒有藏書，而是藏書較少（Allington, Guice, Baker, Michelson, & Li, 1995; Duke, 2000; Neuman & Celano, 2001）。如果我們想要一個配方，好讓來自低收入家庭的兒童在學業上永遠跟不上，他們缺書的狀況，正好可以讓這個現象持續下去。

●● 鼓勵兒童觀看訊息性的電視節目

幼童都會看電視，他們會收看《芝麻街》或其他訊息性的電視節目〔像是美國公共廣播公司（PBS），或其他類似的電視節目〕，或者也可以看卡通、連續劇及其他商業性的電視節目。這些節目有助於學前兒童詞彙量的發展，尤其如果兒童多收看教育性的電視節目，而非娛樂性節目，則他們的詞彙量就會比同齡兒童多得多。此外，第二個好處是，如果兒童在學齡前喜歡收看教育性節目，則他們日後選擇收看優良節目的可能性也比較大（Wright et al., 2001）。

●● 提供豐富的詞彙教學

Beck、Perfetti 和 McKeown（1982）以及 McKeown、Beck、Omanson 和 Perfetti（1983），用一個學期的時間教導一群小學生認識 100 個新的詞彙。Beck 和同事稱他們的教學法為「豐富的教學法」（rich instructional approach）（參見 Beck, McKeown, & Omanson, 1987; McKeown & Beck, 2004；亦見 Dole, Sloan, & Trathen, 1995）。這種教學法利用許多方法讓學習者使用並思考目標詞彙。例如，判斷在上下文間是否及何時要正確地使用詞彙，或是要求學生去分辨幾個意義相近詞彙間的細微差異，而在接受教學的幾個月中，學生有多次機會一再接觸這些學過的詞彙。McKeown、Beck、Omanson 和 Pople（1985）分析發現，學生如果在教學中接觸詞彙的次數愈頻繁，則學習成效就愈佳。此外，Beck 和 McKeown 的教學還經常要求學生說出，當他們遇到這些詞彙時，心裡在想什麼。簡而言之，Beck 和 McKeown 強調一種能夠長時間刺激學生進一步思考的詞彙教學法。Carlo 等人（2004）也曾提出類似的詞彙教學法，並宣稱這個方法能夠讓以英語為第二語言的學習者的程度，和母語為英語者不相上下。

　　Beck、McKeown 和他們同事的重要研究，支持了這種豐富的詞彙教學確能幫助學生理解包含這些學過詞彙的文本，但是，它對一般閱讀理解的影響程度卻不大（相關文獻回顧可見 Stahl & Fairbanks, 1986 及 Wixson, 1986）。這個研究成果足以讓樂觀者看見希望（亦見 Kame'enui, Carnine, & Freschli, 1982）——至少當文本包含教過的詞彙時，理解就會得到改善；或是讓悲觀者嫌它不足——教導這些詞彙後，學生在標準化閱讀理解測驗的表現顯示理解並無明顯進步。而從 Beck 的研究結果問世後的二十多年來，幾乎也沒有人再改變這個兩面的觀點。

　　拜 Beck 和 McKeown 的研究所賜，我們倒可以採取一個可行的策略，也就是教導學生學會他們在文章中可能遇到的詞彙。但學校課程在一年之中僅能教幾百個詞彙，所以到底該教哪些詞彙便成為一個問題。Beck、McKeown 和 Kucan（2002）提出了一個有趣的假設：兒童應該要被教導他們可能會遇到的詞彙，但是老師所能教的卻有限。首先，不要費心去教學生在生活中早已認識的詞彙（如 car、baby、happy、dog、funny），也不要傷神那些非常低頻的詞彙，因為那可能只是特定領域的專業用語〔例如，isotope（同位素），當然，除非你在教化學〕。老師應該要教的是那些經常出現在各種領域，而且是多數學生所不知道的詞彙〔例如，小學階段可以教

像 coincidence（巧合）、absurd（荒謬）、industrious（勤勉的）、flounder
（掙扎）、fortunate（幸運的）等詞彙〕。Beck 等人（2002）稱這些詞彙為
第二級詞彙，簡單高頻的詞彙為第一級詞彙，而低頻詞彙為第三級。然而，
就我們所知，Beck 等人（2002）提出的只是個還未經過驗證的假設，不過
這個假設對我們來說相當值得驗證。看看 Biemiller 和 Slonim（2001）較早
的討論，他們曾訂出 15,000 個中學畢業以前應該學習的根詞，並規劃出整
個幼兒園至十二年級階段的發展常模資料，以利未來更明確地訂定各個年級
應進行哪些詞彙的教學。

最後，Lesaux、Kieffer、Faller 和 Kelley（2010）對中學生有一個多面
向介入的研究，學生中大約有三分之二為英語學習者。這個 18 週的介入提
供了八天一個循環的教學，而每一趟循環中的每一天，實驗組學生會有一些
教學活動。剛開始是閱讀各學科課本的幾個段落，研究者選擇這些段落是因
為它們包含了好幾個經常會用到的學術詞彙。控制組的學生則在原教室，接
受老師原來計畫中的教學，並不特別強調學術詞彙的學習。在介入結束時，
實驗組的學生（包括英語為母語及英語非母語者）展現出來的目標詞彙知
識、文脈中語詞的意義及詞素技能，均顯著地優於控制組的學生。

英語學習者是當今美國小學中比例相當高的一群，大概是全部學生數的
四分之一。也許你會覺得很意外，但現在美國學校裡西班牙裔的學生數已經
超過非洲裔美國人的學生數。當我們在思考英語學習者的詞彙習得時，我們
很訝異地發現，教育研究期刊裡對年紀較小的英語學習者在英文詞彙學習的
研究少之又少。

◆ ◆ ◆ 結論與總結性迴響 ◆ ◆ ◆

1. 要增進詞彙的發展，就要讓兒童置身於富含詞彙的環境裡。本章反覆強
   調，多使用詞彙豐富的語言以強化兒童詞彙發展的觀點，大人要在兒童身
   邊，多跟孩子說話，以閱讀故事書及正式的詞彙教學和孩子們互動，以各
   種不同的方式提示他去思考如何認識新的詞彙。要讓教室裡富含充滿詞彙

的言談，在正式課程與非正式的互動時都要如此。兒童經驗中的言談與詞彙至為重要。

2. 如果你贊成 Biemiller 和 Slonim（2001）所說，高中畢業前必須學完 15,000 個根詞，而且其中大半都是在自然情況下學習，相信你應該能勝任詞彙教學。假設兒童於學齡時都是在豐富的語言環境裡學習（也就是可以經由對話和交談不自覺地學習大量根詞），我們估計僅僅大約有 5,000 個根詞（最多不會超過 10,000 個）需要經過正式的教學。5,000 個基礎詞彙平均下來，一天大約只要教二至四個，這對大部分的老師來說並不難做到。教育者在不久的將來應該關心的議題，是到底要教哪些特定的詞彙，並確保學生都能學會這些出現率很高的詞彙。Biemiller 和 Slonim（2001）及 Beck 等人（2002）都明確地指出這重要的研究方向。

3. 在我們投入更多心力在詞彙教學前，我們還必須注意，迄今為止的相關研究雖然顯示詞彙的習得對閱讀有一定的影響（例如，增加閱讀理解），但這個影響的程度是相當有限的。當學生所閱讀的文章裡若包含剛教過的詞彙，將對他們理解文章稍有助益；但是其他影響則微乎其微，甚至經常無法察覺——至少在本章所引用的幾篇研究都得到這個結果。當然還有另外一個可能性促成了上述研究結果，也就是迄今為止，我們都沒有真正深入了解詞彙量影響學生讀寫能力的各種可能性，而僅僅是不斷以閱讀理解作為詞彙學習成效的指標。舉例來說，詞彙習得對於學生寫作和言談能力的表現可能有著更廣泛的影響。

　　詞彙習得可能也會影響除了文本閱讀理解以外的其他理解能力——例如，理解別人或電視評論的言談。簡而言之，我們不相信研究者已經全面地考量詞彙習得對提升讀寫能力的好處。在更多證據證實詞彙量對讀寫能力只能有適度的影響前，我們依然樂觀地相信，未來還是會有人證明，詞彙教學確實是一項相當值得的教育投資。我們會主張學生在閱讀時應多留意那些不熟悉的詞彙，並嘗試推測它們的意思。根據上述研究的發現，我們知道學生一定能夠學著這樣做，而現在我們也必須嘗試著去找出當學生在面對新詞，努力猜想它的意思時，他們究竟發生了哪些變化——尤其是

當學生有許多機會經驗到高品質的言談及文本，且這些言談和文本均充滿了讀書人該認識的詞彙時。

4. 大多數的詞彙是在文脈中習得的，不管是白紙黑字或口說的文脈。因此，雖然我們對像 Andy Biemiller（例如，2005）這樣嘗試為不同年齡兒童找出應學詞彙的研究大為激賞，因為這樣的研究可以幫助我們決定學校裡要教哪些詞彙，但我們對「大多數詞彙要在語文課裡教」這種說法，並不以為然。即使是某個非常具有企圖心的小學閱讀課程，也只嘗試一年教 1,000 個詞彙，只要學會 400 個就算成功（Biemiller & Boote, 2006）。即使使用詞彙量的低標估計值來算，會比高標估計值算得準確一點（即高中畢業生擁有 15,000 到 20,000 個根詞；Biemiller & Slonim, 2001），但一年學 400 個新詞，是絕對達成不了任務的（Pressley, 2006, p. 14）。

5. 我們有證據指出，老師可以幫助學生發展從文脈裡獲取詞彙意義的能力，我們在此指的是印刷品的文脈，新詞彙散布在文脈裡。因為研究社群對「廣泛閱讀能解釋成人的詞彙量」這個說法幾無異議，因此，從低年級起，確保提供所有兒童策略閱讀的課程，是一個合理的建議。

Chapter 8

低年級專家老師的
讀寫教學

（與 Ruth Wharton-McDonald* 合著）

　　近二十年來，閱讀研究的方向有了改變，從各種閱讀成分技巧的教學與學習環境，轉為探究教室裡的讀寫教學，從而考慮了更多低年級教與學的複雜因素。已有人主張，現在美國對教室裡發生的事物之關切，超過了以往任何一個時代（Hamre & Pianta, 2010）。在 1990 年代，Michael Pressley（本書第一作者）和他的研究團隊花了很多時間探討可以支持低年級兒童讀寫的各種教學因素——當然也探討是哪些因素導致相當多的兒童在一年級就發生閱讀困難。雖然在先前章節所提到的諸多研究中，並不是全部研究的結果都在 1990 年代初期就已經完成，但是早在那個時代就已經有足夠的研究結果讓我們了解，「音素覺識」和「解碼技能」兩者都是初始閱讀的重要關鍵。那個時候我們也察覺到，有許多老師堅信全語言取向的教學，他們相信這可以在詞彙以上的層次影響兒童的閱讀能力。Pressley 的團隊到過許多低年級教室，看到許多老師營造出充滿文學及寫作氣息的全語言環境，就知道這套教學確有其吸引力。但是，他們也看到某些班級強調詞彙層次能力的教學，同時也讓孩子們沉浸於一個豐富的文學和語言環境（似乎是平衡式的取向）。所謂「平衡式教學」的問題，在當時還完全沒解決，於是，他們決定要去找出成功的班級（班上絕大多數的學生都能投入學習）和較不成功的班

---

* Ruth Wharton-McDonald 博士為新罕布夏州德爾罕市新罕布夏大學教育系的副教授。

級之間究竟有哪些差別。這樣做，部分是為了要了解平衡式讀寫教學可能扮演的角色，部分是為了要更聚焦了解低年級班級的教學實況。任何認真的學校觀察者都知道，一般文獻中的研究報告都有其限制，例如，字母拼讀教學的研究經常不在教室內，並以小組的方式，由受過訓練的「老師」進行。這樣的研究現場，比一般教室少了 15 個 6 歲大的小朋友，實在不能代表真正的班級。

　　Pressley 和他的同事是認知取向的研究者，他們知道認知心理學家曾下過苦工試圖了解專家級的決策歷程，例如，研究放射科醫師如何解讀 X 光照片，以及飛機駕駛員是如何處理飛航緊急事件等等（Chi, Glaser, & Farr, 1988; Ericsson & Smith, 1991; Hoffmann, 1992）。上述這些研究的特點就是比較專家和生手的差異。這方面的文獻在 1992 年夏天激發出 Pressley 一個重要的想法，那時他正博覽群籍，試著了解小學階段的閱讀教學是什麼樣子。

　　當時，他所閱讀的書大都是被全語言社群視為最基礎的書籍，這些書本也提供許多教育上的建議。然而對實際教學情況來說，書上的大部分建議和實際教學之間還是有段距離。這些書都是教育學的教授寫的。Pressley 不但認識許多教育學的教授，也對專家－生手的研究熟悉，他的直覺反應是，如果向課程與教學領域的教授詢問有關如何進行早期閱讀教學，這個作法就如同向航空公司的行政人員和航空工程師詢問如何駕駛飛機。在這個例子中，這樣的策略雖然會得到許多關於飛機駕駛艙的資訊，但卻可能有很多訊息是錯誤的，許多細節也會因此而被忽略。優良的飛行員擁有許多「條件式的知識」（conditional knowledge）：他們在飛行的過程，何時應該做哪些決定；他們也會隨著飛行經驗的累積，更清楚了解在何時使用哪些特殊策略是有用的，及哪些時候應該嘗試其他的方式。相較之下，即便是航空的行政人員和航空工程師仍無法擁有這些資訊，因為這些能力必須要透過多年實際飛行經驗才能具備。

　　Pressley 認為寫全語言相關書籍的教育學者明白很多教學理論，他們的著作確實也會對老師的教學產生影響，不過他們卻缺乏第一線的教學經驗。他們並不是無時無刻都在教導學生，因此，他們無法體會課程理論與實際教

學的結合是如何進行的，而這種觀點只能透過長期待在教室中才能體會。

從上述的反省和經驗出發，我們認為要了解有效的早期閱讀教學，最好的辦法就是研究有效能的低年級老師，並且和他們互動。Pressley 有此領悟之後的十年，他和同事花很多時間在教室蹲點，為的是要發展一套觀點，說明小學班級能做什麼、該做什麼，好讓學生學會讀寫的機會最大化。

對傑出低年級閱讀老師的調查研究

為了尋找傑出的小學閱讀教學典範，Pressley 以及他的同事 Joan Rankin 和 Linda Yokoi（1996）在相當短的時間裡，嘗試蒐集大量資料。為此，他們找了一群小學語文老師的督學，請他們推薦一些特別優秀的低年級老師，即能夠有效提升學童讀寫成就的幼兒園和小學一、二年級的老師。找到了這些特定的老師後，研究者以信件進一步聯繫，並用一個開放式問卷請他們簡要描述十項自己教學時的重要元素。當整理完所有老師的回答之後，他們發現內容涉及超過 400 項教學實務作法，這列清單是研究者蒐集到的第一層指標，反映出高效的低年級讀寫教學的複雜性。

但 Pressley 等人（1996）並未就此打住。他們對於開放式問卷中所回應的每一個教學要素，都發展出相對應的量化量表，並將所有問題放在問卷中。底下是該問卷上的幾個問題：

- 您有使用「大書」（big books）嗎？（請以「不曾」至「一天數次」的等級來回答。）

- 故事講完後，您會問學生「理解方面的問題」嗎？（請以「完全沒有」至「全部的故事都有」的等級來回答。）

- 您給學生閱讀的書本中有百分之多少屬於兒童文學名著？……有百分之多少的書是為「特定的」閱讀層次寫的？……有百分之多少是為了練習語音元素及／或型態而寫的？

- 優讀者（或一般讀者或弱讀者）的家庭／父母有參與您的閱讀教學嗎？

然後，問卷會再次寄給曾回答開放式問題的老師，大部分老師會再次填答。老師會描述他們的教學作為，並指出他們教室牽涉了許多複雜的要素。

●● 教室裡的讀寫環境

實際上，所有老師都說他們至少在某種程度上認同全語言與語言經驗法的教學。他們嘗試去塑造教室的讀寫環境，包括班級的圖書館、學生作品的展示，和圖示故事與童詩的展示。他們將自己的教室描述成豐富的口說故事、閱讀故事及重讀故事的環境。而且很典型的是，老師都利用學習中心或角落來發展聽力、閱讀和寫作。

在老師所報告的每日閱讀及寫作練習中，很少出現孤立的技能練習，例如：要小朋友寫學習單或習作。不僅如此，老師也說明他們會確認學生尚未精熟的能力——包括字母拼讀、字母辨認和拼字——並讓學生在其他閱讀和寫作的情境中不斷重複練習他們不會的技能。

老師說明他們會示範讀寫技能與策略，以及對於讀寫能力的正向態度。他們會關心每位學生的讀寫成就，掌握學生的需求，並在學生有需要時給予額外課程和重複的教學。所以，閱讀和寫作都是以學生的需求為基礎，進行個別指導的。

此外，老師也報告了許多發生在這些教室裡的不同閱讀形式，包括：學生與老師一同閱讀、領讀、齊讀、分享閱讀（shared reading）、學生與他人一同朗讀、每日默讀、重複閱讀書籍及故事書，及回家的閱讀作業（如：老師指派的回家閱讀書本，並要求父母必須聆聽孩子的閱讀）。班上也閱讀不同類型的書籍，包括：優良兒童文學作品、大書、圖示童詩及故事、繪本，及可預測的結構性書籍。閱讀活動也常包含所讀作品的作者研究（author studies），例如：閱讀優秀的兒童作家及插畫家的一系列作品。此外，老師也報告，他們很少讀基礎讀本、依閱讀能力分級的讀物、章回書籍和說明文題材的書籍。

老師們會把讀寫能力教學整合在其他課程的教學活動中。針對這個部分，老師們提到許多讀寫課程的延伸活動，包括：藝術和工藝、插圖活動及

遊戲等。簡言之，這些專家老師結合教室中的正式課程和較不正式的活動，整天都在進行學生讀寫能力的發展。

●● 閱讀教學

老師們也指出，他們非常關注幫學生發展各種閱讀技能，不僅包括全語言模式主張的文脈式教學，也包括使用去脈絡化的活動（如遊戲、拼字測驗）。老師們的閱讀教學也包含發展學生一些特定的能力，以及閱讀必備的技能（如：聽覺和視覺的區辨；專注和傾聽）、印刷品概念（如：詞彙的概念，一本書封面、封底、作者、書名、章節等概念）、字母辨認、字母規則、字母－語音的連結、標點符號 、解碼策略（使用情境和圖片線索，及使用字母－語音的知識來看字讀音）、瞬認字（sight words）和詞彙、拼字、文本構成要素（例如：因果關係、中心思想、特色分析）、理解策略（特別是預測和想像）和批判思考技能（包括腦力激盪、分類及回憶文章細節）等等。

●● 寫作

除了非常強調閱讀發展之外，老師們在教室裡也進行了許多有關寫作的活動。老師們教導寫作歷程，包括計畫、起草、修正和完稿。他們讓學生寫故事、寫日記。他們的學生經常要對班上的圖片、無字圖畫書和故事朗讀做文字回應。另外也有分享式寫作活動，包括全班對老師口述故事，老師當謄寫員，把故事寫在黑板上。老師有種種方法透過寫作來和閱讀連結，其中一個重要的方法是讓學生朗讀他們的作品給全班同學和老師聽。

●● 學生能力不同，但都要學相同的技能

老師們都強調他們會讓不同能力的學生從事相同的課程內容和活動。而且，老師們也都宣稱他們會對弱讀者提供更明示和更多的教學。亦即，不同於全語言的哲學，老師們似乎相信，如果只有沉浸於讀寫環境的教室裡，弱讀兒童依然無法發展出讀寫所需要的技能。所以，比起一般讀者，老

師對於弱讀者的閱讀和寫作提供了更多的指導。在另一個後續的問卷研究中（Rankin-Erickson & Pressley, 2000），低年級的特殊教育老師也說明他們提供許多直接教學，以支持閱讀及寫作技能的教學。亦即，在上述二個不同研究中，低年級的教育工作者都宣稱明示的教學方法對於弱讀者來說是非常好的，不過，即便如此，他們覺得所有閱讀者都應該學習相同的讀寫技能，並且擁有閱讀經典文學作品和書寫文章的經驗。

●● 不同年級間的教學轉變

如我們所料，老師們說明有些教學練習會隨著年級增加而減少，但有些教學練習則會隨著從幼兒園一直升級至二年級而增加。

隨著年級遞減的教學活動

隨著年級增加，老師們在教室愈來愈少用到各種標語和名稱標籤，也愈來愈少使用學習角（learning centers）；其次，字母辨識訓練及字母歌曲吟唱也明顯減少。當然，教學重點也慢慢不再集中於字母原則，字母－語音的連結，和簡單的印刷品概念（如：字母的概念、印刷品的閱讀方向）。而隨著年級的提升，老師也不再重讀故事、進行大書的分享閱讀，以及使用圖示故事和童詩。此外，圖片、結構性書籍與分級讀物的使用頻率和共同寫作的活動（如：學生對老師口述故事）也漸漸減少。親師會也變少了。

隨著年級遞增的教學活動

一般而言，隨著年級增加，輪讀及學生獨自朗讀的練習愈來愈多。其次，也有更多的獨立閱讀，而且，年級愈高，基礎讀本的使用也更為常見。與全語言看法一致的是，老師說學生更會利用句法線索來解碼。另一方面，老師也會增加字母拼讀規則、看字讀音（sounding out），和有關解碼的字形分析。瞬認字、拼字練習、拼字測驗和詞彙教學也會增加。此外，各種閱讀理解策略的教學也會隨著年級增加。再者，在寫作上，學生產出更多的故事和更多讀後心得的寫作，老師也更強調標點符號；個人寫作檔案的使用也

隨著年級有明顯的增加。

●● 績效責任

　　老師們說明他們全面地注意學生的學習進展，包括：閱讀理解的確認（如：閱讀後詢問學生問題、讓學生複述已聽過或讀過的故事、學生複述故事片斷或相片軼事）、製作寫作檔案和閱讀檔案。老師也報告道，他們與家長有定期的會議，頻繁地與家長溝通也是績效責任之一。

●● 小結

　　這個早期調查研究中的參與者，是被督學視為最有效能的老師，他們報告了自己在校的日子，教室裡滿是各種閱讀及寫作活動。最重要的，就本書的主張而言，這些優良老師提供給學生的，都是很棒的平衡式教學。這與許多教育學者和理論家的推薦一致（例如，Adams, 1990; Cazden, 1992; Delpit, 1986, 1988; Duffy, 1991; Fisher & Hiebert, 1990; McCaslin, 1989; Pressley, 1994; Stahl, McKenna & Pagnucco, 1994）。參與這個研究的老師們敘述他們的班級結合了全語言與明示技巧教學的迷人特點。

　　即便這樣的自陳資料比起鑽研課程的教授們坐在電腦前打出來的文章，更貼近實際的教學，但它們終究只是自陳資料，不是真正的教學。因此，Pressley 和他的同事對這份調查研究裡的小學一年級教學，進行了實地的觀察研究。這份調查報告是個好的開始，畢竟，後文所列舉的觀察結果，沒有一項和這些有效能老師的報告是相牴觸的。

小學一年級的傑出教學研究

　　在二十世紀的最後 25 年出現了許多對有效能的小學所進行的研究（Edmonds, 1979; Firestone, 1991），特別是那些「極端值」（outlier）的、在惡劣環境下表現傑出的學校（例如，在低社會經濟社區中有高學業成就的學校）。經由這些學校的分析，我們得到一致的結論──這些學校都具

有下列的特色（Cole-Henderson, 2000; Firestone, 1991; Hallinger, Bickman, & Davis, 1996）：

1. 它們有意志堅強的行政領導。
2. 它們對於所有兒童都有很高的期待。
3. 它們不靠嚴厲的手段，卻擁有安全和有秩序的環境。
4. 最重要的是學生可以習得基本學業能力，而且樂於從其他活動轉移資源去支持學生這些能力的發展。
5. 它們仔細監控學生的學業進展情形。

二十一世紀的最初幾年，有些研究者進一步聚焦在學生讀寫成果特別成功的「極端值」學校（例如，Cunningham, 2007; Johnson, 2002; Mosenthal, Lipson, Sortino, Russ, & Mekkelsen, 2002; Taylor, Pearson, Clark, & Walpole, 2000）。Taylor 等人（2000）研究全美國 14 所學校，每所學校都有高比例家境貧困的學生。在這些學校的幼兒園至小學三年級裡，每個年級有二位老師曾被觀察，而且其班級的成就也被詳細分析。研究者也蒐集學生學年初與學年末的詞彙層次（字詞辨識正確性及流暢性）和閱讀理解測驗的測驗分數。

研究者依據學年間學生讀寫能力進步程度，進一步將這些學校分成高效能、中效能和低效能三組。最有效能的學校有較多的小組教學，更多的老師指導（如：鷹架）、字母拼讀法教學，其強調應用在真實閱讀過程、更高層次的提問、更多親師合作和更多的獨立閱讀。有效能的學校，在閱讀技能教學和全整式教學（如：完整文本的閱讀、作文寫作）取得較好的平衡，學生的參與和投入也比較好。亦即這個研究的發現指出，這些「反敗為勝」的學校和前述調查研究的發現相符：有效的小學讀寫教學是一種平衡式的教學，包含了明示技巧教學和較全整、真實的閱讀經驗；這種教學滿足了個別學習者的需求，也納入正向的家長關係。

●● 紐約上州小學一年級傑出教學之研究

為了深入了解有哪些細節可以讓某些老師教起來這麼有效能，Pressley
的團隊在前述的調查結束後，進行了一系列的教室蹲點、觀察式的研究
（Pressley, Allington, et al., 2001; Pressley, Wharton-McDonald, et al., 2001;
Wharton-McDonald, Pressley, & Hampston, 1998; Wharton-McDonald et al.,
1997）。研究者首先面臨的挑戰就是，怎樣找到這些傑出的小一老師？為了
找到他們，研究者詢問了紐約州奧爾巴尼地區的語言教學督學，請督學們提
名最有效能的一年級老師。為了決定什麼是獨一無二的傑出教學，研究者也
請求督學提名了一些典型的「一般老師」。1994 到 1995 學年，研究者共選
出九個班級，每班至少進行了十次觀察。

雖然尊重督學的判斷，但是在研究期間，研究者也想更客觀地決定哪位
老師可以讓學生有超乎尋常的學業成就。因此，當觀察進行時，研究者特別
注意一些可能的成就指標。最後，共有三類訊息，被認定為有效能教學的評
量指標：

1. **學生投入程度**。每隔 10 至 15 分鐘，觀察者會以目光梭巡整個教室，並
   計算有多少百分比的學生正專心地從事學業的活動。班級隨著這個特點
   而變化：有些班級在不同課程及活動中，一樣具有一致的高度專注力；
   反之，有些班級的專注程度則會有所變動。

2. **閱讀程度**。學生的閱讀程度並非由標準化測驗分數決定，而是由他們學
   年末所讀的書本難度等級來決定。到學年結束時，各班級的閱讀能力有
   相當大的差異。優秀的班級中，多數學生都能經常性地閱讀符合該年級
   或更高年級難度的書籍；相對地，較弱的班級中，許多學生都還在閱讀
   前一個年級或一年級期中的難度的書。

3. **寫作程度**。研究者以學生所寫的故事和短文來評定他們的寫作能力。在
   優秀的班級裡，典型的期末作文長達數頁，這樣的作品可以反映出各種
   寫作技能、好的拼字、和適當的標點符號。這些班級的作文在表達時，

文章連貫性頗佳，寫了好幾頁，都仍能鎖定主題。在另一種極端的班級裡，學生的期末作文通常少於一頁，而且缺乏連貫性，文章主題的發展和寫作的技巧，都不太容易讓人留下深刻的印象。

研究者對於每位老師至少有十次觀察和兩次深度訪談，結果一致認為這些老師可以分為三類。其中有三個班級的學生，他們非常投入，閱讀程度也符合或超越所屬年級，而且寫作的作品相當通順、有深度。而另外的三個班級則處於另一個極端，學生的專注力很低，閱讀和寫作成就的表現相當平常。剩下的三個班級則在兩者之間。研究者建立了每位老師的教學模型。然後，他們比較這九位老師的教學模型，以了解究竟有哪些班級與教學的特質，能夠區分這三位傑出的老師和其他六位老師。

各班級間的共同點

事實上，這九個班級有許多共通點，以下是至少七個班級曾被共同觀察到的特徵：

- 它們是正向積極的場所，由有愛心的老師帶領。
- 班級裡少有競爭。
- 它們都有班級常規，而且學生總是知道他們現在應該做什麼事情。
- 它們有多樣的教學形式——全班和小組教學，合作學習和獨立作業。
- 老師們混合直接明示的教學（如：解碼、標點符號、字母大寫、拼字）以及強調意義的活動。
- 所有老師都認為父母參與孩子讀寫發展是很重要的。

綜上所述，所觀察的教室中，每個班級用的都是平衡式教學，包含了強調閱讀技能和強調意義的學習活動，這正是本書最重要的主張。

三位傑出老師的獨到之處

如同先前提到這三個優秀班級中，學生的投入程度一致高於其他六個班

級，有好幾個教學面向造成學生專注程度的差異：

- 這三位最好的老師是專家級的班級經營者。事實上，他們是如此優秀以至於班級經營甚少引人注意。在一個較近的觀察研究中，Hamre和 Pianta（2010）把這樣高效能的班級比喻為「上了潤滑油的機器」（p. 32），他們也觀察到學生的高度投入，及幾乎看不見的管理程序。

- 這三位頂尖的老師也是人力資源的熟練管理者。所以，資源老師們總是被適當地「安插」在這些教室裡，並忙碌地提供教學以幫助學生學習。然而大部分的一般老師常常沒有好好利用資源老師——如：資源老師會花很多時間做沒有必要的周邊工作，而由班級老師獨自引導全班的課程。

- 最好的班級裡有高度密集的教學——孩子總是有學習活動要做，每堂課都要同時達成各種不同的目標。

- 教學活動環環相扣。閱讀素材和作文題目有關，而且讀寫教學和學科教學結為一體。例如，其中一位傑出老師整合了她的食物營養課程，那是該州小學一年級自然課的必修部分，並且搭配閱讀像是 Judith Barrett（1978）的童書《食破天驚》（*Cloudy with a Chance of Meatballs*），那是一本引導學生書寫菜單的兒童讀物。

- 一般的班級中，教學活動經常與學業無關，但在效能最好的班級裡，它們的教學活動總是富含學業性質。例如，在一個典型的一般老師的教室裡，有許多抄寫活動。另有些班級，許多讀寫教學的時間都在「分享」討論，但討論的內容卻和孩子正在閱讀的書籍及其他學科無關。

- 一般而言，傑出班級比起典型的普通班級，它們的教學活動和教學目標的內容更豐富，並且持續地在進行。

- 有著傑出老師的班級總是充滿學生願意去學、可以學會的訊息，這些老師對於讓他們的學生可以發展成閱讀者和寫作者充滿期待。

- 在傑出的班級裡，每個學生都會因為自己的成就得到增強；而這三位傑出老師都特別關注弱讀學生的學習進展。

- 在這三位傑出老師的班級中，「強調意義的教學」與「明示的技能教學」有很好的平衡，閱讀、寫作和閱讀技巧的教學也有密切地整合；在教導讀寫技巧時，老師不斷提醒孩子這些技巧要怎樣運用在閱讀及寫作上。此外，課程也安排讓孩子閱讀與寫作時，有許多使用這些技巧的機會。其中一位傑出老師這麼描述初始閱讀的教學：「讓孩子在全語言的融入教學與……語音（解碼教學）解碼技能之間達到良好的平衡……如果無法達到平衡，就像試著把圓塞進方框裡一般，這樣是行不通的。如果不使用多元的教學策略，那麼你就無法照顧到每位學生。」

  相對於這三位老師在傑出班級實施的統整的平衡式教學，其他老師則傾向於採用重口味的技能本位或重口味的全語言教學，或嘗試以不搭界的方式結合兩種教學法；在表現中等的班級裡，有一位深受全語言取向影響的老師，其課程雖然安排了強調基礎解碼技巧的拼字課程，而且每週學生也會學習拼出詞彙家族及衍生詞，並且練習詞彙，但是老師並未理所當然地期待他們在日記上寫故事或作文時，自己為正確拼出詞彙負起責任來。

- 三個傑出班級成績最佳，但為什麼？其中一個理由是，當傑出班級的學生們在需要幫助時，都能及時獲得協助。無論是全班教學或一對一互動上，這三位傑出老師都會非常主動地替學生搭建學習的鷹架（Wood, Bruner, & Ross, 1976）。當學生遭遇困難時，不管當時是全班上課或個別指導，老師會提供導引或提示；當學生嘗試閱讀較困難的文本、擬草稿或是訂正文章時，老師們也會協助。上述這些類型的幫助，經常是提醒學生運用剛剛學過的技巧。舉例來說，在情人節前一天，有位老師設法在美術課時，融入一些關於形狀和音素覺識的機會教育課程：

老　師：當我想到情人節，就讓我聯想到一些事，而且我還會把
　　　　這些事寫下來。所以我會把這些事寫在什麼形狀的紙
　　　　上呢？（學生們很安靜）是方形？圓形？長方形？三角
　　　　形？或是其他形狀呢？

學生 1：一個心形（heart）。

老　師：有誰會拼「heart」這個單字？

學生 2：H-E-A-R-T。

老　師：好棒喔！如果我想用我的語音去拼 heart 這個字，我能
　　　　從哪個字母開始？

學生 3：H。

老　師：那它用哪個字母結束？

學生 4：T。

老　師：所以你們現在知道 heart 這個字裡有的一些字母了。

- 因為隨時都有這樣的機會教育，傑出老師們在審視學生的技能發展時，會觀察學生閱讀與寫作所有能力的發展，他們認為閱讀教學就是長期地建構出閱讀及寫作知識來。同時，這些老師並不那麼贊同發展教育的教學模型，因此就某些技巧而言，他們並不使用學習單給學生練習。

- 在優良的班級中，老師提供給孩子教學和幫助時，並不會使孩子們養成依賴老師的習慣；相反地，卻能普遍地培養學生自我調節（self-regulation）的能力。這些學生經常獨立作業，或與其他孩子協同工作。卓越的老師會培養學生能在沒有成人的幫助下，也可完成老師要求的事項。老師要求的任務具有挑戰性，但不會難倒他們。學生學會如何調節自己的行為和學習。

- 優秀的老師十分明白練習及練習本身的目的，所以，讀寫能力教學時絕對不會出現那種缺乏準備的活動。這和某些老師的作法極為不同，這些老師在分組活動時，會安排一般活動來使學生「有點事做」。相

較之下，讓學生有事可做，絕不是傑出老師安排活動的目的。

觀察員發現，雖然三個傑出班級有其共通性（如表 8.1 的摘要），但這三位傑出老師的班級各有其獨特的性格，研究中的每個班級也都有其不同的特色；因此，很難透過任何一位傑出老師的教學工作與成效，就讓我們明白什麼是傑出教學。不過，我們還是認為透過詳細地審視一位傑出老師的教學，能使我們更加了解一個傑出班級錯綜複雜的特性。

表 8.1　Wharton-McDonald 等人（1998）研究中專家老師們的特質

- 精熟的班級經營
- 高密度的教學與活動
- 充分整合閱讀、寫作與其他教學
- 全語言教學與明示的技能教學有良好的平衡
- 對學生的學習抱持高度期待
- 廣泛使用鷹架來幫助學生學習
- 對於學生自我調節的表現給予持續性的鼓勵

安迪老師的教學

安迪是 Wharton-McDonald 等人（1998）的研究中三位傑出教師之一，是一位中年男子，他把班級經營成一個極度迷人的世界。有個學生甚至還說：「我真希望我住在這裡。」安迪老師從不批評學生，他總是以正向的方式介入，把學生導入正軌。例如，某一天，班上講話的音量超過可以接受的程度了。安迪老師說：「我聽到你們很認真的討論了，但可不可以再輕柔一點？」當他發現學生分心時，安迪老師會說：「肯尼，你為何不和馬克一起閱讀你的短文呢？」然後，肯尼便會熱中地與馬克一起閱讀，且馬克會給予肯尼修正的提醒或回饋。

當有其他訪客進入教室時，教室一切活動仍照常進行。安迪老師有效並快速地與他們應對，同時也絕不疏忽教學過程中的每個步驟；招呼訪客，但仍能全時保持對學生的關注是三位傑出教師的共同特質，相較之下，一般的

老師會比較願意關切來訪客人。不管是全班上課或分組活動，學生們都非常投入學習，獨立作業時則都很專心努力。學生一進教室，就會開始閱讀與寫作，而且他們的時間都花在實際的閱讀與寫作上，花在無關讀寫的活動時間，如給自己所寫的故事畫插圖，則相對非常地少。這個研究中的其他班級情況就有所不同，以藝術課為例，他們選用耗時且難以掌控的素材與技法，如：黏貼與臨摹側面像。而這些難以掌控的素材絕對不會出現在安迪老師的教室裡。簡言之，在學生自身的自律能力與老師所建立的教學環境下，安迪老師課堂中的時間得到妥善的運用，所以學生不會為了像拿取漿糊這種低層次的問題分心。

為何安迪老師的學生可以如此自律呢？因為安迪老師本身就非常鼓勵自律，他經常讚美學生會自己做決定，並且為自己的學習負責；這些讚美像是「在我告訴你們怎麼做之前，有些小朋友已經會照字母順序來排出詞彙，這很棒喔！」每個小組的桌上都有一箱讓小朋友獨立閱讀的圖書，學生可以自己決定選擇閱讀哪一本書。學生會自己從「閱讀是基礎」（Reading is Fundamental）方案的圖書區選擇與當前課程有關的書籍。安迪老師也教學生要將知識「讀進你的腦袋」，他鼓勵學生謹慎查看閱讀的內容是否合理，如果不合理，就重讀一次不合理的部分。至於寫作教學，安迪老師要學生注意寫作的種種規定，這些規定是老師批閱與監看學生寫作的重要部分。他的教室裡會有一張寫作修改和編輯的表，這樣學生不必等老師審閱，自己就可以檢查並訂正文章。藉此，學生們也能練習多種閱讀理解策略——比較、對照和摘要。這些策略會在其他活動情境反覆發生，例如：老師會鼓勵學生進行計畫，這是一種重要的思考技能，可當作他們閱讀方案中的一部分。

雖然學生們要學習獨立作業，班級裡也有許多合作的活動。他們會互相檢查作業，並且幫助他人解決困難的學習材料，因此，在教室中也需要合作學習；安迪老師會安排較弱讀者和閱讀較佳的讀者在同一組。孩子們會一起執行重要活動，彼此相互幫助，如同安迪老師時常協助他們一樣。

而當學生有困難時，安迪老師會廣泛提供學習鷹架，針對學生的問題，加入許多迷你課程（mini-lessons），以解決特定學生的困難；安迪老師也會

在提供學生輔助學習鷹架的考量下，給予學生能力範圍內的任務。在給予提示上，安迪老師有**專家級**的表現，學生進行小組討論時，他總能洞察出學生了解什麼，並且提供有益的線索，協助他們懂得難以理解的概念。例如：當組員難以區分鴨和雞的棲息地時，安迪老師會作思索狀，並大聲地說：「我想會不會跟水有關呢？」而當學生在自己的座位上獨自學習時，安迪老師會確認每位學生的學習情形，並在他們需要時提供協助，但過程中安迪老師絕對不會直接為學生解決問題。例如：學生在寫作時不會拼某個字，安迪老師便會提示學生去思考詞彙的發音；安迪老師在課堂上有許多這樣的話語：「史恩，當我們拼其他單字時，也會這樣使用這些字母嗎？請你想想看！」然後史恩就會再嘗試去拼出正確的單字。

在學生獨立學習的時間，安迪老師會先找出最可能發生困難的學生，而且他絕不會放棄這群較弱的孩子。安迪老師會用他的方法讓他們持續參與班上的活動，同時也讓學生感覺受到老師的尊重。例如：輪到學生必須朗讀自己寫的短文時，安迪老師會安排程度稍差的學生坐在他旁邊的桌子，好讓他可以隨時輔導他們閱讀。那張桌子會有數個位置，班上學生要「競標」才能坐。班上同學認為能坐在安迪老師旁邊實在是非常愉快和特別，因此，學生不會因為這樣與老師互動而受到標記。

在安迪老師班上，閱讀優良的文學作品十分重要，因為學生的寫作通常涉及對優質圖書的回應。所以，如果有人要製作傑出文學閱讀歷程的影帶，那可以在安迪老師的教室中完成。廣泛閱讀專業童書和著名兒童文學作家的討論，這些活動都與全語言的教學觀一致。另外，在安迪老師班上的學生也會看《閱讀週報》（*Weekly Reader*），並以許多閱讀形式進行，從齊聲朗讀、搭檔閱讀到默讀都有。

安迪老師會針對學生已閱讀的內容進行大量討論，這在大多數教室中很少見（Nystrand, 2006）。他向學生提出許多問題，不只藉此來評估學生的理解程度，也用來引發對話。在這些對話中，學生會提出許多看法，安迪老師總是提出後續的問題，以進一步澄清學生的概念，並且鼓勵兒童以口語闡釋表達。這些引發學生語言的努力是精心設想的，尤其當年他的班上有好幾

個學生有明顯的語言發展遲緩問題。安迪老師跟著問的問題都反映出同學們講出來的答案，這個作法都能明確送出訊息——「你們對這篇文章的看法很重要」。的確，安迪老師經常對學生的想法進行衍生的闡述和確認，這個過程中，學生的發言和想法總是受到該有的尊重。

安迪老師的教學觀點和強調意義的教學模式一致，課堂裡有許多連結閱讀與寫作的活動（如：以自己的文字寫出剛聽到的故事），而且這種寫作教學也包含了故事大意的結構，如：強調開頭、本文、結尾及標題。這結構是學生接受老師的寫作和修正指導時用得上的。此外，學生彼此之間也會對所讀的內容，以四個步驟進行回應：閱讀、思考、告訴對方、寫下。

但是，安迪老師也有和強調意義的教學模式不一致的作法。他會系統化使用基礎讀本，也用其他基礎讀本裡的故事，尤其是這些故事與課程主題相關時。從教室中的許多作為看來，安迪老師並沒有完全採用強調意義模式的哲學觀，在安迪老師的教室中，技能的教學和閱讀經典的文學作品、學生作品完美地結合在一起。在正式的課程及延伸的迷你單元中，安迪老師都會安排系統化的明示字母拼讀法教學。他會教簡單的字母拼讀規則（如：結尾的 e，會使在它前面的母音唸成字母的音名）[1]。這種解碼規則的方法常被使用在拼字教學裡，例如，他提供了許多詞彙清單，每個清單裡的詞彙可以說清楚某一種字母拼讀規則。閱讀故事時，安迪老師通常會針對具有某些特性的詞彙進行討論（如討論有短音 o 的詞彙）。而在小組活動時，也會常有詞彙分析的活動，如：從大字中找出小字來[2]。安迪老師也會使用習作以配合教學課程，因為他相信學生可從這個練習和實作中進步。

當學生進行需要明示解碼技能的活動時，安迪老師會故意引發學生思考。以下是進行字母排序教學活動時發生的師生互動和對話：

安迪老師：為什麼你把 whale 放在 woman 前面？

---

[1] 譯註：如 rat+e=rate, rid+e=ride；許多「子音＋短母音＋子音」的語詞，拼字時只要加了 -e，前面的短母音就會變成長母音，此例即為 a 及 i 的字母名稱。

[2] 譯註：如 homework 裡有兩個小字。

> 湯米：它們兩個字都是以 w 開始的詞彙，所以，我看第二個字
> 母，h 在 o 前面，因此 whale 放在 woman 前面。
>
> 安迪老師：沒錯！你們這組已經學會如何運用第二個字母來進行詞
> 彙排序……這個詞彙有點古怪，因為同樣一個字母能夠有兩
> 種不同的發音。
>
> 艾迪：Huge（正確地發音）。
>
> 安迪老師：為什麼舉 huge 這個例子？
>
> 艾迪：因為 g 可以發硬的 g 或軟的 g。
>
> 安迪老師：正確！有時 g 可以發硬的 g（發出硬 g 的語音），而有
> 時卻是發軟的 g（發出軟 g 的語音），這就是為什麼這個詞
> 彙需要多一點練習。

安迪老師也常與學生談論他們正在閱讀書本的內容，以及這些內容與當前課程的內容是否有關，並且討論如何運用基本閱讀技能。安迪老師的教室裡一整天都會進行這樣的對話。

安迪老師在教學時也會特別留意學生的詞彙發展。與許多強調意義教學模式的擁護者一樣，安迪老師經常與學生討論他們在書中看到的新詞彙。此外，安迪老師也會把很多瞬認字卡張貼在教室裡，作為討論的補充活動。課程中也有瞬認字的練習活動，資源教師會對較弱的學生提供更明示及廣泛的指導。

此外，跨課程之間也有緊密地結合。例如，隨著春天來臨而出現的園藝主題，會呈現於閱讀、寫作及班級的科學活動中，並且會在學生自選獨立閱讀的書籍中安排這類主題的書。學生會繼續閱讀有關植物的書籍，一直到園藝主題單元結束。這樣的整合教學活動也被運用在其他主題上，包括：小雞孵化的主題，就是讓學生開始了解性教育課程的基礎。當學生閱讀到關於小雞的內容，討論讓 12 隻小雞孵化的生物學原理時，這時文學、科學以及生活價值觀便緊密地結合在一起。學生會用自己的方式寫下孵化過程，而且全班也會準備一則新聞故事，來慶祝 100% 的成功孵化率。藉著像這樣的連結

安排，安迪老師創造了一個充滿動力、投入的教室。

最後，安迪老師透過家庭作業來建立**家庭－學校**間密切的聯繫。他鼓勵學生將較具挑戰性的圖書帶回家，當成家庭作業，並在晚上時與父母一同閱讀。如果學生談到他們在家與父母一起從事讀寫相關活動，安迪老師會特別提起並在班上公開表揚；此外，在放長假之前，安迪老師會寄一包家庭作業到每個學生家中，附上「給家長的一封信」，來鼓勵父母在假期中與孩子一同完成作業，包括寫日記等。

這樣的付出是有收穫的，學年結束時，在期末前班上每位學生都能完成至少包含三個句子的寫作作業，而大部分學生都可以寫滿整整一頁，甚至更多；大部分學生的作品，其構想與課程主題之間銜接得很好，學生的字體工整，也能正確使用大寫與標點符號。從學生的寫作中，反映出他們能了解「行」及「頁」的寫作體例，雖然學生偶爾會有一些自創的拼字，但很多詞彙都寫對了。

到了 6 月時，除了一位學生之外，其餘學生都已在閱讀一年級期末課程的教材。此時，大部分學生也已經輕鬆自在地閱讀完所有一年級的基礎讀本，另外也有一些學生開始在閱讀二年級的課外書籍，及中級的二年級基礎讀本。當研究者在 Wharton-McDonald 等人（1998）的研究中看到安迪老師與其他一般典型老師的教學後，真的覺得當安迪老師的學生很幸運！

最近有人說道，「在現在的美國，要被好老師教到，全靠運氣」（Pianta, 2013）。安迪老師的學生真的運氣太好了，相較於其他班級的學生，就會發現兩者實在相差太多了。但這樣的差距，很可能**低估**了教學現場前、後端老師的真正差距。因為當時這個研究在徵召參與班級時，研究者向語文課程督學強調不要**太弱**的班級，研究者感興趣的是可以提供扎實一年級教育的「典型」班級，最弱的班級並未進入研究樣本。大多數美國一年級學生，並沒有辦法像安迪老師的學生一樣，可以學習到這麼多。

●● 全國性的後續追蹤

在紐約上州的觀察研究之後，Pressley 和一群同事利用一個全國性教師

的樣本，擴大了對專家讀寫教學的探討，包括了在紐約、紐澤西、德州、威斯康辛和加州的學校（Pressley, Allington, et al., 2001; Pressley, Wharton-McDonald et al., 2001）。他們採用 Wharton-McDonald 等人（1998）研究所提供的評準，來找到每個地方的一年級中「高度有效能的教室」與「典型的教室」。雖然要報告這些結果得用一本書的篇幅才夠，但是他們的結果和前面的報告非常一致，有效能與無效能的一年級老師有非常大的不同。Pressley、Allington 等人（2001）發現，在有效能的班級中，每一個小時的教學都含括更多的技能的教學，當詞彙的認知教學愈豐富，教學策略也愈多樣（也就是，字母拼讀、辨認詞彙成分、關注整個詞彙、使用圖片提示、運用含有語義內容的資訊、套用句法線索的提示）。有效能的老師比較常運用許多理解策略（如：預測、想像、摘要、找尋故事的角色）。他們會廣泛地提供鷹架，並且會給學生非常多的教學指導。在有效能的班級裡，老師也比較強調寫作歷程，包含：計畫、起草、修正與編輯；同時，有效能的老師比較會要求學生注意寫作的體例規範，如：字母大寫與標點符號的使用，及正確拼出常用的詞彙；他們也會指派給學生學業性質的作業（包含大量寫作與少量的美術作業；相對地，一般典型班級則是會指派大量美術作業和少量的寫作）。此外，在有效能班級裡處處可見學生的寫作作品或共同創作的大書，而且他們還大方地展示出來呢！

　　凡是看過 Pressley、Allington 等人（2001）這個個案研究的人，都會對有效能的一年級閱讀教學產生深刻的印象，其特色包括了：廣泛地教授閱讀技能、大量閱讀經典兒童文學作品、學生大量地練習寫作、提供符合學生當前能力的作業與廣泛鼓勵學生自律，以及不同學習領域之間的緊密連結。此外，有效能的班級是個迷人且以學生為中心的世界；這些積極、具說服力的老師每天認真地經營教學，且課堂裡有充足的合作學習，所以，孩子們都非常喜愛在這樣的班級裡學習。

●● 評述

　　Pressley 等人（1996）的調查研究（此章節稍前部分有提及）在投稿

時，曾受到審查委員的批評，其中一個批評是，文中引述的教學實務的清單實在太長，長到不足以採信；然而 Wharton-McDonald 等人（1998）與 Pressley、Allington 等人（2001；亦見 Pressley, Wharton-McDonald, et al., 2001）的觀察研究卻證實，絕大部分該調查研究所指出的教學演示，的確出現在最好的一年級教師、一流讀寫教學老師的班級中，這些班級絕對是傑出且有效能的。檢視教學的方式之一，就是透過教學過程中呈現的各樣元素，這是該調查研究的焦點，也是本節主要的內容。在這個部分我們獲得最具啟發性的收穫就是：傑出教室的老師較一般典型教室的老師，更關切班級內的每位學生。

　　每位就讀一年級的孩子，都有極為不同的學習準備度。相較於起點行為落後的同學，有些孩子已經擁有豐富的讀寫經驗，因此，他們能順利地發展語言與溝通能力；有些孩子已經具備高階的音素覺識能力，他們不僅能熟練地發出詞彙的語音，甚至還會玩 Pig Latin[3] 這種聲韻置換遊戲；有些學生則僅具備基礎的音素覺識能力，對詞彙的押韻有初步理解，懂一點什麼叫押韻；但有些孩子則尚未有音素覺識能力，根本不知道什麼是押韻。所以，一年級的教學要素必須兼顧所有孩子的需求，這並不是件簡單的事。還有更難的，如果兒童持續在學習、在進步，他們的各樣技能及理解當然也就會持續改變。亦即，兒童 9 月的學習需求，就會不同於 10 月的學習需求，和 3 月更是天差地別。就如同 Catherine Snow 和她的同事在其《預防幼兒的閱讀障礙》（*Preventing Reading Disabilities in Young Children*）一書的前言中說的，我們能從有效能的老師學到什麼呢？「他們能精巧地為每一個小朋友打造出特別的教學成分混合體。」（Snow, Burns, & Griffin, 1998, pp. 2-3）

　　教導一年級的關鍵技巧就是——老師得敏銳地察覺每位學生的個別需求，這樣才能有效掌握學生的學習情形，且適時地提供學習鷹架；鷹架的提供有不同的形式，有時是依學生的程度，給予不同的任務要求，例如我們發

---

[3] 譯註：Pig Latin 是英語的一種置換首音或尾音的遊戲。玩遊戲的人必須把最前面的子音調到後面，並且加上一個 -ay 的字尾，例如 "banana" 就會被唸成 "anana-bay"，能玩這種遊戲，表示遊戲者已經具備了良好的音素覺識能力。

現，卓越的老師會鼓勵優秀的學生多寫幾頁作文，但一轉頭，老師鼓勵落後的學生可以多寫幾個句子。更多時候，鷹架的提供，只是提醒學生如何應用他們正在學習的技能來幫助自己面對特殊的情況。藉著為弱勢學生提供頻繁及大量的鷹架，老師可以讓不同需求與不同程度的學生，以適合的方式一起學習相同的課程。因此，最好的老師會使鷹架融入日常的教學，以不斷幫助學生們的學習。相反地，在其他典型的普通班級裡，鷹架教學並不那麼明顯或頻繁。這些班級的老師似乎沒那麼重視學生的需求；他們比較看重課程的要求，而不是學生的個別需求。總之，我們觀察的傑出班級是絕對以學生為中心的，且其上課內容兼具強調閱讀技能與強調意義的教學。

班級觀察研究的新架構

直到最近，像上述的觀察研究主要是教育研究者做的，重點在於教學因素和教學情境。但近年來，發展心理學家已經把原來用在家庭觀察兒童的方法，調整為用來觀察教室環境，開創出各種新的系統性測量方式（例如，Hamre & Pianta, 2010; National Institute of Child Health and Human Development [NICHD], 2002, 2003）。從這種發展性的觀點出發，Robert Pianta 和他的同事（Pianta, La Paro, & Hamre, 2008）已經發展出一個叫班級評量計分系統（Classroom Assessment Scoring System, CLASS）的觀察工具，可從三個向度來評量班級裡的環境：情緒支持、班級組織和教學支持——每一項都有特定的班級和教師的特質描述，因此更能被理解。例如，情緒支持向度包括了班級氛圍、教師敏感度和對學生觀點的尊重；在小學階段，教學支持向度包括了概念發展、語言示範和回饋品質。

Stuhlman 和 Pianta（2009）在一個大型的觀察研究中運用 CLASS 蒐集資料，他們發現不同班級間的教育經驗有非常大的品質差異。他們的樣本包括來自 32 州、超過 700 所學校的 820 個一年級班級，所有的班級中，都有國立兒童健康與人類發展研究院（NICHD）進行「早期兒童照顧和青少年發展縱貫研究追蹤」（Study of Early Child Care and Youth Development,

SECCYD）的對象。該研究根據教室觀察及教師問卷的資料區辨出 23% 的班級為「高品質」，這樣的班級在所有的正向指標上都高於平均值，在兩個負向指標上低於平均值；在這些班級裡的兒童，不管他們的人口學背景或學業風險因素如何，都被期待可以有較好的學業表現。Stuhlman 和 Pianta 也區辨出「低品質」的班級，在所有的正向指標上都低於平均值，在兩個負向指標上高於平均值；這些班級的兒童在學業進展上都應該會是不利的。在高、低品質班級之間，還有 28% 的「中品質」班級，它們在正負向指標的得分是參差不齊的。最有趣的是，最大的一群班級，占全部樣本的 31%，可命名為「正向情緒氛圍、低學業要求」。在這些班級裡，老師們創造了正向的情緒環境，但似乎沒有藉著聚焦在精熟、理解或使用新策略等各方面的回饋，以提升兒童對學習的投入。研究者指出，820 個班級裡，根據人口學或學業因素預測而有最大學習風險的兒童，偏偏**最沒有**機會進入高品質的班級。

其他師生關係的研究也發現，師生關係的品質可以預測學生學業和社會情緒的成果。Wu、Hughes 和 Kwok（2010）以 706 名二、三年級的學生為對象，也發現師生關係的品質可以預測兒童的學業進展。在另一個有 910 名一年級學生的研究中，Hamre 和 Pianta（2005, 2010）發現師生互動能解釋一年內標準化成就評量的分數，包括閱讀成就。更重要的是，這樣的互動似乎對學習失敗高風險群兒童特別重要。

這些由發展研究者創造出來的觀察測量方式，結合了認知和情緒學習的各種因素，而且其研究發現和前面報告的早期調查與觀察研究結果一致——都聚焦在師生關係的重要性上。這些研究提供一種系統的方式來測量和評估教師的社會情緒貢獻，它們對學生早期的學習成功有重大的影響。

●● 文化相關的讀寫教學

自這本書的第一版出版以來，我們常被問到，平衡式教學是否適合文化少數族群的學生。有些時候，這樣問是因為某些教育理論家強調少數族群背景的學生需要精熟特定的技能，那些技能是他們在家未學，因此到學校時完全不具備的（例如，Delpit, 1986, 1995）。另有些時候，問這問題的人，

或強調的是全語言教學，認為學生應該沉浸在文化相關的文學裡（例如，Hudelson, 1993; Wood & Jocius, 2013）。這樣的問題，常會伴隨著具體的提醒，說明學校的教學和文化不利學生的語言、文化風俗及偏好等有諸多不適配之處（Cazden, 1988; Cazden, John, & Hymes, 1972; Edwards & Davis, 1997; Heath, 1983; McCarthey, 1997; Ogbu, 1999; Philips, 1983; Snow, 1983; Valdés, 1996; Vernon-Feagans, 1996; Vogt, Jordan, & Tharp, 1987），或是主流文化的老師與少數族群的學生之間的不適配（例如，Bloome, Harris, & Ludlum, 1991）。問這些問題的人經常認為，文化調整（cultural accommodation）可以提升學習成就，並且提出文化調整在讀寫教學重要性的知名案例作為例證〔如：在夏威夷卡美哈美哈學校的「卡美哈美哈早期教育方案」（Kamehameha Early Education Program, KEEP）；Au & Mason, 1981-1982〕。但是，這些提問的老師卻不知道，「文化調整能提升文化不利孩子的成就」的說法，至今只得到少數研究的支持（Goldenberg, 2001）。

　　大量的研究支持在獨立閱讀時要讓學生自行選書（例如，Guthrie & Humenick, 2004; Pressley et al., 2001），他們的選擇當然包括文化相關的選項。但是，為特定文化背景的學生量身設計讀寫教學，這種主張尚未見到研究的支持。Dorothy S. Strickland（2001）總結道，處於困境的非裔美國籍孩子在進入學校後就需要接受持續的高品質教學：要處於大量教育活動的環境之下。此外，學校要和家長建立良好的合作關係，讓家長成為教育孩子的夥伴。Strickland 也建議，孩子必須使用符合目前能力的教材與作業；她呼籲老師要廣泛採用適合的技能教學，也要提供全整性的讀寫經驗。簡言之，Strickland 提出高風險群的少數族群學生可以因類似本章強調的平衡式讀寫教學而受益。平衡式讀寫教學對於文化不利學生來說，是種很好的教學模式，當然也對所有在課業上受挫的學生有幫助。如果想知道平衡式讀寫教學可以有多大的成效，可以參考 D'Angiulli、Siegel 和 Maggi（2004）的研究，他們指出平衡式讀寫教學讓幼兒園至五年級低社經家庭背景的閱讀困難學生，以及英語為第二語言的學生獲得助益（Lesaux & Siegel, 2003 的研究也有同樣的看法）。

當我們呼籲需要較多監督與個別化指導的平衡式教學時，我們很敏銳地察覺，高風險的兒童事實上卻比較沒有機會體驗到那樣品質的班級（例如，Kozol, 1992; Stuhlman & Pianta, 2009）。

閱讀復甦方案®：班級之外的教學支持

許多小一學生在學習閱讀上極為困難，他們可能有長期學業困難的風險。針對這樣的孩子，紐西蘭教育學者 Marie M. Clay 在 1985 年，發展了一種重要的課程——閱讀復甦（Reading Recovery®）——每天提供孩子一堂一對一的教學，每堂課有 30 至 40 分鐘，為期 10 至 20 週，課程的目的在於幫助學習有困難的學生趕上同儕的進度。這個課程最初的假設是，學生可能因為所學的技巧範圍太少，以至於他們在文字處理上受阻，而無法靈活應用所習得的策略。例如：學生會想要唸出文本中的每一個詞彙，而事實上，還有許多策略（請參考本章節稍早前的討論）可幫助學生辨識出文章中的字詞來。

閱讀復甦主要就是在教學生各種 Clay（1985; Pinnell, 1989 也有提到）所定義的閱讀所需策略，包括以下幾點：

- 英文閱讀是從左至右的。
- 使用疾速返回下一行左側繼續閱讀，而非緩慢移動。
- 自我監控正在閱讀的內容是否有道理。
- 在建構意義的過程中使用交叉檢覈，如以下的例子：

> 讀者可能使用某一種資訊去預測一個詞彙，但也會使用另一個來源的資訊覆核剛才預測的正確與否。例如：看到《比利的山羊》（Billy Goats Gruff）一書中有幅過橋的插圖，一位年幼的讀者可能預測這單字是「水」。然而，檢查時，他可能注意到這個字是「溪」，而這和剛才的預測並不一致。這項交叉檢覈可能因此引出學生的自我修正，或是在孩子察覺矛盾時，引出另一個想法。

（Pinnell, 1989, p. 166）

- 從圖片、語言架構和文字的視覺線索中，尋找文字的意義。
- 當意義不明時，反覆重讀文章。
- 積極進行自我修正，而非等老師修正錯誤。

　　閱讀復甦強調的是幫助學生建立起一個策略目錄，並且在督導下給予練習這些讀寫策略的機會。

　　每次閱讀復甦的課堂，都有如下共同的架構：

1. 首先，孩子會重新閱讀至少二本以上短的而且熟悉的書。
2. 接著，孩子閱讀一本前一天介紹的書；同時，老師會追蹤他們閱讀時所犯的錯誤（這樣做可以蒐集兒童的學習起點能力；目的是讓孩子能在進行此步驟後的幾天，在步驟 1 的閱讀上都能達到 90% 正確率）。
3. 孩子用白板上的塑膠字母做字母辨識練習（一旦孩子學會字母，此步驟可省略，或由其他的解碼或詞彙教學取代）。
4. 讓孩子進行寫作，或是寫出一則故事。
5. 老師將故事分割成片斷後，再由孩子把故事重組起來。
6. 老師介紹一本新書，並讓兒童閱讀。

　　閱讀復甦課程進行時，老師非常注意孩子的學習情況，以確保整個教學聚焦在孩子的特殊需求上。甚至在教學開始前，老師就已經廣泛觀察及評估孩子的閱讀程度（Marks et al., 1994）。關於新書的閱讀和寫作所形成的交互作用，老師提供充分的鷹架，隨時提供學生必要的暗示及協助（Clay & Cazden, 1990）。例如：寫作時，老師會特別讀出字詞的語音與講述拼字的形式，並鼓勵學生仔細聆聽即將要寫下的詞彙，並請孩子把生詞多寫幾次，以助於記憶，老師也會稱讚兒童的進展等等。而與 Clay（1991）的見解相符的是，閱讀教學應發展內在控制（也就是讓孩子把習得的策略內化）。等孩子能獨立作業之後，老師逐漸撤除所提供的協助，但隨著先前文本讀寫的成功經驗與較具挑戰性的任務出現，老師便會提供額外的支持。我們發現

Clay（1991）把閱讀教學當作是內在控制的發展，這樣的概念相當吸引人，因為這與 Vygotsky（1978）提出的認知過程的內化相當類似。

我們也認同 Clay 的主張，她重視詞彙的視覺處理與詞彙的發音成分。Clay（1991）強調要教孩子們去注意、分析詞彙可唸出的部分，但她也強調解碼的結果尚須配合其他資訊做交叉檢覈（例如：語法和語義─文脈線索），進而判斷詞彙解碼是否合理。

此外，閱讀復甦也有很多字母拼讀法的教學（Stahl, 2001）。閱讀復甦的學生在寫作時會試著看字讀音，而老師也會確認學生完稿作品的拼字是否正確。閱讀復甦常用一個著名的教學法──Elkonin boxes（Elkonin, 1973），即是用幾個方格來代表詞彙中的每一個音，孩子到後來可以學會把語音相對應的字母填進格子裡。例如，要教孩子拼出 cat，老師會先要孩子根據這個字的發音，畫出三個方格，最後會將代表的音──字母 c、a 和 t 分別填進方格裡。

閱讀復甦方案的老師會教導學生利用塑膠字母去「組合和拆解」一個詞彙；因此，cat 這個字被拆成 c 與 at，接著變化成 bat、fat、mat 及 rat（例如：學生在字首加上一個子音到 at 這字串，以製造上述的詞彙）。閱讀復甦的最重要部分就是使用「字母層次」與「語音層次」的線索來看字讀音。而寫作的重要部分是「拉長」（stretch out）兒童對詞彙的發音，並運用字母去表徵拉長的語音成分，而進一步寫出這個詞彙。

閱讀復甦，有效教學？[4]

美國教育部的「什麼有效資訊透明站」（*What Works Clearninghouse,*

---

4 譯註：" ？" 為譯者所加。本書所引用的文獻，一面倒地支持閱讀復甦方案的成效，但學術界裡有極不同的聲音。William E. Tunmer 和 James W. Chapman 與他們的同事探討紐西蘭讀寫教育長期、重度依賴閱讀復甦方案的成效。他們在 2013 年根據 PIRLS 2011 的跨國調查資料指出，閱讀復甦方案無法清除高低成就學生間的讀寫能力差距。他們建議紐西蘭政府應改弦易轍，使用更明示的差異化教學，要讓介入方案奠基於當代的理論與研究。請見 Tunmer et al. (2013). *Australian Journal of Learning Difficulties*, 18(2), 139-180.

whatworks.ed.gov）為閱讀復甦這種介入方式做了以下的背書：「對一般閱讀成就有正向成效，對初習閱讀兒童的字母、閱讀流暢性和理解有潛在的正向成效。」這個方案的評估指出，從停止接受服務的兒童身上也發現了方案的延續效果，而且這個方案至少和其他一對一的介入方案一樣有效（Wasik & Slavin, 1993）。國際閱讀協會（International Reading Association, 1995）提出了一份叫《學習障礙——讀寫教學的阻礙》（*Learning Disabilities—A Barrier to Literacy Instruction*）的報告，指出閱讀復甦顯著減少了需要留在閱讀補救方案的學生人數（p. 45）。D'Agostino 和 Murphy（2004）對閱讀復甦成效所進行的後設分析，發現這個介入方式有正向的成效。Cuningham 和 Allington 認為「這是在少數一對一介入的教學節數之後，可把閱讀困難兒童帶回班上平均閱讀水準的最佳紀錄」（2007, p. 286）。

　　雖然閱讀復甦介入有正向的效果，但這方案一直被批評執行的成本太高。閱讀復甦要求執行的老師必須參與持續的訓練，而一位閱讀復甦老師的典型負荷，最多一天可以教四或五名學生（老師們還要花一半的在校時間教一班普通班，或以小組方式教導其他年級較高的閱讀困難學生），也就是說，若要執行閱讀復甦方案，對學校來說，是筆不小的投資。但是，在此同時，執行閱讀復甦方案的學校會有較少的學生被鑑定為障礙生，需要長期補救服務的閱讀困難學生人數也會較少（Lyons & Beaver, 1995; Schwartz, 2005）。近年有許多學區已經把閱讀復甦的經費轉為其他經濟效益較佳的方案（如，師培訓練比較不那麼花錢，每位老師負擔的學生數多很多），原來閱讀復甦方案的師資，就會帶著已訓練的背景回到普通班任教。

　　像這樣受過高度訓練、有經驗的老師，應該最能帶領低年級班級的讀寫課程了，Roehrig、Pressley 和 Sloup（2001）花了兩年記錄十位前閱讀復甦教師在普通班的教學。這些老師把閱讀復甦方案的教學作法及所強調的策略用在他們帶的普通班級裡，他們的教學和本章前段所提的模範教師非常相似。這些老師的讀寫能力教學就是組合了各種閱讀方法的平衡式教學法。老師常用直接教學法，例如以迷你課程的方式進行，也用了全語言的真實閱讀情境與寫作活動。老師能敏銳察覺每位學生的能力，且同時配合自我管理發

展的鷹架協助。碧琪老師（Karyn Beach）是在 Roehrig 等人（2001）的研究中其中一名被觀察的老師，我們拜訪碧琪老師的班級，發現閱讀復甦原則與平衡式讀寫能力教學兩者並存於這個有效能的班級裡。

●● 碧琪老師的教學

　　碧琪老師服務的學校有較多低社經家庭的學童。而她所教導的一年級新生，有些語言能力還不足 6 歲，也有許多學生沒有做好去就學的心理準備，會拒絕老師、拒絕參與學校的活動。碧琪老師的班級給大家的印象是：一個學生高度專注與擁有密集教學的課堂環境。她提供了許多目標清楚的明示教學，也會提供大量的鷹架幫助學生。更重要的一點是，碧琪老師在教學中組合許多閱讀復甦方案的技巧，她會教導學生把詞彙分析成較小的成分，讓學生反覆閱讀書本內容以達精熟程度，並要求學生寫下他們的閱讀心得。

　　在校一整天下來，學生都沉浸在高品質的文學世界中，也就表示，技能的教學不會因注重文學而被偏廢。碧琪老師特別擅長在課程中加入優秀的兒童文學作品，因為她認為優秀的兒童文學作品是閱讀教學裡最重要的因素之一。

　　碧琪老師認為，學生能投入上述活動，乃因她積極鼓勵學生進行自我管理。她和研究者會談時說，她在帶新班級的第一年花很多時間在建立學生自我管理的規範，她讓學生知道老師對他們有很大的期待。碧琪老師確實地讓學生知道，當他們完成作業時自己還可以做哪些活動。其次，當學生能表現自律時，碧琪老師會給予學生許多的正向回饋。舉例來說：以前學生在課堂中顯得昏昏欲睡，但今天看起來神采奕奕，碧琪老師就說：「你一定睡得很飽才來上學，我喜歡你這樣做喔！」碧琪老師會持續提醒學生反覆練習，並請學生重讀，以確認錯誤糾正是否有效。而當他們能這麼做時，碧琪老師會給予鼓勵以增強他們的行為（「我喜歡你重讀這些內容，因為好的讀者會先找出自己的錯誤，並且藉著重讀來改正這些錯誤」）。

　　碧琪老師會要求卓越，但同時又鼓勵學生冒險。當學生因為不敢冒險而有點猶豫時，她總是會對學生說：「犯錯沒什麼大不了的，放手去做吧！」

如果學生在那兒打混，該做的功課沒做好，但碧琪老師判斷這是學生能力所及的，她就會有不同的回應方式，例如：「我只會花時間在做得到的事情上，否則我不會請你來黑板這邊。」在每一次研究者觀察的事例中，她都能依兒童的能力和努力，給予程度不等的壓力和期待。碧琪老師也不斷地鼓勵學生「去得到」。不過，她也會傳達一個訊息，「**試著**去得到」比「真正得到」更重要（「我並不期待你做到完美，但我希望你盡力去做」）。當學生自我規範、自我控制時，他們常被誇讚。一般而言，學生真的知道老師的期望，也會達成老師的期望。也許最明顯的時機是學生在學習角工作，沒有老師指導的時候。碧琪老師在班級裡有很多直接教學，但她也會提供鷹架，協助有需求的個別學生，而學生大多數的時間也可以主動投入學習、自我指導。

碧琪老師班上的學生有成功的機會。因為碧琪老師有專家級的方式派任務給學生們。任務有些挑戰性，但不至於超過能力範圍，這可以從她怎樣為學生挑選獨立閱讀的書籍看出來；雖然學生只是小一，對讀書、選書沒有什麼經驗，但學生總是能選到不太容易、也不至於過分困難的書（運用恰到好處的原則）。和閱讀復甦強調的原則一致，碧琪老師非常了解她的學生，以及他們讀與寫的能力，她會用目標明確的活動介入，並支持每個孩子，讓他們進步。她教學生如何自我規範的策略，即使他們只是一年級生，卻已經發展出讀、寫的獨立性了。

◆ ◆ ◆ 結論與總結性迴響 ◆ ◆ ◆

1. 高效能的低年級讀寫教師（由他們對學生讀寫成就的正向效果來界定）能在強調意義取向（如沉浸在真實的文學和寫作經驗）與系統、明示的技能教學中取得平衡。卓越的低年級讀寫教育是一個綜合體，涵括了許多特定的元素，經常包括了文脈內和去文脈的技能使用經驗。

2. 對年幼的學生來說，明示的技能教學是一個建構歷程的起點，它可以給學生一個好的開始，但僅止於此。當兒童試著要運用或調整所學的技能（例

如，字母－語音的連結），他們對技能的理解會更深化。能在真實的讀、寫學習中，得到應用所學技巧的機會，提供了特別豐富的建構經驗。這也是為什麼在教學中若能將「強調意義」和「強調閱讀技能」兩種取向平衡呈現會特別有意義。和極端的反技能取向或純粹的強調閱讀技能等教學方式比較起來，尤其如此。

3. 早期讀寫專家教師對「讀寫發展歷程」及「他們的學生」都有充分的認識，這兩方面的知識讓老師們可以非常有效能地提供鷹架，以幫助孩子們的學習。

4. 專家老師很有彈性，他們了解每個學生都有獨特的學習需求和長處，並且期待學生的成長和改變。他們準備好不斷調整自己的教學，以迎合學生不斷改變中的需求。調整教學可以是計畫中的一部分，也可以是臨機應變。

5. 除了老師的教學特質會影響學生的讀寫成長之外，還有和師生關係有關的社會情緒因素也能預測讀寫成就──尤其是最可能在學校發生學習困難的高風險群學生。

6. 許多有閱讀困難的一年級學生可以從類似閱讀復甦的介入方案受益，即使學生可以從密集的補救教學受益，要讓效果持續，還需要許多額外的支持。受過閱讀復甦訓練的老師，能將所學運用到普通班，這樣看來，閱讀復甦可以提供教師更廣的專業成長，不再只限於一對一的閱讀指導而已。

7. 因為在低年級班級裡的有效教學實在太複雜了，這對師資培育形成極明顯的挑戰，但並非無法企及。至今為止，師培領域仍然缺少一種強大而可信的模式，但對於在職教師專業成長**怎麼做無效**我們已經知道不少了，而對於**怎麼做有效**，我們還需要繼續努力。

本書第一版在 1998 年出版時，關於有效的讀寫教學這個議題，學界的辯論主要聚焦在早期的讀寫教育，究竟是「由下而上、強調閱讀技能的」教學取向最好，或「強調意義及真實的讀寫經驗、幾乎完全排除明示的」技能教學最好呢？本書幾位作者第一次在一個學術會議裡報告 Wharton-McDonald 等人（1998）的研究時，一位知名的全語言提倡者氣呼呼地衝

出會場，後來有人告訴作者們，那個人逕稱這樣的研究是「危險的」。雖然有些這樣的極端主義者，但 Pressley 和他的同事在提倡「同時看重明示的技巧教學及提供真實的讀寫經驗」的「激進中間派」（radical middle approach），即平衡取向時，並非踽踽獨行（例如，Adams, 1990; Cazden, 1992; Chall, 1967, 1983; Delpit, 1986; Duffy, 1991; Fisher & Hiebert 1990; McCaslin, 1989）。Pressley 團隊所做的班級本位研究的貢獻主要在說明，有效能的教師早就已經在他們的教室裡這麼做了，而且著有成效。當研究者還在辯論時，好老師們已經把他們所知的付諸實行，讓學生邁進讀寫的世界。

在本書的第四版（編註：指原著版本，即中譯本第二版），我們面對的問題，也許不再是平衡取向教學是否適當——我們知道這不成問題——而是平衡的支點該怎麼放？何時、要進行多久、是否因對象而異？有些閱讀困難兒童可以受益於更明示、密集度更高的教學（Connor, Morrison, Fishman, Schatschneider, & Underwood, 2007; Foorman & Torgesen, 2001; Gersten, Fuchs, Williams, & Baker, 2001; Kvale, 1988; Torgesen, 2000）。有些學生只需要多教一點就行了（Allington, 2012; Allington & McGill-Franzen, 2012），更長的教學日數及暑假課輔就可以幫助這樣的學生。學生進小學低年級時，每個人的背景差異甚大，有些喜歡小仙子，喜歡幻想，有些喜歡非小說或歷史；有些的音素覺識已經很厲害了，但有些連押不押韻都搞不清楚。要教這麼不同的一群兒童，絕不是一廂情願的努力就辦得到的，這世界上絕對不會有萬靈丹教學模式，可以隨時滿足所有不同學習者的需求。傑出的教學在任何時間都能提供所有學習者不同面向的需求，但最有效能的讀寫老師能夠讓學生學習讀、寫的時間得到平衡；閱讀不同文類的時間得到平衡；全班、小組、配對學習和獨立學習的時間得到平衡；閱讀可解碼文本和優質兒童文學的時間得到平衡；朗讀和默讀的時間得到平衡；老師挑選和學生自選的書籍數量得到平衡……這個單子還可以繼續開下去。

雖說大多數的老師和學者現在都同意平衡取向的必要性，但這並不表示這個議題已經完全解決。教學平衡的面向如此多元，支點所在有必要因學生而異，即使是同一位學生，支點所在也可能因時而異。一個比較靜止不變的

系統可能表示的是學生根本沒在學習。有效能的老師具備一種「消息靈通的彈性」（informed flexibility），讓他們在學生有需要時，得以即時滿足他們的需要，不斷幫助學生進步（Wharton-McDonald, 2008, p. 354）。

　　Robert Pianta 等人（2007）與 Carol MacDonald Connor 等人（2013）對低年級教學的複雜體系提供了另一層次的了解。他們發展了可靠的認知和社會情緒變項的測量工具，這很了不起。但要培育出不但對讀寫發展和教學有廣博知識，而且對學生社會情緒需求有足夠敏感度的老師，也一樣了不起。這樣的老師即使面對最困難的學生，也能與其維持正向的關係。

●● 師資培育

　　和我們同行的，還有其他學者系統性地進入教室觀察傑出教師和一般教師的教學，以對其教學專業能力的具體表現有更全面的了解。這樣的觀察，部分是為了提供新進老師更高的成功機會，讓在職老師教起來更有效能。這個議題的各種辯論太多，無法在此說明，但憑著我們對讀寫教學日漸累積的理解，我們對師資培育確實有些看法。如果我們的目標是培育很會教低年級學生的老師，那麼，從最末端的需求倒推回來，好老師應具備以下的能力：

- **高效能教師對讀寫發展的歷程有深刻的了解**。師培課程必須讓師培生清楚了解兩方面的知識：能提升讀寫發展的技能（音素覺識、字母拼讀、詞彙、閱讀流暢性、理解和寫作），以及讀者與文章作者的習性、傾向、資源。師培課程應該把讀寫教學當成一個能平衡明示教學及真實讀寫經驗的精心策劃，過程中有極佳的文學作品、複雜的文本及深思的寫作。

- **高效能教師非常了解他們的學生，這和上一則強調的內容知識結合後，讓他們可以為學生提供鷹架，以促成有效學習**。老師們因此需要觀察及與學生互動的工具，以得到描述學生的重要資訊。施測標準化測驗在幾個月後才把結果給老師，這種資訊無法指引老師的教學。學生因學習而每天都在變，11 月時，一個精確描述學生狀況的測驗分

數若到了 2 月才給老師，經常就沒什麼用了。教育學院應該提供老師們更有效的工具，教他們怎麼用，以了解學生。

● **高效能教師很有彈性，他們會調整自己的教學來配合學生不斷變動的需求。** 老師的彈性，主要來自於現場的教學經驗，新手老師通常比較沒有彈性（Corcoran, 1981, 1998）。因此職前教師需要發展許多機會，讓自己花時間在班級裡和活生生的學生相處，並且他們也需要回饋，以弄清楚這些互動的意義。本章大部分的讀者都應該知道，閱讀關於 6 歲兒童的特性，和真的與一個 6 歲的孩子相處，是截然不同的經驗。新手老師需要在真實的教室裡與真實的學生一起努力，這樣的經驗夠多，他們才能了解要怎麼調整自己的教學作為，以滿足孩子們多樣的學習需求——累積許多經驗之後，最終，他們才能不假思索地就這樣做。

● **師生關係的品質對學生的學業成長極為重要。** 老師必須能夠營造並維持一個支持的、少衝突的師生關係，但老師們這方面的能力有很大的個別差異（Pianta et al., 2007）。例如，對於過度自信的兒童，有些老師覺得很難提供社會和情緒的支持（Wu et al., 2010）。發展研究者（例如，Pianta, 2013; Wu et al., 2010）已經指出，師生關係是職前教師培育和在職教師專業發展一個高度優先的重點。

最後，在詮釋這些研究中的教師品質時，如果本章在此沒有鄭重地提醒讀者，就是我們的疏忽了——千萬別忘了低年級讀寫教學的目標。終極來說，這目標絕對不是要培養會考試的學生，而是要培養能夠、並且極願意用文字溝通、表達和理解的學生。靠著讀寫，他們能解決世界上真實的困難，能靠著一本好書（或平板）放鬆而增進生活品質。我們不能把標準化成就測驗的分數當成唯一評量成效的工具，如果我們所有的努力都只是為了提升考試分數，我們當然就能提高分數，但這樣做的時候，我們會錯失了真正的目標——而且，我們會冒一個風險，那些在安迪老師一年級班級裡養小雞的學生，會因而失去了熱情與批判思考的能力。

Chapter 9

閱讀理解教學的必要性

　　有些讀者可能會認為，這是一本談小學讀寫教學的書，但是，怎麼都還沒有談到三年級以後的讀寫教學呢？最主要的原因是，近年來，有很多學者對讀寫方面的研究感興趣，特別是在萌發階段的閱讀議題，這使得學前及小學低年級的讀寫研究大量問世。但是，小學中高年級的教學應該如何進行？也確實值得思考，尤其是目前學生的閱讀理解能力還有很大的進步空間，而閱讀理解正是中高年級最主要的教學目標。在這章結束之前，希望大家都能同意，閱讀的最終目標就是「理解」，但這個目標，不應該等到中高年級才放入教學中，雖然事實上經常如此。因此，本章一開始，先讓我們來看看，小學高年級教些什麼。

四、五年級的讀寫教學

　　在 1996 年，Pressley 和幾位研究夥伴（Pressley, Wharton-McDonald, Hampston, & Echevarria, 1998）開始對四、五年級的讀寫教學感興趣，因為，這兩個年級是小學教育的尾聲。我們對四、五年級進行的教學觀察研究，和第 8 章提到的一年級研究一樣豐富。我們持續觀察了位在紐約上州的十個班級一整年，這十個班級，每一班都是當地學區推薦為教學優良的班級。除了教學觀察外，我們還對每位老師進行兩次深度訪談，希望能藉此了解老師的教學想法。

●● 背景

基於以下兩個經驗，我們預期會在高年級的課堂上看到相當複雜的教學法：

1. 在一年級的研究，我們已經看到，讀寫的教學成分是很複雜的，因此，在小學最後幾年的教學，應該也不會太單純。

2. 過去，我們也曾經對五年級的老師做過調查，這些老師都是美國國內公認讀寫教育做得有聲有色的老師（Pressley, Yokoi, Rankin, Wharton-McDonald, & Hampston, 1997）。調查方法跟低年級的一樣：先讓老師填答開放式問卷，請他們回答在教室裡所用的教學元素；然後，再請老師們填寫一份量化的問卷，說明其所提及的元素在教學中出現的頻率。

與低年級的調查結果類似，這些優秀的五年級老師表示，他們的教學整合了多元的元素，包括強調意義與強調閱讀技能的教學。這些元素包含以下各點：

- 廣泛閱讀乃語文教學的最核心。
- 多元的分組型態（例如，全班教學、小組教學、合作學習、個別閱讀）。
- 進行不同層次的讀寫教學，包括低階的詞彙教學，及高階的技能和歷程學習（例如，閱讀理解、批判性思考）。
- 發展學生的背景知識。
- 規律的教導寫作，包含低層次的寫作技巧，及高層次的組織技巧（例如，計畫、起草、修正等過程）。
- 廣泛的讀寫能力評量，且運用多元的評量方式。
- 將學科領域的教學和讀寫教學整合。
- 致力於引發學生的閱讀和寫作動機。

和我們對低年級的研究結果相同，雖然我們藉由調查對高年級的教學經驗有

一點著墨，但卻是有限的，還不足以讓我們深入地了解這些班級。不過，透過這個過程，我們就比較清楚在中高年級的觀察研究中，該去找尋什麼答案。

●● 觀察研究的結果

和調查研究比較起來，Pressley 等人（1998）的觀察研究告訴我們更多、更複雜的現象。基本上，我們觀察到有些跨班級普遍發生的教學實務，但我們也看到各班各有特色。接下來，我們除了要談這些發現外，也會談到一些重要且出乎人意料的發現。

班級間的共同點

我們觀察的十個班級中，至少有八個班級，出現一些類似的教學作法。這些作法，在前面提及的以五年級優秀老師為對象的全國性調查研究中，也都有提到，所以我們猜想，以下談到的方法，可能滿普遍地出現在美國四至五年級的課堂中：

- 老師以問題主導討論，並根據學生的反應做評量。
- 從文學作品出發的閱讀教學。
- 採直接教學法教導特定技巧。
- 與學生一對一指導。
- 閱讀市售讀物——尤其是小說。
- 讓學生有機會自由選擇閱讀材料。
- 老師朗讀。
- 教學過程強調閱讀理解的重要性。
- 老師能夠引發學生的先備知識。
- 進行強調閱讀理解的練習活動。
- 有獨立閱讀時間。
- 每週至少進行一次讀寫整合的寫作活動。

- 在寫作的各種成分（也就是計畫、起草、修改長篇文章），運用寫作流程模型進行教學。
- 整合讀寫和學科的學習（例如，閱讀社會科主題的文章將有助於相關主題的故事寫作）。
- 在寫作的作業單中放入寫作內容或技巧的提示（例如，在學習單中提醒學生故事的成分）。
- 教導寫作的體例。
- 用電腦完成最後的草稿。
- 學習單（老師自製或市售成品）。
- 與書籍有關的方案教學。
- 拼字練習及測驗。
- 以明示的方法進行詞彙教學。
- 家庭作業。

簡單地說，從這一次的四、五年級的教室觀察研究，以及過去對五年級優秀老師的調查研究，我們發現，多數的老師採取平衡式的教學方法，融合強調意義和強調閱讀技能的教學。然而，多數的班級雖有這樣的共通點，不過從觀察研究中，我們仍然看到班級間有個別差異，而且四和五年級班級間的差異比低年級的還大。

差異的向度

做這個研究時，我們很早就發現每個班級都不一樣，所以我們也特別留意每種差異的細節。最後，我們歸納出五種差異的類別，分別是：班級經營、閱讀、寫作、詞彙技巧，及學生的學業參與度。

每位老師都有獨特的**班級經營**策略。例如，有些老師的班級經營策略每天都差不多，有些老師則常常變化，每天或每週不同；有些老師很會用典型的行為主義的技巧，有些則幾乎不用；分組的方式也很多元，從全班教學、個別化教學，到介於中間的分組教學都有。另外，老師如何監控學生的進

步，及如何反映學生的需求，是非常關鍵的，我們發現，有些老師非常了解他們的學生，總是能提供符合學生需求及能力的作業，有些老師就會忽略這部分。還有，有的班級非常看重學習的外在標準（例如，各州的考試），有的只看重學生有無實質的進步。除此，有的班級教學活動非常緊湊，有的則較鬆散。家庭作業的分派也很多元，從技巧的練習到真實閱讀和寫作都有。

在閱讀方面，我們觀察到，學生都讀了很多小說，但每個班級的**閱讀量**及**閱讀種類**都不太一樣。老師整合閱讀與學科領域課程的方式，也是很多元的，從精心規劃，以主題或單元的方式做整合的，到較隨性的，只是將閱讀和社會科或科學概念的評述做連結的都有。

在寫作方面，每個班級**寫作**的比重很不一樣。有的班級，寫作是整個讀寫教學的主角，有的班級，寫作則只占一小部分。我們發現多數的班級，都讓學生寫敘述文的文章。寫作的過程，雖然每個班級都有計畫、起草與修正的歷程，但每個班級執行這些步驟的方式不同，有的明示這些歷程，刻意地使用和回顧這些步驟，有的則沒有特別明示出來。每個班級，寫作技巧的教學重點差異也很大，有的非常強調教材使用的修辭技巧，有的則只有教學習單上出現的技巧。

不同的班級，對**詞彙技巧**的看重程度也有差異。各個班級教的詞彙量不同，來源也不同（例如，有些班級用市售詞彙表做教學和測驗材料；有些則強調討論閱讀時遇到的新詞）。拼字的教學與測驗是每一個班級都在做的，但各班級詞彙的來源不同（如市售的詞彙表、閱讀時遇到的新詞），習作練習的量以及「拼字和詞彙教學的連結程度」也各有不同，有的班級拼字和詞彙教學是完全獨立的兩回事，有的班級，閱讀的新詞就是他們學習拼字的材料。

不同的班級，**學生的學習參與度**也有不小的差異，學生參與度通常指的是有多少學生參與學業活動。我們觀察到，有些班級，學生的參與度很高，有些班級則不太穩定。

不同的核心重點

我們發現，每個班級都會有特別強調的核心重點，班級裡的課程和教學活動，就繞著這個核心來組織和進行。每個班級選擇的核心重點，多少都有些差異，雖說各班級有著自己的獨特性，但，藉著教學主題把「閱讀一般圖書」和「寫作」做整合，是班級裡最常看到的核心重點。表 9.1 整理各種作法。

表 9.1　Pressley 等人（1998）研究中提出的四、五年級各班級的核心重點

1. 進行和課程主題有關的閱讀和歷程寫作（process writing）；讀書心得分享；鼓勵自我調節，包括在小組分享讀書心得時，使用修正後的交互教學法（reciprocal teaching）。

2. 讓學生發表和課程主題有關的小說閱讀心得；強調自我調節的寫作、閱讀和研究的歷程寫作教學。

3. 閱讀主題相關的書籍，並藉閱讀引發寫作；特別強調歷程寫作及自我調節之閱讀、寫作與行為。

4. 閱讀課本，以老師提問為主導的課本選文討論；孤立的技巧教學、安靜的課間習作。

5. 非常強調閱讀的內容，包括時事；非常重視詞彙以及真實知識的習得；歷程寫作；直接的技巧教學；以老師發問為主導的全班討論，以及個別的課間習作。

6. 合作探索；主題導向的教學；閱讀大量的一般圖書；和現行主題或閱讀無關的技巧教學。

7. 閱讀－寫作－內容整合，進行許多和全班正在閱讀的圖書相關的活動；以老師發問為主導的延伸討論。

8. 閱讀一般圖書；透過學習單進行技巧教學。

9. 歷程寫作；閱讀一般圖書；閱讀－寫作－內容教學的連結。

10. 老師朗讀文學作品給全班聽；學生閱讀一般圖書；歷程與技巧寫作教學；有清楚的閱讀－寫作－內容教學連結。

遺漏的教學

　　我們發現有些班級的某些教學令人費解。例如，雖然過去 20 年來有大量研究問世，建議老師如何增進學生的理解力（Almasi & Fullerton, 2013; Blachowicz & Ogle, 2008; Gersten, Fuchs, Williams, & Baker, 2001; Pearson & Fielding, 1991），但我們觀察到的卻是，直接的理解教學甚少出現。的確，這個情形和 Durkin（1978-1979）在三十幾年前所提出的研究很像，當時他發現學校裡有很多的閱讀理解的**測驗**，卻幾乎沒有這方面的**教學**（若你不是很了解 Durkin 的研究，請繼續閱讀本章的下一節）。

　　然而，事實上，現行的閱讀理解教學卻正是這 20 年來理解歷程的研究所促成的結果。現在，讓學生總結所讀內容之後簡短回答問題、指出文章中模糊的論點、根據文章提出問題，或猜測接下來會出現什麼內容，這些都已經是當今課堂上常見的教學活動。也就是說，學生被要求回答的這些問題，是由熟練性理解的認知過程衍生而來（也就是摘要、疑問監控、自問自答、根據先備知識預測）。然而，卻少有證據顯示，老師有在教學生**在**閱讀時自我調節理解的過程。在某些班級，完全沒有看到老師在教導學生過去 20 年研究證實有效的主動理解過程——例如，學生閱讀一個故事時，如果讓他不經思索也不經提示地寫下任何他們聯想到的畫面，他們就能在閱讀時任意捕捉個大概的概念，這就是一種理解的策略。更廣泛地說，學生能夠在進行策略性閱讀時，迅速抓到概念，但實際上老師並未教導這些策略、也未教導怎麼運用這些策略，或是這些策略有什麼好處。

　　令人驚訝的還有，自我調節的教學是多麼地少。學生沒有被教導如何成為一個能自我調節的學習者，老師們似乎覺得只要給予足夠的作業（如學習單）讓學生練習，在閱讀時，像高竿的讀者一樣地思考（也就是要求他們報告在閱讀時想到的問題、圖像或是摘要），這些行為就自然會發生。當然，這也就是說，我們知道，沒有證據顯示那樣的教學能夠引導學生學會主動的、自我調節式的閱讀理解策略運用。

●● 有效能的四年級教師：全國性的觀察研究

Pressley 等人（1998）對四、五年級教師的觀察研究引發了更大規模、更廣泛的對有效能四年級教師的研究（Allington & Johnston, 2002）。經由一個滾雪球式的提名過程，這個研究裡的 30 位教師來自六個州（兩個州有用教科書，四個州沒有教科書）。有這兩種州，讓我們可以在非常不同的方案下觀察學校體系裡的有效能教師，如此不但能了解有效能的教師，也可以建立跨州的資料（加州、德州、新罕布夏州、紐澤西、紐約和威斯康辛州）。每個班級，我們都進行全天、連續一週的觀察，其中一週在秋季、一週在春季，這樣的觀察讓我們得以弄清楚老師是怎麼進行閱讀教學的。這個質性研究產生的田野札記（field notes）描述了老師的教學活動、任務類型和師生之間的互動，我們利用這些札記和教師訪談資料發展出每個班級的個案研究資料，接著選取了這些有效能教師中的六位教師的個案資料，把像書一樣厚的手稿改寫成有效能教師的核心特徵（Allington & Johnston, 2002）。

我們的發現可以用底下六個 T 來描述（Allington, 2002）。第一個 T 是**時間**（time）。這些有效能的四年級老師很規律地把一大塊、一大塊的時間用在閱讀教學上[1]。他們的班級經營很好，才擠得出大塊的時間。大塊、不被中斷的教學時間，是這些教師的共同點。

第二個 T 是**文本**（texts）。即使在使用教科書的州，這些有效能的老師也較少使用商業出版的閱讀教材。取代教科書的，主要是每個學生為自己選的各種讀物。然後，就像 Pressley 等人（1998）研究中高年級教師所觀察到的一樣，學生們自己要讀的文本，和教室裡的典型文本是不同的。

第三個 T 是**任務**（tasks），也許因為前面的兩項特質，有效能班級中，學生所從事的任務和一般班級大相逕庭。每個學生都寫相同的學習單，

---

[1] 譯註：美國大部分的學校，上課時間由各班老師自行掌控，並不像台灣這樣有統一的上下課時間。

在這些班級裡相當罕見，取而代之的是，學生各有個別的方案要做，這些方案通常和自然科或社會科的主題有關（海洋生物、昆蟲、天氣、有使命的生活、西班牙對加州的影響等等）。學生們寫作的頻率也高於常模，寫的東西有簡短的讀書回應、心得、大意和研究報告。

第四個 T 是**說話**（talk）。和這些任務相關、而且經常發生的活動是班級內的討論（Nystrand, 2006），包括全班、配對和同儕領導的分享討論。亦即這些班級和普通班級很不一樣的地方是，上學日一整天下來，學生講的很多。他們講的，不管是學習內容或閱讀策略的使用，都饒富成效（Johnston, 2004）。

第五個 T 是**教學**（teaching）。有效能的教師從未停止教學──全班教學、小組教學、配對教學、個別教學，這些教學的核心，是幫助學生發展自我調節的技能──對行為的自我調節，及讀寫時的自我調節。本研究的這個發現似乎和 Pressley 等人（1998）的觀察有所不同。但是，我們觀察到的是，老師們幫學生發展、而非直接教導學生的自我調節。對於學生可以用的策略，雖然文獻較少有直接的說明（Duffy, 2014），但有效能的教師以示範和提供鷹架的方式教導學生閱讀策略。

最後一個 T 是**考試**（test）。有效能的教師對學生的學習狀況知之甚詳，其了解超乎較不具效能的教師。這些有效能的老師認為他們的學生是發展中的讀者，也會提供能促成進一步閱讀發展的教學。而老師們獲知兒童學習進展的方式並非來自於正式的考試，反而來自於教室裡學生學習時的對話和觀察。亦即有效能的教師花較少的時間在考試上。

在談論這些優秀老師的相似性時，別搞錯了，這絕不是在說，他們的班級或教學看起來都是一個樣子。這些四年級老師中，有些人的班級經營比較僵硬，有些較常使用學校提供的核心課程教材，有些人的個性較肉麻，動不動就來愛的抱抱，有的老師則比較正式保守。雖然老師各有各的樣子，但兩個研究都指出，他們的教學卻有相當多的共同點。

另一個重要的觀察是，和我們現場觀察到的教學比較起來，這些老師在描述自己剛入行的教學經驗時都是比較保守的（Gabriel, Pereira, & Allington,

2011），這意味著，如 Duffy（2004）所說，「有效能的教師不是天生的，而是培養出來的。」事實上，這些老師都對研究者說明過他們的成長歷程，主要是先學會怎樣管理一個班級，然後再學怎樣管理一個**有效能**的班級。絕大多數的老師說，他們會成為有效能的老師，是因為有一位同事當師傅，而不是如同一般想像的那些教師專業發展活動（如大學的課程或局處的教師專業研習）。他們說，有機會得到良師的點撥、得到行政人員的信任、有自主性及想要進步的深層意願，這些因素合起來幫助他們成為有效能的老師。

這兩個研究說明了有效能的中高年級班級看起來該是什麼樣子：投入學業的學生、高層次的讀寫任務、超越測驗分數的高層次成就。我們研究裡的有效能四年級教師和 Taylor、Pearson、Peterson 和 Rodriguez（2003）所報告的、能帶出高閱讀成就的教師很像。兩個研究中，最有效能的高年級教師都以一種平衡式的教學幫助學生習得精熟的閱讀。

●● 小結

Pressley 等人（1998）所觀察的十個四、五年級班級，與 Allington 和 Johnston（2002）所觀察的四年級班級，各有各的不同。總的來說，這些老師各自以不同核心的教學，帶領班級發展不同方面的讀寫能力。但是無論這些班級的教學有多大的不同，還是可以找到一些共通點。其中一個重要的共通點就是都結合文學讀物、寫作經驗以及技能教學，而這和本書中發展的平衡模式相符合。

說它不失平衡，並不是說我們認為我們所觀察到的教學法就非常完美。明確地說，許多班級都鼓勵自我調節，但太少班級明示地教導如何學到自我調節技巧。閱讀理解技能乃高年級應有的關鍵學習活動，這個道理早已廣為人知，但最令人詫異的是各班級缺少閱讀理解策略教學（例如，Chall, 1983）。另一方面，這些班級裡普遍存在分量可觀的文學對話和討論，創造了一個互動的環境，更加可能刺激兒童發展出有效能的策略運用。就如 Ivey 和 Johnston（2013）所說的：

> 策略性的行為……似乎不是教出來的結果,學生有想要弄清楚
> 的需求,策略性的行為比較像是對這種需求的反應。他們的閱讀歷
> 程顯示,雖然特定的策略的確可以教,但教學時間若用在讓學生投
> 入閱讀上似乎更佳,那是一種讓學生真正更可能發展出策略性閱讀
> 的情境。(p. 48)

我們的直覺是,積極地投入同儕領導和教師領導的討論,比大家長年所相信的更為有用。目前只有少數以年級較高學生所做的研究支持了班級討論在發展高層閱讀理解上的潛力(Almasi, O'Flahavan, & Arya, 2001; Applebee, Langer, Nystrand, & Gamoran, 2003; Ivey & Johnston, 2013; Malloy & Gambrell, 2011; Nystrand & Gamoran, 1991; Wolf, Crosson, & Resnick, 2005),現在我們只能等待更多研究出現。

當代閱讀理解教學的基礎

1990 年起,Marilyn J. Adams 在《開始閱讀》一書中,詳細探討初習閱讀者必須學會的字母層次及詞彙層次的處理技能,從那時起,閱讀研究者和教育者就開始專心致志地研究兒童解碼能力的習得過程。其中一個原因是,在 1990 年代,美國初始閱讀教育的主流——全語言(例如,Weaver, 1994)已被質疑不能幫助學生發展解碼能力(Rayner, Foorman, Perfetti, Pesetsky, & Seidenberg, 2002; Seidenberg, 2013)。即使如此,無論強調意義或是強調閱讀技能教學的學者,大家都有個共識,即閱讀教學最重要的目標在於幫助讀者**了解文意**。另一個他們重視識字的原因,是因為有些研究人員及教育家相信,在閱讀理解過程中若發生困難,瓶頸**出在**解碼。當然,若兒童完全不會解碼,那就甭談理解了。即使能解碼,若讀者解碼很吃力,而解碼和理解兩個歷程競相使用有限的注意力容量(也就是短期記憶的 7±2 個字串;Miller, 1956),那麼,原本可用於理解文意的記憶容量,就被浪費在無效率的解碼上了。只有增加解碼自動化的程度,才能釋出足夠的認知容量,讓讀

者能夠用於理解閱讀到的文字（LaBerge & Samuels, 1974）。根據 LaBerge 和 Samuels 的模型，如果解碼是自動化的，那麼讀者就多多少少照顧到詞彙層次的理解了（見第 6 章關於閱讀流暢性的說明）。雖然我們同意，詞彙層次的理解需要靠自動化解碼來達成，但比詞彙層次還高的理解則需要更多。

最近 30 年來，有大量關於如何幫助小學生增加閱讀理解能力的研究問世，我們選擇性討論如下，其中大部分都是關於教導學生如何運用理解策略。在下一節中，我們來探討為何研究人員會認為理解策略教學能夠促進理解力的發展。理解策略的教學並不是憑空產生，而是許多研究成果的反映（亦見 Pressley & Hilden, 2006）。

●● 理解力教學的需求意識抬頭

在一個劃時代的研究中，Dolores Durkin（1978-1979）喚醒了閱讀教育界對於閱讀理解教學的重視。她觀察了三到六年級的學生，檢視他們的閱讀與社會科教學，但幾乎找不到理解力教學的影子。這些老師不教學生如何理解，但他們卻測驗學生的理解能力，要求學生回答剛剛讀過的材料所衍生的問題，老師們會「提及」哪些有用的策略可以提升閱讀理解，但極少教導這些策略及其使用。Durkin 的研究激發許多研究者去探究閱讀理解的過程，並尋找增加學生閱讀理解的方法。

Dewitz、Jones 和 Leahy（2009）分析了幾種主要的核心閱讀教材，以衡量這些教材是否使用了證據本位的閱讀理解策略教學，他們的發現讓人憂心。這些教材教師手冊所提供的建議主要為教師提問，在五種核心課程中的三種課程中，超過 50% 所推薦的教學活動都是兒童閱讀中和閱讀後的教師提問。他們也注意到：

> 綜覽了這五種教材，我們注意到直接解釋、討論和提問，比示範、技能說明或指導下的練習更為常見。學生閱讀時，教學手冊對技能和策略學習提供的支持並不多。（p. 116）

換句話說，在許多美國小學使用的讀寫教材雖列出一大堆理解技能和策略，

但教學時如何示範這些技能和策略呢？教材幾乎沒有提供老師們什麼有用的訊息，支持性的練習倒有一些，但從未說明如何以逐步責任轉移（gradual release of responsibility）的方式教導這些目標策略。他們的結論是，若忠實地執行這些有毛病的讀寫教材，既稱不上是有效能教學，也可能全無益處。

●● 讀書技巧的教學

1970 年代，增加閱讀理解力最普遍的方式就是所謂的讀書技巧教學（study skills instruction）。這樣的教學總歸來說，就是策略的教學，像是利用關於該主題的背景知識、重讀段落中難懂的句子、將文章內容視覺化及重點摘錄等（Forrest-Pressley & Gilles, 1983）。其中，最有系統亦最著名的方法就是 SQ3R（Robinson, 1946），即瀏覽全文（**S**urvey）、利用章節的標題自我提問（**Q**uestion）、閱讀（**R**eading）、背誦（**R**eciting）及複習（**R**eviewing）。所有這類讀書技巧教學最大的問題，就是幾乎沒有證據證實它們的確有效（例如，Tierney, Readence, & Dishner, 1980）。也就是說，並沒有令人信服的證據顯示，大費周章地執行 SQ3R 一定值回票價（Johns & McNamara, 1980）。雖然研究讀書技巧的學者，研究和發展沒有做得很好，後來教學的成效不明顯，但讀書策略的研究，卻讓人們開始覺得，教學生各種策略也許是增進閱讀理解的一種可行方式。

●● 激發特定策略教學研究的意義表徵理論

1970 年代末期與 1980 年代初期，出現許多新的理論，說明了意義在心靈（mind）中的表徵形式，以及意義的心理（mental）表徵如何決定一串複雜構想的理解。根據這些不同的表徵理論，學者推出了許多假設，試圖了解有效理解策略教學的本質。

舉例來說，科羅拉多大學的 Walter Kintsch 和他的同事 T. A. van Dijk（1978；亦見 van Dijk & Kintsch, 1983）便發展出一套理論，說明熟練的讀者如何建構文章中主要構想的表徵〔他們用**巨集命題**（macropropositions）這個專有名詞稱之〕。他們的理論引起許多研究，探討如何教導學生進行大

意摘取，以助於文章內容的記憶，也因此提供了不少證據，指出小學生確實可以學會大意摘取的能力（例如，Doctorow, Wittrock, & Marks, 1978; Taylor, 1982）。

一位加拿大的認知心理學家 Allan Paivio（例如，1971, 1986; Clark & Paivio, 1991）提出，知識是個複雜的網絡，由語文與意象組成。這個說法讓學者開始研究，如何引導兒童建構內心的圖像，藉由圖像及文字的雙重編碼，增加對文章內容的記憶（Levin, 1973; Pressley, 1976）。一般來說，當兒童學會建構能夠代表文章內容的圖像時，比起一般同齡的孩子，都有較佳的記憶力（例如，以答案簡短的問題來測試）及理解力（例如，以必須根據文意來推斷答案的問題來測試）（Pressley, 1977）。

許多理論學者認為，故事的結構都大同小異：有個開頭，包含時間、地點、人物；一個誘發事件，要去達成某些目標或造成什麼問題的事件；解決，一連串達成目標或克服困難的嘗試；結果，終於達成目標或解決問題；以及迴響，即人物對於問題終獲解決的反應（例如，Mandler, 1984; Stein & Glenn, 1979）。兒童，尤其是弱讀兒童，可以學會故事結構的元素，以增加他們的理解力及對故事的記憶（例如，Short & Ryan, 1984）。

無庸置疑，1970 年代末期和 1980 年代初期，閱讀界最重要的表徵理論就是「基模論」（schema theory），這是由閱讀研究中心（Center for the Study of Reading）的 Richard Anderson 和 David Pearson（1984）所提出來的。基模上面已有可以整合許多經常同時發生的觀念，並將這些觀念組成次序分明的表徵。舉例來說，船隻的擲瓶儀式有其目的——給予船隻祝福，它包含在哪裡舉行（乾燥的船塢上）、由誰舉行（一位名人）、何時舉行（船隻首航前）、儀式進行的方式（打破一瓶由繩索懸吊著的香檳酒）等等。基模的啟動與否會強烈影響著讀者對於文章的理解、推理、注意力資源分配，以及記憶。因此，提倡基模論的學者宣稱，老師應善用各種方法，鼓勵學生在閱讀時多多運用他們的先備知識，在閱讀前先推測故事內容，尋找故事中與先備知識相關的部分，並自問和故事內容相關的問題（Anderson & Pearson, 1984）。

　　總結說來，1970 年代和 1980 年代初期幾位代表性的表徵理論學家認為，如果孩子無法理解或記住文章內容，可能是因為他們並未建構起文章中所傳達的完整概念。解決的辦法是透過教學，鼓勵學生建構起較完整的概念，運用各種閱讀前、閱讀中及閱讀後的策略促進心智的表徵（Levin & Pressley, 1981），如摘取大意、建構圖像、故事結構表徵及因不同事例而異的基模，以獲取文章裡的構想。

專家的放聲閱讀研究

　　如同第 2 章討論的內容，1970 及 1980 年代開始出現許多閱讀的口語原案（verbal protocol）的研究。這些放聲思考（think-aloud）的研究顯示，技巧熟練的讀者，在閱讀時會運用一些認知策略，包括表徵理論學家所建議的策略——摘要、建構圖像、了解故事中的文法，以及和基模相關的先備知識（Pressley & Afflerbach, 1995）。這些研究顯示，教導學生運用理解策略，就是教導他們像最熟練的讀者一樣來閱讀。

後設認知理論的出現

　　後設認知理論在 1970 年代出現。後設認知（metacognition），就是對認知的認知（Flavell, 1977）。它在管理認知上扮演很重要的角色：「知道自己能夠在摘取大意後，就可以記住更多的內容」，這就是很重要的後設認知——關於大意摘取的條件知識（Paris, Lipson, & Wixson, 1983）。這樣的知識可以告訴學生，當遇到一段需要牢記的文章時，應該要怎麼做。也就是說，後設認知加強個人長期使用正確策略的可能性（欲知相關探討，可見 Johnston & Winograd, 1985; Pressley, Borkowski, & O'Sullivan, 1984, 1985）。

　　Flavell（1977）、Flavell 和 Wellman（1977）的研究說明了後設認知在各種不同的任務情況下，是如何管理認知策略的。在那段期間裡，研究讓人們相信，有許多策略絕對是教得會也學得會的（Pressley, Heisel, McCormick, & Nakamura, 1982）。唯有當策略教學經過後設認知取向的潤飾之後，學生才會長期使用這些被教導的策略（例如，在教學中明白指出特定學習策略的

好處；見 Borkowski, Levers, & Gruenenfelder, 1976; Cavanaugh & Borkowski, 1979; Kennedy & Miller, 1976）。最早的分析和實驗結果發現，後設認知理論在高效能思考中，是不可或缺的重要策略。

Vygotsky 的發展論：認知能力的內化

Lev S. Vygotsky（1978）對於認知發展的理論，於 1970 年代末期與 1980 年代初期開始受到重視。先前的章節我們曾提到，Vygotsky 認為成人與兒童關於符合兒童近側發展區任務的互動，對兒童各項認知發展非常重要，這些任務都是兒童必須依靠大人協助才可能完成的工作。Vygotsky 的觀點讓許多發展取向的（developmentally oriented）研究人員及教育家，轉而開始從事各種認知技能的教學，這些都是兒童無法自行發展，而必須依靠成人協助的認知技能——例如閱讀理解策略。發展論者也發現，認知能力的發展果然和 Vygotsky（1962）提出的理論如出一轍，當兒童一旦從別人那兒學會了某些技能和使用過這些技能後，就會內化成自我指導的內在語言。

另一個重要的發展論者是 Donald Meichenbaum（1977），他發現成人該如何和兒童互動，以促進他們習得和運用剛學會的認知能力。和 Vygotsky（1962）一樣，Meichenbaum 相信自我語言（self-speech）從成人和兒童對話時就開始了，而成人的角色一開始時，主導性非常強，但隨著兒童逐漸內化這些指導性的對話，成人的角色會逐漸褪除。到了 1970 年代中期，美國有許多研究指出，自我指導的語言在兒童自我調節的發展上，扮演著舉足輕重的角色（例如，Johnston & Winograd, 1985; Kohlberg, Yaeger, & Hjertholm, 1968; Patterson & Mischel, 1976; Wozniak, 1972）。

因此，1960 年代末期及 1970 年代初期，Meichenbaum 假設，如果能同時教導兒童運用自我語言引導他們使用正在學習的認知能力，他們便能夠學會各種認知能力（例如，Meichenbaum & Goodman, 1969）。Bommarito 和 Meichenbaum 的一份研究（Meichenbaum & Asarnow, 1979）可以清楚說明 Meichenbaum 所說的方法。他們教導一批能夠解碼、但無法理解閱讀內容的中學生學習理解策略。

該項教學從一位成人示範以自我對話調節理解策略開始：在故事中尋找主旨、注意故事中重要事件的順序、了解故事裡角色的感受及為什麼會有這種感受。學生看到大人在閱讀，並聽到以下對話：

> 嗯，我知道在閱讀前和閱讀中要注意三件很重要的事。第一，問問自己，故事的主旨是什麼，它在說什麼？第二，閱讀時要了解重要的細節，尤其是主要事件的發生順序。第三，要了解角色的感受和原因。所以，就三件事：抓主旨、注意事件順序、了解角色的想法和原因……當我閱讀時，偶爾得停一停。我要想想我正在做什麼，並且聆聽自己內心的聲音，我說得對嗎？記住，不要怕犯錯，再試試看就好了。保持冷靜，放輕鬆。當你成功時要以自己為榮，好好享受。（Meichenbaum & Asarnow, 1979, pp. 17-18）

六堂訓練課程結束時，閱讀的主控權已逐漸交由學生自己掌控，他們也會暗暗地自我對話起來。這種自我對話的教學法是否會影響閱讀理解的能力？會的。根據標準化理解力測驗的前後測結果發現，這些會自我對話的學生，比控制組的學生進步得多。也就是說，研究者得到了一個結論，成人能利用認知過程的鷹架教學，促進兒童的認知發展。

讀者反應理論

到目前為止，我們已經看了許多 1970 年代末期和 1980 年代初期出現的認知心理學研究，它們都支持理解策略的教學。大多數閱讀教育界人士對認知心理學不太以為然，為了讓閱讀教育者接受閱讀理解教學的想法，那就必須從閱讀教育者擁抱的傳統著力。這個著力點是一種非常重要的語文觀點，也主張教導閱讀理解策略。

語文教育家 Louise M. Rosenblatt（1938）曾提出一個新的理論，認為每個讀者對同一份文本的理解可能都不一樣。跟 Vygotsky 一樣，大家重新發現在 1978 年出版的《讀者、文本與詩作》（*The Reader, the Text, the Poem*）中 Rosenblatt 的主張。該書對讀者反應理論（reader-response theory）的定

義，對語文教育界產生了巨大的影響。它讓主動閱讀及詮釋性閱讀的教導有了合理性。

根據讀者反應理論，閱讀同一份文本時，因為讀者不同的觀念和先備知識，對於文本的闡釋和理解會因人而異，而文本也以不同的方式對讀者產生不同影響（例如，Beach & Hynds, 1991; Rosenblatt, 1978）。讀者有時會對故事中的角色產生不同的印象，並經常投射自己的個人與文化經驗到故事的情節中。對文本的反應之一，就是讀者會對故事中的事件產生自我解釋，通常會形成栩栩如生的圖像。簡言之，語文學家和教育家認為，讀者的反應就是心理學家所認為的理解過程。自 1970 年代晚期，讀者反應理論始為語言教學學界接受，而這代表認知心理學家和語文學家在幫助學生閱讀時更為積極的目標上，有了共識。

●● 交互教學法

1970 年代末期和 1980 年代初期，正是研究小學閱讀理解策略教學的鼎盛時期，而這些五花八門的各種研究元素在伊利諾大學的閱讀研究中心統統找得到。該中心是 Dolores Durkin 的心智源頭，她的研究帶動了理解策略教學的需求，亦曾有大量重要的研究工作在這裡進行著。該中心有幾位年輕學者一起整理了一份讀書技巧研究的摘述（Tierney et al., 1980）。它囊括了許多關於個體理解策略的重要研究工作，包括摘要的節錄（Brown & Day, 1983）、圖像的產生（Anderson & Hidde, 1971），以及先備知識的應用（Anderson & Pearson, 1984）等等。讀者反應理論使伊利諾大學聲名大噪，美國國家英語老師協會（National Council of Teachers of English）也在此設立總部，而像 Alan Purves 這樣的學者更是經常與中心的團隊互動頻繁。

然而，集各家論述於大成的學者則是 Annemarie S. Palincsar 和 Ann L. Brown。他們最具代表性的研究，就是交互教學法（1984），對理解策略教學有著莫大的影響。**交互教學法**（reciprocal teaching; Palincsar & Brown, 1984）意指利用閱讀小組來進行理解策略的教學。學生在閱讀時，應預測接下來的內容，自問關於文章內容的問題，尋找問題的答案，並對內容進行摘

要。老師首先解釋並示範這些策略，但很快就將活動的主權責任交給小組，讓學生輪流帶領小組閱讀。

在交互教學法課堂中，會有一個學生擔任組長，負責在閱讀時控管小組的預測、發問、摘要等過程，組長亦須徵求組員們提出需要釋疑的問題，針對問題給予澄清，或再邀請組員們討論回答。小組以合作的方式互動，而老師只在需要的時候提供簡單的協助。也就是說，老師提供的是鷹架：足以幫助小組自行發展，但不會遏止學生活潑的自主閱讀與理解。

Brown 和 Palincsar（1989）摘錄了一個討論交互教學法的經典段落：

> 組長用一個與主要內容有關的問題啟動小組的討論，最後以總結摘要結束討論。如果組員有意見不一致的時候，全組就要重讀一次，並討論問題的備選答案，直到大家達成共識為止。總結摘要提供了讓小組自己控管進度的方式，並記下有哪些地方達成共識或未達共識。最重要的是，最後進行的重點摘要，能夠幫助學生知道到哪裡可以作為一個段落，想要澄清任何理解上的問題時，也能因此促成討論的整合。最後，組長還會要大家預測接下來的內容。老師則從頭到尾都會根據討論以及組員回應的狀況進行引導與回饋。
> （p. 143）

根據學習與發展的認知觀點，交互教學法好處多多（Brown & Palincsar, 1989; Palincsar, 2007）。首先，學生能夠看到多種不同的認知處理模式；老師會示範並解釋。小組每天聚在一起，練習一些閱讀時要用來理解的策略，因此，小組成員就能不斷示範文本中論證的技巧。至於內容學習方面，學生們則由老師引導，利用各種不同的說明及推理來促進學習——也就是說，預測及推理都是提出疑問、問題推敲及總結摘要的必備元素。這些討論讓大家都有機會發表意見，也需要學生判斷並舉證支持自己的想法；並幫助學生能夠回顧及批判他們所學會的策略，連討論的內容都能兼顧。因此，交互教學法提供學生學習全新內容，以及如何處理這些內容的機會。

交互教學法最重要的假設是，學生藉由參與，最後能內化運用分組練習

時的四種策略。也就是說，本來在小組內進行的策略運用，到後來每個學生也都能獨自運用。這和 Vygotsky 的觀點一致——個體的認知發展源自於參與社群的活動（Oczkus, 2010）。

但交互教學法也有缺點（Hacker & Tenent, 2002; Marks et al., 1993）。許多交互教學法的課堂上，字面問題的討論比重太高，而學生對自己理解的監控比重太低。因為交互教學法強調的是逐漸抽離老師的支持，這使課程中經常有長時間的停頓，因為當學生摸索不出個道理時，老師常常不知道該不該介入對話提供協助。雖然以四種理解策略的直接教學進行之交互教學法看似相當成功，但標準化理解力測驗的結果顯示出，交互教學法並沒有特別突出的成效，平均的效果量為 0.3 個標準差（Rosenshine & Meister, 1994）。

●● 討論在閱讀理解發展上的角色

也許是因為交互教學法中學生有許多時間不長、同儕主持的討論，最近的研究已經聚焦在同儕領導討論增進文章理解的潛力上。Nystrand（2006）一篇早期對討論研究的回顧文章提到，較長時的討論、問真實問題的比例、後續跟進的提問可以給學生帶來較佳的文章理解，及課程內容的學習。Murphy、Wilkinson、Soter、Hennessey 和 Alexander（2009）對 42 個研究做了後設分析，這些研究的對象是討論本位、嘗試提升兒童文章理解的九種教學方案。總的來說，比起對照組所用的傳統教學方式，實驗組中接受討論本位教學的學生有較佳的學習成效，而且，這種教學方式對低成就的學生幫助較大。雖然後設分析發現討論教學對字面理解及推論理解有提升的效果，但是在批判式推理上卻沒有看到效果。

幾年前，Almasi、Palmer、Madden 和 Hart（2011）再度回顧了關於討論的教學研究，他們的結論是：

> 有些介入，能讓學生閱讀文本時，有空間可以投入同儕間的對話討論，其實這也就提供了學生主動參與意義建構的空間。在這樣的情境下，學生參與了社會和認知的種種歷程，他們可以提出令人

深思的、有意義的問題，而且會帶出一些他們覺得有助於了解文本的議題。這樣的歷程中，學生必須主動思考、找到看來沒有道理的部分，而且和同學合作以了解文本。這些歷程和閱讀理解策略教學時的自我調節歷程是一樣的──都在辨識和解決閱讀的困難。（p. 340）

討論不僅可提升閱讀理解，也可以提升作文表現。Reznitskaya 等人（2001）對一種叫「合作推理」的小組討論方式進行研究。每組有六到八位學生，每週見面兩次，持續五週，每次見面，學生用 15 到 20 分鐘來討論研究者選出的一系列故事裡的爭議性議題。

這個研究裡，老師某部分的角色是做示範、給提示或鼓勵學生用故事裡的訊息支持自己的論點。但老師也直接教導學生如何針對另外學生的主張做反向的思考。本研究控制組的學生則只是接受一般的語文教學。

結果，參與「合作推理」的學生所寫的小論文，在好幾個向度上都顯著優於控制組。他們寫了比較多的正方論點、反方論點及反駁，也比控制組更能運用文章內的訊息來支持自己的論點。總之，這個研究指出，在口語討論情境得到的推論技能，可以類化到論說文寫作情境。

最近美國教育科學署（U.S. Institute of Education Sciences）公布了一個證據本位的教學指引，適用於小學低年級的閱讀理解教學（Shanahan et al., 2010）。研究者認為討論在課堂上大有用處，他們這樣寫道：

> 本評議小組推薦，老師可以用有聚焦、高品質的討論來領導學生，以裨益其更深度地了解所讀的文本。學生之間或師生之間的這種討論不僅是表面問題的問或答，而是對文本更有思考性的探索。經由這樣的探索，學生在討論中學得如何提出論點或反駁對方論點，學會釐清文本中的模糊地帶，最後可以做文本的結論或進一步的推論。（p. 23）

雖說研究已普遍指出同儕領導的小組討論可以成為教學常規的一環，

但準備好可以經營這種教學方式的老師似乎不多。Kucan、Hapgood 和 Palincsar（2011）研究了 60 位小學四、五年級的老師，這些老師都完成了一份理解相關知識的評量，包括段落分析及透過討論提升閱讀理解的特定知識。他們發現只有三分之一的老師能夠投入必要的整合與推理力教學，而那是文意連貫地說出文本最重要內容所需具備的。老師們經常只會有非常粗略的探問，並且同意讓學生聚焦在不直接相關議題的討論，而非文本中真正重要的主張上。這可能反映了老師使用核心讀寫教材多年後的經驗：

> 老師的反應遍及（本研究評量中）所有關於如何回應學生的教學任務，這意味著老師們並未提供特定的支持，好讓學生能解釋文本訊息，倒是依賴重讀及一般的提問，以獲取更多訊息。他們的反應是比較照著常規進行的，而不是臨機應變的。（Kucan et al., 2011, p. 75）

從這個研究，我們大概可以知道，為什麼研究者在教室裡很少觀察到討論的活動。因為核心讀寫教材極少提到討論，如 Dewitz 和同事（2009）所觀察到的，而且老師們似乎從來沒有學過如何有效地組織、掌理課堂中的討論活動，所以，有效能的討論很少見，這個結論也挺合乎邏輯。只希望最近關於有效討論的研究發現，可以找到門路，用在核心讀寫教材、閱讀方法教科書和師培課程裡。

●● 小結

1980 年代中期乃理解策略的直接教學擅場的年代，從策略的說明與示範開始，學生隨之進行練習，而老師只在需要的時候提供協助，直到這些策略被學生內化為止。專家了解這些教學的必要性，也遭遇過讀書技巧年代那些類似的困難，他們試過了種種策略，但就是沒有用到 1970、1980 年代出現、以本文表徵為題的基礎研究。有證據顯示，優讀者在閱讀時會使用認知策略——尤其是文本表徵的策略、積極地解讀文本，以及大量的後設認知行為，讓他們對自己的學習行為，以及為什麼進行這樣的行為有著高度的洞

察。Vygotsky 的理論和交互教學法都讓內化的概念為大眾所熟悉，也促成後來特別針對理解策略所提出的內化研究。

理解策略的直接說明及交流式理解策略教學

　　1981 年，密西根州立大學的研究員 Laura Roehler 和 Gerald G. Duffy 提出一個重要的教學模式，主張老師先說明要教學的內容。這種模式的中心概念稱為「心智示範」（mental modeling），老師先告訴學生某特定策略到底是怎麼回事，然後再用放聲思考（think aloud）來應用策略（Duffy & Roehler, 1989）。舉例來說，老師欲介紹學生認識 Duffy 和 Roehler（1981）心智構圖（mental imagery）的理解策略，老師會先告訴學生，優讀者在閱讀時，會在腦中建構和故事情節一致的畫面。然後，老師講一個故事給學生聽，偶爾停下來描述他或她現在想到的畫面。接著，讓學生自己試試看，由老師在旁邊監控，在必要時提供額外的解釋與示範。當學生愈來愈能自如地使用策略時，老師的回饋與指導就愈來愈少。在學生練習過程中，是否提供訊息端看學生遇到的問題，以及不能達成理解的原因。有時候也需要重複教學與說明，及後續的示範。老師會回應學生特定的需求，有時候會再針對細節詳加解說，直到學生了解為止。也就是說，教學和 Duffy 和 Roehler 的策略一樣，是按部就班的。

　　Duffy 等人（1987）提出一個設計極佳的研究，檢驗直接說明策略教學（direct-explanation strategy instruction）在三年級閱讀教學上的成效。實驗中隨機分出十組弱讀者，進行直接說明的教學，而另外十組為對照組，接受一般的教學。Duffy 等人（1987）教導三年級的老師直接向兒童說明該年級熟練性閱讀所使用的策略、技巧及過程，將它們融入三年級一整學年的閱讀教學當中。老師要先學會如何解釋這些策略、技巧與過程，然後心智示範給學生看。接著讓學生在指導下練習，一開始先讓他們表現運用策略的過程，讓老師便於監控。學生愈來愈熟練後，老師便減少協助。老師也會幫學生回顧何時、何處可以運用剛學的策略，藉著這樣的回顧，鼓勵學生將這些策略

遷移到不同場合使用。當學生遇到某些情境，最適宜運用剛學的策略時，老師就會暗示學生可以使用哪些策略，不管這些情形在什麼時間發生（也就是鷹架教學可能會延續一整天）。老師會不斷提示、指導，直到學生會自動運用這些策略為止。

一學年結束後，兩組學生接受一份閱讀成就測驗，結果顯示，接受直接說明教學的學生在這份標準化測驗中的表現，比對照組的學生好得多。這個結果對閱讀教育界投下了一顆震撼彈。隨後 Duffy 等人（1987）所提出的直接說明教學，馬上被許多教學者用於自己的理解策略教學中，而且延續至今，成為閱讀技巧教學，包括理解技巧教學的重要典範（Duffy, 2014）。

●● 交流式理解策略教學的描述性研究

Pressley 的研究團隊探訪了許多受到 Duffy 和 Roehler（1981）教學模式的啟發，而發展與施行理解策略教學的地方。因為我們所研究的教學法不只是直接說明，還有很多其他成分，所以需要另外取一個名字來包含所有的教學元素。其中，我們特別想要為這個策略取一個能夠表達師生互動、教學相長的名稱，因此，從下列三個不同觀點來看，**交流式策略教學**（transactional strategies instruction）這個名稱似乎相當適合。

回想 Rosenblatt（1978）的讀者反應理論。意義不會單獨存在於文本中，也不會單獨出現在讀者的腦海中，讀者須根據文本，再透過他們自己的先備知識與經驗建構而來。這種意義建構，Rosenblatt 稱其為「交流」（transactional）歷程，在我們現在要描述的教學法中，這是很受重視的一環，而學生也被鼓勵要對文本運用預測、構圖及摘要等方式產生個人化的詮釋以及理解。

然而，選用**交流**這個詞也很符合第二個觀點。大部分的理解策略教學都發生於師生共讀的小組中，師生們在閱讀過程中運用各種理解策略。發展心理學的文獻（例如，Bell, 1968）提到，**交流**這個詞，是指「兒童的行動多少會左右成人的行為」的一種互動關係。和這種說法相符的是，我們提出的這種教學裡所描述的老師的行為，也大大受到學生反應的影響。老師對學生

共同核心州際標準（CCSS）的架構：更多的複雜文本，更多的精讀活動

　　在本書修訂的過程中，美國大多數的州已經採納了共同核心州際標準（CCSS）來指導他們的教學。我們在此提它，因為 CCSS 的核心路線是「精讀」（close reading），它是一種植基於強調讀書技巧年代的歷程。精讀活動要求學生處理已讀文本中的各種概念，換句話說，精讀聚焦於文本說什麼，而不是你怎麼詮釋你讀到的東西。這種作法會讓老師把讀者反應理論的說法放在一旁，僅專注於文本裡的概念，並不斷反芻地提醒自己「只看事實就好」（just the facts, ma'am）[2]，以確認文本中的概念（Botzakis, Burns, & Hall, 2014）。

　　如同前面提過的，雖然 CCSS 並未有研究證據支持，但它已經被廣泛接受了，我們只能希望 CCSS 的落實真能提升閱讀的教與學。同時，我們認為，提供複雜文本讓學生精讀，其成功與否，都取決於老師提供的教學品質。

的解讀及遇到的困難做出回應：學生如果做出了一個很好的總結摘要，老師就可能要他詳細說明一下這個摘要；如果學生做的摘要連老師都看不懂，老師可能就會要他重新閱讀，或是重新思考文本的內容。交流式策略教學的內容，大部分取決於學生對老師，以及對其他同學的反應。討論文本的行為非常有意義，因為當兒童和同儕及老師在討論時，對於文本的理解都會大大增加（Applebee et al., 2003; Van den Branden, 2000）。

　　接著說明的策略教學是第三個觀點。組織心理學家（例如，Hutchins, 1991）曾特別觀察，小組解決問題的方法，和個人解決問題的方法不太一樣：小組總是能得出一些一個人沒辦法想到的解釋。這種小組討論對於我們剛剛看過的理解策略教學至為重要，小組會將學到的策略當作是解讀文本的工具，來對文本產生讓人另眼相看的解釋。

　　整體說來，我們觀察到的交流式班級策略教學有三個特點：

---

[2] 譯註：「just the facts, ma'am」（夫人，只看事實就好！）是 1950 年代一個滑稽美國電視節目裡主角常掛在嘴邊的口頭禪，作者借用這句風靡全美的句子來說明 close reading。

1. 組員在閱讀時運用各種策略以決定文章的意義。
2. 每一個組員的反應乃取決於其他組員的行為、想法與說話。
3. 當師生共同利用策略達到閱讀理解的目的時，所產生的文意就是所有組員的智慧結晶。

從以上三個觀點來看，策略教學具有交流的本質最主要是因為有效能的老師能在學生學習及練習策略時給予協助。也就是說，只有策略的直接說明以及老師的示範是不夠的，當學生在小組裡練習這些策略時，老師必須夠敏感，能提供鷹架，策略教學才會發生作用。

標竿學校的研究

Pressley 第一個有關理解策略教學的研究，是在賓州梅迪亞市的標竿學校完成的，該校是為能力優秀、但在入學後兩年內發生嚴重閱讀困難的低年級學生設置的。即使標竿學生很有可能長期處於成績不良的情況當中，但大部分會在四至七年的時間回到正軌，實際上，所有標竿學校的畢業生都順利唸完了高中，很多還上了大學。因為標竿學校教導學生利用各種認知策略達成閱讀及其他讀寫工作的目標，所以這所學校應該是一個可以檢驗策略教學有效性的絕佳場所：在這裡，閱讀策略的教學從小學一路延續到中學，學生們也不斷被鼓勵著在不同的課程使用這些策略。

我們的研究之一，是對該校老師的訪談（Pressley, Gaskins, Cunicelli et al., 1991）。31 位標竿學校的老師（以下簡稱標竿老師），接受了 150 道關於教學的問題，每個問題都必須有一個客觀的答案〔例如，用李克特量表（Likert scale）來回答〕，同時，老師如果有任何想分享的想法，也能有所抒發。這些問題是根據對學校的整體觀察歸納而來，希望能抓到學校中理解策略教學最重要的教學論點。長達五個小時面對面的訪談，讓老師們能有非常充裕的時間，根據自己豐富的經驗，詳細說明他們所信賴的策略，以及為什麼信賴它。

綜合 31 位老師所述，我們發現有不少相同之處，分別如下：

- 標竿老師都將直接說明及示範視為有效策略教學中非常重要的一環。在標竿學校的觀察也指出，這些策略說明的教學方式不但出現在小組和全班教學中，也出現在一對一個別指導及加強教學的一部分。老師們說，他們在課程一開始就進行的說明和示範，比課程後段所做的要更為完整。有些老師，尤其是資深的老師堅信，在介紹策略過後，說明及示範還得持續一長段時間才行。

- 老師們認為，策略的使用一定要經過大量的練習，而且當學生練習時，若有需要，老師要提供延伸的指導與回饋。即便如此，老師們也承認，要診斷出學生所遭遇到的問題還是不容易，要解決這些問題更是一大挑戰。學生不可能馬上就學會各種策略：唯有經過大量練習，以不同的策略應付各種不同狀況的學習困難，才能學會。

- 老師們表示，策略及如何應用策略的教學都不斷在課程中發生，就和我們在標竿學校中觀察的情形一樣。老師們都鼓勵學生在各種不同的情境中使用策略。

- 老師們認為，告訴學生何時何處能夠運用他們正在學習的策略，以及使用策略會有什麼好處，是很重要的。

- 老師們認為，將剛剛學會的策略轉而應用到不同的作業或內容，是絕對不可能達到自動化的程度；老師需要教學生何時可以使用策略，並提供在各種不同情況下應用策略的練習。

- 老師們強調，一次最好只教少數幾個策略，有鑑於此，標竿學校要積年累月地深入教導這些策略。因為老師們認為，學生會在學習的階段發展自己的策略資料庫——策略教學可不是一蹴可幾的。這個作法當然和一般核心閱讀教材裡提供的「每週策略」的教案設計模式大相逕庭（Dewtiz et al., 2009）。

- 雖然策略教學是認知導向的，老師們仍然認為，直接增強學生努力嘗試，以及利用策略來完成困難作業的成功經驗，還是有其重要性。回饋對學生來說也非常重要，尤其是當學生成功時，給予正向的回饋格外重要，它能成為繼續學習的動力。老師們也都很清楚，這些學生在

學校是長期成績不良的一群，相信他們進入標竿學校後的成功需要被肯定，才能消除過去失敗的陰影（Gaskins, 2005）。

Pressley、Gaskins、Cunicelli 等人（1991）將訪問標竿老師的這些問題拿給在策略教學領域名聞全國的九位代表學者填答——他們都是非常優秀的研究者，在自己的學校有很多策略教學的長期實務經驗。令人驚訝的是，標竿老師和這些學者的回應竟非常相似。學者們大量的策略教學經驗似乎讓他們有了和標竿老師們一樣的想法。

另外三個研究，提供了更多關於標竿老師如何進行教學的細節。一個是某標竿班級在 1990 年第二學期的教學個案研究（Pressley, Gaskins, Wile, Cunicelli, & Sheridan, 1991）。這個班級老師教導的焦點策略是「以語義地圖抓取文章大意」，大意裡包括了文本裡的因果關係、事件的時間順序、能相互對照的資訊，以及簡單的敘述。這些策略和課程內容的教學是合而為一的，焦點策略的教學散見在閱讀、寫作及社會科課程裡，師生進行互動以繪出各種表徵知識的地圖。例如，當學生進行社會科的寫作功課，他們就會畫出相關的語義地圖（semantic map）來。社會科的作業經常需要以語義地圖來表徵學習的內容。

和前面接受訪談的標竿老師所說的一樣，在教學的早期，語義地圖策略的說明與示範會比較全面而明示。但幾個月之後，只要老師說出一個方向（例如，畫一個語義地圖以說明文章裡講了什麼），學生就會動手畫出一篇文章的語義地圖。如果學生需要，老師才提供協助，大都也只是給予一個大概的提示，告訴學生要怎麼用語義地圖來呈現文本裡的特殊結構。

老師開始教導語意地圖時，其他的閱讀策略教學並未停止，不僅如此，老師還將語義地圖與其他策略結合，進行示範與說明。例如，上課時老師經常提醒同學們使用啟動先備知識、預測、澄清及總結摘要等策略，主要是用這些策略產生新的訊息，以作為語義地圖策略的材料。

我們在標竿學校有個很重要的醒悟：老師教導各種認知策略以鼓勵學生對文本進行詮釋（interpretations），也就是我們所謂的個人深層見解的建

構。舉例來說，在 Pressley、Gaskins、Wile 等人（1991）的個案研究中，被觀察的老師們都這麼告訴學生，沒有兩個語義地圖會一模一樣，但每個學生畫的圖應該都能反映出文本的內容。

Gaskins、Anderson、Pressley、Cunicelli 和 Satlow（1993）曾經對標竿學校中六位老師的策略教學課程進行研究，他們分析這些班級的對話後發現，詮釋性的活動占了很大的比重。Gaskins 等人幫每位老師各分析三堂課：一堂是老師介紹重要新策略的第一堂課，再來是比第一堂晚一些的課程，最後一堂再比第二堂晚一些。這些班級上課時的對話內容，和一般傳統班級迥然不同：一般的班級總是不斷重複相同的模式，老師問問題，學生回答，然後老師再評量他們的回答〔也就是「IRE」循環所說的，老師**起頭**（Initiation），學生**回應**（Response），老師再**評量**（Evaluation）〕（見 Cazden, 1988；Durkin, 1978-1979; Mehan, 1979）。但標竿學校的班級可不是如此。取而代之的是，老師不斷和學生進行詮釋性的對話，在 88% 的課堂時間中，師生不斷進行著 Gaskins 等人（1993）所稱的過程—內容循環（process-content cycle）：老師以課程內容為工具，去刺激策略的討論與應用。當學生在討論時發表意見，標竿老師並不會去評量學生的反應是好是壞，而是鼓勵學生再詳細說明看看這些意見——並鼓勵學生進一步利用策略處理內容。這樣的目標就是要鼓勵學生經由策略的處理來理解內容。因此，老師可能會要學生對某段落進行摘述，學生完成後，老師可能再問學生，他或她在閱讀時有沒有想到什麼畫面，或者鼓勵學生從自己的先備知識出發，把剛才的摘述活化起來（例如，「你認為大家都會叫 Bob Cratchet 在聖誕夜出去工作嗎？」「你的父母也會在聖誕夜工作嗎？」）

在 Pressley、Gaskins、Solic 和 Collins（2006）有關學校和運作的個案研究中，也記錄下標竿學校的另一項特質——個人化的教學（personalization of the instruction）。該研究和 Gaskins 等人（1993）較早的研究都有一項非常重要的發現，也就是在很多課堂上都會經常發生一些事件：

• 老師確實教導學生如何實行各種策略。

- 老師會示範焦點策略（有時候也使用其他策略）。
- 學生練習策略時，老師在旁指導，並在必要時提供協助。
- 每一課的焦點策略，以及當天主要的課程內容，會在課程一開始就說清楚。
- 老師會說明焦點策略（有時也包括非焦點策略）有多麼重要；有時候老師還會說一些故事，說明自己曾經如何在學習上借助這些策略。
- 老師會告訴學生何時何地可以運用策略。

總而言之，當標竿老師接受訪談、被觀察，或課程裡的對話被徹底分析時，就很容易看出老師是如何說明及示範策略，然後學生是如何在老師引導與協助下練習，老師又如何小心監控學生使用策略的情形，並在必要時提供幫助。然而，小學原本的課程內容並不會被策略教學喧賓奪主；相反地，學生在學習基礎的課程時，還能應用到這些策略。

馬里蘭某學區的理解策略教學方案

事實證明，標竿學校可不是唯一一間強調策略教學的學校。我們也仔細研究了馬里蘭州某一學區所發展、推行的理解策略教學。該學區的理解教學是以優質的文本為出發點，並經常以閱讀小組的方式上課，小組人數少到每個人都有機會交換對文章的詮釋、對內容的想像及摘要等想法。一、二年級時，老師開始介紹策略，課程經常聚焦在各種不同的策略上。舉例來說，老師用了好幾個禮拜讓學生預測（predictions）、預測、不斷預測，然後是好幾個禮拜的構築畫面（visualizing），不斷構築畫面。我們再一次見到，這樣的教學比商業出版的各種閱讀教材所提供的教學指引更為全面性，我們認為這麼廣泛的全面性教學，是這個計畫成功的主因。

當學生對某些策略已經很熟悉後，課程就轉而強調各種策略的搭配使用。雖然這就需要老師積年累月持續地督促推動。最後，學習策略的第三年，學生就能以小組為單位，自行施展策略——這時老師的點撥和提醒的次數，就遠遠低於前兩年了。El-Dinary、Pressley 和 Schuder（1992；亦見

Pressley, El-Dinary et al., 1992）將他們在馬里蘭州所觀察到的理解教學，摘要如下：

- 學生被教導如何實行課程裡所強調的策略。通常就是用對學生來說比較熟悉的方式，重新解釋策略的使用過程，亦即用新的方式來說明策略。

- 老師示範已經教過的理解策略。

- 學生練習策略時，老師會在學生需要時在旁引導並提供協助。而提示通常都是以建議別的策略，或是能夠延伸詮釋的可能方式等問題的形式進行。

- 老師會讓學生知道為什麼焦點策略（有時也包括非焦點策略）那麼重要。老師經常會說一些曾經如何借助策略的故事。

- 學生經常要示範和解釋他們如何使用理解策略。

- 老師會告訴學生何時何地可以使用理解策略，並且持續告訴學生使用之後會有什麼好處。

- 一些比較深奧的歷程性詞彙（例如，「預測」、「澄清」、「有效預測」和「摘要」）使用率頻繁。

- 策略使用很有彈性，老師會強調，即使對相同的內容，每位學生也能以不同的方式運用各種不同的策略。

- 老師們強調，學生的思維歷程是很重要的。

　　當然，這些行為在標竿學校也都找得到。如 Duffy 和 Roehler（1981）所評論，標竿學校和馬里蘭這所學校進行策略教學時，都利用了大量直接說明與心智示範，兩校的師生也都大量放聲說出他們的思考過程（也就是心智示範）。他們公開自己對文本解讀的想法，而且通常是在愉快的分組環境中分享。兩校的教學都強調各種策略的搭配使用，學生也練習如何搭配使用策略長達數年之久。

評述

在這兩個學校情境中，了解到理解策略的老師們，都根據自己多年的經驗，搜尋文獻中最理想的策略及方法，而讓這些老師印象最深刻的，就是 Gerald Duffy、Laura Roehler 及他們的同事（例如，Duffy et al., 1987; Duffy, Roehler, & Herrmann, 1988）對於策略過程直接說明的相關論述。Duffy 和 Roehler 對直接說明，包括心智示範及之後學生練習時如何引導方面的觀點，成為班級中策略教學相關領域至今最具影響力的論述。

向學生說明各種策略，示範如何使用策略，以及在學生練習如何應用策略時提供協助，老師們似乎較能認同這些方法。老師投入之後，以上所描述的交流式策略教學也開始有了一些演變。老師及研究者們認為，這樣的作法的確能夠影響學生的成就，雖然之前的一些基礎應用理論和研究，已經提供了成就發展所需的動力及引導。

●● 交流式策略教學的驗證

有三個研究以嚴謹的設計檢驗交流式策略教學的成效。相互比較後，發現它們的研究結果皆指出，交流式策略教學能夠促進從二年級開始一直延續到中學的閱讀理解。

Brown、Pressley、Van Meter 和 Schuder（1996）的說法

Brown 等人（1996）的研究乃為期一年的準實驗研究，探討二年級交流式策略教學對閱讀成就的成效。一共有五個二年級班級接受這次的交流式策略教學，而其他班級則由語文老師來教，但不使用任何策略教學。每個班級中，都有一組被確認為低成就的學生，Brown 等人（1996）謹慎觀察這些學生的閱讀成就變化。

秋季時，策略教學與控制組的班級中，低成就生在閱讀理解及假字解碼能力（word attack skills）標準測驗的表現，並無明顯不同。但春季時，落差就出現了，接受交流式策略教學法的學生表現較好。此外，接受策略教學的

學生，在策略使用及解讀能力測驗中的表現也較佳（例如，接受策略教學的學生，能夠對文本做出較多不同且豐富的詮釋）。

Brown 和同事（1996）的研究中，接受交流式策略教學的學生，和控制組學生最顯著的不同是，經由策略的學習，他們能夠從每日的課程學到較多的內容。我們也要強調，這不是說控制組學生在課程結束後都沒有進步，而是接受交流式策略教學法的學生進步的情形更為顯著。

Cathy Collins（1991）的說法

Cathy Collins（1991）用一個學期（每週三天）的理解策略課程，改善了五、六年級學生的理解力。她教學生預測故事接下來的發展、遇到無法確定的地方要尋求解答、在文本出現爭議時尋求模式（patterns）與原則、分析文本處理時的決策、解決問題（包括逆向推論及圖像構築）、摘要、改寫文本（包括重整部分內容），以及和組員談論對文本不同的詮釋。在介入之前，雖然接受策略教學的學生在標準化理解力測驗的表現，和控制組的學生並無明顯差異，但對照組與控制組在後測的成績差了三個標準差，有非常明顯的實驗效果。

Valerie Anderson（1992）的說法

Valerie Anderson（1992；亦見 Anderson & Roit, 1993）以一個為期三個月的實驗研究，探討交流式策略教學對六至十一年級閱讀障礙學生的教學成效。該研究以小組方式進行理解策略教學，實驗組有九組，教導交流式策略，另有七組為控制組。雖然策略教學組與控制組學生經過學習，在標準化理解力測驗的表現都有提升，但策略教學組的表現進步更為顯著，這個結果支持了策略教學確能增進閱讀理解能力。Anderson（1992）也蒐集了多種質性資料，支持了策略教學對提升文章意義了解的效果。例如，策略教學能夠提升學生的閱讀意願，如願意嘗試了解困難的材料、和同學合作找出文本意義，還有對文本提出回應與延伸思考。

評述

要進行各種長期介入的研究是非常困難的，因為需要研究人員長時間在好幾個班級裡仔細完成各種測量。然而，如同決策者關心的議題，黃金標準就是教育介入是否讓學生在標準化測驗中得到更好的成績。令人驚訝的是，在這些驗證過程當中，研究者發現一學期到一學年的交流式策略，不只在標準化測驗的結果上有明顯的成效，而且，即使用其他測量方式也會得到相同的結果。同樣引人注目的，除了交流式策略教學創始人的做法，還有其他人用了調整的程序，並使用了新的材料和內容，結果學生的閱讀理解也有很大的進步，雖然成效不一定如最早那幾個研究那樣好（例如，Klingner, Vaughn, Arguelles, Hughes, & Leftwich, 2004; Klingner, Vaughn, Schumm, 1998; Mason, 2004; Vaughn et al., 2011）。

因為我們花了那麼多時間研究交流式策略教學，我們可以毫不猶豫地說，交流式策略教學的班級，連教室裡每日常規都和其他班級不一樣。最明顯的差異是，交流式策略教學法的班級經常會上演非常精彩的對話，學生會在討論閱讀的過程中，運用正在學習的策略。在這些對話中，他們會預測故事等一下會發生什麼事，他們討論覺得困惑的地方，以及解決這些疑惑的方法。兒童們發表文本的摘要，也了解每個人的詮釋可能都有所不同。這些學生開始會期待不同的意見出現，因為他們知道文本的意義是因為兩項要素而產生，一項是文本的內容，一項是讀者閱讀前先知道了什麼。

在典型的、沒有進行策略教學的班級裡，大部分的對話都是老師問、學生答（例如，Durkin, 1978-1979; Mehan, 1979）。但這在實施交流式策略教學的班級裡是看不到的，取而代之的，是學生不用老師多加提示，就能談論文本的內容。老師絕對不會這麼提醒學生：「現在可以來預測了。」或是「有沒有人可以幫這段故事想個好問題來問大家呢？」更確切一點地說，如果老師一定要提示，他或她只會提醒學生要積極，要學生自己決定要如何去理解文本。提示常常會像這樣：「你在這裡會怎麼做呢？」或是「你對這個段落的看法是什麼呢？」老師是提醒學生要思考，學習根據先備知識及故事

情節的發展來推測、建構內心的圖像、產生問題並找出答案、疑惑時尋求澄清，以及建立摘要和解讀文本傳達的概念。有大量的證據顯示，能有機會參與這種學生為主的對話，可有效提升學生的學習動機，讓他們能夠想到許多關於文本的問題，以及很多能夠結合文本內容的方法（例如，Almasi & Gambrell, 1994）。這種關於文本內容的討論——也就是說，關於文本意義的協商——有極大潛力，可增加每個小組成員的理解力（Almasi & Garas-York, 2009; Nystrand, 2006; Van den Branden, 2000）。

交流式策略教學也和自我調節的發展有關，幫助學生靠著自己，能夠運用優讀者使用的理解策略。你可以翻回第 2 章回顧優讀者理解的過程。這些過程是——預測、提問、構圖、澄清，以及摘要——也正是交流式策略教學法的老師所教的策略。特別高明的讀者會自行應用這些閱讀策略，因此交流式策略教學法的老師不會再引導學生使用什麼特殊的策略。更確切一點地說，交流式策略教學法的老師會不斷傳達訊息給學生，閱讀時應該保持主動，選擇他們自己的行動及策略。如果一定要解釋自我調節是什麼，那就是保持活躍的認知，而交流式策略教學法不過是教導學生要保持主動，而不是消極的閱讀，並在遇到有挑戰性的文本時，能為自己決定要用什麼樣的策略。

在結束這段交流式策略教學的討論之前，我們覺得一定要對先前所提及的前身——交互教學法，再多做一些探討。當老師想要進行交互教學法時，他們通常都會很戲劇化地轉換它——使得它看起來就很像交流式策略教學法（Hacker & Tenent, 2002; Marks et al., 1993），現在就有一整本關於如何在班級中彈性運用交互教學法的文獻可供參考（Oczkus, 2010）。因此，進行交流式策略教學法的方式之一，就是以交互教學法的預測、澄清、提問，及摘要開始，以學生為教學中心，以能夠更彈性運用這些策略為目標。簡而言之，交互教學法算是發展交流式教學法的第一步。

關於策略教學是如何刺激認知活動，我們無法抗拒誘惑地指出，即使用最不敏感的分析策略分析國家資料庫的問卷資料，還是能發現認知策略教學法和兒童的閱讀頻率之間，有很明顯的關聯性（Guthrie, Schafer, Wang, &

Afflerbach, 1993）。更有趣的是，Guthrie 等人（1993）的報告指出，為什麼教導理解策略後，兒童閱讀量會增加，部分原因是因為理解策略教學會引發更多關於所讀內容的對話。在小學課程中，有一籮筐的理由支持進行理解策略教學，我們猜想，說不定還有更多證據，能夠證明經過這樣的教學後，學生的閱讀能力會更好、讀得更多、討論得更多，提起他們閱讀的內容時，也更能夠侃侃而談。

平衡式理解教學優於理解策略教學

因為很多理解教學都和策略有關，所以本章先著重在談論理解策略的教學。理解策略固然非常非常重要，平衡式的理解教學卻更重要，它並不是從中高年級才開始，而是更早就要起步。如同本章所述，中高年級是需要更多的理解教學，但這並不是說理解教學在低年級就不必教。

●● 解碼流暢性與閱讀理解

有些人假設，兒童只要能順利地解碼，他或她就能夠理解文本中的訊息（Gough & Tunmer, 1986）。就這個觀點來說，詞彙層次的解碼在理解過程中是一個很重要的瓶頸：如果讀者不能將某個字解碼，她或他就無法理解它的意思（例如，Adams, 1990; Metsala & Ehri, 1998）。當然，這麼說有部分的真實性。完全無法閱讀字詞對理解力的確有很大的殺傷力！事實上，無法流暢地進行解碼（第 6 章），會折損讀者的理解力，因為識字和理解都是在容量有限的短期記憶（也就是意識）裡進行（Miller, 1956）。因此，識字及更高層次的理解工作，就在閱讀的過程中競逐有限的短期記憶空間。讀者花愈多力氣解碼，可用於理解該字及其他資訊的短期記憶空間就愈少（LaBerge & Samuels, 1974）。一般說來，小學時解碼過程發展得愈完全，對詞彙及文本的理解能力就愈強（Gough & Tunmer, 1986; Rupley, Willson, & Nichols, 1998; Shankweiler et al., 1999）。

當老師幫助學生發展識字流暢度時，就是在幫助學生改善理解力。事實

上，這就是在識字教學中強調閱讀流暢性的主要理由。本書已經談到，很多識字教學過程，本身就是平衡式讀寫教學的一部分，也明確點出了閱讀有困難的讀者，能夠透過直接解碼教學來學習認字。如同第 6 章提到的，有個重要的研究議題就是找出閱讀有困難的人，能不能學會流暢地識字。本書提到的識字研究，大部分都將目標設在識字正確性，而不是流暢性。沒錯，閱讀障礙者經過學習，是能夠將字唸出來，但卻相當費力。吃力地唸出文字，讀者一定無法流暢閱讀，也不能達成高度的理解。很多低年級的老師都遇過能夠逐字、逐句、逐段朗讀，但唸完後卻完全不知所云的學生。這些兒童是能夠正確解碼的讀者，但理解所需的遠不止於此，它還需要識字的流暢性。發展這樣的流暢性似乎取決於「有效能的解碼教學」以及「廣泛的高正確性的閱讀活動」。換句話說，要發展精熟流暢的解碼取決於大量閱讀——似乎超出大多數閱讀困難兒童所讀的量（Torgesen & Hudson, 2006）。

此外，優讀者可不只是理解閱讀的內容，他們還知道**有哪些地方是讀不懂的**——也就是說，他們能夠監控自己理解的情形。能夠監控理解力是至關重要的，因為當優讀者發現自己還沒搞懂文意，就會督促自己重讀一次，試著讀懂它。近年來，有一項重要的發現是，當一年級學生的解碼能力進步時，監控理解力的能力也進步了（Kinnunen, Vaurus, & Niemi, 1998）。熟練的解碼能夠帶動熟練的閱讀。

●● 利用語義情境線索理解詞義

本書稍早談過，在學習識字早期就依賴語義文脈線索（例如，圖片、整個文本的大意）是個錯誤的策略。優讀者是靠著組成詞彙的字母和詞組（word parts）來識字的！然而，當讀者認出詞彙後，再利用圖片及語義文脈線索來決定該詞彙的意義就很重要。如同大多數的語言，英語中大部分的詞彙都有多重意義，而要知道某個字是哪個意思的唯一方法，就是靠上下文的線索（Gough, 1983, 1984; Isakson & Miller, 1976）。因此，當一個優讀者讀到 I'll stamp at the post office 時，她或他就會想到一個畫面，有一個人將

一張郵票貼在信上，而不是一個人在跺腳[3]。而當優讀者再看到這個句子 I'll stamp at the pep rally[4] 時，想到的畫面又不同了。上下文可以決定特定詞彙所代表的意思。這就是為什麼許多希望能改善初習閱讀者的教學法，像是閱讀復甦方案（Reading Recovery），都會教導學生注意自己唸出來的詞彙在上下文中是否具有意義（Clay, 1991）。平衡式的理解教學法中有一個重要元素，就是教導學生注意語義文脈線索，以幫助他們了解自己讀到了什麼，包括拿捏作者遣詞用字的用意。

●● 詞彙

雖然讀者的詞彙量與其理解能力之間有相當明顯且正向的關聯，但是，對於要不要直接教導詞彙，仍引起了一些爭論（例如，Anderson & Freebody, 1981; Becker, 1977; Blachowicz & Fisher, 2000; Elleman, Lindo, Morphy, & Compton, 2009; Nagy, Anderson, & Herman, 1987）。反對直接教導詞彙的主要論點是，詞彙教學牽涉的面向太廣，優讀者認識的字詞超過 100,000 個，而老師根本不可能教到那麼多詞彙（Nagy & Anderson, 1984）。然而，想想看我們在第 7 章談過的，在中學畢業以前，一個學生至少要認識 15,000 個根詞，肯定是比 100,000 個詞彙容易處理得多了（亦即，剩下的 85,000 個詞彙，是從這 15,000 個根詞衍生出來的；例如，Biemiller & Slonim, 2001; d'Anna, Zechmeister, & Hall, 1991; Swanborn & DeGlopper, 1999）。另一個考量是，因為兒童通常沒辦法完全了解一個字在字典裡的形式定義（formal definitions），而絕大部分只能透過豐富的語言情境來習得（Miller & Gildea, 1987）。

那些主張不應該進行詞彙直接教學的人則認為，人類有很大的潛力在偶然的情況下習得詞彙（也就是在交談及閱讀中遇到的詞彙；Nagy & Scott, 2000; Sternberg, 1987；亦見本書第 7 章）。然而，對這種偶然的學習寄予太

---

[3] 譯註：stamp 是多義詞，有郵票和跺腳兩種意思。

[4] 譯註：pep rally 是運動賽會前的遊行。

大的希望好像也太冒險。當讀者在文章裡遇到一個新詞彙，他們通常都猜不準該詞的意義（Miller & Gildea, 1987；仍見本書第 7 章）。舉例來說，Harmon（1998）曾觀察四年級的學生，發現他們幾乎每次從上下文猜測詞義的時候，都會猜錯。就算是程度最好的學生，從上下文來學習詞彙也是個緩慢而不穩定的過程（Schwanenflugel, Stahl, & McFalls, 1997）。這是因為要從上下文來推測詞義，需要對該語言有廣泛的認識、對文本所描述的情形有所了解，以及能夠適時運用策略（Harmon, 1998; Nagy & Scott, 2000）。同時，還需要一些先備知識，因為對於特定主題很熟悉的兒童，推測的結果會比其他不熟悉該主題的兒童準確得多（Carlisle, Fleming, & Gudbrandsen, 2000）。富者愈富的現象又再次發生！

然而，教導兒童詞彙最主要的原因是，進行詞彙教學後，學生的理解力確實增加了，至少能夠讀懂有包含這些詞彙的段落（例如，Beck, Perfetti, & McKeown, 1982; Elleman et al., 2009; McKeown, Beck, Omanson, & Perfetti, 1983; McKeown, Beck, Omanson, & Pople, 1985）。因此，我們在本書中強調，一個理解力發展計畫應該包含教導學生一些必學的詞彙。但是，適切的詞彙量不是全部，它只是一個年輕讀者必備技能之一而已。

●● 世界知識

1970 年代末期至 1980 年代初期，伊利諾大學閱讀研究中心的研究小組，率先研究背景知識對於閱讀理解力的重要性（例如，Anderson & Pearson, 1984）。他們發現，讀者在閱讀前對於文本主題了解的程度，深深地影響他們吸收訊息量的多寡。該研究有一項重要的假設，認為拓展學生的世界知識（world knowledge）有助於他們的閱讀理解。擁護這項假設最知名的一位學者是 E. D. Hirsch Jr.（1987），他進一步指出，會讀寫的人，其實都擁有一套核心知識。

Hirsch 和他的同事還根據他們的核心知識理論，發展了一整套小學課程，詳細列出每個年級應該學會的知識。雖然對該課程的成效評量，設計不如我們期待的那麼完整，分析也未如預期仔細，但初步評量的結果發現，只

要是試用這套理論的學校，學生語文表現都有所進步（Datnow, Borman, & Stringfield, 2000）。當然，如果我們回到伊利諾大學閱讀研究中心的理論及研究資料，就知道發展核心知識確實能增強理解力。從這個觀點來看，老師應該盡所有可能確保學生閱讀的範圍不只要廣泛，也該讓學生閱讀承載有意義資訊的各種材料。

除了擁有世界知識之外，學生還需要學會在閱讀新的文章時，使用他們所擁有的知識，使文本變得有意義。近年來，閱讀研究者最重要的發現之一，就是熟練的思考者除非必要，否則通常不會隨便猜測（McKoon & Ratcliff, 1992）。也就是說，當優讀者在閱讀文章時，通常只會在必須依靠猜測才能讀懂文意的狀況下，才會以先備知識為基礎進行猜測。然而近三十年來的另一個重大發現是，如果鼓勵讀者根據自己的先備知識，連結到同一閱讀主題的新文本，他們對該文本的理解及記憶力就會有驚人的改善。

有一種讓讀者將世界知識和閱讀內容連結起來的方法，就是教他們在閱讀時不斷問「為什麼」。也就是說，一份以事實的敘述為主的文本，能利用讓學生自問為什麼的方法來加深印象。Wood、Pressley 和 Winne（1990, Experiment 2）提供了一個清楚的證據：四至八年級的兒童，能藉由自問和文本敘述相關的「為什麼」來幫助閱讀。Wood 等人（1990, Experiment 2）的研究，要求兒童學習不同種類動物的科學知識。每種動物都有一段文章讓學生閱讀，這些文章說明牠們窩巢的特徵、飲食習慣、睡眠習慣、特殊偏好及天敵。有些學生被指導要自我提問，為什麼文章描述的情形會是如此（例如，關於臭鼬，「為什麼臭鼬要吃玉米？」「為什麼貓頭鷹要獵捕臭鼬？」「為什麼臭鼬要在凌晨三點到天亮前這段時間外出？」）並在閱讀時根據自己的先備知識嘗試回答這些「為什麼」。這些學生要比正常閱讀的對照組學生，能記住更多文章的內容。

「為什麼」的問題能對學習產生極大的助益，並能運用在中小學的課程中，讓學生在閱讀敘述事實為主的文章時，有更好的學習（Pressley, Wood et al., 1992）。因為自我提問能夠引導讀者回想起自己的先備知識，使讀者對文章中的知識更加敏銳，因此更易於記憶及理解（Martin & Pressley,

1991）。我們認為，教導學生習慣找出文本內新知識的緣由非常值得。

　　雖然將一個人的先備知識和文本連結，能夠增強理解力，但有時卻也可能會有負向的結果。事實上，弱讀者理解力降低的其中一個原因，就是先備知識確實和現在閱讀的文本連結了，但主題卻是牛頭不對馬嘴，以至於產生沒有根據又不重要的猜測（例如，Williams, 1993, 2002）。

　　Williams 和她的同事（見 Williams, 2002, 2003）設計了一種教學法，鼓勵學習障礙的讀者，將相關的先備知識與閱讀內容關聯起來，這個研究已經有了一些初步資料。這些學生要上一系列的課，老師教他們，要抓住文章中的要點，才能有真正的理解。每一堂課，都有一個討論，內容和待會兒要閱讀的文本有關，老師會在這時候和學生天南地北地討論要閱讀的故事主題，以及這個主題對了解故事的重要性。然後，老師和學生就開始朗讀這個故事。一邊讀，老師一邊問問題，以引導學生了解故事的主旨，這些問題都需要學生運用他們的先備知識——例如，猜猜看接下來會發生什麼？你根據什麼這樣猜呢？故事讀完後，就有一個五道問題的討論，每道問題都需要整理剛剛讀過的故事內容：誰是主角？他或她做了什麼？發生了什麼事？這樣做是好是壞？為什麼是好或是壞？學生學習用標準格式來說明故事主題：「（主角）應該（不應該）＿＿＿＿＿。」例如，「Goldilocks 不應該隨便把熊的家當成自己的家。」然後，老師讓學生思考故事的主題是什麼時候開始出現，並回答這些問題：「主題發生在誰身上？」「什麼時候發生的？」事實上，有學習障礙的學生在接受這些訓練後，會比較能夠接受這種大方向的思考，使用適當的先備知識來理解他們閱讀的內容，也有證據指出，這種訓練有助於二、三年級的高風險學生（Wilder & Williams, 2001; Williams et al., 2002）。

　　總的說來，無論如何都應該要鼓勵學生透過閱讀及其他經驗來發展有價值的世界知識。

　　現在的核心讀本系列通常包括故事及說明文，都經過精挑細選，有很多

內容值得兒童閱讀。相反地，老式的 Dick-and-Jane[5] 讀本有一個重大缺點，就是學生無法從故事裡獲得以後可以用來理解其他文章的知識，和用來理解所遭遇情境的知識。擁有知識是一回事，會用又是一回事。我們總是這麼告訴大家，如果他們正在挑選讀本，就看看每個單元的主題及單元的內容，如果不是什麼重要的文學、自然、社會科或價值觀，就千萬不要用它。小學的語言課程比例愈來愈重，閱讀內容有益的教材也比以前更加重要。共同核心州際標準（CCSS）裡強調要更廣泛使用訊息式文本，我們希望，這樣的強調可以讓學生有更大的機會，藉由大量閱讀訊息式文本而增添其世界知識。

因為有的讀者不太會將自己的知識和閱讀內容做連結，所以就有人開始研究，怎麼鼓勵年幼的讀者學習活用先備知識。有一個方法是鼓勵讀者自問為什麼，並試著根據自己所知來回答問題。對具有學習障礙的學生來說，更完整的教學是必要的，像是 Williams（2002, 2003）發展出來的教學法，包含老師示範、說明，及幫助學生尋找和主題相關的重要訊息。這種教學要讀者在閱讀過程中進行預測，而這就需要讀者將舊經驗和文本內容產生連結，才能推測出接下來可能發生什麼事。

●● 處理多元的文體

小學的閱讀教育很不均衡，閱讀的內容中，故事體的比重不成比例地高，其他類型的文體相對少見。例如，Duke（2000a, 2000b）發現，一年級的教學充斥大量記敘文，平均每天只有 3.6 分鐘接觸到訊息式文本，而服務低社經背景學生的學校，讀訊息式文本的時間更只有一半！相反地，平衡式閱讀教學應該包含各種各樣的文本。因為中學主要的閱讀內容為說明文，所以有必要確保小學生有機會接觸非小說的訊息式文本，以練習各種閱讀理解策略（Almasi & Fullerton, 2013; Ogle & Blachowicz, 2002）。商業出版的系列閱讀書籍也正在他們的主題單元中增加說明文的比重，以符合共同核心州

---

5 譯註：Dick-and-Jane 是 1930 至 1970 年代，美國最廣被使用的語文教科書。Dick 和 Jane 是這套教科書的主角，配角還有 Sally、爸爸、媽媽和鄰居等。

際標準的期待。

此外，網路上能夠取得的文章逐漸增多。小學生應該有一些練習閱讀這類文章的機會，雖然還需要更多的研究，才能了解兒童閱讀此類文章時的特殊理解需求（Chiong, Ree, & Takeuchi, 2012; Spires & Estes, 2002）。

●● 多元的閱讀任務

對小學生而言，他們最原型的閱讀任務，就是在閱讀文章之後，可以回答關於那篇文章的種種問題。有時候這些問題就印在文章之後，需要學生以紙筆回答；有時候則是由老師提問。平衡式理解教學要做的，並不只是要學生在閱讀完後回答問題而已。有很多方法可以評量理解程度，包括要求讀者使用文章裡提到的構想（例如，「寫一篇能整合文章裡各種觀點的短文」；Flower et al., 1990）。平衡式理解教學也包括教導學生如何在文章中找到所需要的資訊（Dreher, 2002; Reynolds & Symons, 2001; Symons, MacLatchy-Gaudet, Stone, & Reynolds, 2001），並能在找到後利用它們。

讀者反應理論（Rosenblatt, 1978）讓我們清楚了解到，人們閱讀可不只是想得到資訊，有時也為了娛樂。優讀者會對文本有情感上的回應（見Pressley & Afflerbach, 1995）。本章所強調的交流式策略教學的好處是，老師可以示範他們閱讀時的情感反應，而學生則互相分享他們對文本的詮釋與反應。平衡式閱讀教學應該不只是要培養能夠從文本學習的讀者，還要培養能解讀並回應文本訊息的讀者。優讀者一定會學習用不同方式處理及回應文本。

●● 小結

平衡式閱讀理解教學有許多組成成分。學生詞彙層次的處理能力需要經過訓練，使其能流暢地識字，並發展出龐大的詞彙量。

廣泛閱讀有價值的好書是平衡式閱讀教學非常重要的一環（例如，Guthrie, Wigfield, Metsala, & Cox, 1999）。它能促進詞彙量發展和其他世界知識的發展。如果讀者懂得使用精緻的理解策略，就很有可能從好書中吸收

到更多知識。本章有一個很重要的概念是，這種理解策略是可以教的，而另一個新概念是，還有一種策略應納入教學，就是如何連結先備知識。

閱讀教育者通常不會太擔心幼兒園及一年級兒童的理解力，反而比較重視他們的識字能力。平衡式理解力教學可以、也應該在低年級就展開（Duke, Pearson, Strachan, & Billman, 2011; Pressley, El-Dinary et al., 1992），並以識字能力的發展作為理解策略教學平衡的一部分。然而，連許多大學生都還不會使用精緻一點的理解策略（例如，Cordón & Day, 1996），這個事實明顯指出，我們在小學階段就應該讓理解教學更為普及、更有效能。

在回想我們的研究生涯中關於閱讀理解教學的努力時，我們覺得 1998 年特別沮喪，那是本書第一版發行的第一年。沮喪的原因之一是，本書雖然引起那麼多迴響，但全都只關心它如何著墨於字母拼讀法和全語言之間的拉鋸戰，以及關於初始閱讀的內容。很少人注意到本書也談了很多關於閱讀理解教學的東西〔這也是第二版、第四版（也就是本書；編註：這裡均指原書版本），為什麼多了相當長的篇幅在討論閱讀理解的原因，就是為了引起大家對閱讀理解的注意〕。我們在該年很關切理解力的第二個原因是，國家研究諮議會（NRC）發表了一篇閱讀教學報告——《預防幼兒的讀寫困難》（Snow, Burns, & Griffin, 1998）。

這份報告中提到很多關於詞彙層次的處理，卻很少談到理解等高層次策略。唯一的例外是交互教學法占了很大的篇幅，也許是因為國家研究諮議會的小組中，有成員就是交互教學法的發展者。第三，1998 年年底，我們參加了國家閱讀研討會（National Reading Conference）。早期閱讀改善研究中心（Center for the Improvement of Early Reading Achievement, CIERA，設於密西根大學）當時的共同主持人和我們接觸，告訴我們，他們也在幾個四年級的班級裡進行觀察，看到的情形和我們當初看到的一樣（Pressley et al., 1998）——很少進行理解教學（後來發表於 Taylor, Pearson, Clark, & Walpole, 2000）。所以到 1998 年底，我們才會覺得真的有必要更加重視教導兒童如何理解。

當我們在修訂本書第四版的這一章時，我們覺得也有人跟我們一樣，

認為理解教學需要受到更多重視。2001 年初，RAND 閱讀研究小組公布了一份報告《為了理解而閱讀：閱讀理解的研究發展計畫》（*Reading for Understanding: Towards an R&D Program in Reading Comprehension,* RAND Reading Study Group, 2001；亦見 Sweet & Snow, 2003），希望可以鼓勵更多關於閱讀理解的全國性研究。這份報告呼籲全方位的增加關於閱讀理解教學的研究，也呼籲在師資培育及師資專業發展上多下工夫，以刺激更多學校從事閱讀理解教學。更近期一些，紐約卡內基公司也在呼籲大家要多加重視中高年級才開始的理解教學（Biancarosa & Snow, 2004）。

我們非常相信，如果要提升閱讀理解教學的品質，跟老師們宣導理解的本質是至關重要的工作，因此下一節就是關於如何開始在小學課程中帶入理解力教學的重要假說，其中一項就是老師本身專業素養的提升。

馬賽克思維及老師對自身理解力的反思

Ellin O. Keene 和 Susan Zimmermann（1997）在他們《馬賽克思維：在讀者工作坊進行閱讀理解教學》（*Mosaic of Thought: Teaching Comprehension in a Reader's Workshop*）一書中，提出了一個很有趣的觀點，他們認為，要成為一個會教理解策略的好老師，很重要的第一步就是自己要會使用理解策略！他們主張，老師會從學習理解策略的過程中獲益良多，也會想要在自己閱讀的時候使用這些策略，那時候，老師就會體會到理解策略的好處。

我們認為這是一項很重要的見解，因為老師常常會拒絕教授理解策略。Pamela Beard El-Dinary 在她的論文中提出了一份特別具有啟發性的分析資料（見 Pressley & El-Dinary, 1997）。她對七位有意願採取交流式策略教學的老師進行研究，整個課程為時一學年。剛開始，要進行策略教學非常困難，例如，有些老師覺得，交流式策略教學法和他們對於閱讀及閱讀教學的信念有所衝突，也有些老師認為，它違背老師們在教育學程中所學的全語言理論（也就是策略教學太過強調教師本位的指導了）。有些老師覺得，理解策略教學以及在閱讀小組中使用理解策略太浪費時間，結果讓學生幾乎沒辦法閱

讀太多書籍或故事。此外，也有老師無法一下子處理那麼多小組在討論時，因為使用策略而對文本產生的多種詮釋：有些老師會照單全收，不管這些詮釋和閱讀內容是否一致，而有些人則是只要和標準答案不同的都覺得不妥。為期一年的觀察結束時，七位老師中只有兩位能算是合格的理解策略教學。Pressley 和 El-Dinary（1997）的研究明確指出，理解策略教學，或至少交流式策略教學法，可不是適用於每位老師的。

Kucan 等人（2011）也有類似的看法，參與他們研究的老師中有三分之二不具備帶領班級討論的專業。他們評估了 60 位四、五年級老師提升閱讀理解（尤其是透過班級討論）時須具備的特定知識，也了解這些老師分析文章段落的能力，要老師們指出段落裡哪些結構上的特質，可以用來對學生提問。他們發現，在要求老師們針對文本中最重要的內容提出語義連貫的幾個陳述時，只有三分之一的老師能夠做出必要的整合和推論；只有 15%「能夠針對文本中可能的難解之處，區辨出對教學有用的細節」（p. 71）。至於如何回應學生的提問，從老師們的反應可以看出，只有很少的老師已經發展出應對的劇目（repertoire），可以有用地解決問題。

問題已經很清楚了，Pressley 和 El-Dinary（1997）的研究之後，還有許多相關研究都指出，想要把閱讀理解策略教好，對許多老師都是件痛苦的事。Hilden 和 Pressley（2007）研究了兩個中學的班級，他們的老師希望可以透過專業進修（每個月一次以上的會面、讀書小組，以及老師們的互相訓練），改善他們的閱讀理解教學。當一年的課程結束時，很多老師的教學都進步了，但每個老師也遇到了一些瓶頸。例如，有些老師在進行小組教學時，遇到了以前全班教學時沒有的班級經營困擾，也有老師在改變教學之前，對閱讀理解的認知就必須先有天翻地覆的改變！也就是說，理解策略教學對某些老師來說是很難理解的，因為這和他們以前教的東西完全不一樣。

很多老師對於自己能否教授理解策略很沒有信心，常常擔心會失敗，無法想像這套策略是否可以適用在其他課程中。相反地，有些老師在第一個月就退出專業進修，因為他們覺得自己已經很了解要怎麼在班級中有效地進行閱讀理解教學，雖然後來的教室觀察，並不支持他們的說法。最後，有些

老師將學生視為一大挑戰。有一所中學的老師抱怨道，他們的學生認為閱讀的目的只是要讀得快一點，而不是為了理解或欣賞文學作品。其他老師則是擔心程度較差的學生無法學會使用策略。但克服了這些困難之後，很多老師都覺得，為了改善理解教學所付出的時間、努力和心力都是值得的。我們注意到，也有其他研究者表示，訓練老師成為足以勝任並自信能夠擔任理解策略教學的老師，確實是相當具有挑戰性的任務（例如，Deshler & Schumaker, 1993; Klingner et al., 2004; Klingner, Vaughn, Hughes, & Arguelles, 1999; Pressley & El-Dinary, 1997）。

從本書的第一版發行後，許多優良的資源紛紛出現，對希望能改善理解教學的老師們來說，這些資源能助一臂之力。Miller 的《讀出意義來：低年級的閱讀理解教學》（*Reading with Meaning: Teaching Comprehension in the Primary Grades*, 2013），Blachowicz 和 Ogle 的《閱讀理解：自學者可用的策略》（*Reading Comprehension: Strategies for Independent Learners*, 2008），Nichols 的《透過對話理解：閱讀工坊中立意對話的重要性》（*Comprehension through Conversation: The Power of Purposeful Talk in the Reading Workshop*, 2007），以及 Tovani 的《我讀了，但讀不懂：青少年的閱讀理解策略》（*I Read It, but I Don't Get It: Comprehension Strategies for Adolescent Readers*, 2000），這些都是非常值得老師們仔細研讀的作品。這四本書對於平衡式理解力教學都有好多重要的東西可談，如本章的最後一節所言。

當我們推薦讀者來看這些書時，我們也要說明，目前證實最有效的策略教學法（也在本章中提過）其實很簡單——老師直接說明並且示範，伴隨幾個策略的鷹架教學。這樣的教學，通常沒有坊間那些教你怎麼教理解策略的書籍裡的所有撇步，而其實這些撇步也是這些書籍的作者從老師的經驗歸納而來的。我們比較建議老師的是，試試這個簡單的方法，再慎選這些書籍裡的建議去做——記住，理解策略教學永遠是教導學生如何自主運用策略，而不是只會完成學習單，或是任何類似學習單的練習（例如，閱讀過程中預測、構圖、提問、澄清、摘要等的書面作業），坊間的書籍都充斥著這種練

習！讓理解策略的練習成為心智上的過程即可，在學生練習時，示範給其他學生看，並分享在實際閱讀時使用策略的心得。

學生該讀些什麼？

我們有點懷疑學生到底該讀些什麼。剛開始學習閱讀的學生，應該要讀點真實的文學性及訊息式文本，有時也要有一些可解碼文本。我們觀察到一些閱讀能力很好的班級，學生讀的都是真實的讀本，這類型的閱讀，正好符合強調意義取向的觀點，他們主張文學本位的教學是最棒的（Morrow & Gambrell, 2000, 2001）。但是，很多學校仍然採用商業出版的核心課程[6]，但今日的核心課程也已包含了真實的讀本及訊息式文本。這些核心課程有許多可解碼圖書[7]，而很多老師還會在自己的班級圖書館中不斷增加這類圖書。的確，在低年級的班級中，兒童都是既要讀一般的市售教科書，又要讀可解碼的書，而當學生已經漸漸有較好的識字能力後，這些可解碼的圖書就退居幕後。

我們還特別注意到，有許多低年級的班級都有一架一架的書櫃，裡頭的書籍按照閱讀復甦方案或其他文本層級的模式來分級，不管是哪個班級，只要是好老師，都會鼓勵學生慢慢由淺讀到深。這是一個多麼棒的方法，確保每位學生都能在自己的近側發展區來學習閱讀！

然而，低年級的學生到底可以閱讀哪些書籍，這個議題引起了一陣新的爭論（Hiebert & Martin, 2001）。例如，兒童必須遇到同一個字幾次，才能將它學起來，成為瞬認字（sight words）？先假設答案是 5 到 50 次，難道

---

[6] 譯註：使用 basal readers 或 basal program 的教室裡使用教科書，類似台灣的現況。但美國有許多全語言教室，反對用教科書教閱讀，所有的閱讀材料都是真實的書籍（authentic books）。

[7] 譯註：decodable books（譯為可解碼圖書）是美國小學一、二年級常用的輔助教材。書裡所用的詞彙，其字母拼音完全規則化，沒有例外字，目的在讓兒童學會字母拼讀的規則，但全語言論者攻擊，認為這種讀本失去了閱讀的意義性。例如，像 *The Fat Cat Sat on the Mat* 的小書，就是用來練習長短母音的可解碼文本，文章內容的意義性不高。

這不表示兒童必須閱讀很多用字重複的書——很多經過分級的書嗎？要求一個兒童去閱讀一般市售圖書——裡面有很多字都是系統性的字母拼讀教學還沒有教的，這樣合理嗎？也就是說，讓兒童閱讀這麼多可解碼的書，這件事是值得關切的（Adams, 2009）。如果兒童讀完 Dick 和 Jane 與鄰居們的基礎讀本，腦海中並得不到什麼世界知識，那麼，讀 *Pat and Mat sat on a fat cat* 以及 *Ted's bed is red* 之類的可解碼書籍，結果豈不更慘？如果教學目標是閱讀真實的圖書——而不是讀這些可解碼的書——難道學生不應該多花一些時間嘗試解碼真實文本中的詞彙嗎？

雖然我們同意 Elfrieda Hiebert（Hiebert & Martin, 2001, 2009）的主張，認為應該要有大量的研究，探討在不同種類的閱讀材料組合下，究竟有什麼不同的效果。但有個設計良好的研究還是令我們印象深刻，它探討閱讀可解碼文本和其他種類的文本對幼兒閱讀的不同影響——實驗結果是沒有差別（Jenkins, Peyton, Sanders, & Vadasy, 2004）。他們比較使用「可解碼文本」與「可預測文本」兩組學生的閱讀成就，結果並無顯著差異。這個結果和 Juel 和 Roper-Schneider（1985）的完全一致，他們檢驗「有、無使用可解碼文本」的學生在學年末兩種閱讀評量上的差異，結果也是沒有顯著差異。不管閱讀課程中強調的是什麼，在兒童識字範圍內，同時閱讀真實文學及非真實文學（Hiebert & Martin, 2001, 2009）是美國的一項傳統。我們期望在可見的未來，低年級的學生還能有機會繼續閱讀各種類型的圖書。

◆ ◆ ◆ 結論與總結性迴響 ◆ ◆ ◆

1. 和低年級一樣，四、五年級的教學也包含一些技巧教學，以及更多真實的閱讀與寫作。雖然四、五年級班級的共同點還滿多的，但也還有其他教學重點的選項，因此，每個班級都有自己的核心練習，從這裡可看出各班強調的重點。

2. 雖然大家都同意，理解能力的發展是讀寫教學目標之一，然而小學的課程裡卻少有這方面系統化的教學。即使有這麼許多支持理解策略教學的證

據，理解教學到了二十一世紀仍然這麼不普及，尤其令人訝異。學校裡缺乏有力的閱讀理解策略教學，同樣地，商業出版的核心閱讀教材所提供給老師的，有研究支持的有效理解教學也是少之又少。

3. 研究人員所發展且進行過成效評估的各種閱讀理解教學模式中，交互教學法或許是最知名的一個。這種方法教導學生分組進行預測、提問、尋求澄清及摘要等步驟，並由小組成員輪流帶領小組完成這些過程。我們認為，交互教學法是教授理解策略全貌很重要的第一步，但我們的了解其實也僅止於此，現在教育學者及研究人員正努力研發及驗證更有彈性的長期教學。

4. 交流式策略教學由老師的說明與示範開始，然後學生隨著建構好的鷹架，進行長時間的策略應用練習。大部分的練習活動都以小組閱讀方式進行，學生之間會有大量的對話，大多是學生彼此分享閱讀時應用策略以解讀文本的經驗。這樣的小組長期練習的目的，是為了讓學生內化策略運用的過程。至今，交流式策略教學的正向效果不斷得到實證研究的支持，這種教學法的確能達成內化的目的。透過控制良好的實驗，交流式策略教學法在標準化測驗中的卓越成效是有目共睹的。其他從質性成效看教學的研究，也讓人印象深刻。

5. 交流式策略教學法中，最常見的策略有（1）預測，（2）提問，（3）根據文本建構心智圖像，（4）尋求澄清釋疑，（5）根據先備知識回應文本，（6）摘要，以及（7）解讀。幼兒練習這些策略時，老師會教導他們學習利用熟練讀者所使用的理解過程，詳情請見第 2 章。

6. 平衡式閱讀教學就是平衡式閱讀理解教學。它包含識字能力、詞彙量及世界知識的發展（例如，透過廣泛的閱讀），以及理解策略的教學——包括鼓勵利用先備知識，閱讀不同類型文本及任務等策略。雖然那些偏好理解力的老師都比較注重理解策略教學，而不是其他發展理解力的方法。但是好的理解力教學絕對不只理解策略的教學。如果要增加學生的理解力，老師能做的還有很大的進步空間。

7. 現在有個很有趣的假設：想要成為一位可以教閱讀理解的好老師，這位老

師自己就要先成為優秀的理解者，他們必須學習使用優秀理解者所採取的策略。這個假設值得我們好好研究。

8. 要讓幼兒在初始閱讀教學時，就閱讀各種不同類型的文本，將真實文學、可預測性文本及可解碼文本攪雜著讀，這應該是件好事。在學校閱讀大量的各式文本也是一個必要的目標，但是，要讓學生很容易地取得他們想讀的書，就需要豐富的（圖書）資源，可惜這樣的學校太少了。

9. 很少班級提供機會讓學生可以投入老師主導或同儕主導的討論。證據顯示這樣的討論有可能提升學生的閱讀理解能力，所以我們期待師資培育過程中要更強調帶領討論能力的培養。我們之所以這樣強調，是因為有太多老師全無技巧，不知道怎樣在班級裡發展並帶領討論。

過去二十五年來，我們花了大量時間研究小學的班級。我們所看到的大部分班級，老師都占了主導地位，而學生太過被動，很少人教導學生成為能自我調節的理解者（self-regulated comprehender）。我們看到教室裡有大量的學習單，對兒童所閱讀的故事，有許多低階的字面提問，這些活動背後潛隱的信念是，兒童只要學習單做得夠多、回答的問題夠多，就能成為熟練的理解者。但問題仍然持續著，如 Durkin（1978-1979）所描述的，班級裡有很多評量、提到一點點閱讀理解技巧，但有效的閱讀理解教學及班級討論則幾乎完全闕如。也許相關的是如 Dewitz 和同事（2009）所報告的，現行核心閱讀課程教材的內容裡，對學界所知的有效理解發展講得實在太少了。

良好的理解力不只是指詞彙層次的處理能力而已。它還包括能抓出文本的中心思想——鉅觀架構（macrostructure），如 Kintsch 和 van Dijk（1978）說的一樣。有時候優讀者會構築出一個能包含文本中心思想及重要細節的圖像，熟練的讀者能理解文本中和他們先備知識有關的概念。但我們也沒有理由指望小學生能自動發現這個過程，並採取策略來理解文本。事實上，因果剛好相反，有相當多的證據顯示，很多學生到了大學，仍然沒有學到那些熟練讀者才會的閱讀技巧（Pressley & Afflerbach, 1995）。反過來，更積極地說，有充足的證據顯示，小學生可以學會主動的理解：他們可以學

會在閱讀時預測、提問、建構心智圖像、澄清疑點，最後做出摘要。

　　想一想我們近幾年研究的那幾個四、五、六年級班級，他們的老師有決心要把孩子們的理解力帶上來，而且要讓孩子們持續使用理解策略。所有關於這類教學法的研究結果都是正向的。除了數字會說話外，只要進到教導理解策略的班級，都能感受到一股興奮的氣氛。一年的課程結束時，一小組一小組的兒童會在兩人共讀時使用策略，而當兒童在重述他們讀過的故事時，他們不只是對文本裡提到的資訊照本宣科，而是有見地地反映出閱讀過程中的認知活動。

　　為什麼很少見到這樣的教學呢？一方面是因為很多老師不知道理解就是積極的閱讀——就是主動預測、提問、構圖、尋求澄清、摘要，以及詮釋。我們一再聽到改教理解策略的老師們說，他們在學會理解策略，並開始教導學生使用這種理解策略之前，其實也未真正了解如何主動地閱讀。

　　另一個理解策略教學並未普及的原因是，這會讓班級的互動模式變得和以前完全不同。在一般的班級裡，老師掌控大部分的互動——老師提問，然後學生回答。然而，理解策略教學的目標是教導學生掌控自己的閱讀及思考。當老師和學生一起閱讀時，老師不再發問，而是參與一場真正的對話。學生自己進行預測、談論他們在閱讀時想到的問題、分享他們在閱讀時想到的圖像、討論文本中難以理解的部分，並產生自己的詮釋，包括對這些詮釋做摘要。在初期的理解策略教學之後——也就是老師不用再介紹這些策略後——老師在談話中的角色比重就下降，只提示學生在這個時候如何主動地決定自己要怎麼處理文本的訊息。在教室裡，老師也應該向學生示範，讓他們清楚了解自己正在學習的理解策略，能夠如何有效套用在不同類型的閱讀中。但這種心智示範，就不是每位老師都能辦得到了（例如，Hilden & Pressley, 2007；Pressley & El-Dinary, 1997）。

　　理解策略教學不普及的最後一個原因就是，許多建構主義者讓老師們以為，經過教導而學習，而不是由學生自己發現而學習的策略，都是不自然的。我們的回應是，老師的說明和心智示範都只是一個起點，而要由學生自己在使用這些策略時，去發現理解策略的益處及適用性。依我們的觀

點來看，好的教學必定是建構的，它讓學生可以在往豐收的路上探索。當學生在交流式策略教學中一同使用策略時，建構式的發現就不斷在進行了（Pressley, Harris, & Marks, 1992）。長期使用策略好像會讓學生在閱讀時，能內化活躍的認知處理過程；經過了那麼多研究的檢驗，應該能顯示出這樣的閱讀的優勢。要鼓勵老師們，教導學生要好好學習使用理解策略，讓他們和同學練習各種可能會在小學課程中遇到的閱讀類型。

雖然建構主義者不認同明示地教導策略，但研究者還是不斷去探索教導策略的價值，例如，有一個基礎研究在了解教導幼兒在閱讀時建構心智圖像有哪些好處（Glenberg, Gutierrez, Levin, Japuntich, & Kaschak, 2004）。此外，小學生隨著年紀的增長，接觸訊息式文本的比例也愈來愈高。令人振奮的是，為了知道如何教導學生了解更多訊息式文本所包含的訊息，有些研究者投入研究，像是由 Bonnie Meyer 率領的團隊，就有不錯的成果（Meyer et al., 2002; Cervetti, Barber, Dorph, Pearson, & Goldschmidt, 2012）。其中，Meyer 的研究團隊特別探討的是，如何教導學生分析網路上說明性質的文字，這項研究很有可能找出一個方法，讓我們可以教導學生學到很有用的技巧——也就是用圖像的方式組織資訊、留意事件的因果關係、進行比較、區分因果，以及分析問題與解決的方法（例如，請見 Almasi & Fullerton, 2013, chap. 5 的回顧）。

Cervetti 等人（2012）對 94 個四年級的班級進行研究，評估了一個整合自然科學與讀寫的課程本位取向之成效，課程讓學生投入閱讀篇章、寫筆記和報告、執行第一手的研究，而且和同儕討論關鍵觀念與歷程。對照組則照其原班的教學方式進行學習。結果指出，在自然科學與讀寫的成果上有相當好的效果。簡單地說，研究者開始轉移注意力到更強而有力的方式來教導基礎的理解歷程，也許在不久的將來，可以帶來更清楚的洞見，讓我們知道如何更全面地教導學生使用閱讀理解策略。

關於這點，在引發本書寫作動機的那次演講中，本書第一作者 Michael Pressley 讓聽眾回想第 2 章關於熟練性閱讀的內容，他詢問聽眾：「這難道不是你希望學生學會的嗎？」然後他還會繼續說：

「如果你開始教你的學生用那種方式閱讀，很棒的事情將會發生。你自己將成為一個更主動的讀者，而且還不只這些，當你和學生一起閱讀故事和書本時，你就會開始體驗到，學生的回應如排山倒海而來，這是你以前所不敢想的。如果你不相信，再看看 Rachel Brown 和 Lynn Coy-Ogan（1993）的文章，討論的是 Lynn 的班級裡，三組學生對於 Maurice Sendak 的《野獸國》（*Where the Wild Things Are*, 1963）一書的不同解讀。每個人都會覺得你的課有趣多了，包括你自己。」

動機和讀寫的學習

在 1990 年代早期，美國正開始設立國家閱讀研究中心（NRRC，設在喬治亞大學雅典校區和馬里蘭大學大學公園校區），主事者對全國的老師做了一個調查，詢問他們最關心的教育議題為何？老師們的回應中，有一個關切的議題比其他的都更突出——老師們非常想知道，要怎麼樣維持學生在學業上的動機？這個議題對任何試著要提升學生閱讀成就的研究中心，都構成很大的挑戰。根據這些教師們的回應，國家閱讀研究中心立刻把研究重心聚焦在「如何提升學生讀寫的意願」上（O'Flahavan, Gambrell, Guthrie, Stahl, & Alvermann, 1992）。

在國家閱讀研究中心還存在的時候，研究者對兒童的學業動機已經做了許多研究。有些最重要的發現會在本章談到。例如：該中心指出，為什麼老師們會這麼關切學業的動機，是因為他們認為閱讀動機和好成績是緊緊相連的（Sweet, Guthrie, & Ng, 1998）。其他重要發現指出，學生動機的許多面向都會影響到閱讀（Baker & Wigfield, 1999; Wigfield & Guthrie, 1997; Wigfield, Guthrie, & McGough, 1996; Wigfield, Wilde, Baker, Fernandez-Fein, & Scher, 1996）。這些面向包括了：

- 閱讀的自我效能——相信自己是不是能夠讀得不錯，會影響一個人的閱讀意願。

- 閱讀的挑戰性——一本書對一個讀者來講是否有挑戰性，會影響讀者

要不要去讀這本書。

- **對閱讀的好奇**——學生比較願意去讀那些他們感覺有趣的主題。

- **娛樂性閱讀**——有些書是因為讀起來很好玩，所以學生願意去讀。

- **閱讀的重要性**——學生若相信閱讀很重要，這種態度會影響他們的閱讀動機，並會促成他們成為優讀者。

- **讀者的認同**——被認為是一個優讀者，會影響兒童閱讀的動機。

- **語文成績**——語文的成績會影響兒童閱讀的動機。

- **閱讀競爭**——讀得比別人好，可以讓兒童有更高的動機去讀，有更高的動機去變成更好的讀者。

- **社會性理由**——有機會跟家人或朋友一起閱讀，會影響閱讀的動機。

- **服從**——學生為了學業的要求而閱讀（例如：指定的閱讀作業）。

- **阻礙閱讀的因素**——有些因素會減少閱讀的可能性（例如：文章中的難字或太複雜的故事）。

國家閱讀研究中心的這些發現，必須放在過去二十年許多關於學生動機的研究背景中，才會更有意義。這些研究，包括國家閱讀研究中心的報告，讓我們對學生學習閱讀的動機有更全面的了解，會比過去更了解到底有什麼因素會決定學習的動機。

隨著本章的文字，讀者會愈來愈清楚，學業動機是一個非常脆弱的東西。雖然幼兒園和一年級的兒童剛入學時，總是期待自己會有好的表現，對學校和課業都非常熱心，可是這樣的期待，隨著學生的年級增高會漸漸降低。若想要保持很高的學業動機，學生不但必須在學業上有相當的成功，而且他們也必須認定自己的表現不錯。萬一學生在學校的表現有困難，他的學業動機開始走下坡，也許就不是什麼令人意外的事情。更讓人意外的是，大多數小學所用的教學政策使得大多數學生的學業動機下滑，學生會察覺自己表現得不好；至少是和其他同學比較起來，他們表現得不好。

從比較正向的方面來看，在這些研究裡，我們已經知道了要怎麼樣進行學校改造，以維持學生高的學業動機（Johnston, 2012）。本章的後半部將報

告一些最重要的發現，告訴我們如何維持學生的動機。你把本章後半部的內容和前半部的內容整合起來解讀時，就會更明白，我們現在知道比較多的是怎麼樣讓學生有動機去學習，但仍不太清楚現行學校裡面做了什麼以維持學生的動機。

小學裡的學業動機下滑現象

人類生來就有學習動機，並且想要增進自己的表現，只要觀察幼兒學習走路，你就會清清楚楚地看到這一點。事實上，發展心理學家已經說得很清楚，幼兒有強烈的動機去探索世界，而且這樣的探索對心智發展及身體發展非常重要（White, 1959）。

雖然生命的開始，兒童是非常有動機的，但這樣的動機經常在小學階段往下滑（Eccles, 1993; Eccles & Midgley, 1989; Harter, 1990; Meece & Miller, 1999, 2001; Stipek & MacIver, 1989）。小孩進入小學之後，學校在他們心中的重要性逐漸降低，他們對學校及學校所教的東西也不感興趣（例如，Eccles & Midgley, 1989; Eccles et al., 1989; McKenna, Conradi, Lawrence, Jang, & Meyer, 2012; Meece & Miller, 1999, 2001; Wigfield, 1994; Wigfield & Eccles, 1992; Wigfield, Eccles, MacIver, Reuman, & Midgley, 1991; Wigfield & Guthrie, 1997）。

在學業上，幼兒園升上一年級的學生相信，他們什麼都辦得到。如果你問他們是不是要學閱讀，他們的答案都是肯定的（例如，Entwisle & Hayduk, 1978）。即使遭遇了失敗，他們仍然非常有自信，相信下一次他們就會做得好一點（Clifford, 1975, 1978, 1984; Parsons & Ruble, 1977; Phillips, 1963; Pressley & Ghatala,1989; Stipek & Hoffman, 1980）。雖然在學習閱讀時遭遇困難的一年級學生會認為閱讀很難，但他們對自己的閱讀能力的自信心仍然非常高（Chapman & Tunmer, 1995）。相反地，五、六年級的學生對自己就沒有這麼高的自信了，他們沒有自信是否能達成老師和家長對他們學業成就的期待。他們比較能夠察覺到的是失敗，而不是成功（Kloosterman,

1988），五、六年級的學生經常相信，他們只會表現得愈來愈糟（例如，Juvonen, 1988）。學生程度愈弱，自我評價愈悲觀，而且對學業的活動愈不熱心（例如，Hall, 2006; Renick & Harter, 1989）。

維吉尼亞大學的教授 Michael C. McKenna 和他的同事所做的研究（McKenna, Ellsworth, & Kear, 1995），清楚描述了小學階段學生閱讀態度的滑落。他們調查了超過 17,000 名全美國小學一到六年級的學生，問卷共有 20 題，其中十題，評量學生在休閒性閱讀的態度（例如：「你覺得閒暇的時間花在閱讀上怎麼樣？」「你喜歡去逛書店嗎？」）。另外十題則評量學生對於學業性閱讀的態度（例如，「讀課本時，你有什麼感覺？」「上閱讀課的時間到了，你有什麼感覺？」）。學生在 1 到 4 分之間做選擇，1 表示「非常負向」，4 表示「非常正向」。

不管是男生還是女生，不管是哪一個族裔，不管兒童的閱讀能力如何，學生在休閒性閱讀與學業性閱讀上，對閱讀的正向態度都有隨年級逐漸滑落的現象。是的，女孩比男孩要正向一點；高能力的讀者，其態度滑落的情形比其他學生不明顯。即使如此，最讓人訝異的是，不管研究者怎麼看這筆資料，閱讀的態度在一年級時相對地高，到六年級時，學生對閱讀的態度就變成很冷漠了。

McKenna 和他的同事（2012）把研究對象擴展到中學生，他們調查了來自 23 州、將近 4,500 名的中學生，問他們學業上的讀寫、自發閱讀和數位閱讀。他們發現，中學階段，閱讀動機仍然持續滑落，男生滑落的情形比女生嚴重；男生只有在自發的數位閱讀上比女生正向。Wigfield 等人（1997）也檢驗了不同年級兒童的閱讀動機，他們有兩個發現：隨著年級的增加，閱讀興趣逐漸下滑；而且，學生也愈來愈認為閱讀是沒有用的。

也許最讓人擔心的是，在中年級時，已有些兒童認為閱讀索然無味。Linda Gambrell 和她的同事（Gambrell, Codling, & Palmer, 1996; Gambrell, Palmer, Codling, & Mazzoni, 1996）對三年級與五年級的學生實施了一個閱讀動機的問卷，他們發現有相當比例的學生寧願去打掃，也不願閱讀（17%）；有些兒童希望長大後可不必讀這麼多書（14%）；另有些兒童，

覺得愛讀書的人是很無聊的（10%）。兒童們會把一個像閱讀這樣重要的活動整個「關機」，實在值得我們關心。

發展和教育心理學家曾經做了深度的研究，來探討這些學業態度和動機在小學階段下滑的原因。他們發現了幾項重要的因素，我們等一下就會回顧這些因素。這些因素相互交織，所以對許多兒童來講，他們的學業動機隨著年級升高而下降似乎是不可避免的，因為現行的學校氣氛就是這樣。

●● 不同年齡兒童的歸因方式

人們解釋自己成功或失敗的方式是因人而異的。有些人會把原因歸諸於個人的「努力」，也就是說，我成功是因為我夠努力；而失敗則是因為不夠努力。但是成功和失敗也可以從「能力」來解釋。有些人會說，我成功是因為我天生就很聰明，有與生俱來的高 IQ；或說，我不會讀書是因為我生來就有閱讀障礙。另有些情況，人們傾向從「工作的難度」來解釋成功或失敗，例如，考試考得不錯，就說因為是試題很簡單；考不好，就怪說這個試題太難了。最後，有些人相信，「運氣」決定了他們的表現，成功了就說運氣好；失敗了就是運氣不好。

在以上所有的解釋裡，包括努力、能力、工作的難度和運氣，個人唯一可以控制的只有「努力」。如果你相信成功是因為高度的努力而來的，那在未來，你就有理由繼續努力；如果你認為，你的失敗是因為不夠努力所致，那為了在未來能夠成功，你就會多做一點，會更努力一點。而努力型的歸因跟未來持續的努力，有高度的關聯性（Weiner, 1979）。反過來說，天生的能力、工作的難度和運氣，是任何人都無力控制的，一個人如果相信其學業表現是因能力、工作的難度或運氣而來的，那麼，想期待他多努力點以提升學業表現的可能性就不高了。

兒童的動機為什麼會下降呢？其中一個理由是，孩子在小學階段，年級愈來愈高時，他們對自己表現的歸因改變了。幼兒園和一年級的學生分不清楚什麼是「努力」、什麼是「能力」。幼兒園和低年級兒童很典型地把他們的努力歸諸於努力，尤有甚者，當他們夠努力的時候，他們認為，他們有努

力就是有高的能力。即使他們在高度的努力之後失敗了，他們仍然相信，他們的能力很好，因為他們已經這麼樣地努力過了。簡單地說，6 和 7 歲的兒童很典型的相信他們靠著持續地努力就可以成功（Nicholls, 1978, 1990）。

隨著年紀漸漸增長，兒童開始能夠區分「努力」和「能力」間的差別。在小學的最後幾年，兒童已經明白了，若有兩個人花了一樣多的努力，那個成就比較好的，可能具有比較高的能力。此外，在小學快要結束的那幾年，兒童開始比較容易把成敗歸因於能力，而不是努力。成功，表示我的能力很好；失敗，表示我的能力很差。

當然，高年級這樣的能力歸因，比起低年級兒童的努力歸因，是比較沒有驅動力的。當一個人相信天生的能力決定了表現，他根本就不會有動機去更努力一點，因為努不努力根本於事無補。兒童年紀愈大，愈相信他們的失敗是因為低能力，也許這個原因就能夠解釋，小學兒童在學業的學習上動機愈來愈低落的現象。

低年級兒童學習閱讀時的歸因傾向

學習解碼及識字，對某些兒童來講是個非常困難的功課，學習的過程中，兒童可能犯了許許多多的錯誤。但是，在學習解碼的過程中，比起四年級的兒童，一年級的小朋友比較不會因為犯了這麼多的錯誤而受挫。畢竟對一年級的小朋友來講，很努力就值得讚賞了。相反地，四年級的兒童已經開始相信，他們必須這麼努力才能學會，其他同學卻可以輕而易舉地學會，這就表示，我的能力低落。也就是說，四年級兒童若有解碼的困難，但他的同學已經可以輕鬆愉快地閱讀了，相較之下，他們便有足夠多的理由認為他就是缺乏閱讀的能力。這樣的結論，會降低兒童繼續學習解碼的意願。這也就是為什麼閱讀困難的一年級兒童，父母或老師的催促鼓勵是比較有效的，到高年級時若仍有閱讀困難，要提升其學習閱讀的動機，就相對困難了。從動機的觀點來看，我們沒有理由相信「大隻雞慢啼」，以為一、二年級還沒有學會閱讀的兒童，等到他們長大一點，準備好了，就能學會閱讀了。事實上，學習閱讀的動機最強的時候，就在低年級。閱讀困難的兒童年紀愈大，

愈會解釋說自己是低能力的，就會愈來愈沒有動機去學習閱讀。

學習障礙兒童

在提升學業動機方面，歸因的角色已經有了許多研究，在學習障礙兒童的研究尤其多。學習障礙兒童比起一般的同儕，更容易相信他們的學業表現是決定於天生的能力，而且他們對自己的學業能力感到非常悲觀（Brooks, 2001; Elbaum & Vaughn, 2003; Gans, Kenny, & Ghany, 2003; Jacobsen, Lowery, & DuCette, 1986; Johnston & Winograd, 1985; Pearl, 1982）。當然也有例外，有些學習障礙兒童持續地相信，多一分努力，多一分成功機會。這種「努力有用」的信念，對這些孩子造成正向的影響。事實上，像這樣的低成就生，相信透過努力就可以控制自己的學業進展，他們的學業表現的確超過那些「能力歸因」的學生（Kistner, Osborne, & LeVerrier, 1988）。

我們經常對一群特殊教育老師演講，演講時我們都會問他們這個問題：「如果你去問一個五、六年級的學習障礙學生：你在學校裡好不好？並且請他或她解釋一下，為什麼在學校裡會遭遇這麼多困難，這個孩子會怎麼說呢？」幾乎所有的聽眾都會提供一個相同的答案：「這孩子會說：都是因為我很笨啊。」在學校裡年復一年的失敗，讓學生認為，他們無法掌握自己的學業成就，他們根本沒有能力在學校裡有好的學業表現，他們開始預期學業的失敗。發展性的研究指出，在年紀比較小的時候，兒童根本不是這樣歸因的，那時候兒童相信多努力就有更多成功的機會。

這裡究竟發生了什麼事？為什麼一個原本認為自己可以學會閱讀，並且興致高昂的 6 歲兒童，到了 10 歲的時候，變得相信他永遠也無法度過閱讀的難關？（在此無性別歧視的意思，但男生會比女生更容易有學習閱讀的困難。）持續失敗的經驗會導致兒童負面的情緒（Covington & Omelich, 1979a），並且降低他們對於未來將會成功的期待（Covington & Omelich, 1979b）。其他同學在努力之後獲致成功的「他人」經驗，這對閱讀失敗的兒童並無幫助；事實上，這些經驗很可能使得他們的挫折感更加強烈（Covington, 1987）。在這樣的情況下，學習無助感（learned helplessness）——一種相信自己無論怎麼做都無法成功的信念，就產生了（Dweck, 1987）。這些閱讀遭遇挫折的兒童很快地轉而相信他們不是優讀者，閱讀是他們不喜歡而且困難的事情（Chapman, Tunmer, & Prochnow, 2000）。這時，「什麼都不做」反而對這些孩子有治療的效果，孩子們會有藉口說「我是因為沒有努力才失敗的」，這個說法就可以避開「我很笨」的結論。因此，學習障礙兒童可以更容易地說服他自己，他們的閱讀成就不佳是因為他們不感興趣，所以試都不想去試（Covington & Omelich, 1981, 1984）。學習障礙兒童在學校常顯得很被動的情形是否令你感到驚訝呢？因為「持續的努力」讓他們無處可逃，「不曾努力」則讓他們有一個合理解釋自己失敗的原因，這種解釋相較於努力後卻失敗的結果，比較不會傷害自尊（Johnston & Wingrad, 1985）。

　　一年級兒童學習解碼的過程遇到困難，似乎不會感到那麼挫折，因為一年級的小朋友非常願意繼續堅持下去。但隨著年齡成長，這種堅持逐漸減弱，他們漸漸明白，自己進步有限，最後，他們就得到自己能力低落的結論。兒童剛開始遭遇困難時，如果不加以介入處理，我們會讓學生承受更重的挫敗及更低落的自尊。充滿挫敗感的校園生活就像不斷地去上一堂「你好笨」的課一樣。我們絕對不能因為一年級兒童較不受失敗的影響，就認為不必在一年級時給予兒童介入與協助。因為兒童隨時都有可能改變他們的歸因——開始把自己的失敗解釋成能力不足。一旦孩子得到自己閱讀能力不好是因為天生能力不足的結論，對他們而言，就不再有理由花費更大的努力去學習閱讀了。所以在這個階段的教學介入，同時也必須把增進學業上的自尊列為目標。本來在一年級很容易藉由簡單的解碼教學克服的問題，現在變得愈來愈困難，因為這個本來活蹦亂跳的孩子已經學習無助，從歸因論的角度來看，我們沒有半點理由讓孩子等在那兒，不給予介入。早期的閱讀困難會降低兒童學習閱讀的努力，因此，會產生更多的閱讀問題（Onatsu-Arvilommi & Nurmi, 2000），如此的惡性循環應該在初現端倪時就把它停止，這樣我們才有希望培養出有能力且高動機的閱讀者。

其他影響歸因的因素

一個人成功或失敗的經驗，會影響他對「付出努力得到成果」的信念；成功的經驗會鼓勵人們繼續相信努力的力量，失敗的經驗則會讓人們懷疑自己的能力。當然還有其他會影響歸因的因素。老師和家長都可以鼓勵兒童做「努力歸因」，他們可以讓兒童去發現「努力」怎麼樣和「成功」連結在一起（Schunk, 1991）。本章的後半部會提到，所有有效的教育環境，都會傳遞「努力可以導致成功」這樣的訊息，家長和老師一定要察覺這種訊息的力量。

老師和家長也可以幫助孩子了解什麼是智力，千萬不要讓學生相信智力是由基因決定、是不能改變的。要告訴學生，能力並不是固定的本質，反之，它是一種可以改變的特質。心理學家 Carol Dweck 和她的同事（例如，Dweck, 2010; Dweck & Leggett, 1988; Henderson & Dweck, 1990）認為，一個人若相信智力乃生理素質決定、是不受環境影響、不能改變的特質，這種信念會嚴重影響其成就動機。Dweck 以智力「本質」論（"entity" theory of intelligence）形容那些認為智力是固定的人。這些人相信有些人天生就是很聰明，有些人天生就是不聰明。相反地，另外有一些人相信智力是可以改變的，他們擁有的智力理論稱為智力「增長」論（"incremental" theory of intelligence）。

Dweck（2010）發現一個人對於智力的觀點，會嚴重影響他們追求成就的行為。智力本質論者會極力尋找對他們能力的正向評價，並且極力避免負向評價。這樣的觀點對個人來說是有破壞性的，萬一他得到了負向的回饋，馬上就會造成傷害，但事實上孩子在學校是無法避免得到負向回饋的。智力本質論者傾向於把失敗解釋成低智力，很容易就被失敗打倒，因而垂頭喪氣。相對地，智力增長論者比較傾向於去修正自己，以增加自己的能力，並相信日復一日的努力就會獲致小小的成就，只要持續努力一段夠長的時間，這一切加總起來就會提高他們的智力。這樣的學生即使遇到了障礙，也會持續努力，因為他們把這些困難視為學習過程理所當然的一部分。

　　簡單的說，在求學階段，智力本質論者比較可能在失敗的時候經歷到負向情緒，相信失敗就是低能力的表徵，而且他會讓這樣的信念降低了未來在課業上的努力；智力本質論者會想盡辦法避開過去曾經遭遇過的失敗經驗，因為他們相信那是低能力的證據。智力增長論者在碰到失敗的時候比較不會有負向情緒，因為他們解釋這些失敗是讓自己進步的一個過程，所以他們會更有動機持續下去。

　　當面對成功時，智力本質論者和增長論者所表現出來的行為差異不大，但在遭遇失敗時，這兩群人所表現出來的行為就有很大的差異。智力本質論者在遇到困難時，比較可能相信他們是無助的、他們走不下去了，最後逃開這些讓他失敗的情境。相反地，智力增長論者遇到失敗時，卻會盡可能的努力去改變現狀。

　　綜上所述，一個有效能的班級應該傳遞出幾個訊息：

- 愈努力會讓成績愈好、智力愈高。
- 失敗在學習的過程中是很自然的事情。
- 學校不是要求完美的地方，學校是要求進步的地方。

每個老師或家長都應該要告訴孩子，人們可藉由持續的努力變得更聰明，而從失敗中記取教訓是變聰明過程中的一部分。另外，學校是讓一個人更好的地方，而不是讓一個人追求完美的地方。因為兒童有把自己的表現歸因於能力的傾向，所以我們應該想盡一切的可能，在解釋學生的表現時，鼓勵學生做「努力歸因」。

無聊的閱讀課

　　最後一個必須向讀者解釋的可能是，有許多無聊的活動，是藉著「閱讀」之名進行的。美國有許多州，花了很多時間在做所謂的閱讀教學，事實上並不真正在閱讀，而只是在準備州政府要考的閱讀測驗，該類測驗非常強調低階的技巧（也就是字詞辨識、簡單文章的快速閱讀），而不是真正的閱讀，也不是對有趣的課文內容做回應。到了六年級，這種所謂的閱讀課，已

經無聊透頂，學生必須忍耐這些為測驗所做的準備，並且要控制自己不要讓無聊滿溢出來，變成行為控制的問題（Fairbanks & Broughton, 2003）。準備考試並不是閱讀，卻會減低了兒童對閱讀的興趣，進而降低閱讀的成就。

小結

低年級兒童比高年級兒童更相信努力的效果，這讓低年級兒童在學習非常複雜的能力（例如閱讀）的時候，還能維持強烈的動機。當一年級的兒童經歷挫折時，他們以努力歸因的方式讓自己願意再付出更多的努力。相對地，高年級的學生比較可能做的是能力歸因，而不是努力歸因。他們所遭遇到的失敗，不再被視為努力不足，而被解釋為能力不足。遇到失敗，認定自己為低能力，就會導致高年級學生降低對相關事件的努力動機。因此，一年級的學生在面對困難的功課時，是比較有可能持續去增強自己的動機，而三年級的學生就不會了。

更糟糕的是，如果一個三年級的學生在面對大多數其他同儕早就學會的功課時，這個三年級的學生就會把他所遭遇的失敗，認定為是自己不會閱讀的一個強而有力的證據，他就更不願意花時間去學習了。根據歸因理論，我們相信，一個孩子在一、二年級的時候如果沒有學會必要的基礎閱讀技巧，他對於學習閱讀的動機很可能就無法繼續維持下去。

研究者發現，在一年級的時候讓孩子把他們的學業成就歸因於努力，是件非常重要的事情。從更廣泛的角度來看，心理學家也指出，如果學生相信智力本身是努力的結果而不是天賦，則學生的學業動機可以比較容易得到提升。大量地教導努力的價值是非常重要的，因為隨著年級增高，在課堂上許多隱而未顯的訊息會告訴學生，努力不重要，重要的是聰不聰明。

●● 教室獎勵結構下各年級的差異

學業失敗會抹殺學生的內在學業動機。為什麼年級愈高，學業失敗愈可能造成毀滅性的影響？隨著年級增高不斷增加的競爭關係是一個重要原因。

在許多班級裡，競爭是生活的一部分。有的班級把成績畫成曲線，只有

少數的學生可以得到最高的分數。更糟糕的是，在教室裡，成績經常是公開而顯著的，例如老師在把成績登記到成績簿的時候，學生要說出自己的成績；或者是讓學生從成績分級的紙箱內拿回他們的作業，在找回他們自己作業的同時，也暴露了其他同學的成績。因此，每個孩子都知道，和班上同學比起來，自己有多少斤兩。

另一方面，許多社會上的力量支持這樣的競爭關係。許多家長拿到成績單，先問班上其他孩子表現如何，接著說：「如果我們家孩子的成績，能夠像某某某那樣該有多好！」地方性的報紙登載有關學業成就的新聞，例如學校裡各科成績都拿 A 的學生姓名被公布出來。

大人們強迫性地想要知道誰比較聰明（其實也是潛隱地在問誰不聰明），使得許多學生的學業動機向下滑落。教室裡的競爭和評量就會導致了 John Nicholls（1989）所說的「自我涉入」（ego involvement）。在一個競爭激烈的班級裡得到成功（尤其是和同儕比較起來），就意味著學生有高智能（例如這是個聰明的孩子，即是自我提升），而學業失敗就意味著低智能（自我消沉）。因為班上最棒的學生只有幾個，大多數的學生都不會是頂尖的，所以教室裡面經常出現失敗、自我批評和負向的自我認知（Ames, 1984）。很多學生開始預期他們不會得到最好的成績，也不會像其他學生那樣受到獎勵。當學生難以判斷是否會成功時（例如面對新的功課），這樣的系統很可能會降低了學生努力的意願，因為嘗試和失敗會導致他們否認自己的能力。

為什麼學業動機隨著年級愈高而下降呢？一個很可能的原因是，比起中高年級，低年級的評量較少，就算有也比較不明顯（Harter, Whitesell, & Kowalski, 1992; Stipek & Daniels, 1988）。年紀愈大，兒童愈容易察覺他們班上的競爭壓力（見 Harter et al., 1992；亦見 Schmidt, Ollendick, & Stanowicz, 1988），也漸漸察覺沒有成功所代表的背後意義。根據研究（例如，Wigfield, 1988），在小學中年級的時候，一個孩子會不會注意到他跟其他孩子間的比較，會影響孩子對自己能力的知覺、對未來成功的期待，和（潛在的）學校表現。

競爭較不激烈的班級

當競爭激烈的班級和競爭比較不那麼激烈的班級相比較時，因為班級激烈競爭所產生的問題尤其顯著。在某些班級裡，學生因為「做得比以前好」受到獎勵，而不是因為「做得比別人好」受獎勵——他們因著自己個人在課業上的進步而受獎勵。相對於前面講的「自我涉入」，Nicholls 把這類型的班級稱為「工作涉入」（task involvement），歸類為鼓勵功課介入型的教室。Nicholls 和他的同事 Terri Thorkildsen（例如，1987）的研究，將 30 個五年級的班級分類為工作涉入或自我涉入。他們發現自我涉入（競爭激烈的班級）比工作涉入（競爭不激烈的班級）較常發生逃避努力的行為。工作涉入班級中的學生相信，只要有興趣、肯努力、有學習的嘗試，就會成功；但自我涉入班級中的學生則相信，比別人聰明、打敗其他同學，才會成功。也就是說，班級裡的獎勵結構，影響五年級兒童是否繼續相信努力、是否相信個人的表現由天生能力來決定。

比起自我涉入班級，工作涉入班級較可能讓學生保持對學校的興趣並且認同學校（Meece & Miller, 1999; Nicholls, 1989）。問題在於，自我涉入型的班級遠多於工作涉入型的班級。我們經常看到，班級目標設定在讓學生得到比別人更好的成績，而不是設定在學習本身（例如，Ames, 1992; Blumenfeld, 1992）。許多班級的安排，都讓學生預期著失敗而不是成功，尤其和其他同學比較起來。這樣做對學生會有顯著的影響。

舉例來說，Susan Nolen（1988）評估一群八年級的學生，看他們是工作導向還是自我導向，除此，Nolen 評估這群學生在平常閱讀和讀課本時是否用了特定的策略。雖然工作涉入和自我涉入的學生都用了表淺的策略來讀書（例如：把整篇文章反覆地閱讀），工作涉入的學生比自我涉入的學生更願意去用深層的閱讀策略（例如，他們想要知道課本上寫的和上課聽的有什麼相符之處）。我們想要提倡的高度複雜的閱讀技巧，比較容易發生在競爭不那麼激烈的班級裡面。

Peter Johnston（2004）對有高度效能的小學老師做了一個教室內師生

互動的分析。他注意到所有老師的講話都會歸因到動機、處境和特性認定（identities）。例如，如果某文學討論小組已經停止討論，甚至亂成一團了，學生可能聽到老師這麼說：

「回去開始討論，要不然你們午餐的時間都得留下來了。」

「你們正在干擾別人，這讓我覺得很挫折。」

「這不像平常的你們，你們是不是遇到什麼問題了？你們要怎麼解決呢？」

Johnston（2004）指出，上面的這幾句話都涉及學生某些特性的認定和他們表現在外的能力（agency）。每句話都可能影響班級未來的互動。第一句話潛隱著工作者—督導者的關係，第二句是配合協作（cooperative）的關係，第三句則是合作（collaborative）的關係[1]。這些不同的關係也指出學生各種表現於外的能力（如聽從權威、尊重別人的權利、一起投入問題解決）。Johnston 提到語言兼具表徵和創制（constitutive）[2]的功能。語言可以邀請學生做自我認定，不管是好的或壞的認定。Johnston（2004）注意到「你真是聰明」與「你真是深思熟慮」是非常不同的兩句話。同樣地，說「做得好！」與「你一定非常努力！」會傳遞出截然不同的訊息。老師說話的方式，就定位了師、生在班級裡的角色。這樣的定位讓老師在傳統廣播式教室裡成為資訊提供者；或者把探究式教室裡的老師定位為合作夥伴；也可能把學生定位為依賴或獨立，或定位為班級裡的資源或班級裡的對手。

Johnston（2004）在他那本薄薄的小書裡，列出了許多不同效能老師的講話方式可能造成的差異。他的分析讓大家開始思考，老師們講話有這麼大的差異，兒童對閱讀興趣缺缺，而且年級愈高愈不愛閱讀，會不會是班級裡的互動環境所致，而非其他任何因素？有個問題至今仍未有答案：到底我們

---

[1] 譯註：在英文裡，cooperative 指的是，以賦能的方式與某（些）人一起工作：經常是配合要求，以提供資訊或資源的方式，讓這些人更能夠達成某些目標，本書譯為「配合協作」。而 collaborative 指的比較是地位平等的共同努力，以成就共同的目標，本書譯為「合作」。

[2] 譯註：把 X 界定成 Y 的一部分。

要怎樣幫助所有的老師學會與學生互動的方式，好讓他們可以像高效能老師那樣，有很好的教學表現。

融合班

班級裡的競爭對學習困難的學生也會造成相當大的影響。最近這些年來，廢除特殊班級變成一個全國性運動，教育學者希望學業困難的兒童能在普通班受教。在中年級之前回歸主流對學習困難的兒童而言，意味著把他們放在一個競爭型的班級，他必須和別人比較，因此，失敗似乎早就可以預期。類似的情況發生在母語並非英語的學生身上，這些學生經常進到競爭激烈的班級，各科成績遙遙落後。這些班級裡面的競爭特質讓這些孩子註定失敗，這可能對孩子的動機有毀滅性的衝擊，因為他們從一開始就非常不利。當班級裡面學生的特質相差很大，有不同的能力及準備度，班級裡的競爭就會讓許多學生經驗到失敗，對高風險群的學生就很可能造成學業自尊與動機的負向影響。

成功帶來的後果

到目前為止，本節一直在談兒童在班級裡如果得不到獎勵，會有什麼負向結果。我們現在要談的是，教室裡面的獎勵也可能讓兒童降低了他們的內在動機。如果兒童進行本來就有高度內在興趣的學習時，得到了具體的獎勵，他們對該活動的內在興趣就會下降，也就是說，如果老師獎勵的行為本來就是小孩子所感興趣的，老師可能造成一個後果：未來在沒有獎勵的情況下，小朋友對那些活動的興趣就會大幅降低。這就是所謂的過度合理化效果（overjustification effect），因為學生開始相信他們從事這個活動是為了得到獎勵，而不是因為該活動內在的價值（Lepper, Keavney, & Drake, 1996）。一旦得到鼓勵，他們開始合理化這個行為，認為他們之所以做這個行為是為了要得到老師所給的實質獎勵，而對那些在沒有獎勵之下工作的兒童而言，他們的歸因卻只有「因為我喜歡這個活動」。

McLoyd（1979）用一種很貼切的方式來檢驗過度合理化效果在閱讀上

的影響。他讓兒童讀他們非常感興趣的書籍，有部分的兒童閱讀之後會得到獎勵品。McLoyd 觀察到，當這些兒童在沒有獎勵的情況下也能夠自己閱讀時，那些沒有得到過獎勵的兒童會比曾得到獎勵的兒童讀得更多。我們有很好的理由去懷疑，那些為了集點或加分而讀書寫作的學生，當老師的鼓勵系統不存在時，他們就不會有高度的動機再繼續閱讀。

Linda Gambrell（2011）提出可能增強學生內在動機的七個規則：

1. 當閱讀任務和活動可貼近學生的生活，學生比較有動機去讀。
2. 可以觸及多樣的閱讀資源時，學生比較有動機去讀。
3. 有很多機會去參與持續的閱讀時，學生比較有動機去讀。
4. 若有機會自行選書及如何投入與執行讀寫技能時，學生比較有動機去讀。
5. 若有機會和別人在互動時討論所讀的材料，學生比較有動機去讀。
6. 若有機會讀懂有點難度的文本，學生比較有動機去讀。
7. 當班級內的獎勵能反映閱讀的價值和重要性時，學生比較有動機去讀。

至於上述的第七點，Gambrell 指出，如果學生的自主閱讀得到獎勵是免費的圖書，兒童的內在動機會比給他們加分或讚賞得到更好的提升。

有些人常常問我，像必勝客披薩店他們提供的閱讀獎勵計畫，會不會有過度合理化的效果呢？我的回答是，依孩子的特質而定。對那些已經願意自己去讀的孩子提供外在的獎勵，有可能會降低他們閱讀的內在動機；對那些還沒有主動意願閱讀的孩子，像必勝客這樣子的鼓勵閱讀計畫，就可以使原來不讀的孩子開始閱讀，除非孩子讀了幾本書會被完全的公布，閱讀的量被用來做同儕間的比較，進而造成孩子間的競爭，這樣提升動機的效果就會低落。我們會鼓勵老師只用必勝客這樣的計畫來激勵沒有閱讀動機的學生，至於那些自己讀書讀得很快樂的學生，就不要再用實質的鼓勵計畫了，而且在執行計畫時要把計畫裡面的競爭性降低，例如不要把每個小朋友的讀書量，做競爭性比較的標準。

經常也有人問我們，像加速閱讀（Accelerated Reader®）這樣子的系統

是不是有用。這是一種鼓勵學生去讀文章，而且回答相關問題來證明他們已經了解了學習材料的加分系統。根據我們對相關研究的了解，我們無法決定這個系統對學業成就是否有所衝擊，但就學業動機而言，這樣的系統會對動機和學習態度有不同的衝擊（Mallette, Henk, & Melnick, 2004; Vollands, Topping, & Evans, 1999）。對此方案最大規模的評量研究是 Nunnery、Ross 和 McDonald（2006）做的。研究把參與教師隨機分派到兩種情境，實驗組每天有 90 分鐘使用加速閱讀方案，控制組則繼續採用該學區的核心閱讀教材。在參與的九所市區學校裡，研究者發現加速閱讀方案的表現優於控制組。但是，年級愈高，效果值[3] 愈低，成效從「小」到「很小」（三年級效果值 $d = 0.36$；四年級 $d = 0.16$；五年級 $d = 0.09$）。此外，毫不意外地，方案執行信實度（implementation fidelity）[4] 評等較高的班級，表現優於評等較低的班級。

因為這種方式有許多成就資料的公開展示，例如，以圖表呈現每一個學生唸了幾本書，從動機理論的觀點，這樣會降低兒童的動機，而且這種取向的系統絕對會刺激班級裡的競爭，我們知道這會降低兒童的學業動機。如果老師要用這種取向，我會請老師保證學生的閱讀資料是私密的，讓學生自己製圖呈現自己已經閱讀的數量，而不必跟其他的同學做比較，呈現的資料愈是公開來比較，愈有可能降低兒童的閱讀興趣。這些是我們的警告，但是學界對加速閱讀的計畫還沒有足夠的研究可以下確切的結論，包括它對學生閱讀動機的影響，尤其是學生退出計畫之後，對閱讀的興趣是否改變，都尚待研究。

學校裡還有各種和科技相關的閱讀方案，但整體來說，這些方案在提升閱讀成就方面的成效並不明顯（Cheung & Slavin, 2012; Dynarski, 2007）。

---

[3] 譯註：效果值（effective size），通常以 d 代表，指的是實驗介入結束後，實驗組和對照組在依變項上的差異。效果值愈大，表示介入的成效愈好。一般而言，$d = 0.20$ 表示效果很小；$d = 0.50$ 表示有中度的成效；$d = 0.80$ 表示成效良好。Hatti（2015）建議，d 大於 0.4 的教學法，才有被推薦使用的條件。

[4] 譯註：即把方案的精神執行出來的程度。

換句話說，使用各種科技相關閱讀方案的學生，在閱讀成就上的進展與未使用這些方案的學生並沒有太大差異（例如，從百分位數 21 提升到 24）。在這裡我們可以給的忠告是：購買前，先多做點功課吧！

小結

　　為什麼年級愈高、兒童愈來愈相信能力決定成就呢？原因之一是，因為年級愈高，班級裡面的競爭會愈激烈。競爭激勵的班級把成敗歸因於能力，也因此降低了學生的學業動機。但其實學校可以不必這樣做，我們也可以在班級經營時根據學生的進步來評分，而不是跟其他同學做比較，這樣子的班級學生會有比較高的學業動機，而且願意嘗試比較精緻的閱讀。問題是，這樣的班級實在太少了，美國還是由競爭型的班級模式主導的。競爭型的班級經營讓大多數的兒童因為跟別人比較而經驗到失敗（或者說至少比起班上其他同學是較不成功的）。

　　進一步合併出現的問題是，像成績這樣子的激勵系統會降低兒童的內在學習動機。前面提到 McKenna 等人（1995, 2012）的調查，許多低年級的兒童有充足的內在動機去閱讀，但即使是這群孩子裡面最優秀的學生，其動機也是隨著年級增加而逐漸下滑的，雖然他們在班上得到非常好的分數。當我們強調的是成績時，那得高分的學生也會讓自己相信他們閱讀只是會得高分或其他實質的獎勵，這裡我們就冒了一個風險，讓孩子原有的內在動機漸漸降低了（Sweet & Guthrie, 1996）。

　　在低年級我們比較容易把班級經營成合作型的班級，而不是競爭型的班級，進到中年級之後，學生心智漸漸成熟，他開始會注意到自己的成就和別人的成就之間的比較，那時再來推動合作型的班級就會比較困難。

●● 不同年齡兒童的社會比較

　　幼兒不太會拿自己和別人比較，尤其是不會比較各種心理特質，像是智力、閱讀能力，或先備知識的內容。是的，學前兒童會跟其他小朋友比較自己和別人有沒有什麼好東西（Ruble, Boggiano, Feldman, & Loebl, 1980），

「我比你有更多的橘子汁。」「你沒有！」「我也有！」但他們搞不太清楚
在學業學習表現上的異同。因此一個小一學生因為二位數加法有困難而不高
興的時候，他不會因為老師告訴他，全班的小朋友都有相同的困難，他就會
開心起來。在小學階段孩子年紀漸漸變大，學生開始關心自己的學業表現和
別人的比較（Ruble, 1983）。因為對大多數學生來講，周圍總是有做得比他
好的學生，學生的注意力漸漸轉移到自己和同學的比較，然後學生很可能開
始對自己的能力有了負面的結論，這樣的結論最終導致了成就動機的低落。

●● 小結

為什麼學業的內在動機隨著年級的增加而滑落？有可能是因為發展過程
中，兒童的特質和處理訊息的能力改變了，同時，美國的學校系統中，不同
年級的班級氛圍也改變了。

先講處理訊息能力的改變，小學階段，兒童年紀愈大，愈容易和同儕比
較學業成就。對許多兒童來說，這意味著他們即將發現，自己的學業表現比
不上其他同學。兒童歸因的方式，也隨著年齡改變。雖然學前和低年級兒童
不會把學業上的困難解釋成「我能力很差」，但年紀愈大，他們愈可能這樣
解釋。要獲得好成績所需付出的努力愈大，年級愈高，兒童愈可能得到自己
能力不好的推論。總之，處理訊息能力在發展上的改變，導致兒童對未來的
成敗，有了和幼兒時不同的預期。

而在學校裡，年級愈高，愈強調競爭，這就是兒童轉而認定自己低能力
的發展背景。雖然以「智力增長論」教育孩子是比較健康的作法，但像學校
這樣的機構卻免不了會散發出「智力天成」的訊息，學生要不然就是聰明
的，不然就是不聰明的（Ames, 1992）。這會讓許多在競爭激烈的學校裡表
現不太好的學生感覺非常挫折。在這種氛圍下，我們就能理解，為什麼許多
高中生對學校會展現出惡劣的態度。因為學校已經導引他們，隨時預期著學
業失敗，或和其他同學比較起來，沒有什麼機會成功。

我們的觀點是，「改變就學的動機結構」乃教育改革中極重要的項目。
同時，老師和家長必須各盡其職，不斷教育孩子，水滴石穿，最傑出的心靈

都是一點一滴的學習努力累積而成的。尤其是老師，必須更能察覺自己和學生的互動如何可能降低了兒童閱讀的動機。學校應該鼓勵所有兒童每天有每天進步的地方，而不是鼓勵他們贏過別人的地方。本章後面的文字將說明，閱讀研究者已經找到一些具體的方式來維持和增進兒童閱讀的動機。

提升學生的讀寫動機

　　過去 20 年關於學生動機的研究，已經讓學者們覺察到，學生經常沒有閱讀動機，也不願改進自己的閱讀，這些發現，讓學者開始努力尋找提升學生動機的方法。老實說，這邊要談的研究大都沒有非常嚴謹的設計，我們在說的時候並不是信心十足，但是整體來說，學術社群已經找到非常有潛能的各種方法，可用來提升學生閱讀的動機，雖然沒有完全被驗證，但每一種方法在概念上都是滿合理的。老師們如果要運用這一節所談的各種方法，你會是在教育動機領域裡面走在最前面的，當然我們希望這方面的研究在近幾年內可以更精鍊，蒐集更多的評估資料，對於各種的技巧提供各種不同的評估資料，以累積出實證的效用。

　　本節所要討論的方法，從讀寫教學的個別成分（例如：有趣的材料、歸因再訓練），到讀寫教育的再定義（例如：概念導向的教學、自選閱讀材料）。以下討論從閱讀教學的個別成分開始，再來談讀寫教學的再定義。

●● 難度適當的教材

　　教育學界的資料已經非常清楚地指出，給學習者的材料要比他現有能力稍高，這樣才會引起學習動機（例如，Allington, McCuiston, & Billen, in press; Brophy, 1987）。有一點點難度的教材會讓學生更努力，而且會覺得喜歡去學。沒有挑戰性的教材除了枯燥乏味之外，從來不會讓學習者有機會看看他們到底能做到什麼程度，也會因此削弱了學習者的自信心（Miller & Meece, 1999）。從前面幾章裡，我們看到有效能的老師可以清楚掌握兒童的能力，也可以催促兒童嘗試稍微有點難度的學習，像這樣的挑戰才是一個

健康動機信念的核心。

●● 歸因的再訓練

　　許多低成就兒童的歸因是有問題的（也就是學生把他們的失敗歸因於不可控制的能力因素，因此不願意在學業上多加努力；例如，Carr, Borkowski, & Maxwell, 1991; Johnston & Winograd, 1985），這個現象讓許多研究者試著對學生的歸因傾向進行再訓練。應用性的嘗試和基礎性的研究（例如，Foersterling, 1985; Stipek & Kowalski, 1989）已經說明了歸因的再訓練可以實質改變兒童的動機，否則這些兒童會把他們很弱的學業表現歸因於努力之外的其他因素。其中一個最相關的研究是 John Borkowski 和他的同事（例如，Borkowski, Carr, Rellinger, & Pressley, 1990; Borkowski, Weyhing, & Carr, 1988; Reid & Borkowski, 1987）曾經做過的分析，他們試著對低成就生進行介入，改變他們的歸因方式以提升閱讀理解。

　　Borkowski 發現，對低成就的學生而言，只訓練他們把成功歸因於努力，可能是無效的，必須再加上其他因素。這樣的想法和本書從頭到尾的觀點是一致的，閱讀策略、後設認知和概念式的知識也都會影響閱讀成就。因此 Borkowski 的團隊教導學生如何使用策略來完成學業的任務，同時他們說服學生，自己學業的成功或失敗，除了運用適當的策略之外，都是來自於個人的努力（Clifford, 1984）。Borkowski 和他的同事教導學生，讓他們相信只要學了策略，就擁有提升自己學業表現的有效工具，這可以提供一個強而有力的動機讓他們去使用研究者教導的策略（Chapman, Skinner, & Baltes, 1990）。

　　例如，在其中一個研究中（Carr & Borkowski, 1989），低成就的小學生被分派到底下三種實驗情境之下：

1. **策略加上歸因訓練**：研究者教導兒童理解策略。兒童被教導在閱讀的時候進行自我測試，來檢查自己是否了解所閱讀的材料，研究者也教學生進行摘要、找主題句和提問的策略，以作為理解一篇文章的方法。在歸

因訓練這部分，包括了對學生強調他們可以藉著運用理解策略來了解文章——了解文章的程度，是閱讀時所採用的策略所決定的，而不是什麼天生的閱讀能力。

2. **只教導閱讀策略**：只教導閱讀策略的部分而沒有教導歸因訓練的部分。

3. **對照組**：研究者既沒有教導策略也沒有教導歸因訓練。

第一組，即策略加歸因訓練組，表現好得出奇！在介入教學結束後三個禮拜，策略加歸因組的學生比其他兩組更願意去運用閱讀策略，而且他們回憶出來的文章內容也是三組中最高的，除此，策略加歸因訓練的兒童，他們在回到教室運用閱讀理解策略的情形也都遠遠超過另外兩組。

雖然歸因訓練的效果還需要再進一步的分析，以了解這樣訓練對改變兒童自我觀念的潛能，許多教導學習障礙學生的老師已經在學生身上運用歸因訓練。例如，Donald Deshler, Jean Schumaker 和他們的同事在堪薩斯大學所發展的一個很出名的學習障礙課程裡（例如，Deshler, Palincsar, Biancarosa, & Nair, 2007; Deshler & Schumaker, 1988; Deshler, Schumaker, Harris, & Graham, 1998），老師教導學習障礙的學生閱讀理解、寫作和記憶的策略，課程裡並持續地強調可自我控制因素的角色，例如策略的應用。因為堪薩斯團隊認為學習障礙學生的歸因經常是有問題的（例如：「我很笨」），這樣的歸因如果持續存在，很有可能會讓其他所有的教學統統都失敗——只要相信自己是笨蛋，那學生也會相信做什麼都是沒用的。

●● 提供有趣的閱讀材料

至少從 John Dewey（1913）以來，整個二十世紀已經注意到學習時，「興趣」所扮演的重要角色：高度的興趣會增加兒童從文章裡學習的投入程度（例如，Hidi, 1990, 2001; Renninger & Wozniak, 1985; Schiefele, 1992）。這個發現讓許多作者和教材研發公司都嘗試著要發展出能攫取兒童興趣的教材。

兒童閱讀時，興趣到底扮演什麼角色？ Richard C. Anderson 和他的同事

（例如，Anderson, Mason, & Shirey, 1984）的相關研究最為人所知。在他們的研究裡，兒童被要求讀事先選好的「有趣的句子」和「無趣的句子」，結果兒童對有趣的句子之事後記憶優於無趣的句子。句子有趣與否，對記憶的效果量非常大，遠勝於諸如句子可讀性的效果量。

Anderson 的團隊也做了一些非常仔細的分析性研究（例如，Anderson, 1982），探究到底是什麼機制讓興趣可以有這麼好的效果。他們假設，較有趣的材料，比較可能吸引兒童的注意力。事實上似乎就是如此——學生花比較多的時間閱讀有趣的文章。此外，有趣的文章實在太引人入勝了，學生在閱讀時，會比讀無趣的文章更容易因此而忘了回應實驗者的信號（例如，在閱讀時，聽到一個聲音就要按一次鈕）。不但如此，單只有「注意力」，不足以解釋興趣提升學習的效果，若以統計方法控制注意力和努力的因素（也就是控制兒童花在閱讀的時間），興趣的效果值仍然很大（例如，Shirey & Reynolds, 1988）。亦即興趣可以直接影響注意力和學習，但只有少部分的學習是因注意力的增進而提升的。

不幸的是，Anderson、Shirey、Wilson 和 Fielding（1987）分析社會科和自然科的課本，他們發現這些課本都是索然無味的。他們也發現，為了想讓課本有趣一點，教科書的作者會在文章中加入小小的軼事典故，但是，這樣做反而造成文章的不連貫（例如，Armbruster, 1984），而且，學生有可能只記得這些軼事典故，反而無法抓到文章的重點。也就是說，學生會記得有趣引人的細節（例如，甘迺迪總統和他弟弟及家人在白宮草地上玩美式足球），但卻沒有學到文章中提要式或一般性的重點（例如，甘迺迪執政時提倡全面性的社會改造；Garner, 1992; Garner, Alexander, Gillingham, Kulikowich, & Brown, 1991; Garner, Gillingham, & White, 1989; Hidi & Baird, 1988; Wade & Adams, 1990）。

雖然我們仍不知道，如果不加這些軼事典故，課本要如何編寫才會引發兒童興趣，但我們仍可以在兒童的閱讀材料上動腦筋，讓閱讀更有趣一點。讓兒童自己決定他們要讀的書籍，就是一種成本很低、卻能增加兒童閱讀興趣的方式。這也是全語言教育者會提供這麼多選擇機會給學生的主要理

由。當然，讓孩子自己選感興趣的書也會出問題——對小朋友來說，教室裡的圖書角和學校圖書館裡的書都太無趣了（Ivey & Broaddus, 2001; Worthy, Moorman, & Turner, 1999）。小學兒童要看的是恐怖故事、連環圖畫書、流行雜誌、運動叢書、講畫畫的書、關於汽車卡車的書、動物書、趣味小說等等，但學校裡只有趣味小說比較多（Gabriel, Allington, & Billen, 2012; Ivey & Broaddus, 2001; Worthy et al., 1999）。

有些孩子的家庭買得起他們想看的書，有些孩子卻不能（Schubert & Becker, 2010）。我們應該努力想辦法，讓兒童更容易大量觸及他們感興趣的圖書和雜誌，同時，也要設法讓兒童該讀的書更有吸引力一點。我見過許多班級的老師能讓孩子喜愛閱讀文學名著，所以知道這是可能做到的。平衡式讀寫教師知道要找什麼好作品給學生讀，也有辦法確定，孩子到底有沒有讀。全語言在這方面啟發了我們，如何使用好的文學作品提升兒童的閱讀動機。

●● 文學和文學本位的教學活動

全語言學者持續地宣稱，富含文學氣息的環境能啟發兒童的閱讀動機，他們的說法得到研究的支持。國家閱讀研究中心（NRRC）的研究員 Barbara Palmer、Rose Marie Codling 和 Linda Gambrell（1994）問 16 個班級裡三年級和五年級的學生，什麼因素讓他們想要閱讀？並且對 48 個閱讀能力、閱讀動機不同的兒童進行深度晤談。兒童有不同的表達方式，但是都提到他們的動機來自於豐足的讀寫環境。

「與書相遇」的過去經驗是「想要閱讀」與「想要讀某本書」的重要動機來源。兒童們報告道，在聽父母、師長讀過某些書之後，會想要讀那些書。另一個類似的情況是，若兒童先讀過某系列讀物中的幾本，會讓他們想再去讀同一系列的其他書籍（McGill-Franzen, 2009）。例如，兒童若讀了美國女孩（American Girls）系列讀物的前幾本，就更能了解他們喜歡的角色。典型的系列讀物會有共同的角色、情境和詞彙，證據顯示，幾乎所有的成人狂熱讀者在小學時都極愛讀系列讀物（Ross, 1995）。

和書籍相關的社會互動也會影響到閱讀的興趣。參與 Palmer 等人（1994）研究的兒童說，他們想讀朋友、父母和老師在談的書。像底下的對話相當常見：

> 「我的朋友克麗絲汀正在讀那本書，她跟我講，我就說：嗯，聽起來滿有趣的。」
>
> 「我會感興趣，是因為另一組……正在讀，所以我就去圖書館借了。」（p. 177）

在 Palmer 等人（1994）的研究中，另外一項影響閱讀動機的因素是**書籍取得的便利性**，兒童們有強烈的動機去讀自己的書及班上隨手可得的書。學生們特別強調班級圖書的重要性，這個發現和讓教室裡到處是書、以提升兒童閱讀動機的強調意義取向的主張是一致的（Fractor, Woodruff, Martinez, & Teale, 1993; Morrow, 1992）。

在討論有效的讀寫教學和提升閱讀成就的教育政策時，兒童取得有趣閱讀材料的便利性這事，經常被忽略。但是，要知道，美國三分之二午餐免費的弱勢兒童，沒有自己的書（Binkley & Williams, 1996），可見書籍取得問題的嚴重性。Lindsay（2013, p. 31）做了一個後設分析，以了解取得書籍的便利性對閱讀發展的影響。他的報告指出，在嚴謹的實驗研究裡，研究者隨機地將「書籍取得與否」的情況分派給受試者，增進書籍取得的便利性對閱讀成就的效果值是 $d=0.435$；對閱讀動機的效果極佳，達到 $d=0.967$。美國家庭間與學校間書籍取得的便利性差異非常大。Susan Neuman 的研究提供了一個頗具說服力的描述，說明家庭收入和社區貧富條件造成的差異（1999, 2009; Neuman & Celano, 2001）。Neuman 和 Celano（2001）在結論中寫道：「每當出身低收入家庭兒童讀了一行文字，中產家庭的兒童已經讀了三行」（p. 19）。換句話說，低收入背景兒童在家或在校能取得的書籍非常有限，遠遠不如出身中產家庭的同儕。

Evans、Kelley、Sikora 和 Treiman（2010）有一個跨了 27 個國家的研究，調查在家的書籍可及性對閱讀發展的長期影響。他們發現家裡有許多書

的兒童，比起書籍很少的兒童，平均多了三年的學校教育。家裡有書的優勢，即使在控制了父親的職業、雙親的教育和家庭社經地位之後，仍然存在。「家裡有書」對閱讀成就的影響，比「父親是專業人士」（相對於父親為非技術性勞工）的效果大了兩倍，和「家長是大學畢業」（相對於家長沒上過學）的效果相當。Bradley、Corwyn、McAdoo 和 Coll（2001）報告道，住在低收入家庭中的兒童，擁有的書籍本數遠低於經濟較優渥的同儕。Halle、Kurtz-Costes 和 Mahoney（1997）的研究指出，在研究非裔美國家庭的信念、態度和家庭環境間關係的許多報告中，「家中藏書量」是唯一和兒童的閱讀成就有相關的變項。簡言之，書籍的可及性在美國不同的家庭間有天壤之別的差異，這樣的差異與閱讀頻率及閱讀發展有統計上的相關。

不同社經背景家庭書籍的可及性有顯著的差異，學校也有類似的情況。學校招生對象若多為低收入家庭出身的兒童，不但學校圖書館的藏書量較少，連班級書庫的藏書也少，而且借書的規則特別嚴格，學校的書被借出、離開學校的機會也低（Allington, Guice, Baker, Michelson, & Li, 1995; McGill-Franzen, Lanford, & Adams, 2002; Neuman & Celano, 2001）。總之，和經濟優勢背景的同儕比較起來，出身自低收入家庭的兒童接觸到他們想讀、能讀書籍的機會，是備受限制的。

最後，Guthrie 和 Humenick（2004）對 23 個想要提升閱讀理解的研究做了後設分析。他們發現其中有兩個因素其效果值特別驚人，一是「讓兒童接觸有趣的文本」$d = 1.64$；另一個是「讓學生自己選要讀的書」$d = 1.20$。這兩個因素，也對提升閱讀動機有類似的效果值。所有的證據都指出，讓孩子可以觸及他們喜歡的書是一個重要的因素，會影響他們讀或不讀。同樣地，學生從許多不同的書籍裡自己選想讀的，也和閱讀量及閱讀成就的提升有關。這兩個因素——可及性與自我選擇，在太多美國班級裡似乎是嚴重受限的，因為學生唯一可觸及的，都是老師決定或學區決定的選集。

前一節提到，強調意義哲學的標誌之一，就是主張讀寫教育應該讓兒童有自己選書的自由（其他教育動機的學者也這麼認為；Schraw, Flowerday, & Lehman, 2001）。Palmer 等人（1994）的研究發現，相對於指定閱讀的書

籍，兒童認為讀自己選的書比較起勁（Spaulding, 1992），這和選擇權可提升讀寫動機的觀點一致。我們喜歡這麼解釋這個現象——要相信小朋友，因為距離他們動機最近的，就是他們自己。但是，有許多社會科學家對研究中常用的「自我報告」存疑，特別是和動機有關的自我報告。他們主張直接觀察閱讀行為本身。最可信的不是自我報告，而是見到兒童在充滿讀寫刺激的環境下，真的比傳統班級的兒童有更高的閱讀動機。事實上，的確有些研究提供了這方面的證據。

Julianne Turner（1995）在密西根大學的博士論文嚴謹地比較了充滿讀寫刺激的六個全語言一年級班級，及六個使用基礎讀本、強調解碼技能的一年級班級。全語言班級的情況很像本書第 1 章所描述的全語言班級，但老師們在課堂上多解釋了一些字母拼讀法及其他的解碼技巧，這些解釋經常在團體閱讀（例如，用大書閱讀）時發生。基礎讀本的班級上課的內容多為讀故事和解碼技能練習，包括反覆抄寫的字母拼讀教學。

Turner（1995）的研究結果最讓人驚訝的發現之一是，全語言班級裡的兒童比基礎讀本班級的同儕用了更多的學習策略。他們似乎更投入學習的內容、更願意去複習、對學到的概念更能進行衍生思考、計畫更為周詳，而且更能監控他們自己是不是了解所讀的東西。看來，全語言班級在這方面是有優勢的。兩種班級都提供了許多可以提升動機的機會。和 Palmer 等人（1994）的研究結論一致的是，兩種班級的學生都一樣，在同儕伴讀及閱讀讀本時興趣較高，在寫習作時興趣較低，而且，讓兒童自己選書，他們就會讀得多一點。簡言之，Turner（1995）的研究指出，只要教室情境的安排方式和 Palmer 等人（1994）所建議的提升動機方式吻合，學生的閱讀動機會比較好。

Lesley Morrow（1992; Morrow & Sharkey, 1993）和她羅格斯大學的同事（由國家閱讀研究中心贊助其研究）也針對強調意義的原則如何提升學生的學習動機做了研究。她把文學本位的閱讀課程引進一些二年級的班級，課程包括教室裡的讀寫角，那是設計來刺激各種讀寫活動（例如：閱讀、故事的角色扮演、錄音帶故事聆聽、寫作）、老師指導下的文學活動（例如：由老

師朗讀或者說故事、學生重述故事或是述寫故事、創作故事、書籍分享），和獨立的閱讀寫作，在這段時間裡允許兒童自由選擇相關的讀寫活動（例如：閱讀、寫作、聽故事、角色扮演等等）。在強調意義的班級裡，當學生從事讀寫活動時，會有大量的社會和合作性互動。

相對地，在控制組的班級，學生參與的是傳統基礎讀本教學的課程，有著許多寫練習簿的活動。控制組的教學包括小組的上課和課間的習作，寫完練習簿之後，學生便閱讀圖書館的書籍。雖然控制組的老師偶爾會唸故事給小朋友聽，但這不是教學的重點。

在介入結束的時候，強調意義的班級比起對照組有明顯的優勢。例如，學生在這些班級裡比較能夠重述和重寫老師剛剛唸的故事；強調意義班級的學生在一個聽覺理解測驗裡，也比控制組的同儕有更好的表現；當研究者要求兒童寫出原創性的故事時，強調意義班級的兒童也超越控制組的兒童，而他們所使用的語言比較複雜，且運用多樣的詞彙。本章最關切的問題是學生的閱讀動機，此研究指出強調意義班級的學生，在課後比控制組閱讀了更多的書籍和故事。當強調意義班級的學生談論到班上的讀寫課程，總是表現出熱情，強調這是一件好玩的事情。

Wu、Anderson、Nguyen-Jahiel 和 Miller（2013）報告了兩個研究，對象是四和五年級的學生，學校有兩所，一所來自市區，一所來自鄉間。實驗組的老師們在班級內進行合作式、同儕主導的討論組別，控制組老師則沿用傳統的教師主導的討論。結果在使用同儕主導討論的班級，學生投入的情況優於教師主導的班級，但學生的學業能力與班內討論的形式無關。在強調合作與同儕主導討論的班級在投入情形及上學動機方面，都是比較高的。

總之，不同研究的結果都指出，當教室裡充滿了文學和真實的閱讀經驗時，學生的閱讀動機比傳統的、強調技巧和練習的班級來得高。也許類似的研究最沒有爭議的結論是，當閱讀教學裡有真實文學的閱讀和充滿社會互動時，這樣的經驗能讓班級活化起來。強調意義的班級真的非常能帶起兒童學習動機。

●● 閱讀起跑（閱讀從基礎做起）

「閱讀起跑」（Running Start）計畫是由閱讀從基礎做起（Reading Is Fundamental）這個組織所贊助，它主要的觀念是讓孩子沉浸在書籍的氛圍裡，能夠有效提升兒童的閱讀動機（Gambrell, 1996）。閱讀從基礎做起的團隊強調，當兒童可以和別人互動分享他們正在閱讀的書籍，或當他們可以和一群非常熱心於閱讀的大人和小朋友相處，或當他們身邊的大人對自己能夠學習閱讀有高度的期待時，兒童最有動機去學習閱讀。閱讀從基礎做起強調，如果兒童可以自己決定讀什麼書、什麼時候讀，才能有最好的閱讀動機。

「閱讀起跑」是一個十週的介入計畫，計畫裡一年級的兒童接受挑戰，要閱讀 21 本書（或者由大人唸 21 本書給他們聽）。在計畫剛開始時，閱讀從基礎做起組織捐獻了 60 到 80 本新書給參與班級的圖書室，在接下來的十週裡，這些班級要利用這 21 本書幫助兒童與書進行互動，閱讀和書籍分享變成教室裡面一個非常平常的教學活動；家長和高年級兒童會到教室拜訪，針對這些書籍與小朋友互動，有時讀給小朋友聽，有時聽小朋友讀。

「閱讀起跑」計畫用種種不同方式提升兒童的閱讀動機。兒童可以用貼紙在表格上記錄目前的閱讀進度，教室裡利用書籤來提醒兒童閱讀到何處，而書籤也被當作獎勵品。當小朋友達成閱讀 21 本書的目標，他們就會得到一些書籍，讓他們能帶回家讀，變成他們自己的書。

Linda Gambrell（1996; Gambrell, Codling et al., 1996; Gambrell & Morrow, 1995）的團隊在國家閱讀研究中心，評估了「閱讀起跑」計畫提升閱讀動機的效果，來自全美各地的小朋友和家長報告道，在參加這個方案後，閱讀的動機和共讀的動機都提高了。研究裡包括一個對「閱讀起跑」的準實驗評估，對象為社會經濟不利的一年級兒童。一般來說，和參加「閱讀起跑」計畫的控制組兒童比較起來，參與「閱讀起跑」計畫的兒童自己閱讀的量比較大，和家人共讀的量也比較大。一項很重要的發現是，在「閱讀起跑」計畫結束後六個月，參與者仍然有比控制組學生更多的閱讀和讀寫的相關活動

（例如：和爸爸媽媽討論所閱讀的書籍）。

為什麼「閱讀起跑」計畫會有如此的效果呢？理由之一是，這個計畫改變了參與班級的文化。老師們在教室裡設置了更多的讀寫角落，花更多時間做默讀的活動，而且在這些班級裡，學生和老師彼此分享閱讀和書籍的時間也增多了。

總之，閱讀從基礎做起這個知名的慈善組織，對沒有書的兒童提供了長期的圖書支援。這個組織已經設計一種一年級的介入方案，來增進兒童自行閱讀和與父母共讀的時間。Gambrell 在國家閱讀研究中心的團隊，也對該計畫提升動機的果效提供了有力的支持證據。

●● 學習社群取向：概念導向式閱讀教學

Ann L. Brown 和她的同事最先開始了學習社群取向（community-of-learners approach）的閱讀教學，在這種教學方式裡，學科內容的教學和讀寫的教學融合在一起（Brown, 1992; Brown et al., 1993; Brown & Campione, 1994; Campione, Shapiro, & Brown, 1995）。這個導向的教學並不會膚淺地去涵蓋許多主題，學習社群的學生在一個學年之內，只需要深度去探索少數幾個他們關切的議題。學生開始研究一個新的議題時，他們先提出想回答的問題，老師教導學生各種策略來執行研究，學生大部分的時間以團隊合作的方式解決自己所提出的問題。研究中的任務包括圖書館研究，也含括田野觀察、實驗的進行，或各種不同的、可能有助於解決問題的活動。在學習社群取向裡的學生，也學會各種理解的策略，這能夠提升他們在教科書裡面尋找和記憶重要觀念的能力，這方面的閱讀是他們研究中的一部分。最後，他們花許多時間寫作。對參與社群的學生而言，一個高舉的學習目標是，學會他們將來可以廣泛使用的策略性和概念性的知識。該研究團隊得到了可觀的證據，證明學生所學的技巧可以轉移到其他情境，這些技巧都是他們在進行研究和寫作時所理解、習得的觀念（Campione et al.,1995）。

John T. Guthrie（1996）和他在國家閱讀研究中心的同事們（Grant, Guthrie, Bennett, Rice, & McGough,1993-1994; Guthrie et al., 1996）發展出各

種不同學習社群取向的教學。他們嘗試要把讀寫教學整合閱讀、寫作及自然科教學，強調真實世界的科學觀察、學生的自我指導、策略教學，和學生在學習時的合作與互動。Guthrie 把這種取向的教學稱為概念導向式閱讀教學（concept-oriented reading instruction, CORI）。

　　有一個研究花了將近一年的時間評估 CORI 的效果。三年級和五年級的兒童在課程中觀察自然世界裡一些具體的東西，課程的目的在發展兒童概念式的興趣，希望能提升他們對所觀察現象的學習動機。例如，為了開始研究鳥類和環境，兒童在野外觀察鳥巢，觀察的後續活動是相關的具體經驗，包括試著自己搭建鳥巢，在野鳥飼養台觀察記錄野鳥的行為，而且去拜訪一個收藏鳥類標本的地方。像這樣具體的經驗促成了許多學習，一名學生在試著築鳥巢的過程中留下了以下報告：

> 　　我們用樹葉、草莖和樹枝築巢，也用了泥巴。我們先是在遊戲場裡面找這些東西，再用黏土把我們的鳥窩黏在一起，因為如果我們不用黏土，鳥窩就會破掉。我們把黏土叫作泥巴。我學到要建一個鳥窩是很困難的，除非你真的很努力去嘗試。我學到小鳥兒要做窩是相當困難的，但是我讀了一本書，讓我們有比較好的學習，而且我發現如果你和一個團隊一起合作，事情會容易一點，你還會交到很多好朋友。（Guthrie et al., 1996, p. 312）

　　具體的觀察會導引出學生的提問，再來學生要合作，試著以腦力激盪的方式提出研究問題。這些問題會激發進一步的觀察、閱讀、寫作和討論，學生提出的問題被展示在教室的牆壁上，以隨時提醒學生他們想要在研究、閱讀和寫作中發現的東西。自然科的教學裡包括進行觀察、蒐集和記錄資料、資料的型態辨識，和對這些觀察與資料的解釋。

　　學生為了要回答自己所提出來的問題，他們需要發展出某些搜尋技巧。在 CORI 裡，老師教導學生怎麼樣搜尋書籍及其他材料，學生學習怎麼樣用書中的目錄和索引、文章中的標題和插圖，以聚焦尋找相關的訊息。學生學著（1）在搜尋前確定他們想要找的東西是什麼（例如，形成一個搜尋目

標），（2）確認他們尋找的材料存放在什麼地方，（3）從資料來源中提取關鍵的訊息，建構出結論，並且用自己的話重述關鍵的材料，（4）從不同的訊息裡面整合出重要的想法和一般性的概念。這些技巧由老師和同儕先示範，繼之以老師在學生搜尋的當下提供鷹架；當然，因為學生在他們搜尋資料時以合作的方式工作，同儕提供鷹架也是必然的現象。

CORI 的學生也學習好幾種理解的策略，包括找出文章的重點、尋找關鍵的細節、大意摘要、進行文章比較、把文章裡的說明以口述表達、給一本書評價、對一篇文章的觀點提出迴響。這些技巧是在說明文和論說文的閱讀時練習，學生在學習這些主題時，老師說明這些策略可以用在幻想的和真實的寫作上。學生學習怎麼樣寫筆記，以留下重點及細節的紀錄。

在 CORI 課程裡，閱讀的都是真實的文學作品，單元中要讀各式各樣的平裝圖書。因此學生在研究鳥類的時候，他們會閱讀《貓頭鷹的月亮》（*Owl Moon*, Yolen, 1987）、《白鳥》（*White Bird*, Bulla, 1966）和《翼人》（*Wingman*, Pinkwater, 1975），也會讀和鳥類相關的詩作。他們在讀這些文章時，老師教導學生閱讀時的想像是很重要的，也教導故事結構的元素（例如，背景、事件、衝突、解決等）如何整合起來成為一篇完整的故事。

藉著對主題的廣泛閱讀和搜尋研究問題的答案，學生們漸漸成為該主題的專家，這樣的能力會被學生用來寫相關的報告，發展出和焦點觀念有關的故事，並且有視覺藝術的創造（例如，壁報）。學生在執行這些活動時，他們學習怎麼樣剪裁所蒐集到的訊息，以適應特定對象的需要，並且學會用不同的方式表達意義。

CORI 的學生在許多方面都會有進步，例如，蒐集資料、理解技巧、寫作、了解焦點觀念、理解文章和詮釋的技巧（例如，Guthrie, Anderson, Alao, & Rinehart, 1999; Guthrie et al., 1998）。特別重要的是絕大多數的學生說，方案進行時，他們對閱讀和參與讀寫活動有較高的動機（例如，Guthrie, Wigfield, & VonSecker, 2000）。還有，絕大多數的學生報告道，進行 CORI 那一年，他們的閱讀量大增。

從本書的第三版起（編註：指原著版本），Guthrie 和他的同事繼續在

評估 CORI 對學生參與、理解和成就的影響（例如，Guthrie, 2004; Guthrie & Cox, 2001; Guthrie et al., 2004, 2009）。我們愈來愈被說服，這種教學方式，相對於傳統教師的教學是有效的。同時，我們覺得 Guthrie 的團隊應該再用不同的方法進行嚴謹的比對，以說明提升閱讀成就的效果。例如，Guthrie 等人（2004）比較了 CORI 和只被教導理解策略的一群學生，該研究中 CORI 的學生表現較佳，但事實上接受理解策略教學對照組的這些學生，其表現和接受傳統教學的學生沒有兩樣，亦即相對於一個無效的理解策略教學，CORI 表現較佳。為什麼閱讀理解策略教學無效呢？我們的臆測是，那些老師只接受了非常短時間的訓練，這當然會造成問題，因為過去的研究指出，要讓老師變成策略教導的能手，必須花大約一年的時間（Pressley & El-Dinary, 1997），要等到閱讀理解策略教學生效，就必須等到老師們對這個方式非常了解時才有可能（例如，Brown, Pressley, Van Meter, & Schuder, 1996）。Guthrie 等人（2009）比較五年級使用 CORI 和傳統的基礎讀本教學（TI）長達 12 星期，該研究特別關心低成就學生，包括學習障礙學生的反應。和 TI 學生比較起來，CORI 學生的後測在識字速度、閱讀理解分數及生態知識都比較高。CORI 對高、低成就學生都一樣有效。

　　Guthrie 也和標竿學校的團隊合作，嘗試檢驗對有閱讀困難的中學生進行 CORI 教學的可行性（Gaskins et al., 1994）。雖然在這些學生身上實施 CORI 有相當的難度，但是實施之後，學生搜尋資料的技巧和觀念的理解都有顯著的成長，學生看待自然科的態度也比較不會僅聚焦在事實的學習，而學到比較多自然科的觀念性理解。本章稍後將會討論，標竿學校怎麼樣用不同的方式提升學生的學習動機，該校多方面的提升方案之中，就有 CORI 走向的方案在內。

　　最後，Swan（2003）對於在小學如何實行 CORI 寫過一篇相當仔細的總結性文章，對於想要嘗試以概念式教學帶動兒童動機的老師來說，這本書非常可貴，特別是 CORI 聚焦在增進學生的理解能力和讀寫發展上。

●● 小結

　　許多研究者都在試著了解在教學裡有哪些成分可以抓住學生的興趣，讓他們有動機去讀、去學。雖說許多研究結果令人沮喪，例如，有趣的文本經常只有分心的效果，反而無法讓兒童聚焦在文本訊息上，但是我們得到的成功案例還是多過於失敗的。最鼓舞人心的，也許是這些能提升動機的優良教學方式，正在被廣泛傳揚。雖然研究者對強調意義的教學在基礎解碼上的成效持保留態度，但許多強調意義的作法的確能提高兒童的閱讀動機，也因此被廣泛傳揚。閱讀從基礎做起這個組織所推動的方案也逐年被更多的班級採用。即使學校未採用這些方式，但學習動機的研究告訴我們許多原則和方法，只要班級願意改變，就可以使用。

　　討論動機時，有一個重點經常被忽略——最能夠引發動機的，莫過於「成功的經驗」。若特定的介入可以提升孩子讀寫的成功機會，則孩子的讀寫動機隨之提升。孩子對閱讀的投入和委身，決定於他們到底能讀得多好。因此，你在閱讀本書一大堆提升閱讀動機的建議時，千萬別忘了，幫助兒童成功的閱讀，比提升閱讀動機更重要（McCarthey, 2001）。要怎樣獲致成功的閱讀呢？本書所強調的各種高品質教學才是正道。

讓教室裡充滿動機

　　在研究一年級班級的有效教學時，我們發現有效能的老師在提升學生動機方面，下了許多工夫。這個觀察讓我們進一步去比較「魅力老師」及「較無魅力老師」的一年級班級，在學習動機上的差異。Bogner、Raphael 和 Pressley（2002）以一學年的時間觀察七個一年級的班級，其中有兩班的學生絕大多數時間都全神貫注地投入讀寫學習，但另外五班的老師，在鼓勵兒童讀寫方面就沒有那麼成功，學生經常出現不專注和與學習無關的脫鉤行為。

●● 能鼓勵兒童參與的教師行為

該研究最重要的發現是，學生有強烈動機的那兩個班的老師（我們稱為魅力教師），比其他五個班的老師，做了許多努力來提升兒童的讀寫動機。他們的**教學風格**中，有許多面向都能提升學習動機，包括了：雖然學生個別的努力被老師看重，但班級中有許多合作學習的機會；兩位老師提供了許多鷹架；教室裡有許多資源連結，包括圖書館閱讀活動；老師鼓勵學生自己作主，給學生許多選擇的機會；老師的態度溫和而關心，常有一對一個別的正向互動、班親聯繫及許多機會教育。這兩位優秀老師和學生相處時親力親為，並且支持適當的冒險、把教室弄得很有趣、鼓勵兒童的創意活動。老師們的作為，讓這兩個吸引人的班級成為積極、陽光的好地方。

教學風格之外，這兩位魅力老師的教室裡，也提供了豐富的學習內容。每個孩子的學習內容，都相當有挑戰性，但絕不會難倒他們。老師在教學中玩遊戲，他們和孩子一同工作，完成的學習成果，例如全班共同創作的大書，讓兒童引以為榮。老師強調深度甚於廣度，經常同時讀好幾本和正在進行的社會或自然科單元相關的書籍，一個單元可能延續個好幾星期。教室裡到處都是優秀的文學作品。

魅力老師和學生之間的溝通無礙，在談抽象的觀念時，能舉具體的事例說明。老師鼓勵學生的好奇心，並在課堂中故意製造懸疑氣氛（例如，「我不知道等一下主角怎麼樣應付這一群鬼耶！」）他們會確認兒童是否知道目前的學習目標，是否了解指派的功課；他們經常帶著熱情，興味盎然地稱讚兒童並給予回饋；他們也會示範思考和問題解決的技巧（例如，如何唸出字音、如何猜出文章中的生字等）；魅力老師持續告訴兒童學校功課是很重要的，值得強力關注，也經常很有信心地表示，班上學生的程度跟得上學校的要求。

在魅力老師的班上，自我概念的發展非常受到看重，兩位老師鼓勵學生做「努力歸因」（例如，相信成功是因努力而來，失敗則需要更加努力）。老師告訴學生，只要多努力，如大量閱讀，任何人都可以變得更聰明。

魅力老師的班級經營超棒，特別值得注意的是，他們關注的眼神無所不在，隨時都知道全班每個小朋友正在幹嘛，誰需要幫忙了，老師隨時出現，提供協助。

●● 斲喪兒童參與的教學行為

但有些行為是魅力老師絕對不做的。較無魅力的老師不看重兒童的動機，他們的**教學風格**大致如下：有些老師鼓勵兒童間的競爭，上課時居然增強了不專心的行為（例如，為了小事，讓全班鼓噪歡呼，導致教學中斷好幾分鐘）。有的老師讓學生的成績公開化，兒童成績差，都被公布出來；有的小朋友出於內在動機，自動自發出現好的行為，但老師還是給予外在獎勵。在較無魅力的教室裡，教學**內容**經常很無趣，或過於簡單，不必努力也可以達成；班級內**溝通**不清，常有負向的回饋；在兒童**自我概念的發展**上，老師的作為經常背道而馳，讓學生相信他們的成功是因為能力好，失敗則是因為能力差；這些老師的**班級經營缺乏效能**，老師無法關照到整個班級的需求，常用威脅和處罰控制班級。

簡言之，兩位魅力老師就是能讓教室裡充滿了學習動機，他們鼓勵兒童努力、投入學業的學習，而且絕對不會斲喪兒童的努力。相反地，較無魅力的老師比較少鼓勵學生積極向學，事實上，甚至會做出背道而馳，斲喪學生投入學習的意願。底下我們要介紹 Bogner 等人（2002）研究中的一位專家教師——南西。

●● 專家教師南西

專家教師南西在典型的日子裡，用了超過 40 種不同的正向動機機制來鼓舞學生投入，她的班級裡總是充滿著積極的語調和各種引發動機的活動。不管是全班性活動或分組活動，她總是鼓勵同學們互助合作。如果學生們正和夥伴一起閱讀，南西老師就會提醒：「重點是，你們應該要**幫助**你的夥伴喔！」當學習活動有點挑戰性時，她讓兒童覺得安心，而且提供了有趣的鷹架。例如，待會兒要考試了，測驗內容和字母拼讀的應用有關，南西老師會

提醒同學們這陣子一直在學的字母拼讀內容，而且向兒童強調，他們應該在考試裡把所學的運用出來。

南西老師的教學內容相當有深度，會談到成熟、有趣的觀點。例如，在黑人歷史月（Black History Month），學生們不只要完成相當仔細的、關於五位傑出非裔美國人的讀書報告，南西老師還帶領了一項關於吉姆克羅法律（Jim Crow laws）[5] 的討論，同學們熱烈地參與，過程中的發言說明了在這個月中，他們的確對種族歧視的議題有了豐碩的學習。對話中，南西老師談到人民可以用哪些方式改變社會，包括公民的不服從、不遵守不公義的法令和在原有體系內改變法律。南西老師和她的一年級學生討論平等和不平等的議題，從學生們提出的評論可看出，他們真的掌握了一些難度很高的概念。

南西老師的教學讓課程和社區有了連結，也讓學校和家庭有了連結。在學年的第一個月，她帶著她的學生去拜會幼兒園，這樣做，可以讓她提早認識她未來學生，也讓幼兒園和一年級的學生搭起了互動的橋梁，她要求學生寫下這次拜會的日記。幾個星期後，她班上的學生正在寫故事，南西老師對學生說：「也許會把你們的作品給幼兒園的小朋友看喔！」亦即她讓一年級學生與幼兒園的關係，成為增強的籌碼。南西老師偶爾也會說一些話，讓學生的家庭經驗和學校連結起來。例如，有一次有位小朋友把 little 這個字唸得又快又好，南西老師說：「你在家裡和媽媽一起練習過是嗎？我真是以你為榮。」她這麼做時，同時強調了努力和家庭作業的重要性，也把兒童家庭生活的經驗帶到學校來了。南西老師也排了一天「行行出狀元日」，邀請家長來分享或實際操作他們的專業技能，活動之後，學生要寫札記，並且畫出自己最喜歡的職業，作為家庭作業。除了這個特別的作業，日常的作業有每晚閱讀 15 分鐘、完成一張短短的數學學習單及練習拼字。

南西老師在班級裡有許多機會教育，課間習作挑戰性和吸引力兼具（也就是學生沒有辦法立刻完成、但看來滿感興趣的習作）。每次到教室觀察，

---

[5] 譯註：這是 1876 年美國開始執行的地方法律，把黑人及其他有色人種在公共場合的使用空間區隔開來，包括學校、廁所、公車等。這種充滿歧視的法律在 1954 年被美國最高法庭判定違憲，1964 年的人權法案將之完全廢除。

都清楚看到她強調優秀的文學作品、寫作歷程和理解。全班完成了許多學習成果，這些具體的成就包括自製的大書，它們被放在教室裡醒目的地方展示，老師和同學常常討論它們。南西答應讓每個同學在學年結束時，能夠帶一本自製大書回家。她也為學生進行了許多跨課程的教學活動（例如，讓學生使用網路和圖書館，以搜尋關於黑人歷史月的資料，蒐集到的資料會被用來寫小論文）。

南西老師在課堂上，會把一切清清楚楚地明示出來。讀書給學生聽時，她示範出對閱讀的興趣和熱情，也展現對故事後來可能怎麼發展的好奇心，這個作法讓閱讀有了高度的懸疑性。當發下新課本時，她翻開書說：「是新書耶！就像是禮物一樣，我知道你一定很想要翻開來看看吧，那就翻開來看哪，看到什麼有趣的東西嗎？有沒有什麼東西是你們曾經讀過的？」

南西老師提供了清楚的學習目標。學年剛開始時，她在黑板上寫了幾個故事，要小朋友抄下來；她會清楚地解釋為什麼要求小朋友抄寫故事：「這樣你才知道什麼樣的作品是好作品。」同樣地，在教寫作策略時，她會強調，你們學了這些寫作策略，一年級期末要寫作時才能派上用場。

南西老師強調「努力歸因」。發成績單當天，她兩度告訴學生，你們最重要的一項成績，就是努力的成績。她和學生們常用一個詞——「個人的最高境界」來描述正在做的工作。

南西老師對學生的監管無所不在，她常說：「我走到你身邊的時候，我要聽到你在讀書，或者在幫忙你的夥伴，或者在討論故事喔！」她在行間巡視時，會隨時幫助學習有困難的小朋友。

當然，南西老師在鼓勵兒童方面的付出，收到了良好的成效。在她班上的兒童參與學習的情況熱烈，學習的步調快速，她出的作業總是這麼有趣，她讓學生們對學習有了熱情，學生們總是埋頭在有生產性的工作裡。

●● 我們從專家教師南西身上學到什麼

也許我們學到最有趣的事是，有效能的一年級老師和較無效能的老師，在教學上有很大的差異。第一件我們觀察到的，是南西教學時的主動性。雖

然她在教室裡有一張辦公桌，但教學一整天，她幾乎沒有坐在她的位子上，連走近都沒有。此外，雖然要站在全班的前方很容易，但是她也很少只站在前方。她總是走進學生之中，持續、穩定地做行間巡視。當她走動時，關注的是學生的注意力與行為。似乎是因為她和學生的物理距離很小，所以她才可能在潛在問題變成真正問題之前，就先看到並且事先預防。

專家教師的教學是一直持續進行的。在效能較弱老師的班上，很容易觀察到「教學」和「其他班級常規活動」的分界線，但在南西老師的班上並不會如此，可能是因為她實在很少做什麼「其他班級常規活動」，而且，即使有，所用的時間也遠遠少於效能較弱老師的班級。教學是南西老師的班上最重要的事，教學時，大都是以肩併肩的方式進行，而不是對全班演講的方式。最後，她看重學生的選擇權，學生不僅可以選擇要讀的書，也可以決定寫作和探究的主題。學生可以自行選擇，意味著南西老師「全班一致」的作業相對較少，學生投入的，主要是差異化的指定作業。

我們相信每位一年級的老師只要肯學，都能教得像南西老師一樣好。但不幸的是，能肯認專家教師存在的學校系統和州教育局實在不多，怎樣推出更好的政策，以增加有效能教師的人數，是當務之急。

●● 一年級後，如何讓教室充滿動機

在 Bogner 等人（2002）的研究後，Pressley 的團隊也在小學各年級（Dolezal, Welsh, Pressley & Vincent, 2003; Pressley et al., 2003）及中學的六年級（Raphael, Pressley, & Mohan, 2008）進行了類似的研究。基本上，研究結果和一年級的完全相同，老師們在引發兒童的動機上，有明顯的個別差異，最有魅力的老師可以讓班上充滿了蓬勃的學習動機，他們每一分鐘都有事做，讓全班、各分組或每個學生都能熱情參與。魅力老師們用了許多引發動機的機制，這些機制從教育動機研究的角度來看，完全合乎學理。除此，魅力老師從來不會打壓學生的動機，相反地，一般老師較缺乏、也較少用正向的動機機制，用的策略倒常給學生的熱情澆了冷水（例如，處罰）。

後來，Pressley 的團隊開始關心，在提升高風險群學生學業成就上成效

卓著的學校。他們發現這些學校在提升動機上，的確有幾把刷子（例如，Pressley, Raphael, Gallagher, & DiBella, 2004）。舉他們最近在標竿學校的研究所得為例，在這裡討論最切題不過（Pressley, Gaskins, Solic, & Collins, 2006）。標竿學校收的學生，主要的問題是學習閱讀發生困難，已經在原學校有一年或多年的失敗經驗。該校用類似本章所介紹的、很能提升學習動機的 CORI 式教學概念，教導學生在一至九年（平均是四至七年）間學會閱讀、作文，並體驗概念導向的數學、社會科、自然科學習。最重要的發現是，在每間教室，在每一天，學生表現出滿溢的學習動機。老師們一致地鼓勵學生們去相信，只要努力，而且學會運用好的策略及內容，自己就可以決定自己的學業成就。學生的成就會得到許多讚美，讚美都聚焦在你哪裡做得不錯上。這個學校不看重成績，等第是依學生的進展來打的。老師給個別學生的學習目標不同，但都具有挑戰性，都只比學生的現有能力再難一點點。

每一班都是以配合協作的方式在學習。跨領域的連結很多，老師盡可能以有趣的方法去教有趣的材料，而且相當成功。老師的管教方式頗有智慧，能反映出行為的後果，重點在於讓兒童知道違規行為對他人和自己造成的影響。最重要的是，在每個班級，老師們都在教學上表現出對學生極大的關心（Goldstein, 1999; Noddings, 1984），標竿學校的老師對學生有深刻的認識，這種對學生個人的熟識，可以轉化成偉大的教學承諾與教師決心，就能鼓勵學生在校追求好的學業成就與成功（Worthy & Patterson, 2001）。當然，在標竿學校，學生的學業投入和成就都很高，和其他被學生認為在教學上關心學生的學校一樣（例如，Skinner, Wellborn, & Connell, 1990; Skinner, Zimmer-Gembeck, & Connell, 1998; Wentzel, 1998）。

◆◆◆ 結論與總結性迴響 ◆◆◆

1. 一般而論，從開始上學到高中畢業，兒童的學業動機是逐年下降的，對閱讀的熱情及興趣，也隨著學業動機而下降。

2. 許多心理發展的變項會影響動機的滑落，包括不同年齡學生對失敗的不同

反應：孩子年紀愈小，愈傾向於將失敗歸因於努力不足，而非歸因於能力不足。年紀愈大，愈會把自己和別人比較，這就會讓遭遇困難的兒童動機下降。

3. 學校的結構性因素也會造成「年級愈高，動機愈低」的現象，最明顯的是年級愈高，同儕間的競爭變大，這會造成學習動機的下降。

4. 研究指出，有許多不同的機制對學生的動機有正向影響。首先是訓練學生對成功及失敗的經驗做努力歸因，而不要做能力歸因。強調意義教學法所偏好的策略，如選擇及閱讀傑出的文學作品，似乎可以提升學生的閱讀動機。學習社群導向式的教學可以增加概念式理解的深度，這可以提升兒童的學業動機。

5. 過去二十年間，學界對兒童學業動機的了解有相當大的進展。期待這方面的努力可以持續下去，而且其研究結果能應用在學校改造上。嚴肅地看待這個問題，本章討論的研究發現，可能對全美國學校教育有天翻地覆的影響，例如，因為競爭會降低兒童的內在動機，如果我們認真看待這些研究結果，取消學業競爭及分數競爭的制度，想想看，這會有什麼衍生性的影響。

6. 平衡式教學中的解碼技巧教學，增加了學生閱讀成功的機會，這對提升閱讀動機大有助益。強調意義教學的提倡者在增加兒童閱讀材料的多樣性上，已經做了許多努力，這和他們動機提升的一貫作為一致，平衡取向的教學則運用了多重的提升動機的機制。在最成功的個案中，孩子們感受到成功的經驗，並且有動機努力去嘗試。他們只要試著去讀，便會發現，這些書太棒太有趣了，書本的難度是他們能力所及的範圍，因為閱讀解碼的技能，他們都已經學會了。從這個角度看，平衡取向的教學，比起只強調意義或只強調解碼技巧的教學，更有提升兒童閱讀動機的果效。第 8 章裡，我們談到傑出教學，其特色之一，就是學生高度的投入和動機，這些特色在平衡式閱讀教學的班級裡，特別容易出現。

7. 有些像南西這樣的專家老師，能夠成功地讓班級裡滿溢學習動機，而且，值得注意的是，專家老師們絕對不會做出可能斲喪兒童努力的教學行為。

藉著南西老師的例子，本書只想讓老師們從南西的個案得到一個靈感——要提升學生對讀寫的投入，有太多的辦法可用。在南西班上觀察的每個小時，我們都有信心宣稱，每位小朋友都有豐富的學習，每位小朋友也都喜愛學習，有效能的讀寫教師，是備受學生愛戴的老師，他們幫助學生充分實踐、發展生命潛能，也因此在教室裡得以安身立命。

當今的美國，排山倒海的訊息在告訴你，學校辦得很爛。這個印象是從測驗成績而來的。許多像這樣的哀喊，說美國學生測驗分數低落、日趨下流的說法是沒有道理的（Berliner & Biddle, 1995; Ravitch, 2010）。我們從來不擔心測驗分數的問題，真正該擔心的，倒是學生年級愈高，學業動機愈低落的現象。當然，造成如此現象的原因之一是，幼兒園和一年級生本來就非常樂觀，充滿內在動機，滿腔熱血，因此，動機的起落，只有一個方向可走——往下掉。但是當學生五、六年級（甚至更早）對學業豎白旗時，一定是哪裡出了問題。即使是最優秀的讀者，在校期間其閱讀動機也是逐年下降（McKenna et al., 1995, 2012; National Endowment for the Arts, 2007）。看來美國的教育者應該盡一切可能，設法增強學生的學習動機。

要怎麼看待本章舉出的學習動機研究呢？若能把研究激發的點子應用在每個教室，也許是最具生產性的方向。雖說這些研究並非無懈可擊，許多地方仍然需要再檢驗，以求得最肯定的結論，但我們認為，現在已經有足夠的證據告訴每位老師，盡可能依著以下的準則教學，這些都會提升兒童的學習動機：

- 保證學生的成功：一定要確定學習目標是訂在學生能力所及的範圍內。學習內容的難度要有適當的挑戰性，太難或太容易都會讓學生失去學習動機（Allington et al., in press）。
- 老師要能提供學習鷹架：老師要隨時能看到學生的學習是否發生了困難，學生發生困難時，老師就應提供足夠的支持，讓學生能有持續的進步。
- 鼓勵學生做努力歸因：要鼓勵學生把成功歸因於適當的努力，把失敗

歸因為努力不夠，或是努力的方法不對（如用了錯誤的策略）。這個方法對成績好的和成績弱的學生一樣重要，好學生若將成功歸因於「我能力好」，他是在建構一個「我不必努力」的個人神話；成績弱的學生若將失敗歸因於「我能力差」，因為能力是無法改變的，他們再來就不會想要以「多努力」來改變現狀。

- 鼓勵智力增長論：讓學生相信，智力不是天生、固定的，智力是一直都在改變的。聰明人會因為學得更多而變得更聰明，他們學著使用聰明人使用的策略，他們深度地去了解自然科、社會科和讀寫課程中的重要概念。只要一個人相信智力增長論，他就有理由比那些相信智力本質論的同儕更為努力（Dweck, 1987）。

- 失敗是自然現象：鼓勵學生把失敗看成是學習過程中必然發生的自然現象，千萬別讓學生認為失敗等同於低能力。要鼓勵學生把失敗當成「以後我要更努力」的信號。老師也可以利用學生的失敗，來判斷何時及如何提供學生學習的鷹架。

- 確保學生的成功機會：確保學習任務是學生辦得到的。如果一年級的學生解碼的學習持續發生困難，這會讓他們備受挫折。老師要設法以不同的方式教會學生解碼，充分運用一年級學生永不放棄努力的特質。持續性失敗導致的學習停滯，會讓學生動機低落；無論如何，都要預防學生持續地失敗下去。

- 不要鼓勵學生間的競爭：鼓勵學生競爭沒有提升學習動機的效果，反而會斲喪學生的學習動機。在競爭激烈的班級裡，覺得自己是失敗的學生，多於覺得自己是成功的學生。與其鼓勵競爭，倒不如增強學生「贏過自己」，老師要不停地強調「比以前的自己進步」，這才是最重要的。

- 鼓勵學生在讀寫學習上的互助合作和互動：當學生談到書本時，彼此會傳遞什麼值得一讀或什麼地方有趣的訊息，學生可因此彼此提供鷹架。當學生進行配對閱讀時，碰到難字，就會互相幫忙。在學習社群中，兒童們互助合作，有助於把概念性的知識發展得更完全。

- 不要對學生主動的讀寫活動搞加分的遊戲：學生如果已經有了內在動機去讀時，師長再給予人工化的酬償，以增強他們本來就喜歡做的事，他們對閱讀的內在動機反而可能減弱。一般而言，愈鼓勵學生為分數而努力，學生的內在動機會愈形低落。

- 讓學生可以接觸多元、有趣的書籍：對學生來說，教室裡的圖書角是一個非常重要的閱讀材料來源，學校要盡其可能充實班級裡的圖書，以確保學生容易取得他們想看的書籍。

- 盡可能讓學生自己選書及決定學習內容：允許學生選擇自己想看的書，甚至允許學生選擇教學中的焦點主題，教導學生如何在感興趣的領域選書。

- 整合讀寫教學和學科內容教學：這樣的整合可以讓學生清楚，他們正在學習的讀寫技能，在學習自然或社會科時非常重要。

- 看重深度重於廣度：如同學習社群所進行的，每學年都選幾個特別能激發學習動機的主題作為當年的學習焦點。

其實前面幾章我們已經談過類似的概念。為什麼呢？回頭再看前文關於傑出優良教師的討論，這些優良教師也都擅長激發學生的學習動機，因為他們在教學中運用了許多本章提到的點子。回顧學生動機的相關研究，我們發現，並無證據顯示，有哪一種特定、單一的機制會比其他機制更能有效提升學習動機。同時，對學生來說，最能提升動機的，還是閱讀有趣和難度適當的閱讀材料之後所帶來的成功經驗。

教育者應該少焦慮一點學生的測驗分數，多創造一點所有學生都能學習的課堂才對。

Chapter 11

總結與回顧

這本書總歸一個重點，就是採取平衡式的小學閱讀教育——也就是在強調意義和強調閱讀技能教學中間找到一個平衡點——應該會比完全沉浸在閱讀和寫作，或是完全只有技巧教學更可靠。本書有大量篇幅談論如何學習及運用識字能力才算是良好的閱讀，以及如何利用讀者的背景知識，有效使用理解策略，包括透過閱讀來建構知識。當然，我們並不是唯一一個將這個議題提出來討論的人！

四份國家級的報告

自從本書首版發行後，華府就發表了四份重要的研究，目的都在基於研究發現，提供關於閱讀教學實務的洞見，而這些研究的結論也補足了本書的不足，只是沒有像我們一樣，那麼強調平衡式的教學。

●● 國家研究諮議會的報告

國家研究諮議會（NRC）發表之《預防幼兒的閱讀困難》（Snow, Burns, & Griffin, 1998），顯示出諮議會中學者們的努力成果，而這些學者之前就已做過許多優秀的閱讀相關研究（例如，語言發展、寫作及讀寫能力）。Snow 等人的這本書（1998）是一份共識報告，作者們閱讀相關文獻後尋求共識，以決定哪些閱讀教學實務確有其研究根據。因為諮議會裡的七

位學者都曾研究過語音、字母及詞彙層次的閱讀能力，對這些能力的了解遠勝於其他教學實務，無怪乎 Snow 等人（1998）會大力主張這些能力在閱讀教學的重要性。本書的第一版非常成功，可能的原因之一是因為它湊巧和 Snow 等人（1998）的報告同時在 1998 年春天發行。許多人看了 Snow 等人（1998）的書之後，都抱怨它太偏重技巧教學，讓人忍不住想參考其他意見。

●● 國家閱讀小組的報告

一開始，國家閱讀小組（NRP, 2000）就決定他們的運作方式要和 Snow 等人（1998）有所區別，他們刻意限定範圍，並公開表示他們之所以這樣做，是因為文獻裡就存在著可觀的早期閱讀教學的證據。研究小組決定只探討下列幾項教學主題：字母學（alphabetics；即音素覺識教學、字母拼讀教學）、流暢性、理解力（即詞彙教學、文本理解教學、師資培育及理解策略教學法）、教師培訓和閱讀教學，以及電腦科技和閱讀教學等議題。研究小組也將重心放在真實的實驗及準實驗[1]上，應該是藉此回應國會希望研究小組能採取嚴謹方法的要求。為了使用後設分析法來歸納出結論，研究人員採用一種研究的整合策略，也就是同一主題，文獻上必須找到幾個實驗和／或準實驗的研究。這個方法可以得到跨研究的平均效果值（即當時所能找到的實驗／準實驗研究之效果值的平均值）。簡言之，研究小組控制了研究範圍，只針對特定的主題蒐集各家實驗和／或準實驗的結果，分析後做出判斷。

研究小組最後根據文獻提出了非常有力的結論，其中幾項最重要的臚列如下：

- 音素覺識教學對早期閱讀（例如，詞彙閱讀、理解力等）及拼字能力非常有效。研究小組的結論是，音素覺識教學對於一年級生、幼兒園

---

[1] 譯註：真實的實驗設計和準實驗設計最能控制無關變項，是所有研究設計中唯一能得到變項間因果結論的設計。

以及有閱讀障礙的高年級學生的音素覺識——尤其是音素切割都有顯著成效。

- 系統性的字母拼讀教學能改善閱讀及拼字，對閱讀理解也有部分成效。但是研究小組發現，系統性的字母拼讀教學只在幼兒園和一年級有正向的效果。亦即，強調解碼的閱讀課程對二到八年級學生，並不如早期有正向成效。即使 Chall（1967）曾說過，整合式字母拼讀法（synthetic phonics，即直接教導學生將字母轉為聲音，再將聲音結合起來）比其他任何系統性的字母拼讀教學更有效。但研究小組的報告也沒有為整合式字母拼讀教學法提出任何具體的統計數字，說明其優越的成效。

- 引導式的口頭閱讀（也就是教師聆聽學生朗讀，必要時提供指導）及重複閱讀能增加小學階段的閱讀流暢性。較近期的研究（Kuhn, 2005; Kuhn et al., 2006; Schwanenflugel et al., 2006; Schwanenflugel, Kuhn, & Ash, 2010）發現，廣泛閱讀對流暢性的提升勝於重複閱讀。

- 許多的詞彙教學法都有其成效，而且詞彙教學對閱讀理解力有正面的影響。

- 理解策略教學能改善理解力，其中有很多策略都能正面帶動對文本的理解力，包括教導學生察覺自己是否讀得懂，及讀不懂時該怎麼辦（例如，重讀）；利用圖像及語意組織來表徵文本；教導學生閱讀時注意文本的故事結構（例如，「何人」、「何事」、「何時」、「何地」、「為何」等訊息）[2]；在閱讀過程自我提問並回答問題，還有做摘要。國家閱讀小組（NRP）特別推薦教師要教導學生為數不多的有效閱讀策略（例如，預測接下來的文本內容、在疑惑時嘗試澄清、自我提問、建構能體現文本內容的圖像，以及摘要）。國家閱讀小組也很贊同兩種直接說明（direct explanation）的教學取向（Duffy,

---

[2] 譯註：這和台灣國小非常普遍的一種閱讀理解策略「六何法」非常相似；六何即何人、何事、何時、何地、如何、為何。

2014; Duffy et al., 1987）——教師先做策略的示範及講解，接著在練習使用策略時提供鷹架——以及交流式策略教學（transactional-strategies instruction；即直接解釋搭配師—生及生—生的討論及策略練習期間對文本的解讀；Brown, Pressley, Van Meter, & Schuder, 1996; Pressley, El-Dinary et al., 1992）兩種教學法。

- 教師在職培訓確能改變教師的讀寫教學，並且能影響學生的成就。雖然哪些方法最為有效，還有待更多研究來證實。
- 電腦科技有相當大的潛能來改善初始閱讀的成就，已經確定能夠幫助識字能力的提升、詞彙量及理解力的發展。但是大規模的研究未能證實這些可能的好處（Cheung & Slavin, 2012; Dynarski, 2007）。

總而言之，國家閱讀小組（NRP）主張技巧本位的教學有許多研究的支持：以教學來協助音素覺識、字母拼讀能力、詞彙知識及理解策略。雖然還有一些關於教師發展和電腦閱讀教學的建議，但研究小組所做出的結論，卻很少完整提及或強調這方面的議題，因為研究小組認為，關於這方面可信的研究資料仍不足。國家閱讀小組的報告傳遞出來的訊息是，有大量的科研證據支持教導閱讀技巧，在此的後設訊息（meta-message）指出，除了孤立的技巧教學之外，其他的教學沒有得到什麼支持。因此，即使是有關高層次的閱讀理解，研究小組也只強調許多教導個別策略的研究。有些熟練型讀者閱讀艱深文本時，會運用一整套複雜的策略歷程（Pressley & Afflerbach, 1995），但國家閱讀小組針對這個議題表示，有可信資料的研究非常不足。

●● RAND 的理解力研究報告

美國教育部曾任命一群專精理解力領域的學者，成立 RAND 閱讀研究小組（RAND Reading Study Group），他們交出一本叫《為了理解而閱讀：閱讀理解的研究發展計畫》的報告（RAND Reading Study Group, 2001）。這可是一大傑作，把閱讀理解教學、師資培育以及閱讀理解評量等相關研究做了整理討論，告訴讀者哪些是已知的，哪些還需要進一步研究。舉例來

說，如何透過教學加強理解力呢？該報告包括流暢性、理解策略教學、詞彙教學、課程連結、各種不同文體理解教學的表徵、學習動機，還有教師如何利用各種明確的教學方式來發展學生的理解力。

現在的學校有一個通病，就是理解教學的時間不夠。因此，除了像一般研究那樣說明理解力教學的基本概念之外，RAND 小組鼓勵大家多運用現行課程的材料進行理解教學；對弱讀者的理解教學尤然。研究者特別關心如何在已經滿檔的課程中再加強理解教學，尤其是針對低成就的學生。RAND 小組指出，教師必須更了解如何利用評量來帶動理解教學。以英語為第二語言學生的理解教學是另一個備受 RAND 看重的議題，RAND 特別指出需要更多的研究來提升他們的閱讀理解。簡而言之，在關於理解力教學的諸多議題上，RAND 小組提供了很大的討論空間，我們認為這份研究報告是所有 K-12 的教師們都必須研讀的，它對整個 K-12 閱讀能力的發展都有非常完整的闡述。

●● 國家早期讀寫小組報告

因為國家閱讀小組（NRP）報告的內容聚焦在學齡兒童，後來國家早期讀寫小組（National Early Literacy Panel, NELP; Lonigan & Shanahan, 2009）成立，便聚焦在家中、學前機構和幼兒園幼兒的相關研究上，這個小組做的後設分析，包括了相關性和實驗性的研究。

NELP 報告提及五種早期的讀寫技巧與至少某一面向的閱讀發展有中度相關（文字體例知識與文字概念、字母知識、詞彙、口語和對視覺符號的視覺辨識）。除此，還有六個變項包括字母唸名、聲韻覺識、聲韻記憶、字母與數字的快速自動化唸名、物件及顏色的快速自動化唸名及聽寫字母等，都至少與後來的讀寫成就的某一項分數有中度相關。NELP 也提及強調解碼的介入、共讀介入、家庭及父母的介入都有中等以上的成效，這些成效經常發生在讀寫萌發發展的各種不同面向上。

Pearson 和 Hiebert（2010）對 NELP 報告倒相當有意見，說它「並未提供可以讓早期讀寫教學學界往前走的洞見和建議，反過來，它只再度強化了

並未大獲成功但早就廣為實施的教學作為」（p. 287）。他們也認為 NELP 搞錯了。NELP 說兒童入學時的先備閱讀技能很少，但事實上三分之二幼兒園生認識字母，三分之一知道一些子音。他們下結論道，認識字母名稱似乎未能對後來的閱讀發展有任何實質的效果，所以，他們問道，到底幼兒園生需要知道些什麼，在進入四年級時，才可以有良好的閱讀表現呢？

●● 小結評論

　　讀過國家研究諮議會（NRC; Snow et al., 1998）和國家閱讀小組（NRP, 2000）和國家早期讀寫小組（NELP, 2009）的研究之後，我們第一個反應就是覺得它們到目前為止的可信度很高。例如，它們歸納出來的大部分結論，在本書的第一版就都提到了，而且大部分的發現都是致力研究閱讀教學的人完全認同的事實。不過即使這些研究的可信度很高，我們（Allington, 2002; Pearson & Hiebert, 2010; Pressley, Duke, & Boling, 2004）仍然覺得，國家閱讀小組和國家早期讀寫小組在閱讀教學上的考量觀點太過狹隘。

　　雖然 Snow 等人（1998）所討論的較廣，該報告卻從來沒有涉及各種特定成分之上層概念。本書第 8 章在討論安迪老師的教學時，碧琪老師和南西老師已清清楚楚地展現，平衡式的教學是許多成分的協奏曲。但這幾個從首都華盛頓出來的報告，卻對這樣的協奏未有著墨。在這本書第一版出版之後十六年，而且在觀察數百個平衡式教學案例之後，我們相信，要掌握平衡式教學的精髓，除了了解個別的教學成分外，也需要了解像安迪、碧琪及南西這樣的專家老師如何把這些成分整合在一起教出來。但這些報告完全排除了這些老師的意見和教學方法，從我們的角度來看，這可真讓人難過。

　　國家閱讀小組（NRP）只願意回顧實驗和準實驗的數據，好，這我們尊重它，但本書中呈現了許多國家閱讀小組應納入而未納入的研究。例如，家人可以經過指導後，好好地在讀寫任務上與兒童互動（Jordan, Snow, & Porche, 2000; Morrow & Young, 1997）；即使是志工的教學指導也可以造成改變（Baker, Gersten, & Keating, 2000; Elbaum, Vaughn, Hughes, & Moody, 2000; Fitzgerald, 2001; Invernizzi, Juel, & Rosemary, 1997; Wasik, 1998）。這些實

驗與準實驗研究的存在，肯定了強調意義的教學作為的確對讀寫有正向影響（例如，Dahl & Freppon, 1995; Dahl, Scharer, & Lawson, 1999; Freppon & McIntyre, 1999; McIntyre & Freppon, 1994）。因為強調意義的教學相當普遍，國家閱讀小組理應對強調意義的教學取向做一些分析研究。簡言之，平衡式閱讀教學的許多元素得到實證研究的支持，但被國家閱讀小組（NRP, 2000）忽略了。

　　這並不是說國家閱讀小組（NRP）的報告對現場教學沒有影響，事實上，報告裡對閱讀的觀點，已經過度反映在教育部依「沒有孩子落後法案」（2002）規定所提供的「閱讀優先」（Reading First）計畫裡了。該法案在幼兒園到三年級的階段，搞技能本位的教學搞過頭了，太過於強調音素覺識、字母拼讀、流暢性、詞彙發展和理解策略（Pressley et al., 2004）。當初該小組若能廣納多方意見，包容較完全的證據，將會對教學有更正向的衝擊，也會有更多兒童因而受益（Gamse et al., 2009）。

　　從平衡式及未來發展的觀點來看，RAND 閱讀研究小組（RAND Reading Study Group, 2001）的研究無疑是最令人印象深刻的全國性研究。其他兩份研究是以已經廣為人知的內容為主；而 RAND 的研究則闡述較多我們需要知道的訊息，所以它對教育者有相當的啟發與知識性。也就是說，我們很少看到有什麼研究，可以造成如此大的影響。我們在此推薦各位教師及準教師們，去閱讀 RAND 的研究並將之實行。

三種初始閱讀及早期閱讀教學的模式

本書討論了三種教學模式，現在在各地的學校都可以看見。

●● 強調閱讀技能的教學模式

　　根據強調閱讀技能的教學模式，閱讀取決於某些特定的能力發展。因為有些能力在邏輯上乃其他能力的先備條件，因而不同的年級／年紀也有不同的發展重點。

在學前的幾年，或至少在幼兒園或一年級時，兒童應該要會分辨不同的字母、認識字母的名稱，以及字母－語音的關係。兒童也必須學會詞彙乃是由語音混合而成的，這種音素覺識非常依賴經驗，強調詞彙由語音組成、如何操弄這些語音的經驗。沒有音素覺識，就很難教導學生將字母及語音對應，以拼成詞彙（也就是解碼教學的目的將不明確）。

首先，字母－語音的對應和混合成音需要很大的努力及協助。透過練習，慢慢就能自動化地連結各個字母和它們的聲音。此外，學生能夠將頻繁遇到的字母組合自動轉為字串（chunks）。當熟悉的字串又在不熟悉的詞彙中出現時，就能成為朗讀及語音拼合（blending）的主要基礎。當兒童再次遇到原來不熟悉的詞彙時，識字的過程就會愈來愈自動化，到不費吹灰之力為止。

當識字所需花用的認知資源愈少，能釋放出來、用於詞彙理解的認知容量就愈多。也就是說，解碼和理解競逐有限的注意力容量——5±2 單位的短期記憶空間。當弱讀學生奮力解碼時，所有的短期記憶空間都被用來辨認詞彙，而撥給理解的空間早已所剩無幾，這就是造成理解力低下的原因（LaBerge & Samuels, 1974）。

當學生的詞彙認讀自動化後，字詞的意義也就能自動化的浮現。心理學家用一種史楚普效應（Stroop effect）來觀察這個歷程。Mike（本書第一作者）的 9 歲兒子 Tim 的四年級自然科學作業就證實了這個效應。Tim 讓他的朋友和一些年紀較小的小朋友看一些關於色彩的詞彙——藍、紅、綠、黃、黑、紫、橙和棕。有一張是每個詞彙都用相應顏色的墨水，印刷在同一張紙上（也就是「藍色」就用藍色墨水印刷，「紅色」就用紅色墨水印刷）。另一張紙上，每個字都用不相應的顏色印刷（例如，「藍色」用紅色墨水印刷，而「紅色」用藍色墨水印刷）。他朋友的任務不是要唸出那個詞彙，而是依序唸出該字的墨水顏色。和典型的史楚普測試結果相同，如果一個顏色詞彙以不同顏色的墨水印出，任務是要叫出墨水的顏色（例如，看到用紅色墨水印的「藍色」詞彙，要盡快說出「紅色」來），對 Tim 他那些四、五年級的朋友來說非常困難；相反地，幼兒園及一年級的學生則毫不費勁，不

管那個詞彙的意思是什麼。怎麼會這樣呢？因為四、五年級的學生閱讀那些詞彙已經完全自動化了，所以即使他們並沒有要唸出它們，也直接觸及了這些詞彙的意義，而這種意義觸及的過程，也干擾了他們叫出字詞墨水顏色的歷程。能夠熟練地閱讀詞彙，肯定也會影響理解力。除了史楚普效應這種例外的情況，自動化的理解通常都能改善讀者的表現。

然而，理解可不單單只有詞彙層次的處理而已。例如，各派學者都在探討詞彙層次以上的理解是如何發生，又是如何可以得到改善（Lorch & van den Broek, 1997; Pressley, 1997）。優讀者能一字一字地處理文本裡的細節，但又不會被細節所困，並能理解文本裡的主要概念（Kintsch & van Dijk, 1978）。優讀者能非常積極地建構這種過程，選擇性地注意文本各方面的資訊，能夠清楚明白地加以說明，記住文本中好像是閱讀重點的部分，並對文本中的意念做出情意上的回應。

如同之前所討論的，發展技巧的教學方法有非常完整的科學驗證。尤其是針對促進讀寫萌發及各種音素覺識能力的教學方法，已被證實能夠長期影響讀者的閱讀能力。例如，早期、明示的解碼教學可用來幫助幼兒發展出看字讀音（sounding out）和語音拼合的能力；有些教學法則聚焦在對字型（orthographs）知識的發展上，因為這些知識可以幫助兒童識字，這些都被證實是有效的；另有些閱讀理解教學法鼓勵學生主動運用策略閱讀文章，也的確能改善學生的理解力（例如，Pressley, El-Dinary et al., 1992）。

雖說對特定閱讀能力的教學法看來效果卓著，但強調閱讀技能的教學法並不怎麼吸引教學者。它看來太過機械化，太過化約主義，尤其是老師們都看過還不會拼字，就想要寫字的小朋友；還沒有認識很多詞彙，就迷上故事書的學生，以及會使用看起來好像很複雜的語言的學生。強調閱讀技能的教學取向在坊間出版、過度強調技巧的教材裡，會顯得特別制式化與無趣，像是一些解碼教材，不外乎一大堆的每日習作。有一些字母拼讀的狂熱者堅持一年級的閱讀課必須字母拼讀優先，而且只要老師的目標是發展讀寫，每一堂課都少不了字母拼讀的區段。文學作品其實可以幫兒童發展出讀寫能力及對閱讀的熱愛，但這種教育買辦們經常對此並不了解，對寫作和閱讀發展間

的重要鏈結也所知有限。尤有甚者，這些主張字母拼讀優先的群眾似乎假定，只要兒童學會以字母拼讀法解碼，所有問題就都迎刃而解了。對他們來說，學習閱讀唯一的瓶頸就是解碼的學習而已。

強調閱讀技能的教學模式若會失敗，不是因為這些技巧不重要，而是因為熱心人士心目中的各種核心技能，特別是解碼技巧，並非讀寫能力的全部。強調閱讀技能的教學模式是一種不完整的讀寫發展模式，連許多掌控美國小學班級的人——小學老師，都認為它沒有強調意義的教學實務那麼重要。

●● 強調意義的教學模式

除了強調閱讀技能的教學模式之外，另一個選項是強調意義的教學模式，它主張只要是強調發展特定技巧的教學法，基本上就是錯誤的。會讀會寫的人都能閱讀完整的文本，需要時寫得出來。強調意義教學模式的提倡者的觀念是，如果你希望孩子能閱讀文章，你就要讓他讀；如果你要孩子能寫文章，就要讓他們寫。全整式的閱讀和寫作，可以促進兒童對閱讀的本質及目的的深層了解；真實的閱讀和寫作會讓兒童自然而然地明白，字母及詞彙層次的處理歷程非常重要。

近年來，主張強調意義的人已經承認，技巧是需要被教的，只是必須在情境中教。換句話說，教師應該教導兒童一些強調意義的讀寫中必須用到的特定技巧。因此，如果教師注意到某位學生對複數形感到困難（例如，拉丁裔的學生會發現要把英文字詞由單數轉為複數時用的規則，比他們的母語西班牙文更為複雜），這時候就需要教師對複數的規則明示地說明。這樣的情境下學生會清楚知道老師為什麼要教這個技能，而經過教學後，在閱讀及寫作方面的成效則顯示出了學習複數形的重要性。

強調意義的教學模式有一個前提假設——兒童擁有強大的語言學習能力。支持這個假設的證據來自於兒童根本就不需什麼明示的教學，只要沉浸在一個有人說話的世界裡，就可以學會口說語言。同樣地，此前提假設學生能夠透過沉浸在讀寫經驗中，就可以學會閱讀和寫作。然而，這種想法的錯

誤在於學習讀寫和學習說話其實大不相同；人類的演化還沒有能光靠沉浸在有文字的經驗裡就能學會閱讀和寫作。

此外，強調意義的取向也從來沒有像強調閱讀技能的取向那樣，歡迎以實驗的方式來檢證其效能，其原因如下：

1. 有很多的研究結果並不支持這種教學取向的基本假設，例如，研究指出，只有弱讀者才會依靠語義－文脈線索來解碼。
2. 能夠證實強調意義取向有效的研究數量不但不夠充足，即使有，這方面的資料也經常被忽視。
3. 雖然有些研究指出，強調意義的教學法對讀寫能力許多方面的發展有正向效果，但這方面的研究結果似乎不像解碼教學的研究結果那麼確定。這是需要強調的點，因為學界愈來愈認為解碼是一種關鍵的讀寫能力。

如果說強調意義和強調閱讀技能教學取向孰是孰非的論辯沒什麼貢獻，它至少也刺激了很多研究的問世，讓我們知道，學會解碼對成熟讀寫能力的發展有多重要。然而，強調意義的取向還是有它的吸引力。它極端地以兒童為中心，其教育模式強調讓兒童在真實情境中自然發展。但是，它的入門導引太過模糊，以至於很多老師沒辦法了解，要怎樣才能成為一位強調意義的教師。在許多關於強調意義教學活動的書籍出版後，這種情況終獲改善。但是即便隨意瀏覽那些資料，就會發現優良的強調意義教學有很多要求：傑出的意義教學老師必須非常了解文獻資料、知道寫作的過程，而且要很密切地監控學生的表現，才能知道學生需要發展的能力是什麼，以及如何能在閱讀及寫作上更上一層樓。

因為缺乏實證研究的支持，以及有正向結果的支持證據被忽視，強調意義取向的教學法經常受到決策者的質疑，以至於採用此種教學法的老師經常要面對實質的行政壓力並承擔後果。而且，接受強調意義教學的學生，詞彙層次的解碼能力並不會突飛猛進，而此方面卻正是父母所極度關心的，畢竟對很多父母來說，閱讀就是要識字。

基本上，強調意義教學模式的缺點和強調閱讀技能的教學一樣：它只是

一種不完整的讀寫能力發展歷程的模式，尤其是關於學習語音、字母以及詞彙層次方面的部分，說明非常都不完整。

●● 平衡式教學模式

其實強調意義的教學模式有很多吸引人之處，也有很多地方讓我們在直覺上就覺得應該如此。然而，很多教師發現，如果孩子們已經具備文字解碼的能力，再讓他們沉浸在書海才會受益最多。這些教師也相信，如果能先讓孩子學會一些技巧（例如，拼字）來增強他們以文字描繪創意及想像力的能力，則寫作本身會對孩子更有獎賞的效果。在我們自己和最要好的同事所做的研究中，閱讀及寫作能力發展最好的班級，通常都學會最多的技巧，而且教師都會提供極多的支持，讓兒童將他們正在學習的技巧用在閱讀優良讀物或寫作上。

讀寫能力的發展

本章後面的附錄整理了本書提及的內容，列出各年齡段及該階段應有的讀寫發展。其中很多都是要成為一個高度熟練的讀者所必須發展的能力，包括在積極且有選擇性地處理文章時，也能有效率地處理個別的詞彙。

早在兒童邁入校門口的第一天之前，讀寫能力就已經開始發展了。人們在過去的數十年間，對讀寫能力的發展歷程有了更多的了解。關於小學的課程教學，也就是本書的重點，談到很多直接解碼教學和理解策略教學的價值，以及真實閱讀和每日作文的好處。最重要的發現都整理在附錄中了，包含小學畢業之後讀寫能力會如何發展，以提醒大家，讀寫能力的發展並不侷限於兒童時期，而是一輩子的事。

從附錄中發展進程的複雜程度，我們知道簡化的讀寫能力及發展模式是行不通的——不管這些模式是從強調意義的陣營，或是強調閱讀技能狂熱圈子出發的。然而，許多簡化版的閱讀教學模式眾聲喧嘩，但這是很不對的。其中十個最讓人不舒服的誤解將在稍後談到。

●● 必要的研究

有效的小學讀寫教學還有待許多實證研究的檢驗。最近讀寫教學的研究有大跨步的進展，這樣的進展讓我們有理由相信，只要研究人員持續了解最新的發現，未來還大有可為。

總是會有人根據前人的研究進一步探討，再不斷修正。然而，本節重點並不在此，而是要花點篇幅談談我們還期待見到哪些大方向的、關於閱讀教育和熟練性閱讀發展的研究。

●● 更多有效平衡式教學的描述性研究

有很多在類實驗室環境中完成的研究，說明了如何去發展技巧，而熱中於技巧教學的人其實也提供了這樣的資料。很多強調意義的教師有不少寫下讀本種類及寫作經驗的佳作，而強調意義的熱中者也有不少這樣的傑作。然而，如果你想了解技巧教學和強調意義教學間複雜的連結，就得從觀察優良的平衡式教學開始。

描述性研究並不像社會科學研究那樣受到看重，後者針對原定的假設找出因果關係。然而，更積極地說，將教育研究轉變為質性研究法，讓近來的描述性研究更蓬勃發展。身為從事多份描述性研究的學者，我們認為這樣的取向是一件好事，因為做這種研究能拓寬研究者對小學讀寫教育的認識。儘管如此，如果想要更多明確的結論或想要檢驗這些結論進一步類化的結果，我們還需要更多的研究。我們需要將這些觀察研究進行對比分析——也就是說，將平衡式教學的評估和其他教學方法做實境的評估比較。

需要更進一步研究的題材中，有效能平衡式讀寫班級中的師生互動本質似乎特別值得關注。有效能的平衡式讀寫教師擁有許多特質，較少在效能較弱的班級中觀察到。待觀察清單的頭一項，是怎樣讓學生積極地討論他們正在讀的材料。我們發現討論有雙重的潛力，既能提升理解（Nystrand, 2006），也能提升閱讀動機（Wu, Anderson, Nguyen-Jahiel, & Miller, 2013）。但是，只有少數的實驗研究比較討論分量不同的班級裡，學生的學習成效是

否有所差異（例如，Applebee, Langer, Nystrand, & Gemoran, 2003），我們需要更多這樣的研究。我們清單中的第二項有效能平衡讀寫班級的特質，是老師們如何維持學生高度的讀寫動機。Pressley 等人（2003）描述、比較了許多高、低動機班級在特質上的差異；Johnston（2004）也分析了不同效能班級中老師們的言談，他注意到有效能老師說了比較多肯定學生努力和合作的言語。怎樣培育出這樣的老師，是當下的重要議題。

平衡式教學比強調閱讀技能取向和強調意義取向都複雜得多，所以也需要更複雜的方法來評估與說明。也就是說，未來科學的研究不只是讓科學家明白它的內容而已——最好的研究是，還要讓實踐者了解；為了達成這個目的，詳細的描述說明絕對是必要的。人們透過獨特具體的實例（即個案），學習效果通常能比抽象的敘述來得好。而且我們必須注意，有效能教師的許多專業技能，一般教師也是可以發展出來的（McGill-Franzen, Allington, Yokoi, & Brooks, 1999; Scanlon, Gelzheiser, Vellutino, Schatschneider, & Sweeney, 2010）。這兩個研究中，高風險兒童的閱讀成就得到提升，不利於大多數學生的因素也被消除。這些研究也建議，幾乎所有的學生都可以從高品質的全班性高品質讀寫教學中受益，勝於外加式的介入方案。但很少有美國的中小學可以提供像這兩個研究中這樣持續性的專業發展和現場的教學教練。

●● 教師培訓之研究

教師培訓方面的研究，還需要投入更充足的資源，才能幫助更多教師成為平衡式讀寫教學的優良執教者。按理來說，這樣的教師應該要對兒童文學有深入的了解，要對美語的語言結構及詞彙瞭若指掌，還要知道鷹架構成之認知教學模式，以及最有效的寫作歷程。教師必須學習如何在學生學習閱讀和寫作的過程中，對各種情形加以解釋。這需要的是不斷密集監控學生的讀寫過程，並對閱讀及寫作本身有全盤的了解，才能知道要如何在學生嘗試完成任務時給予鼓勵。

Pamela El-Dinary 和 Michael Pressley（例如，Pressley & El-Dinary, 1997；

亦見 Deshler & Schumaker, 1993; Klingner, Vaughn, Arguelles, Hughes, & Leftwich, 2004; Klingner, Vaughn, Hughes, & Arguelles, 1999）發現，對教師來說，要成為平衡式理解力教學的教師，是一件非常具有挑戰性的任務。如果學生要學會解碼及理解的技巧，並用於真實的閱讀及寫作的話，每個步驟就必須要有複雜的銜接。當平衡式教學在進行的時候，研究人員必須對這種教學本身的挑戰性有非常敏銳的感覺，才能在研究中描述教師是如何克服困難，才能完成有效的教學，並將此作為研究的重點成果。

在我們看來，那些大專院校的教授們，在告訴年輕人怎麼成為一名教師時，應該自己先沉浸在小學教育裡才行。如果有人這麼做，我們就能分辨出誰才是真正扎根耕耘，誰根本不是。對於那些不曾花費額外的時間，去待在他們希望改善的學校環境裡的人，寫再多本書也無濟於事。現在有非常有效的觀察方法，能讓學者們了解在複雜如教室的環境裡所發生的事。這是一些長年待在教室裡的人所發展出來的研究方法，他們值得教育學界的重視。若不是過去 30 年花了數百個早晨與白晝待在小學裡觀察班級上課的情形，我們也不可能在本書中得到那麼多心得。

●● 縱向研究

我們作為教育研究者的本質之一，就是相信發展的縱向研究（longitudinal research）——我們相信只要個別追蹤兒童長達數年，就能學到更多。某種程度來說，讀寫發展已經有人進行追蹤研究，很不幸地，這種研究通常未能提供發展的全面描述和發展差異的各種解釋，但這些資料才能讓人對所研究的兒童有真正的了解。因此，現在就有一些研究，想針對 4 歲及 5 歲的兒童做一些音素覺識的質化指標，用來預測小學生標準化成就測驗的成績。讀完這份研究後，我們發現自己好像從來沒有這麼了解過這些兒童。然而，當有人進行更詳細的研究後（例如，Snow, Barnes, Chandler, Goodman, & Hemphill, 1991），則浮現出一個重要議題：為什麼隨著學生年齡漸長、能力漸強後，學校教學也益發重要（高風險學生的家庭比較能提供低年級的基礎技能，而無法提供較高年級的技能）。Snow 和她同事（1991）的研究，

具體地描繪出教學品質隨著年級出現的不連貫現象，還有這種不連貫現象所造成的結果。

這樣的研究至關重要，因為美國學生的確在學校經歷到這樣的不連貫。如果前提是單單強調閱讀技能或強調意義都會導致讀寫失敗，而學生第一年的老師偏好強調意義，第二年的老師卻偏好強調閱讀技能，這樣的教學就可能一再地造成失敗。但如果他們接受的是以平衡式教學為主的環境，年級與年級間的教學可能更有連貫性，那還會導致這個結果嗎？我們相信這個可能性值得探討，而且，每個年級間在讀寫教學上的連貫性造成什麼影響，也應該接受評估。

●● 教學所用語言的研究

美國有幾項重點議題至今仍爭論不休。若兒童的母語不是英語，那學校應該要以他們的第一語言教導讀寫嗎？這個問題應該能夠在控制良好的環境下接受科學的評估與對比分析，而的確也有人這麼做了（例如，Carlisle & Beeman, 2000）。答案似乎是肯定的，用孩子的第一語言來教讀寫發展，優於用第二語言來教。於是我們開始思考，美國現有的讀寫教育極為失衡，它完全屏除其他語言，只以英語進行教學。如果教學容許多種語言，應該是件好事——舉例來說，透過接觸母語的同源詞彙，可以擴充兒童的詞彙知識（Cunningham & Graham, 2000）。可以確定的是，當美國某些學區所服務兒童的母語多達 90 種時，就有必要好好思考，讀寫教學所用的語言如何造成改變（August & Shanahan, 2006）。其實很容易想像這個畫面，用數種語言進行整體性閱讀和寫作，能有助於學生迅速了解，以及如何在語言愈來愈多種的世界，達到理解的目的並增廣見聞。

平衡式教學的下一個研究領域，是去了解如何同時進行兩種或多種語言的讀寫教學，已有既存的資料說明，這是一種讀寫教學的有力途徑（Slavin & Cheung, 2005）。身為一個加拿大的長期居民，第一作者 Mike 想起他很多學生都在魁北克長大，而他們就都是在兩種語言的環境中學習。這些學生讓他相信讀寫教學可以在至少兩種語言間取得平衡。第二作者 Allington 有

個孫女家裡是說英語的，但幼兒園就讀於一個雙語沉浸的公立學校。她入小學後試著教她的爺爺西班牙語，從這裡看，Allington 認為所有的學校都可以教出雙語兒童，但很少學校這樣嘗試。

●● 將小學的閱讀教學原則延伸至初中及高中

讀完這本書，很少有人會不去由衷地讚嘆過去這二十年來，我們在學前及小學階段的讀寫能力發展的認識上，有著如此巨大的斬獲。然而，和中、高年級以及中學以上的課程相比，我們的注意力大都在低年級以前的讀寫發展上。這個現象必須改變，因為很多國、高中的學生也都需要接受閱讀教育。

我們的研究原則上偏重於小學課程，眼看美國很多小學的教育改革都和研究有所連結讓我們感到很驕傲。對比之下，在中學階段就看不到那麼多改革的痕跡，而且就算是改革，多半也不是因為受到研究的啟發，而是因為受到中學願景的啟發，像是 Theodore R. Sizer（例如，1996）的基礎學校（essential schools）的說法。而促成當地小學改革的風風火火，也通常不會影響初中或高中的改革。

中學裡少有或沒有研究可稽的改變，但還是有重要的意外，請見 Jetton 和 Dole（2004）的專著。有些特殊教育老師，在學習障礙的讀寫教學有發展、驗證及宣導等卓越的貢獻，這方面最著名的當屬堪薩斯大學 Donald D. Deshler 和 Jean B. Schumaker（例如，1988, 1993）的研究，他們居於理論與實務之領導地位。我們數不清聽過多少次中學老師這麼讚譽堪薩斯大學的研究：「這種教導學習障礙學生的閱讀理解及寫作策略，所有高中生也都應該要學。」現在中學階段的讀寫策略教學研究相當多，讓我們有足夠的信心說，這樣的主張還滿有道理的（見 Deshler & Hock, 2007; Deshler, Palincsar, Biancarosa, & Nair, 2007; Deshler, Schumaker, Harris, & Graham, 1998; Wood, Woloshyn, & Willoughby, 1995）。也許最近大家接受的共同核心州際標準（CCSS）會是促成美國高中提升閱讀教學品質的原動力，也許吧。

十種最不明智且
隱含危機的閱讀教學主張

關於閱讀教學，有很多人提出了強力的主張，其中有很多資料是不可靠的。我們在這一節裡要提出十種流傳甚廣、但我們認為是最不明智而且隱含危機的閱讀教學主張。按照 David Letterman 脫口秀節目[3]的方式，我倒數呈現了這十項內容。當然，我們知道可能會有人覺得順序應該要調整，甚至覺得還有其他選項可以列進來，但是，我們認為提出這個排行榜——可以稍微提醒讀者不支持這些說法的證據——我們能有效地回顧一些關於讀寫教學最讓人困擾、和科學證據不符的信念。請看：

10. **各方面都正常的兒童，卻沒辦法學習閱讀，就是生理上出了問題，所以教學才會沒有效用。**事實上，導致能力低落的原因，生理上有讀寫障礙的可能性很低，比起肇因於欠缺適當教學的可能性要低得多。很多學習解碼有障礙的學生，在正常的課程之外輔以專業的、密集的教學，像是個別指導，就會有所進步。

9. **兒童在小學三年級前學習如何閱讀，之後則是透過閱讀來學習。**即使小學三年級結束後，解碼能力也還未發展成熟，閱讀的學習之路還很長。而且，關於理解力，還有更多需要學習的東西——這是在小學畢業後還要繼續教導閱讀的理由。此外，我們強調，在學習閱讀的黃金時期——一至三年級——只要兒童閱讀的是優良讀物，他們就已經透過閱讀來學習了。

8. **教師如果使用坊間出版的閱讀教材，就會削弱自己的教學技巧。而且，它們是右翼分子的政治陰謀，是用來維持其自身社會、經濟及政治現狀的。**這是某些熱中強調意義者的說法，但這不是真的。事實上，當教師

---

[3] 譯註：David Letterman 是美國著名脫口秀 *Late Show with David Letterman* 的主持人，節目特色是邀請名人列出某個主題的十大排名，以針砭時弊達到娛樂效果。

使用坊間出版的教材時，他們並不會盲從書上的指示，而是挑選可用的素材及活動，應用在自己的閱讀教學中。我們希望坊間出版的閱讀教材要趕快把支持其效能的研究證據充實起來，因為現行教材顯然是沒有的。至於政策部分，有許多政治上自由派立場的人會覺得，教兒童學會閱讀是一件很棒的事！當我們看了政治陰謀論者的說法後，我們很驚訝他們的每一項意見都無法讓我們認同，其中，還有人認為，我們這些喜歡將明示教學法當作讀寫教學的一部分的人，並不承認強調意義教學法的優點。因此，這就造成了第七點誤解……

7. **強調意義的教學，如全語言，對讀寫能力沒有幫助。** 浸潤於閱讀及寫作的經驗，能夠增進對閱讀及寫作元素的理解，像是故事的結構性特色，及其他各種形式的作品。聆聽及閱讀故事會增加詞彙量以及世界知識，而自創拼音的過程也會增加對詞彙語音結構的了解。簡而言之，在強調意義教學環境中的學生，讀寫能力是會增強的。然而，強調意義教學無法達到的功效，是字母層次、字母－語音以及識字技巧的突破，也因而導致第六點誤解的產生……

6. **藉由沉浸式閱讀和寫作，兒童會漸漸擁有音素覺識，並發現字母與語音之間的關係（字母拼讀）。如果直接教導他們這些能力，而不讓他們自己去發現，是對學生不利的；例如，會削弱學生閱讀的動機。** 的確，沉浸在強調意義的環境能引導學生學會一些音素覺識及字母拼讀，但更明示的技巧教學效果更好。教學會干擾兒童自然發展，是沒有根據的古老說法。說到動機，放任兒童獨自和失敗與挫折搏鬥，才有可能破壞兒童閱讀的興趣，而這又引發了第五點謬論……

5. **如果兒童閱讀解碼時遇到了困難，我們只要等待，等他們準備好就可以跟上了。** 兒童若在三年級結束時還沒有跟上，通常其在學期間就會持續落後。不要想光等就能讓兒童迎頭趕上，在兒童早期接觸閱讀就面臨困難時，提供及早、專業的教學，才能讓兒童有真正的進步。不幸的是，從幼兒園到小學三年級，很少有美國的學校能提供專業、密集的閱讀介入。我們已經累積了許多研究證據，基本上所有的兒童在小學三年級

前閱讀程度都可以達到年級該有的水準（Mathes et al., 2005; Phillips & Smith, 2010; Vellutino et al., 1996），然而大多數的學校還是把閱讀低成就的學生當掉，或把學生歸類為學習障礙。但把學生鑑定為學習障礙後亦很少讓他們得到更專業、更密集的介入，他們的閱讀發展因而跌跌撞撞，少有成為成熟讀者的機會（Judge & Bell, 2011）。

4. **閱讀遭遇困難的學生若接受短期的加強輔導，就能趕上其他學生，而教導結束後，這些學生就能繼續和其他同學並駕齊驅。**[4] 對於學習遇到困難的學生，提供持續、長期的優良教學，成功的機會一定比短期介入來得大。短期介入並不是醫學上的預防注射，短暫的介入後，就可期待長期的效益。然而 Vellutino、Scanlon、Small、Fanuele 和 Sweeney（2007）指出，在他們的研究中，有四所學校在幼兒園和一年級時就開始對高風險兒童進行讀寫介入，結果 100% 參與的學生在三年級結束時，閱讀都達到了該有的年級水準；但在對照組的四所學校，卻只有低於 60% 的學生達到相同的水準。換句話說，高風險兒童上的是哪一所學校對他們的閱讀發展有持續的影響。看起來，高風險學生在專業、早期、密集的閱讀介入之後，可以有年級水準的閱讀成就，如果他們班上的讀寫教學品質一直都很不錯，他就能維持同儕年級水準的閱讀能力。

3. **只要學生閱讀、閱讀、再閱讀，就能成為好的理解者。**有充足的證據顯示，廣泛的閱讀練習可以增進兒童的閱讀理解。但是，同樣的這群學生如果有人教導他們使用熟練讀者所用的主動理解歷程，他們可以變成更好的理解者。音素覺識及識字能力都能因廣泛閱讀活動而進步，但學生無法單獨透過沉浸式閱讀，就發現這麼複雜的理解歷程。最近的研究（Almasi & Garas-York, 2009; Malloy & Gambrell, 2011）提出，針對學生所讀的材料進行對話及討論，可以幫助學生發展出高層次的閱讀理解能力。我們希望有更多的研究可以拓展我們對這類教學活動的認識。

---

[4] 譯註：譯者在偏鄉國小低年級進行國語文補救教學的經驗是，短期介入很快可提升讀寫表現，但介入一撤除，表現就再度滑落。

2. 學生應被教導，在識字時，把意義（也就是語義－文脈）線索放在第一位。這是一個非常過時的想法，只因為還有些強調意義的學者仍在堅持，才勉強沒有滅亡。雖然許多研究證實，優讀者會將音韻、字母組合及詞組的線索放在識字的第一順位；此外，強調唸出聲音及類推解碼的教學效果，也比強調語義－文脈的教學好，但這並不表示語義－文脈線索不重要。它能讓讀者評估其根據聲韻或字形線索解碼的正確性，它也能在一個多義詞解碼之後，讓讀者根據文脈來選擇使用哪個意思來解釋。但是，這兩個例子中，語義－文脈線索的角色都發生在目標詞彙被唸出之後。使用這些線索在讀者唸錯時可以有自我校正的效果，因為唸錯的詞彙在句子裡就會荒唐不成句。Marie Clay（1969） 指出，像這樣自我校正的能力，是預測兒童能否成為優秀讀者的良好指標。

1. 強調閱讀技能教學和強調意義的教學無法和諧共存。系統化的技巧教學，在過去都有良好的評價，而有許多平衡式讀寫教學的優秀教師，在實施系統化技巧教學時，會提供鷹架協助學生將技巧慢慢融入真實的閱讀與寫作中。他們就能證明，在廣泛閱讀文學及寫作的教學環境中，也能融入系統化的技巧教學。本書中所詳述的平衡式教學，描繪出一個樂觀的前景，比起運用剛剛那十個概念來決定教學的對象及教學方法，學生們的閱讀都可以比預期更好。當然，本書所要強調的一個重點是，這十大誤解目前在美國的學校中很普遍。更樂觀來說，我們希望這本書能讓更多老師、家長和政策決定者了解，絕對不能讓我們剛回顧的十個誤解繼續影響教育決策了。

平衡式讀寫教學與練習

1995 年 12 月，本書第一作者 Mike 參與一個國家閱讀研討會（NRC）的座談會，這個研討會是由各個派別的讀寫研究者所組成，他則在那天負責一場平衡式閱讀教學的討論。結果那間討論室大爆滿，人群還一直排到走廊上。參與的人數如此之多，使得整個討論以及與聽眾間的互動相當特別：你

很難不去注意到聽眾的反應，因為人群都已經站到了講者背後的牆邊，甚至擠到了講台的四周，還真的有點擠呢。

當然，初始閱讀是一定會討論到的內容，而觀眾的反應相當熱烈，畢竟觀眾裡既有強調意義的死忠支持者，也有人堅持強調閱讀技能教學就是初始閱讀教學的首選。主持人想強調不用太執著於極端，可以在兩者間取得平衡點，但 Mike 還是感覺到雙方有逐漸緊繃的情緒，大家可能真的會吵起來。

Mike 當時想講的話都可能會變成導火線，但他還是決定把意見表達出來。那天有參加討論的幾個人，於是促請 Mike 把這些評論寫出來，所以底下的文字，就是那天 Mike 報告的重點。

●● 對平衡式讀寫教學座談會的評論

「我今天並不是以一位專家學者的身分來到這裡，而只是一位想參選家鄉少棒聯盟負責人的候選人。我想參選的原因，是因為我反對少棒聯盟的兩個少年計畫。有的父母和經理認為我們的少棒計畫應更強調發展兒童的棒球技巧。他們真的很堅持，甚至還有人認為聯盟不能定期安排比賽。另一方面，則有人主張 6 到 9 歲的孩子應以參加棒球比賽為主，因為這就是學習打棒球的方法。現行少棒聯盟的計畫比較偏向後者，因此我想說說我對前者的看法。

「我們隊上 6 到 9 歲的孩子打了很多場棒球比賽，有些孩子打得真好，但是，很不幸地，也有很多人在比賽中的學習停滯不前。如果他們認為一個完整的比賽就能發展兒童的能力（也就是一個 6 歲的孩子已經知道壘包在哪裡、要往哪個方向跑、該不該擊球），那麼他們對許多基礎上的細節還欠缺理解。你看過幾個 8 歲的孩子不知道他們可以跑超過第一個壘包？我看過幾個 9 歲的孩子，還不會處理外野的滾地球，而應該要揮棒的時候，還有 8 歲和 9 歲的孩子不知道要怎麼拿球棒，更不用說知道要等投到好球帶的球才能揮棒。

「我知道有人說，要玩過比賽，兒童才會喜歡這個比賽。然而，我必須老實說，我見過太多小朋友覺得比賽很無聊，因為他們搞不懂他們正在玩的

比賽是怎麼回事。我見過太多小朋友哇哇大哭，因為他們根本搞不清楚他們弄錯或被三振時，到底做錯了什麼。他們只知道他們沒有打好。還有，最後，我很驚訝有那麼多孩子退出少棒隊，而且再也不打棒球了，因為他們小時候有不好的經驗。

「我並不是在偏袒任何一方，打擊、跑步，以及實戰練習都很重要。但是，不斷練習棒球，卻連一場比賽都不能打，這也沒有用。除非這些孩子真的在比賽中運用這些技巧，否則他們永遠也不了解為什麼要先全力衝刺，將自己完全置身於滾地球前方，或者等待投手投球。我還記得當我在國中的籃球隊時，教練教我們不斷練習各種技巧，但即便如此，我們在比賽時還是潰不成軍。我絕對不會忘記中場休息時，教練大吼：『你為什麼不用我們練習過的那招！』於是我們突然明白那些技巧可以這樣用在比賽中！如果只是不斷地重複練習技巧，是沒有辦法讓兒童學會在比賽中應用的。

「如同你們知道的，我是少數幾個棒球隊的一員，我記得成功的團隊都有在練習技巧，通常早在球季前就開始練習，賽前的練習也比賽後的練習多。然而，技巧練習完後，就要來場比賽，將球隊分成兩組來比。比賽時，教練要做很多教學，提醒球員要把練習過的技巧用在比賽中。因此，如果在比賽中有人沒跑超過一壘的話，教練就有可能說：『還記得我們練習時有跑超過嗎？』一個外野手準備要接滾地球的時候，教練可能會建議：『到球的前面去。』因為有先前的練習，這個指令就有了意義。教練做的這些事就是鷹架作用教學。教練知道兒童在技巧教學及練習時並不會完全『了解』，而『了解』建立在應用上。只要在適當的時機稍微暗示他，學生就很有可能『懂了』。

「現在，有些『全棒球』的教練和父母要說，這種平衡式訓練的技巧練習，會讓兒童覺得無趣到爆，我可不這麼認為。我只知道，如果我日復一日將棒球彈向牆壁，練習接彈回來的球，我就能接好滾地球。我小時候花了多少時間將東西往上扔，來練習接住飛向外野的高飛球？我甚至還聽人說過，練習技巧會干擾兒童學習打真正的棒球。我的回應是：『證據呢？』我認為你應該想不出來，有哪個成功的運動員，可以不用做大量的技巧練習。泳將

和跑者練習出發和起跑、橄欖球前鋒練習擒抱的假動作、籃球員則是投籃、投籃、再投籃，而大聯盟的棒球員則要花大量的時間在打擊網區，還要花更多時間練習接滾地球跟高飛球。如果說技巧練習會干擾到真正比賽的學習，那至少那麼多專業運動員就顯示不出有這種干擾的存在。

「我的用意是將平衡式教學法比作我們的少棒計畫，它需要的是技巧教學、練習和比賽，這些練習混合了一些真實的比賽，但真實的比賽是由許多的鷹架作用和指導所組成。我們少棒聯盟的比賽無關輸贏，而是要在興奮和刺激的環境中學會六局的棒球比賽。教練應該要有一本成績冊，但不只記錄得分：它應該記錄球員們達成的技能和缺失，教練之後才能複習並思考有什麼是需要在未來加強練習的。注意力的焦點在於球員的進步情形，每個兒童都受到不同的幫助，也因為自己的進步而感到驚喜。我認為這才是少棒聯盟應該有的樣子。」

●● 平衡式教學法及一般學生建構的知識

Mike 並沒有成為少棒聯盟的負責人。他是一名兒童學習領域的資深研究人員，曾投入大量時間研究學生認知發展的情形，而他也非常清楚建構主義者（constructivist）的主張都會歸納成一句：「不要教——讓孩子自己發現。」這種教育上的想法其來有自，要追溯到杜威（Dewey, 1933），再來是到 Piaget 學派（Inhelder, Sinclair, & Bovet, 1974; Kohlberg & Mayer, 1972），直到現代所謂激進的建構主義者，包括全語言論者。讓學生自己發現的教學，並不能造成快速明確的認知發展，這個說法也源遠流長（例如，Schauble, 1990），至少不會像透過教學那樣快速明確（Brainerd, 1978; Mayer, 2004; Shulman & Keislar, 1966; Wittrock, 1966）。

在第 10 章，我們曾舉一個例子，說明當教學能配合學生的能力時，學生學習成就最佳。不管教師使用什麼教學方法，都應符合學生的能力——套用 Vygotsky 的用詞（Vygotsky, 1978），就是近側發展區（zone of proximal development）。然而，這種教學不是隨便說說的，學生要能真正了解老師的講授。Pressley 和 Harris（Harris & Pressley, 1991; Pressley, Harris, & Marks,

1992）曾說過，當教師向學生講解完一個策略，學生不一定就完全吸收，但這是一個開始。如果接下來，教師讓學生應用策略，並引導學生在情境中使用策略，學生就能學習到更多。藉著額外練習的機會，學生會漸漸了解策略能在什麼時機運用，以及如何運用。藉著練習的增加，教師就不再需要提供協助，甚至在可以應用策略時也不用提示。最後，學生能夠有彈性及合宜地使用策略，甚至和其他策略及知識一起使用。

如果要說我們從 Lev Vygotsky 身上學到了什麼，那就是一代傳一代的認知能力及策略。成人帶領著孩子發展出孩子自己不可能發現的各種認知能力（有多少父母教導兒女們打棒球，而這些父母小時候也是父母親教他們的呢？）在這種代代相傳的教學中，有講解，但更多的是鷹架教學，因為人們不只靠聆聽學習，更要在真實的情境中做中學，所以鷹架教學非常重要（有多少父母花費大量時間在少棒練習賽中引導兒女們學習？）懂得有效促進兒童發展的大人，不會讓兒童自己去發現技巧（即使是偉大的 Babe Ruth，也是拜 Brother Mathias 老師在巴爾的摩的聖瑪莉學校教導他們打棒球，才能成為一位成就非凡的棒球選手）。發現學習是一種錯誤的教學方法；如果少棒隊能幸運地獲得一位好教練，可以在放學後進行訓練；如果夠幸運，上學的日子也能由一位好老師來帶領他們學習讀寫，那麼鷹架教學就很容易讓人信服了。

◆ ◆ ◆ **總結評論** ◆ ◆ ◆

我們已經談了很多小學閱讀教育，但強調閱讀技能和強調意義教學兩邊陣營的支持者仍然繼續叫囂，想把對方轟下來，這場爭議已經持續至少一百年了。

強調意義的教學法就像只強調「多打幾場球」的少棒隊，如果沒有足夠的技能，他們在「全整式球賽」的表現勢必大大受限。而強調閱讀技能的教學就像只有不斷在內野、外野及打擊練習一樣，即使球員精熟各種技巧，像是接滾地球、高飛球，還有連續打擊，他們仍然不會成為棒球選手，也不會

知道球賽裡每個細節是如何環環相扣的。棒球，就跟所有的運動一樣，需要技巧發展，並將這些技巧於全整式的比賽中練習，而練習的難度應該和球員的發展階段配合。

以此類推，閱讀也同時需要發展技巧，並練習把這些技巧運用於難度適中的閱讀與寫作的實務中。這也就是為什麼平衡式教學會比單單強調閱讀技能教學或單單強調意義教學好的原因。平衡式教學法比任何形式的強調意義教學法，有更多系統化的技巧教學，並只在有確定需求時才教。但平衡式教學也建議，在強調閱讀技能教學中加入更多文學讀物及寫作的元素。

當學生逐漸熟練讀寫技巧，在有適度挑戰的讀寫經驗中維持著動機，他們會想要讀更多、寫更多。如果學生不具備各種讀寫技巧，可能因此降低讀寫的長期動機。同時，缺乏有趣的閱讀及寫作經驗來點綴強調閱讀技能的教學，也可能降低兒童對讀寫的興趣，因為兒童就跟一般人一樣，有趣的事物會使他們興味盎然，碰到枯燥無味的課程，就只會關機。平衡式讀寫教學就是最好的管道，維持並促進學生不斷學習讀寫，不但提供成功讀寫所需具備的技巧，還讓他們透過有趣的書籍，以及撰寫一些主題對他們來說很重要的文章，來練習這些技巧。

在本書的最後，我們覺得有義務要問一個大家常問的問題：為什麼我們不多談點評量方面的研究呢？這是現在教育決策者多麼重視的一個問題啊。第一個理由是，這本書的主題是教學。另一個理由是，在我看過那麼多優秀的班級中，評量的可見度都不高，但有一個例外：優秀的教師總是會用各種非正式的方式來評量學生——監控每位學生的學習情形，檢視他們需要什麼幫助。優秀的教師勤於觀察，適時提供指導，為班級裡每位學生指引方向。

雖然優良的教師還是會施行以課程本位的評量——例如，拼字測驗及瞬認字流暢性測驗——這些教師卻都不太在意標準化測驗。沒錯，他們會發學習單讓學生練習，為這類的測驗做準備，但他們不會太依賴學習單，也不會在校訂或州訂的大考前大幅更改課程內容。也就是說，我們接觸過的很多優秀老師都對強加在他們身上的各種標準化測驗的效度心存保留。簡而言之，我所遇過傑出的平衡式教師，選擇評量方面的偏好都和我們最敬愛的

學者很相像（Johnston, 2005; Johnston & Rogers, 2001; Murphy, with Shannon, Johnston, & Hansen, 1998; Paris, 2005; Paris & Paris, 2003; Paris & Urdan, 2001）。他們都非常重視非正式的評量形式，並經常使用，而且他們並不是很相信多數標準化測驗的效度（尤其是 Johnston & Rogers, 2001）。他們不認為標準化測驗對他們的教學有什麼正向影響，而認為兒童上學的每一天都必須從事許多對身心有益的活動。

也就是說，我們知道這個國家會持續熱中於考試評量，但我們希望大家可以好好思考測驗的目標究竟要測量什麼。一位傑出的讀寫學者 Jill Fitzgerald（Fitzgerald & Noblit, 2000），決定要以本書描述的平衡式教學，教導一個一年級的班級。當 Jill 教學的時候，她整理了一些小朋友的成長紀錄：

1. 音素覺識增強了。
2. 瞬認字（sight word）知識變多了。
3. 兒童結合字母和語音的能力變好了，對拼字模式的知識也更能掌握。
4. 兒童識字策略增加且進步了，會使用視覺文字（visual-letter）線索、句法線索，以及文脈線索。
5. 他們的詞彙量增加了。
6. 他們逐漸了解閱讀是理解和溝通的過程，也因此能分享更多他們從中學習到的一切。
7. 他們發展了對閱讀的嗜好，並且希望能讀得更多。
8. 他們學會對讀本做出情緒上的反應（例如，愛上一個故事、感到害怕）。
9. 對自己愈來愈會閱讀感到很開心，學會了以前所不會做的事。

這些都是了不起的成就，而時下的標準化測驗只能看出其中幾項這樣的變化。當這種測驗發展成熟後，我們希望會有更新的方法，能夠一舉測出這些面向出來。

近年來，我們之前所談到關於初始讀寫教學的議題，幾乎都淪為派系間

的唇槍舌戰，但初始讀寫教育的討論的確應該要更健康而有建設性，能引領
出更多這方面的實務研究。我們是希望如此，但如果還不行，我們也有信
心，這些還沒問世的閱讀研究會陸續誕生。因此這本書結論的實踐也只是時
間問題，端看新的研究結果而定。

《附錄》
讀寫能力發展之里程碑
（或何時發生何事）

●● 0-2 歲（嬰幼兒時期）

- 重要的讀寫經驗開始發展；有豐富語言互動機會的嬰幼兒較占優勢，語言發展從出生就開始了。例如，有語言互動機會的嬰幼兒，會有較完整的詞彙發展。

- 安全的親子依附行為（parent-child attachment）是健康讀寫能力發展的基石。

- 先備知識的發展從嬰幼兒期就開始了，也就是他們擁有的經驗所形成的基模知識（例如，如果嬰幼兒去過很多次麥當勞和漢堡王，他們就擁有速食餐廳的基模）。

●● 2-5 歲（學前幼兒）

- 許多不同的讀寫經驗可能在這個時期出現；也視不同讀寫萌發經驗（emergent literacy experience）的質與量，決定是否已準備好接受學校的讀寫教育。

- 在這個時期，透過豐富的語言和與大人的認知互動，促成了語言及認知技巧的內化，這對閱讀來說非常重要。因此，自我中心語言（egocentric speech）在學前階段相當常見。這個時期以自我對話（inner speech）為主。

- 當父母並不擅長進行初始的讀寫互動（emergent literacy interaction），通常他們可以透過學習，來改善兒童學習語言的情況。

- 習得字母的名稱非常重要，學習字母－語音的關係也是。需要透過各

種方式，從和父母互動或收看電視節目《芝麻街》等來學習。

- 開始發展識字能力，例如，讀得懂圖形（logograph）（例如，只要是那個金色彎彎的招牌，就是麥當勞）。4 歲的幼兒會利用詞組（word chunks），類推閱讀新的詞彙（例如，如果兒童認識了 bee，她或他也會認出 see 和 bee 一樣，因為都有 -ee）。

- 音素覺識會隨著父母和兒童玩的音韻遊戲和閱讀開始發展。

- 兒童可以開始寫字，從自己自創拼音，只會寫出每個字的第一個子音，到一個字或兩個字的故事，然後可以自己假裝「唸」成很多字和很多句子的故事，讀給其他孩子或大人聽。

●● 5-7 歲（學前的最後一年，以及低年級學生）

- 入學頭幾年會想要得到好成績。學生大多相信努力就有收穫。

- 通常無法僅透過讀寫萌發的經驗來發展完整的音素覺識，可以在幼兒園時，透過教學來奠定基礎，對以後的學習會很有幫助。這種教學通常包含各種活動，讓學生聽出以及玩弄詞彙裡的各種聲音來做練習。當這種音素覺識教學融入幼兒園及學前的全語言環境，就能對之後的讀寫能力發展有正向的影響。

- 很多兒童會從閱讀字母開始，包括相似字的閱讀（例如，會只根據醒目的字母來閱讀，如麥當勞的大 M）。

- 正規的教學包含從幼兒園開始，每天閱讀及寫作。當學生閱讀及寫字愈來愈流暢時，活動的種類與範圍就要開始增加。

- 兒童能夠透過字母拼讀教學法學習解碼。兒童也能透過類推法來學習解碼。說字母拼讀和類推法不能結合是沒有道理的，因為當兒童透過字母拼讀學習的時候，他們也習得了詞彙組成的知識，而即使一開始只會使用詞彙的某些部分，也能學習將詞組的聲音和另一個聲音結合起來（例如，結合 s 和 -ee 而發 see）。有大量證據顯示，有效的解碼教學，是要教學生如何分析每個聲音的組成，以及如何結合這些聲音。當學生學會解碼後，他們自動辨認瞬認字（sight words）的能力

也就進步了（也就是經常解碼的字就會成為瞬認字）。

- 優秀的班級都會有平衡式強調意義（也就是閱讀真實的讀本與文章）和技巧教學的學習經驗。教師在閱讀及寫作的過程中，帶領學生漸進應用技巧，融入讀寫能力及課程內容的整合教學。我們有合理的理由懷疑，極端強調技巧，或是極端排斥技巧教學，都不如平衡式教學來得有效。

- 智力正常的一年級學生中，有 20% 至 30% 難以學習解碼。這些情形大部分能透過密集性的專業教學來改善。

- 兒童開始學習寫作策略，尤其是計畫、起草，以及修正等策略，第一學年結束時可能已經能夠閱讀長達數頁的故事了。

- 繼續習得詞彙。直接教導詞彙，比起放任學生浸淫在豐富的語言環境中自行學習詞彙，效果來得顯著而良好。

●● 7-11 歲（小學中、高年級）

- 課業學習動機較為低落，尤其是遭遇學習困難與挫折的學生。在小學生涯中，學生對於努力就會成功的信念逐漸動搖，開始會將失敗歸咎於能力不足。

- 隨著年級的增加，班級裡的競爭愈明顯，也削弱了許多學生的學習動機。他們漸漸學會和別人比較，並將相對的弱勢歸咎於能力不足。但是，好成績對優讀者來說也未必是件好事，因為有可能降低他們像優讀者那樣，對閱讀有著單純的熱誠。也就是說，優讀者會認為閱讀是為了取得好成績，如果有一天，閱讀無關乎成績，他們可能也就沒有動力去閱讀了〔也就是過度合理化效應（overjustification effect）〕。

- 有效的教學強調努力就會有成果，傳達努力不懈就有好成績、就能變聰明的觀念，而失敗只是學習的一個過程。在學校學習的目的，是變得更好，而不是變成最好。用進步本身來獎勵學生，而不是和其他人比較，就能提升學習動機。

- 隨著年級的增加，班級的教學重心也隨之改變。也就是說，各地一年

級的課程內容可能相去不遠，但同一所學校裡的五年級，每個班級的
課程可能就都不一樣。有些核心課程（例如，理解策略的運用）是造
成二至五年級的讀寫能力發展程度迥然不同的重大原因。

- 理解策略是可以教的，一般都會改善對文本的理解力，如果長期實施
策略教學，並經過徹底整合，教學效果會更加理想。然而，大多數時
候，技巧都未能以直接而廣泛的方式進行教學。所以，學生在閱讀中
所扮演的角色並不是太積極。

- 優秀的班級需要在強調意義（也就是閱讀真實文本、寫作活動）和強
調閱讀技能教學間取得平衡點。教師在真實閱讀與寫作的過程中建立
鷹架，引導學生運用技巧。還要有讀寫與整合課程內容的教學。

- 閱讀小說成為很重要的語言活動。

- 隨著閱讀量的增加，自動化識字能力增強了，詞彙量及其他知識也愈
來愈多，而讀得愈多的人則會成為較優秀的讀者。

- 詞彙教學應該持續進行，因為有很多詞彙要學習。

- 要強調計畫、起草，以及修正過程等寫作步驟，隨著年級的增加，慣
用語及拼字教學也要逐年增加。

- 學生開始閱讀有深度內容的文本，其中多半是無趣的。當學生有權選
擇他們要閱讀的內容時，學習動機就會比較強。

●● 小學畢業之後

- 熟練性閱讀是由上而下（top-down）（例如，根據先備知識預測接下
來的內容），以及由下而上（bottom-up）（例如，處理到每個字母
及詞彙）兼具的。

- 熟練讀者每分鐘可以閱讀 200 至 300 字，而且在閱讀時，大部分的
詞彙以及詞彙裡的每個字母，幾乎都能夠處理到。快速眼球移動
（saccadic eye movement）是由左至右閱讀每行文字，並在帶有訊息
的詞彙上停駐。

- 熟練讀者比較會去依賴字母及詞彙層次的字形－字音（graphemic-phonemic）線索（包括認出常見字的部分組合）來辨認詞彙。不熟練的讀者就比較偏向利用語義－文脈（semantic-contextual）線索來辨識（就是解碼）詞彙。然而，當詞彙一旦被認得，優讀者就會利用語義－文脈線索，來決定解碼出來的字在該上下文中是什麼意思，因此準確度就會比不熟練的讀者高。

- 熟練讀者能輕鬆識得大量字詞（也就是他們擁有龐大的瞬認字彙量）。這種不費力的識字方式，就能釋出短期認知容量，用來理解。

- 熟練讀者可能會繼續透過詞彙教學而更上一層樓，能夠不經意地就學到詞彙。

- 優讀者記得他們讀過內容的要旨，有些是自然產生的閱讀結果。然而，對文本的理解和記憶，也會透過主動使用不同的理解策略而增加，而理解策略能夠變化的部分原因，是有充足的先備知識，能夠做到連結性推論（bridging inference）。

- 對於在小學階段，學習寫作卻遲滯不前的學生，教導計畫、起草，及修正等策略還是有很大的好處。

- 閱讀能力會持續發展趨於成熟，直到成人。

- 有很多對閱讀還不熟練的成人是根本不會解碼，其他大都則是無法達到熟練讀者所具備的程度。

國家圖書館出版品預行編目（CIP）資料

有效的讀寫教學：平衡取向教學 / Michael Pressley,
 Richard L. Allington 著； 曾世杰譯 . -- 二版 . -- 新北市：
 心理出版社股份有限公司 , 2021.09
　　 面； 公分 . --（語文教育系列；48022）
　　 譯自：Reading instruction that works: the case for
balanced teaching, 4th ed.
　　 ISBN 978-986-0744-20-0（平裝）

　 1. 語文教學　 2. 小學教學

523.31　　　　　　　　　　　　　　　　　110012288

語文教育系列 48022

有效的讀寫教學：平衡取向教學【第二版】

作　　者：Michael Pressley & Richard L. Allington
譯　　者：曾世杰
執行編輯：陳文玲
總 編 輯：林敬堯
發 行 人：洪有義
出 版 者：心理出版社股份有限公司
地　　址：231026 新北市新店區光明街 288 號 7 樓
電　　話：(02) 29150566
傳　　真：(02) 29152928
郵撥帳號：19293172 心理出版社股份有限公司
網　　址：https://www.psy.com.tw
電子信箱：psychoco@ms15.hinet.net
排 版 者：龍虎電腦排版股份有限公司
印 刷 者：龍虎電腦排版股份有限公司
初版一刷：2010 年 3 月
二版一刷：2021 年 9 月
I S B N：978-986-0744-20-0
定　　價：新台幣 500 元